교육혁명으로
미래를 열다

교육혁명으로 미래를 열다

피로사회에서 본 놀이신학의 지혜

문영석 지음

Future

가톨릭대학교출판부

IMPRIMATUR
† Andrew Yeom
Archiepiscopus Seoulensis
Seoul, die 22 June 2018

본 저서는 강엘리사벳 학술연구기금의 연구비 지원에 의해 작성되었음.

목 차

제2부

놀이와 쉼에 대한 학문적 성찰

제3부

잘 노는 아이가 성공한다

제 4 부

미래는 창조와 공유의 시대다

맺으면서

기로에 선 한국, 교육만이 미래다

추 · 천 · 사

'놀이신학'Theologia Ludens이란 새로운 주제를 다룬 저서를 국내에 소개할 수 있어 매우 기쁘게 생각합니다. 소위 '놀이신학'은 미국의 전위 신학자로 알려진 하비 콕스Harvey Cox에 의해 지난 세기 종반기부터 국내에 알려진 바 있기는 하지만, 한국 교회와 신학계에는 전반적으로 아직 생소하게 머물러 있는 형편인데, 지난해 강남대학교 국제학부 교수직을 정년퇴임한 후 캐나다 밴쿠버 대교구에서 종신부제로서 사도직을 수행하는 문영석 교수님이 『교육혁명으로 미래를 열다 — 피로사회에서 본 놀이신학의 지혜』를 이번에 출간하게 된 것입니다.

저자는 세계 최장의 노동시간과 학습시간 속에서 극도의 피로와 스트레스에 시달리며 많은 이들, 특히 청소년들을 죽음으로까지 몰아가는 비인간적 현 한국 사회를 치유하는 데, 특히 사회를 심각하게 병들게 하는 경쟁지상주의 교육체제를 대체하는 데, '놀이신학'이 대안 마련의 실마리를 제공할 수 있기를 희망합니다. 저 역시 '놀이신학'의 주요 입장 내지 주장에 관한 담론이 한국 교계와 신학계에서 활발하게 전개되기를 개인적으로 바라고 있습니다.

저자는 서구 신학계에서 콕스를 위시하여 '놀이신학'을 전개한 위르겐 몰트만J. Moltmann이나 후고 라너H. Rahner 등 신학자들의 주요 통찰과 사상을 한국 사회의 병리현상을 치유 내지 극복하는 데 원용할 수 있기를 바라는 듯합니다. 이 일군의 신학자들은 인간을 "놀이하는 인간"Homo Ludens으로 규정한 네덜란드의 문화인류학자인 요한 하위징아J. Huizinga의 통찰을 나름대로 원용하면서 '놀이신학'을 통하여 하느님의 아름다움에 대한 심미적 직관과 놀이를 통한 자유와 해방체험의 중요성을 강조합니다. 이들은 놀이를 창조론과 연관시키면서 창조를 태초에 하느님께서 선한 의지로 스스로 행하신 즐겁고 온전한 놀이 행위로 이해한 바탕에 입각하여 하느님을 닮은 인간은 놀이를 통해 하느님의 놀이인 창조에 응답한다고 봅니다. 이들은 '놀이하는 하느님'을 이해할 수 있을 때, 비로소 인간이 놀라운 게임과 놀이를 할 줄 아는 피조물임을 깨달을 수 있다고 봄으로써 종교와 놀이를 축제와 연결시킵니다.

그런데 저자는 현 사회 현실에서 넘쳐나는 상업화되고 퇴폐적인 놀이문화는 놀이를 하는 이들에게 자유와 해방을 가져다주기보다 음주나 도박 같은 일탈적 쾌락에 중독되게 할 뿐이어서, 진정한 놀이는 사라지고 노름만 남게 되어, 사회 구성원 대다수가 비인간적인 놀이문화에 빠져들 수 있음을 우려합니다. 그런 의미에서 저자는 향락일변도의 놀이문화가 건강한 놀이문화를 형성하려는 교회에 가장 심각한 도전이 될 것이라고 지적합니다. 그리고 절실하게 요청되는 건전한 놀이문화의 창출은 종교를 넘어 건전한 사회를 만드는 데 기여한다는 점을 잊지 말아야 한다고 역설합니다.

저자는 타인과 함께 사는 지혜를 가르치는 상생相生의 문화를 만드는 것이야말로 이 시대 교회를 포함한 종교계에 맡겨진 사명이자 의무이기에, 오늘날 한국 사회에서 종교의 소명은 비인간화된 사회를 다시금 '인간이 사는 사회'로 만들기 위해 저마다 가진 지혜, 시설, 물질들을 나누는 데 있다고 강조합니다. 아울러 인간의 전인적 성장과 영혼이 자라는 것을 보살피고 돕는 것이 청소년 교육의 목적이라면 국가와 교회의 장래를 위해 이보다 더 의미 있는 일은 없다고 역설합니다. '정직한 시민, 선량한 그리스도인'을 양성하는 것이야말로 이 시대 종교가 맡아야만 할 위대한 사명이자 역할이기 때문입니다.

모쪼록, 은퇴 후에 한국과 캐나다를 오가며 종신부제로서 사목직을 수행하면서도 고국 사회의 심각한 병리현상을 우려하면서, 누구나 하느님 모상으로서의 인간다운 삶을 살 수 있기를 바라는 염원으로 이 책을 집필하신 문 교수님께 경의를 표하며 저자의 귀중한 통찰이 한국 사회와 교계 안에서 머잖아 알찬 결실을 맺을 수 있게 되기를 두 손 모아 기원합니다.

한국그리스도사상연구소 소장
심상태

머·리·말

2016년 후반 온 나라가 촛불집회의 함성과 구호로 뒤덮였을 때 터져나온 구호 중의 하나가 "이게 나라냐?"였다. 나는 차라리 이 구호를 되짚어 "이게 사는 거냐?"라고 되묻고 싶다. 경쟁지상주의 환경에서 도태되지 않고 살아남기 위해 한국인들은 아침에 눈을 뜨는 순간부터 사실상 전시 상태나 다름없는 긴장 상태에 돌입한다. 세계 최장의 노동시간과 치열한 경쟁구도는 사회구성원들의 피로도를 급격하게 증가시켜 비등점에 다다랐고 경쟁에서 낙오된 사람들의 절망과 불안이 마치 장마철의 곰팡이처럼 온 사회에 번져나가고 있다. 단테는 『신곡』神曲에서 지옥이란 절망이 지배하는 장소라고 표현했다. 이런 절망의 탄식이 젊은이들로 하여금 이 사회를 "헬조선"이라고 부르게 만들었다. 한국인들은 죽기도 전에 이미 지옥hell을 맛보고 있다는 것이다. 세계 최고 수준의 자살률과 최저 수준의 출산율, 노인 빈곤율, 심화되는 청년실업, 유전무죄 무전유죄로 상징화되는 갖가지 부조리한 사회적 현실이 맨 정신으로는 견디기 어렵기 때문이다.

지역적·이념적·종교적 광기로 인한 극심한 대립이 사회적 파편화 현상을 증폭시키고 있지만, 온 국민이 동의하는 한 가지 문제가 있다. 그것은 바로 우리 현행 교육에 심각한 문제가 도사리고 있다는 점이다. 한국교육개발원의 「2016 교육여론조사 보고서」에 따르면 우리나라 초·중·고를 전반적으로 평가해달라는 질문에 "잘하고 있다"는 응답은 겨우 12.2%에 불과했다. 이렇듯 절대 다수의 응답자들은 현행 교육제도에 불만을 갖고 있고, 경제적·심리적 부담을 극심하게 느끼면서도 남들이 다 하니까 어쩔 수 없이 뒤따라가는 형국이다. 그러나 실제로 우리 교육의 사회경제적 부응도 면에서 보면 현실과의 괴리가 너무나 크다. 이렇듯 눈부시게 모든 것이 엄청난 속도로 변해가는 시대인데도 교육방식의 기본 형태는 1960년대나 지금이나 여전히 똑같다. 교실이나 교재 등 외형적인 것은 예전과는 비교도 할 수 없을 만큼 화려해졌으나 실상 교육의 내용은 여전히 주입식이다. 이해하기보다는 암기하고, 질보다는 양적 평가에 매달리는 현행 교육으로는 미래를 기대할 수 없다. 빅데이터 시대에 암기식 교육은 미래를 위한 대안이 될 수 없기 때문이다.

좋은 교육은 개인과 사회에 행복한 미래를 약속한다. 그래서 교육은 중단할 수 없는 국가적 과업이다. 교육을 통해 우리는 미래 인적·사회적 자본을 창출한다. 인적 자본이란 국가적 과제나 목표를 달성하기 위해 국민 각자가 가진 지식, 교육, 역량을 통칭한다. 한국처럼 자연 자원이 부족한 나라에서 인적 자원은 국가 흥망의 열쇠가 여기에 달려 있다고 해도 과언이 아니다. 좋은 교육을 받은 우수한 인적 자원은 그대로 한 국가의 지속가능한 발전으로 이어진다. 그러므로 교육의 중요성은 아무리 강조해도 지나치지 않다. 문제는 국가의 흥망을 좌우하는 한국의 교육열이 지나치게 가열되어 거의 붕괴 수준에 이르렀다는 점이다.

매일매일 우리가 전혀 상상도 하지 못했던 새로운 시대가 다가오고 있다. 새로운 시대를 여는 키워드는 제4차 산업혁명이다. 세계 각국의 정치경제 지도자들이 모이는 2016년 다보스포럼에서 처음으로 이 혁명이 언급되었는데, 포럼의 회장인 클라우스 슈밥Klaus Schwab은 제4차 산업혁명에 대해 "물리적 시스템·전자적 시스템·생물적 시스템이 융합되어 경제와 산업을 비롯해 심지어는 인간이 된다는 게 과연 무엇인지 그 의미 규정까지 바꾸어야 할 만큼 모든 분야에 영향을 미치고, 이전의 시대와는 전혀 다른 세계가 펼쳐질 것"[1]이라고 역설했다. 이 혁명의 파장은 이제까지의 사회적·경제적 작동 방식을 쓰나미처럼 휩쓸어 모든 것을 완전히 뒤바꿀 수 있기 때문에 인류 역사상 최대의 혁명이 될 것이라고 예고하고 있다.

미래학자 앨빈 토플러Alvin Toffler의 말처럼 미래는 항상 우리가 생각하는 것보다 훨씬 더 빨리 다가올 뿐 아니라 예측하지 못한 방식으로 갑작스럽게 찾아온다. 우리는 지난 2016년 3월에 인간과 기계의 본격적인 첫 대결이었던 세계 정상급 바둑기사인 이세돌 9단과 구글 딥마인드에서 개발한 인공지능AI 알파고의 대국을 목격했다. 총 5회의 대국에서 인공지능 알파고가 4승 1패로 시리즈 승리를 가져갔던 놀라운 결과는 인공지능과 로봇기술이 미래 인간의 삶을 지배하게 되리라는 것을 생생하게 증명해준 셈이다. 현대의 공학자들은 인간의 뇌의 신경세포가 스파이크 형태의 신호를 주고받고 시냅스 연결 강도를 조절해 입력된 정보를 처리하는 구조가 반도체와 비슷하다는 것을 발견했다. 사람의 뇌를 흉내 낸 '뉴로모

1) "The Fourth Industrial Revolution, by Klaus Schwab", http://www.weforum.org/about/the-fourth-industrial-revolution-by-klaus-schwab(검색일: 2017/01/03).

픽'neuromorphic은 머지않아 지능형 로봇, 무인기, 무인주행 자동차, 인공지능 비서 등으로 폭넓게 활용되어 사람이 하는 대부분의 일을 대체하게 될 것이다.

사회가 변하면 직업도 바뀐다. 이젠 하나의 전공이나 경력으로 평생을 먹고사는 시대는 지났다. 과학의 눈부신 발전으로 인해 미래에는 수시로 직업을 바꿔야 할 것이며, 그에 따라 우리 사회는 점차 다중경력Multiple Career를 요하는 사회로 변화하고 있다. 동시에 눈부시게 변화하는 기계혁명에 재빠르게 적응할 수 있는 소수의 인재들은 엄청난 고소득을 올리겠지만 이런 변화에 기민하게 적응하지 못하거나 적절한 교육을 받지 못한 대부분의 평범한 인재들은 실업자의 신세를 면치 못하게 될 것이다. 그래서 타일러 코웬Tyler Cowen은 아예 "평균의 시대는 끝났다"Average is Over라고 공언한다.

우리는 이제 "10년 후에도 나의 직업은 살아남을 수 있을까?"를 자문해보아야 하는 시대에 살고 있다. 이렇게 급변하는 사회에선 언제 어디서나 변화에 적응하여 스스로 운명을 개척해나갈 수 있는 인재를 요구한다. 그러나 한국 교육의 실상을 꿰뚫어본 토플러는 한국의 현행 교육에 대해, "한국의 학생들은 하루 15시간 동안 학교와 학원에서 미래에 필요하지 않은 지식과 존재하지도 않을 직업을 위해 시간을 낭비하고 있다"[2)]고 직격탄을 날렸다. 하루가 고작 24시간인데 15시간이나 학교와 학원에서 보내면 잠자고 밥 먹는 시간 빼곤 전부 공부만 해야 한다는 이야기다. 우리는 미래에 쓸모 가능한 지식이 무엇인지 예측해보고 이를 위한 준비의 시간을 보내야 한다. 이를테면, 등산할 때에는 밑에서 지도를 보고 면밀하게 등산로를 검토한 다음 올라가야 하는데, 한국의 학생들은 지도는 쳐

---

2) 류인하 외, 『10대가 아프다』, 위즈덤경향, 2013.

다보지도 않고 무턱대고 위로만 올라가는 형국이다.

놀이는 인간의 상상력과 창조력의 원천이다. 인간은 놀이를 통해 창의성과 협력 그리고 공유의 정신을 배운다. 놀이는 지금의 폭력과 경쟁의 문화에서 왜 공생共生의 삶을 지향해야 하는지를 보여준다. 미래의 교육은 더 이상 권위적인 교사의 주도로 이끌어가는 일방적인 주입식 교육이 아니라, 학생 스스로가 참여할 수 있도록 동기유발을 해주는 교육이어야 한다. 교육현장은 학습에 대한 청소년들의 흥미를 불러일으킬 수 있는 놀이 방식을 통해 몸으로 체험하고 느끼는 실험실이 되어야 한다. 에너지가 가장 왕성한 청소년들의 신체를 무시하고 정신만 훈련하려는 것은 첫 단추가 잘못 꿰어진 교육이다.

과거에 놀이나 유희는 게으른 인간들이나 철없는 아이들이 하는 쓸데없는 짓이자 시간낭비라고 비난받거나 평가절하되었다. 그러나 현대에 들어 요한 하위징아J. Huizinga가 인간을 "호모 루덴스"Homo Ludens 즉, "놀이하는 인간"이라고 정의하면서 놀이를 인간 삶의 본질적인 부분으로 규정했다. 놀이는 실상 어른, 아이 할 것 없이 모든 세대를 아우르는 보편적인 특성을 지닌다. 놀이는 인간의 삶에서 분리할 수 없다. 놀이와 문화는 깊은 함수 관계가 있는데도 이에 대한 학문적 성찰의 역사는 극히 일천하고 최근에야 단편적으로 국내에 소개되고 있을 뿐이다. 놀이에 대한 새로운 통찰과 각성은 이내 신학에도 영향을 미쳐 심미적 직관과 놀이를 통한 자유 및 해방의 체험을 강조하는 놀이신학이 부상하고 있다.

교육과 종교는 분리될 수 없다. 과거에는 종교기관이 곧 학교였다. 스쿨School의 어원인 스콜라Schola가 중세의 '교회 학교'를 뜻한다는 건 누구나 아는 사실이다. 세계 어디서나 종교 경전을 읽기 위해 글자를 배우고 경전을 읽는 훈련을 통해 인생관을 확립하고 윤리와 도덕을 배우면서 인격적 성숙을 함양해왔다.

그리스도교는 한국 근대화의 태동기에 서구 근대교육을 시작하면서 기존 전통교육의 범형을 바꾸었고, 이는 근대화에 커다란 공헌을 하였다. 현재의 한국 종교기관들은 수많은 종립학교를 운영하고 있지만 이젠 어떤 교육을 통해 미래의 한국 사회에 이바지할 수 있는지를 고심해야 할 때다. 공교육의 붕괴 혹은 위기의 시대에 생명교육·죽음교육·인성교육을 아우르는 전인교육은 교육의 새로운 방향과 비전을 요구하고 있다. 그러나 우리의 바람과는 달리 미래의 주역이 될 청소년들의 심성은 날로 황폐해져가고 있다. 오죽하면 많은 기업의 운영자들은 "인성이 뒷받침되지 않는 능력은 오히려 해악"이라고까지 이야기할까? 오늘의 비인간적 교육이 내일의 비인간적 사회를 만들기 때문이다.

육체적·정신적으로 건강한 청소년을 육성하는 일은 가정과 학교 그리고 종교단체가 협동해야 가능하다. 종교에서 말하는 '새 사람이 되는 것' 또는 '성인'이 되는 것은 모두 '변화'transformation를 통해서 이루어진 상태를 말한다. 종교란 바로 우리가 변화의 상태로 나가도록 도와준다. 그러므로 종교는 올바른 사람으로 살아가는 데 필요한 기본 자질과 윤리 감각을 길러주고 올바른 가치관을 심어주어야 한다. 교육을 주요 사도직으로 택한 성심수녀회 창립자인 소피 바라 수녀는 "세상을 바꾸는 수단은 교육"이라고 말했다. 교육은 세상을 바꾸는 씨앗이다.

그동안 필자는 동서양을 넘나들며 공부했으며, 평생을 대학교수로서 교육현장에 있었다. 어느덧 세월이 흘러 2016년 8월 정년퇴임을 하게 되었다. 그동안 교육자로서 이곳저곳에서 겪었던 교육과 삶에 관한 여러 단상을 묶어 세상에 내놓는 이유는 교육자들과 학부모들의 구태의연한 생각의 틀에 균열을 만들고 이 균열을 통해 새로운 미래를 내다볼 수 있는 안목을 심어주고 싶기 때문이다. 무엇보다 미래의 취업이나 삶에 별로 도움도 안 되는 지식을 습득하느라 세계에서 가장 긴 학습시간을 견뎌내야만 하는 한국의 청소년들에게 이것이 조그만 숨통이라도 트이게 되는 계기가 되었으면 한다. 이 책이 나오기까지 재정적으로 지원해준 가톨릭대학교 강 엘리사벳 연구기금 관계자들과 토론토 대학교 도서관에서 놀이신학에 관한 자료들을 수집하는 데 도움을 준 조지환 신학생, 그리고 연구실에서 자료들을 분류하고 편집하는 데에 도움을 준 황지우, 소미혜 조교에게도 다시 한번 심심한 감사를 드린다.

2018년 1월

문영석

제1부

피로사회 대한민국

Future

한국은 요즘 모두가 피로하다. 어른들은 세상에서 가장 오랜 시간 노동하고 아이들도 세상에서 가장 오랜 시간 공부하기 때문이다. 당연히 한국인 4명 중 3명은 시간 부족을 느끼고 10명 중 8명은 삶이 피곤하다고 느낀다.[1] 한국 갤럽이 2013년 조사한 <한국인의 생활시간>을 보면 한국 성인의 평균 수면시간은 6시간 53분으로 성인의 권장 수면 시간인 7~9시간에 비해 한참 모자랐다. 한국인들의 수면시간이 경제협력개발기구 OECD 가운데서 가장 짧다.

한국은 지난 30년간 고도의 압축 성장을 이루어내면서 무역이나 경제 규모가 세계 10위권을 넘나드는 경제대국으로 성장했다. 최빈국에서 시작해 선진국의 문턱에 진입했지만 세상에 공짜는 없다.

---

1) 박성연, 「지칠수록 더 편안한 쉼을 찾는 일상」, 『동아일보』(2016.12.30).

급속도로 성장한 경제적 번영은 그 이면으로 왜곡된 가치관의 범람과 일에 지친 한국인들의 심리적·육체적 황폐화도 함께 가져왔다는 사실도 직시해야 한다. 지난 50년간의 급격한 경제성장은 우리 삶의 양상을 송두리째 바꾸어놓았다. 그러나 우리가 그토록 삶의 최우선 순위에 두었던 경제적 성취를 이루었는데도 양적인 성취에 비해 삶의 질적인 성취는 별로 이루어진 게 없다. 더군다나 빈부격차로 인한 상대적 박탈감, 저열한 가치관의 범람과 사회적 파편화 현상, 인성교육의 부재로 인한 사회적 불안과 갈등, 개발의 광풍으로 걷잡을 수 없을 만큼 파괴된 자연환경과 문화유산 등 잃은 것 또한 너무나 많다.

한국인들의 이런 성취가 '하면 된다'고 믿고 치열하게 일했던 그 근면성에서 기인한 것은 분명하지만, 한편으로 생각해보면 그토록 치열하게 자는 시간까지 아껴가며 일했는데, 이 정도도 못 산다면 그것 또한 과연 정상일까 싶다.

성적지상주의

서점에 진열되어 있는 책 제목들만 봐도 현재 한국이 얼마나 심각한 공부중독증을 앓고 있는지를 여실히 보여준다. 서점가에 가보면 『10대 꿈을 위해 공부에 미쳐라』 『20대, 공부에 미쳐라』, 『30대, 다시 공부에 미쳐라』, 『40대 공부 다시 시작하라』, 『공부하다 죽어라』, 『죽도록 공부해도 죽지 않는다』, 『공부하는 독종이 살아남는다』 등등의 지극히 자극적이고 극단적인 제목을 단 책들이 범람하고 있다. 책 제목들만 봐도 현재 한국 사회가 얼마나 심각한 공부중독증을 앓고 있는지를 알 수 있다.

학생들은 자나 깨나 공부하라는 말을 집이나 학교에서 귀에 못이 박히도록 듣는다. 심지어는 공부 중독을 추천하는 책들이 서점가에 범람하고 있다.

"집에선 잠만 재우세요. 죽을 때까지 시킵니다. 영어올인반, 수학올인반, 지옥훈련반, 수학귀신반" 등, 듣기만 해도 공포를 자아내는 무시무시한 구호들이 학원가에 만연하다. 주위의 이런 압박은 청소년들에게 견딜 수 없는 스트레스가 된다. 전국교직원노동조합 참교육연구소가 펴낸 「2014 어린이생활 실태조사보고서」에 따르면 부모에게서 가장 많이 듣는 말 1위는 "공부해라"(30.2%), 2위는 "숙제해라"(9.2%)였다.

한국은 세계에서 청소년들이 햇볕을 쬘 수 있는 시간과 운동량 및 수면시간이 가장 적은 나라다. 1년 내내 온갖 경쟁시험에 포위된 아이들에게 학교란 담장 없는 감옥일 뿐이다. 십대의 청소년들이 건강하게 땀 흘리며 뛰어놀 수 있는 시간이 없다는 것은 비극이다. 그러니 청소년들은 지겨운 일상을 잊기 위해 잠시도 스마트폰과 컴퓨터 게임에서 눈을 떼지 못하는 것일 테다. 자본과 권력의 폭력이 일상화된 한국 사회에서 입시경쟁에서의 낙오는 곧 사회적 낙오로 직결된다는 두려움 때문에 학부모나 학생들은 출구 없는 경쟁교육에 목을 매고 있다.

공부에 중독된 사회

육아정책연구소가 2017년 발표한 「영유아의 사교육 노출, 이대로 괜찮은가」란 보고서[2)]에 따르면 우리나라의 만 2세 아동과 만 5

세 아동의 사교육 비율이 각각 35.5%, 83.6%에 달했다. 즉, 우리나라 만 2세 아동 10명 중 3명, 만 5세 아동 10명 중 8명 이상이 사교육을 받고 있는 것이다. 한국의 아이들은 한 살 때부터 이미 학습경쟁을 시작한다. 원어민 수준의 영어 구사력을 갖추기 위해 갓난아기 때부터 영어노래, 영어동화 비디오나 테이프를 틀어주어 영어가 모국어처럼 습득되도록 한다. 그래서 영유아를 대상으로 하는 온갖 영어교육 프로그램들이 인기를 끌고 있다.

20~30개월 사이의 영아와 엄마가 놀이를 통해 영어를 익히는 '영어 베이비리그' 프로그램이나 16~30개월 사이의 영아를 대상으로는 '영어 까꿍놀이' 수업 등이 개설되고 있다. 영어동화 수업에서는 줄거리에 따라 미술이나 기타 활동을 하면서 영어를 익히고, 영어발레 수업에서는 영어노래를 따라 부르면서 발레의 스트레칭 동작을 배운다. 영어태권도(태글리쉬)나 영어체육(짐글리쉬)도 있다. 이런 정도이니 요즘은 어느 어린이집이든 영어 수업을 뺄 수가 없다. 결국 대부분의 어린이집이나 유치원들은 특별활동으로 영어 수업을 하고 있다. 서울에 사는 준수(가명)라는 아이의 일상을 살펴보자.

> 영어유치원에 다니는 준수(6세)는 오전 8시에 잠에서 깼다. 눈을 비비고 일어나서는 20분간 영어 문장을 외운다. 그 뒤 아침을 먹고 영어유치원으로 향한다. 준수는 오전 9시부터 오후 3시 15분까지 유치원에서 생활한다(토요일에는 오전 10시부터 오후 1시까지 영재연구원에 가서 공부한다). 유치원을 마치고 나면 피아노학원에서 피아노를 배운다(수/금은 중국어 개인교습과 축구교실이 있다). 집에 와서 오후 5시까지 유치원 숙제

2) 『연합뉴스』(2017.01.09).

를 한 후, 6시까지 영어스피킹 과외를 한다(목요일에는 수학학원에 간다). 오후 6시부터 7시까지 저녁을 먹고 나면, 8시 30분까지 엄마와 함께 영어동화책을 읽는다. 그렇게 하고 나면 자기 전까지 자유시간이다. 그리고 10시에 잠이 든다.

이것은 2014년 12월 30일 『오마이뉴스』에 「영어유치원 다니는 6세 준수의 고달픈 하루」라는 제목으로 실린 기사의 한 대목이다. 준수에게 죄가 있다면 그건 오직 영어가 모국어가 아닌 한국에 태어났다는 것이다. 준수와 비슷한 연령대의 핀란드의 아이는 어떻게 하루를 지내는지 비교해보자.

디자이너로 일하고 있는 엘리사의 공식적인 출근시간은 오전 10시. 하지만 출근시간을 자유롭게 선택할 수 있고 하루 8시간 근무 원칙만 지키면 되기 때문에 그녀는 아침 7시부터 오후 3시까지 일을 한다. 반면 아내보다 출근시간이 조금 늦은 남편 피에타리는 아들 오이바를 유치원에 데려다준 뒤 출근한다. 엘리사는 퇴근길에 오이바를 데리고 와서 저녁을 준비하고 그녀보다 한두 시간 뒤에 퇴근한 남편과 함께 온 식구가 식사를 한다.

집안일을 하는 것은 부부뿐만이 아니다. 이제 막 네 살이 된 오이바 역시 자신의 그릇은 직접 치운다거나, 장난감을 정리하는 일 등의 집안일을 하도록 가르치고 있다. 그래서일까 아이는 무척 독립적이다. 스스로 옷을 갈아입기 시작한 지도 오래되었고, 화장실도 혼자 가며, 욕조에 물을 받아주면 어설프지만 혼자 목욕을 한다. 물론 잠도 혼자 잔다. 부부는 아이에게 아직은 글도 가르치지 않고, 학원에도 보내지 않는다. 하지만 걱정은 전혀 없다. 엘리사와 피에타리는 핀란드 유치원을 완전히 믿기 때문이다. 오이바는 유치원에서 스포츠, 음악, 가까운 숲으로 가는 여행 등 다목적 활동을 하고 있으므로 다른 활동을 더 해야 한다는 생각은 해본 적이 없다. 학교에 입학하면 그때 아이의 관심사에 맞춰 취미 활동을 시작할 생각이다.[3)]

위의 대조적인 두 사례는 우리 한국인의 삶이 인생의 초반부터 얼마나 고달픈지를 극명하게 보여준다.

영국의 아동단체 '어린이사회'Children's Society가 발표한 「2015 행복한 아동기 보고서」"The Good Childhood Report 2015"[4)]에 의하면 한국은 불행한 어린이 비율이 9.8%에 달해 불명예스럽게도 15개국 중 1위를 차지했다. 위 조사기관은 영국 요크 대학교와 함께 2013~2014년 15개 국가의 8, 10, 12세 어린이 5만 3,000여 명을 대상으로 가족, 경제력, 교우관계, 학교생활, 지역 환경 등의 항목을 조사했다. 멀리 갈 것도 없이 세계에서 가장 공부시간이 긴 한·중·일 3개국 아이들의 일상을 비교한 연구에서도 역시 한국 아이들의 교육시간이 가장 길었고 수면시간이 제일 짧았다.[5)]

한국 어린이들의 일상은 어린이집, 유치원, 학원 등을 맴돌 뿐 야외에서 놀 수 있는 시간이 거의 없다. 하루에 무려 네다섯 군데의 학원을 다니기 때문에 하루의 대부분을 실내에서 보낸다. 집에 와서도 수많은 학습지를 끝낸 후에야 겨우 자유시간을 보낼 수 있는

---

3) 「핀란드에서 아이를 키운다는 것」, 『여성중앙』(2016년 1월호).
4) The Children's Society, "The Good Childhood Report 2015", http://www.childrenssociety.org.uk/sites/default/files/TheGoodChildhoodReport2015.pdf (2015.08.22).
5) 노유진, 「어린이가 불행한 나라, 韓 1위」, http://media.daum.net/life/living/wedding/newsview?newsId=20150820143859512(2015.08.22).

데 고작 텔레비전을 보거나 스마트폰을 만지작거리며 노는 경우가 대부분이다. 육아 전문가들은 과도한 사교육이 영유아기의 사회적·정서적 발달을 방해하고 불안, 우울, 공격성 등을 야기할 수 있다고 충고하지만 맞벌이 부부의 경우 퇴근 전까지 아이를 맡길 곳이 없으니 울며 겨자 먹기로 보낼 수밖에 없다.

2015년 통계청의 「2014년 생활시간 조사」 발표에 의하면 초등학생이 대학생보다 공부시간이 더 많았다. 고등학생이 가장 긴 8시간 28분이었고, 다음으로 중학생이 7시간 16분, 초등학생이 5시간 23분이었다. 그런데 정작 자기 전공 분야의 전문가가 되기 위해 가장 많이 공부해야 할 대학생은 가장 짧은 4시간 10분이었다. 대학생의 학습시간은 고등학생에 비해 반도 되지 않았다. 구체적으로 학원수강, 하교 후 자습 등이 포함된 '학교 외 학습시간'으로만 보면 평일에는 중학생이 2시간 40분으로 가장 많고 초등학생이 2시간 14분으로 바로 다음이었다. 초등학생들은 하교 후에도 온갖 과외수업을 받다보니 학업부담에 따른 '학교 외 학습시간'이 고등학생(1시간 52분)과 대학생(1시간 49분)보다도 많았다. 이것은 서구의 교육 시스템과는 완전히 반대다. 이병훈[6]의 교수법에 이른바 "3배수 법칙"이라는 것이 있다. 1시간 배운 것을 완전히 자기 것으로 소화하려면 혼자서 3시간을 공부해야 한다는 이론이다. 그러나 한국 학생들은 완전히 거꾸로 공부하고 있다. 그저 학교, 학원, 과외를 통해 배우기만 한다. 소화도 시키지 못하면서 계속 먹기만 하는 것과 같다.

필자는 캐나다에서 16년간 공부한 경험이 있다. 캐나다의 교육환경을 보면 초등학교에서 고등학교까지의 학생들은 월요일부터 금요

---

6) 이병훈, 『공부 잘하고 싶으면 학원부터 그만둬라』, 한스미디어, 2005.

일까지 수업시간이 오전 9시부터 오후 3시까지로 한정되어 있다. 우선 어릴 때는 마음껏 뛰어놀게 한다. 풍요로운 자연환경 속에서 각종 야외 활동과 스포츠, 취미 활동을 강조하면서 육체적·정신적 건강을 최고의 우위에 두는 시스템이다. 정작 본격적인 공부는 대학교 때부터다. 대학에 들어가면 성적이 부실하여 학점을 따지 못하면 전체 인원의 25~40%에 이르기까지 잘라낼 만큼 혹독하게 훈련을 시킨다. 일단 대학에 들어가기만 하면 어떻게든 졸업이 가능한 한국의 대학과는 근본부터가 다르다.

미국 국립수면재단에서 발표한 청소년 권장 수면시간은 하루 8~9시간이다. 인생에서 가장 에너지가 왕성한 청소년들이 최소 8시간을 자야 하는 이유는 종일 공부와 여러 가지 활동에 시달리느라 지친 뇌와 몸에 충분한 휴식을 줄 수 있어야 하기 때문이다. 잠을 충분히 자면 학습 기억력과 집중력이 높아진다. 그러나 질병관리본부가 조사한 한국 청소년들의 평균 수면시간은 중학생이 고작 6~7시간, 고등학생은 5시간대에 불과해 권장 수치와 큰 차이를 보인다. 현실이 그러하니 결국 고등학생의 69%는 잠이 부족하다고 느낄 수밖에 없고 이렇게 잠이 부족하게 된 이유를 52%의 학생들이 야간자율학습 때문이라고 생각한다. 한국의 교육시스템은 그 많은 시간 동안 오직 공부에만 집중할 것을 요구하지만 기대와 달리 청소년들은 오히려 스마트폰과 컴퓨터 게임과 소위 SNS라 불리는 소셜미디어Social media를 통한 잡담 등에 시간 가는 줄 모른다.

서구의 학교 풍경과 가장 대비되는 것이 한국의 수업 풍경이다. 한국에 교환학생으로 왔던 미국의 한 고등학생이 한국 고등학교의 교실 풍경을 이렇게 묘사한 바 있다.

> 몇 분 후, 그는 자기 뒤쪽에 앉은 아이들을 슬쩍 둘러봤다. 그리고 눈을 크게 뜨고 다시 봤다. 반 아이들의 3분의 1이 잠들어 있었다. 그냥 꾸벅꾸벅 조는 것이 아니라 머리를 책상에 박고 잘못을 저지르고 있다는 기색이 전혀 없이 푹 자고 있는 것이 아닌가. 여학생 하나는 아예 특별히 이런 용도로 디자인된 베개를 자기 팔에 끼우고 그 위에 머리를 얹고 자고 있었다. 미리 계획된 수면이었던 것이다 〔…〕. 수업이 끝나자 아이들은 잠에서 깨어났다. 10분밖에 되지 않는 시간은 일분일초가 아까웠다. 여학생들은 책상 위에 앉거나 뒤집어놓은 쓰레기통 위에 앉아 수다를 떨거나 전화로 문자를 주고받았다. 남학생 몇몇은 연필로 책상을 드럼처럼 때리며 놀았다.[7)]

필자가 직접 목격한 경기도 분당에 소재한 어느 고등학교 교실 수업 풍경에서는 3분의 1이 아니라 학생들 반 이상이 자고 있었다. 한국 수험생들의 만성피로는 말 그대로 하루아침에 나타난 증상이 아니다. 쉬고 싶어도 공부가 지상 최대의 과제이기에 집에서도 부모님 눈치 보느라 마음 놓고 쉴 수도 없다. 소위 "4당 5락", 즉 "네 시간을 자면 붙고 다섯 시간을 자면 떨어진다"는 구호 앞에 잠조차 마음껏 잘 수 없다. 자신보다 커다란 가방을 메고, 오후 내내 학원을 돌다가 파김치가 되어 집으로 돌아오는 아이들을 상상해보라.

몇 년 전 언론에서 고등학교 2학년의 60% 이상이 사실상 수학을 포기한 "수포자"라는 충격적인 조사결과를 발표한 적이 있다. 한마디로 주입식 암기형 수학교육이 낳은 결과다. 한국의 초·중등학생은 서구나 일본 등에 비해 수학을 훨씬 더 많이 배우고 있다. 예를

---

7) 아만다 리플리, 『무엇이 이 나라 학생들을 똑똑하게 만드는가 — 미국을 뒤흔든 세계교육강국 탐사 프로젝트』, 김희정 옮김, 부키, 2013, 90~91쪽.

들면 '입체도형의 모양'을 한국은 초등학교 1학년 때 배우지만 독일은 2·3학년, 핀란드는 2학년 때 배우는데, 이런 항목들이 23개가 넘는다. 특히 영국, 독일, 핀란드보다 한국이 더 먼저 배우는 항목들은 각각 38개, 30개, 24개나 됐다. 반면 미국, 일본, 싱가포르, 영국, 독일, 핀란드보다 늦게 배우는 항목은 5개뿐이었다. 한국 초등학교에선 약분과 통분을 배우지만 미국 초등학생들은 배우지 않는다. 중학교 수학도 다른 나라에 비해 배우는 시기가 이르고 분량도 많다. 중학교 수학 항목 60개 가운데 한국이 일찍 가르치거나, 한국에서만 가르치는 항목이 평균 17.5개로 29.2%에 이르렀다.[8)]

수학교육의 목적은 논리적·합리적 사고력을 함양하고자 하는 것인데, 우리나라 학생들은 이해가 안 되면 무조건 외워서라도 앞서야 된다고 생각한다. 개념 이해가 중요한 수학교육을 주입식·암기식 문제풀이로 끌어가고 있는 것이다. 우리나라 수학교육은 어릴 때부터 많은 시간을 들여 암기하고 엄청나게 많은 문제를 풀기 때문에 당장의 성적은 오르겠지만 수학에 대한 흥미는 갈수록 떨어질 수밖에 없다. 특히 높은 사고력이 필요한 고학년으로 올라갈수록 학습효과가 급격하게 떨어져 결국 포기하는 단계에 이르고 만다. 교육효과의 측면에서 보면 한국은 조사 대상 30개국에서 24번째로, 꼴찌 수준에 가깝다. 수업일수도 미국의 경우 1년에 180일인 데 비해 한국은 220일로 세계에서 가장 많이 공부를 시키지만 정작 교육의 효율성 측면을 보면 고개를 갸우뚱할 수밖에 없다.

한국은 학교도 속도전이다. 진도 나가기, 선행학습 등이 오랫동안 기승을 부려왔고, 예상문제 푸는 데는 뛰어나지만, 기본기인 언어 역량은 형편없다. 독일은 초등학교 입학 전 알파벳 선행학습이 금

---

8) 「사교육 걱정 없는 세상」, 6개국 수학교육과정 국제비교컨퍼런스, 2015.05.28.

지되어 있다. 따라서 1학년 땐 독일어 시간에 1년 내내 알파벳만 가르친다고 보면 된다. 오히려 알파벳을 미리 공부해 오면 교사가 무척 싫어한다. 물론 더하기와 빼기도 사전에 배워오면 안 된다. 독일의 초등학교에서는 교사들이 초등학교에 입학한 학생들의 학부모 회의 시간에 "절대 선행학습을 시키지 말아달라"고 부탁한다고 한다. 예를 들면 어린 학생들의 생각을 유도하기 위해 단계적으로 질문을 하려고 하는데 다른 아이들이 생각할 겨를도 없이 선행학습을 해온 학생이 질문에 즉시 정답을 말해버리면 교사의 의도된 수업 진행은 방해를 받고 다른 학생들은 생각할 기회를 잃어버리기 때문이다. 즉, 선행학습은 교사의 수업권과 타 학생들의 학습권을 동시에 침해한다는 이유로 간접적인 교권 침해로 간주된다. 1학년부터 2학년 1학기까지는 성적평가도 학생들의 점수나 석차를 매기지 않고 교사가 평소에 살펴본 각 학생의 강점과 약점만 적어준다. 어떤 식으로든 '엘리트주의'Elitism가 형성되는 걸 배격한다.

조금이라도 석차를 올리기 위해 대부분의 학생들은 학교와 학원 사이를 오고가는 끝없는 '수동적 반복'의 생활을 하고 있다. 강남의 한 스타강사는 이런 학습을 "마치 한강 유람선을 타고 같은 자리를 네 번씩 왔다갔다 하는 것과 비슷"[9]하다고 지적하면서 선행학습은 바로 "집중력 저하 훈련"이나 마찬가지라고 질타했다. 이런 수동적 반복은 우선 학습에 대한 흥미를 떨어뜨린다. 선행학습을 마친 학생들이 정규수업에 들어가면 이미 들은 내용이라서 수업에 집중할 수 없다. 곡식은 제때에 여물어야 맛도 좋듯이 지식도 또한 청소년들의 성장 속도에 따라 서서히 여물어야 한다. 그런데도 무작정 남보다 앞서야 한다는 강박이 선행학습을 부추긴다.

---

9) 이 범, 『우리교육 100문 100답』, 다산북스, 2012, 82쪽.

우리나라의 소득이 50년 전에 비해 급격하게 늘었듯이 청소년들의 체격도 과거와는 비교가 안 된다. 허우대도 이젠 거의 서구의 청소년들 못지않게 건장해졌고 의상도 말끔해졌다. 그러나 허우대에 비해 지극히 비인간적인 교육풍토에서 허덕이다 보니 정서적 황폐화나 심리적 건강이 심각하게 우려할 만한 시점에 와 있다. 특히 스트레스성 질환과 우울증을 경험하는 청소년들이 급격하게 늘고 있고 극단적인 경우 이것은 자살로 이어지기도 한다. 한국은 지난 11년간 연속해서 자살률 세계 1위를 기록하고 있는데, 그중의 대부분이 노인과 청소년이다.

청소년들의 삶의 질이 떨어지는 가장 큰 원인은 과도한 학업 스트레스 때문이다. 보건복지부에서 2008~2013년 동안 조사한 「아동청소년종합실태조사」에 의하면 아동들의 스트레스 수치는 계속 높아지고 있는 것으로 밝혀졌다. 9~11살 아동의 스트레스 수치(1.82→2.02)와 12~17살 아동의 스트레스 수치(2.14→2.16)가 모두 높아지는 추세다. 숙제와 시험, 성적 등 학업에 따른 압박감이 주요 원인으로 꼽힌다. 숙제나 시험 등 학업에 따른 스트레스는 많은 반면, 친구를 만나거나 취미생활을 즐길 여유는 거의 없고 심지어 수행평가를 준비하기 위해 줄넘기까지 과외를 받아야 하니 결국 아이들은 속으로 곪을 수밖에 없다.

한 신문기사[10]를 보면 서울 강남의 한 초등학교에 다니는 윤민구 군(가명 · 12)은 지난달 반 대항 축구시합 대표선수로 뽑혔다. 시합을 앞두고 친구들과 호흡을 맞추던 아들한테 윤 군의 엄마는 축구훈련은 물론 출전까지 금지시켰다. "쓸데없는 짓 하다가 다치면 안 된다"는 것이 엄마의 말이었다. 축구가 과연 쓸데없는 짓일까? 윤군

10) "아이들이 행복하지 않은 나라", 『한겨레신문』(2014.11.04).

은 "영어와 수학, 논술, 태권도 등 모두 네 개 학원을 다녀야 하니 시간이 없는 건 사실"이라고 말했다. 2013년 한국아동종합실태조사를 항목별로 살펴보면, 음악이나 스포츠 등의 정기적인 취미 활동을 하지 못해 부족감을 느낀다는 응답(52.8%)이 가장 많았다. "유엔아동권리위원회가 2011년 경쟁만을 강조하는 한국의 교육을 개선하라고 권고한 바 있는데 이번 조사를 계기로 아동의 '학업과 여가의 불균형' 문제를 중요 의제로 삼겠다"고 신문기사는 전하고 있다. 엄기호[11]는 요즘 한 반에 학생이 35명이라면 그중에 8명 정도가 정서적으로 고위험군이라고 주장한다. 이 8명은 주위로부터 끊임없이 감시당하며 그저 생물학적 생명을 연명해나가는 것이다. 2016년 여성가족부 청소년 통계에 따르면 초·중·고등학생 10명 중 7명(68.8%)이 학원, 과외, 학습지 등 사교육을 받고 있었고, 특히 한창 뛰어놀아야 할 초등학생들은 무려 10명 중 8명(80.7%)이 각종 사교육에 시달리고 있었다.

서양은 오히려 아동들의 놀이시간과 활동을 더욱 확대하는 추세다. 핀란드는 방과 후에 아이들이 맘껏 뛰놀 수 있도록 숙제를 아예 없앴으며, 영국은 교육과 놀이 기회를 공평하게 제공하기 위해 2008~2020년 장기 놀이정책 계획을 수립해 시행 중이다. 아동들이 어디서나 보다 더 안전하고 재미있게 즐길 수 있도록 놀이터와 공원을 확대하고 놀이 관련 전문 인력을 양성하고 있다. 또한 초등학교 평가기준에 놀이 영역도 포함시켰다. 프랑스 역시 학습량을 줄이고 여가, 취미, 스포츠 활동 시간을 확대하고 있다. 유엔아동권리협약 제31조는 아이들의 '놀 권리'를 보장하고 있다. 싱가포르도

---

11) 엄기호, 「망하는 교육은 '공동 운명' 〔…〕 당신 자녀는 안전합니까」, <10만인 클럽 특강 79회>.

"덜 가르치고 더 많이 배우게 한다"Teach less, Learn more 정책을 실시하고 있다. 교사가 가르칠 때 학생들에게 스스로 생각할 수 있도록 "20% 여백餘白"을 주라는 것이다. 그 여백으로 인해 학생 스스로 생각할 수 있는 힘이 길러지고, 창의력이 싹튼다.

유엔아동기금인 유니세프UNICEF가 2013년 선진국 29개국을 5가지 항목, 즉 물질적 풍요, 건강보건, 교육, 행동과 위험성, 주거환경 등의 기준으로 나눠 행복지수를 조사한 보고서에 의하면 세상에서 가장 행복한 어린이들은 네덜란드 어린이였다. 네덜란드 어린이들이 스스로 행복하다고 느꼈던 것은, 학업 스트레스가 없고, 밖에서 친구들과 노는 시간이 많으며, 아침을 꼭 먹고, 가족과 많은 시간을 보내기 때문이라고 했다. 세부적으로 보면 우리나라 학생 가운데 수면부족을 경험한 비율은 초등학생 24.4%, 중학생 37.6%, 고등학생 59.4%로, 학년이 올라갈수록 큰 폭으로 늘었고 과도한 학업과 스트레스 때문에 자살충동을 세 번 이상 경험한 '자살 위험 집단' 비율도 초등학생 5.6%, 중학생 6.5%, 고등학생 9.1%로 나타났다.

백화현 교사는 외국에서는 독서교육이나 도서관 활용을 어떻게 하고 있는지 알아보기 위해 서구의 여러 나라를 답사한 바 있다. 핀란드, 이탈리아, 독일, 영국, 미국 등 서구 선진국들의 여러 학교를 탐방한 후의 느낌을 그는 다음과 같이 묘사하고 있다.

> 학교 수업이 끝나면 학생들은 3시부터 6시 정도까지 3~5개의 클럽 활동들을 신나게 하고 있었다. 영화를 찍고, 악기를 배우고, 그림을 그리고, 스포츠클럽 활동을 하는 등 굉장히 다양한 분야의 특기 활동을 하고 있었다. 핀란드 같은 나라에서는 한 학급 20명 학생들을 두 명의 교사가 가르치고 있었고, 모든

교육 활동이 소그룹별로 이루어졌다. 도서관을 이용하여 자료를 찾고, 토론하고 보고서를 쓰고, 도서관의 다양한 도서와 매체를 이용할 수 있는 능력을 길러주는 활동을 통하여 학생들 스스로 정보를 조직하는 능력을 키워가고 있었다.[12)]

핀란드 학생들의 자기주도학습능력은 PISA에서 3회 연속 종합 1위를 달성한 바 있을 정도로 이미 검증되었다. 그렇다면 핀란드 학생들의 공부시간은 과연 얼마나 될까? 한국의 주당 공부시간은 OECD 평균인 35시간을 훨씬 넘어 50시간을 기록했지만 핀란드는 30시간에도 미치지 못한다. 핀란드 십대의 평균 학습시간은 한국 학생들의 거의 반밖에 안 되지만 오히려 학업성취도는 우리 학생들과 비슷하다면 우린 죽어라 아이들을 공부시키지만 실상은 엄청나게 비효율적인 공부를 시키고 있는 셈이다. 이건 심각한 사회적 낭비이기도 하지만 무엇보다 아이들의 정서적·인격적 성숙을 파괴하는 일이기도 하다. 그러니 유치원부터 고등학교에 이르기까지 아이들은 온통 공부에 짓눌려 주체할 수 없는 분노와 스트레스로 몸부림칠 수밖에 없다.

허울뿐인 교육강국

OECD는 2000년부터 3년 주기로 국제학업성취도평가PISA, Program for International Student Assessment를 실시해왔다. 지난 10여 년간 한국은 PISA의 전 영역(읽기, 수학, 과학)에서 최상위권을 맴돌았다. 최

12) 김광철, 「교실 혁명〔…〕독서모임에서부터 시작한다?」, 『오마이뉴스』(2014. 12.22).

근에 발표된 2012년 평가에서도 34개 OECD 국가 중 읽기와 수학은 5위, 그리고 과학도 7위에 올라 있다. 이런 국제적 평가의 결과를 보면 한국은 교육에 관한 한 최상위권에 있는 듯 보인다. 이런 성과는 미국의 오바마 전 대통령도 한국 교육을 본받자고 언급할 정도에 이르렀다. 오바마는 2009년 「혁신을 위한 교육 캠페인」에서 열성적인 한국 부모들의 교육열을 칭찬하였고, 2011년에 의회에서 행한 연설에서도 한국의 교사들을 "국가 건설의 역군"으로 묘사하면서 한국의 교육을 본받자고 말했다.

2012년 실시된 PISA에는 OECD 회원국 34개국, 비회원국 31개국 등 총 65개국의 만 15세 학생 51만 명이 참여했다. 한국에서도 무작위로 선정된 중3~고1 학생 약 5,201명이 평가에 참여했다. OECD 회원국 중 한국은 수학 1위, 읽기 1~2위, 과학 2~4위를 기록했다(OECD 비회원국을 포함하면 수학 3~5위, 읽기 3~5위, 과학 5~8위로 순위가 다소 처진다). PISA 2012년 결과는 예년과 크게 다르지 않았다.

세계 최대의 교육기업 피어슨Pearson이 처음 실시한 「세계 교육강국」 연구조사에서 핀란드는 1위, 한국은 2위를 차지했다고 영국 BBC[13]가 보도했다. 피어슨은 전 세계 초·중·고 교육시스템 평가보고서인 「글로벌 리그 테이블」에서 지난 2006년부터 2010년까지 ▲수학·과학·언어 등 기초학력 성적 ▲의무교육기관 졸업률과 대학진학률 ▲교육예산과 교육비 규모 ▲교사·학부모의 교육관 등을 종합적으로 평가했다. 3위는 홍콩, 4위 일본, 5위 싱가포르로, 상위 5개국 중 4개국이 아시아 국가들이었다. 피어슨의 교육담당 최고고문 마이클 바버 경Sir Michael Barber은 BBC와의 인터뷰에서 "상위권

---

13) "UK education sixth in global ranking", BBC NEWS, 27 November 2012.

국가의 특징은 첫째, 교사들에게 높은 사회적 지위를 부여하고 있으며, 둘째, 고유한 '교육문화'가 존재한다는 점"이라고 했다.

2014년 5월 8일 영국 BBC[14]는 한국이 교육강국 1위라고 보도했다. 뒤를 이어 2위가 일본, 3위가 싱가포르이고 2012년 1위였던 핀란드는 5위로 떨어졌다. 피어슨의 대표이사인 존 팔론John Fallon은 교육을 개선하는 데 가장 큰 주안점은 역시 교육에 얼마나 투자했느냐이며 한국을 비롯한 아시아 국가들이 상위를 석권하는 것은 그만큼 교육에 많은 투자를 한다는 것을 의미한다고 주장했다. 평가기준은 PISA의 국제 수학 및 과학경시대회International Mathematics and Science Study 그리고 국제 독해력경시대회Progress in International Reading Literacy Study 점수 등을 기준으로 평가했다고 밝혔다. 이하 도표는 2014년 기준의 상위 20개 교육강국 순위다.

순위	국 가	순위	국 가
1	한국(South Korea)	11	덴마크(Denmark)
2	일본(Japan)	12	독일(Germany)
3	싱가포르(Singapore)	13	러시아(Russia)
4	홍콩(Hong Kong)	14	미국(United States)
5	핀란드(Finland)	15	호주(Australia)
6	영국(UK)	16	뉴질랜드(New Zealand)
7	캐나다(Canada)	17	이스라엘(Israel)
8	네덜란드(Netherlands)	18	벨기에(Belgium)
9	아일랜드(Ireland)	19	체코 공화국 (Czech Republic)
10	폴란드(Poland)	20	스위스(Switzerland)

〔표 1〕 2014년도 기준 교육강국 20개 국가 순위

※ 출처: Pearson, <Economist Intelligence Unit>, 2014.

14) "UK 'second best education in Europe'", BBC NEWS, 8 May 2014.

한국 학생들의 학업능력을 보면 한국이 교육강국인 것은 확실하다. 그러나 세계적으로 권위가 있는 교육평가기관들로부터 이렇듯 좋은 인정을 받고 있는데도 정작 우리는 한국이 세계 최고의 교육강국이라는 결과에 어째서 선뜻 동의하기 어려운 것일까? 필자는 북미에서 공부했고, 한국의 교육현장에서도 오랜 세월 강의한 경력이 있으니 양쪽 사정을 헤아릴 수 있는 처지에 있지만 이런 평가 앞에서 혼란스러울 수밖에 없다. 무엇보다 교육강국 1위인 한국의 학생들이 14위 밖에 되지 않는 교육후진국(?)인 미국으로 몰려가 공부하고 있는 작금의 현실은 무슨 의미일까? 우리가 오바마 대통령의 칭찬에서 착각하지 말아야 할 것은 그가 그렇게 말한 이유가 한국의 교육시스템이나 역량이 정말로 미국보다 우월하기 때문이 아니라는 사실이다. 그의 칭찬은 미국의 공교육이 요즘 매우 부실해지는 것을 질책하면서 한국을 단순히 비교사례로 떠올린 일종의 정치적 수사에 불과하다.

미국은 지난 50여 년 동안 교육평가에 관한 한 대부분 실망스러운 결과를 얻었다. 그러나 여전히 세상에서 가장 창의적인 과학자와 기업가, 발명가를 배출해내고 있고 그 힘으로 세상을 선도해가고 있다. 무엇보다 미국은 세계에서 가장 많은 유학생을 유치하고 있는데 그 자체가 바로 미국 교육이 갖는 교육수준의 우수성을 증명하는 것이다.

영국 BBC 뉴스는 영국이 그동안 외국인 유학생을 유치함으로써 유학생들이 영국에 경제적, 문화적으로 엄청난 공헌을 했음을 이야기하면서, 그럼에도 불구하고 그러한 영국이 20위 안에도 들지 못했다고 호들갑을 떨었다. 그러나 이들의 비명은 그야말로 호들갑이다. 중국을 비롯하여 아시아의 수많은 중상류층 아이들이 아직도 미국·영국·캐나다·호주 등에 압도적으로 많은 수가 몰려가서 공부하고 있지 않는가. 또한 BBC에서는 아시아 국가들이 우수한 학업성취를 이룬 배경에는 "교사와 학교를 존경하는 문화와 교사, 학생, 부모의 교육에 대한 책임감" 등이 있다고 설명했다. 그러면서도 과연 한국 학생들의 탁월한 암기력이 오랜 관점에서 보았을 때 효력이 있을지 의구심을 표명했으며 동시에 창의력이나 문제해결능력이란 관점에서 보았을 때도 과연 이런 석차가 유효한지에 대해서도 역시 의문을 표시했다.

한국 교육의 탁월성을 확인하기 위해 한국을 방문하여 조사했던 아만다 리플리Amanda Ripley[15)]도 "한국의 '다람쥐 쳇바퀴'는 그것이 해결한 문제만큼이나 많은 문제를 만들어냈다. 기쁨이 없는 배움은 좋은 시험성적이라는 결과를 가져왔지만, 회복력이 좋은 탄력 있는 세대를 만들어내는 데는 실패했다. 그런 식의 끊임없는 공부는 오래갈 수 없다"고 직격탄을 날리면서 "한국 아이들의, 그 유명한 공부에 대한 열정은 대학 입학 후 극적으로 떨어진다는 연구결과도 나와 있다"고 지적했다.

한국의 현행 교육시스템은 기계적 훈련의 반복을 통해 문제 잘 푸는 기계를 만들어내는 데에만 전력투구하고 있다. 이런 식의 교육은 자기결정능력이나 창의력이 없는, 그저 공부하는 기계를 길러내는 것 그 이상도 이하도 아니다. 한국 학생들의 학업성취도는 핀란드에 이어 세계 2위였지만 학습효율화지수에서는 OECD 국가 중에서 핀란드가 1위인 반면에 한국은 24위에 머물렀다. 학습효율화지수란 PISA 점수를 학습시간으로 나눈 수치인데 이 수치가 이처럼 낮다는 것은 한국 학생들에게 자기주도적 학습능력이 매우 부

15) 아만다 리플리, 앞의 책, 303쪽.

족하다는 반증이다.

2012 PISA 결과를 보면 한국 학생들의 학습에 대한 흥미나 자신감은 내적 동기 58위, 도구적 동기 62위, 자아효능감 62위, 자아개념은 63위를 기록하여 전 세계에서 최하위권을 기록했다. 한국과 각축하는 핀란드는 학업 실력도 1위이지만 흥미도 역시 1위다. 흥미도 재미도 없는 공부를 세계에서 가장 오랜 시간 할 수 있는 것도 한국인의 특징이라 할 수 있는 '은근과 끈기'에서 나오는 것일까?

학습에 대한 자신감과 창의력이 떨어지고 책상 앞에 앉아 있는 시간에 비해서 성적은 너무나 저조하다. PISA 자료에 따르면 우리나라의 주당 학습시간은 49.43시간으로 OECD 평균(33.92시간)보다 무려 15시간이나 더 많다. PISA 발표에서 한국 학생들의 학업성취도가 늘 최상위권을 맴도는 것은 결국 학생들이 책상 앞에 앉아 있는 시간이 워낙 길어서 나온 결과일 뿐이다. 최하위권의 효율로 최상위권의 성취도를 기록했다는 의미는 투입한 시간과 노력이 임계치에 가까운 수준이라는 뜻이다. 결국 한국 학생들이 세계적으로 우수하다는 이야기는 역설적으로 한국 학생들이 세계에서 가장 미련하게 우수하다는 말과 다를 바 없다. 이렇듯 비효율적인 공부를 하면서 어떻게 급변하는 세상에 적응해갈 수 있을까?

핀란드 교육현장을 취재한 백화현 교사는 "핀란드 학생들은 수학조차도 토론을 통해서 공부를 하고 있었고, 공부가 재미있냐는 질문에 모두 다 재미있다는 반응을 보였다. 우리나라의 경우는 대부분 학교 공부시간에 잠을 자거나, 집중을 하는 학생은 3~4명에 불과했다. 공부가 재미있느냐는 질문에 35명 중 34명이 공부가 싫다는 반응을 보였다"[16]고 지적하고 있다. 더군다나 수학을 좋아한다고 답한 학생은 8%, 과학을 좋아한다고 답한 학생은 11%로, 조사 대상국 중 최하위의 수준에 머물렀다. 최근 연세대학교 사회발전연구소가 조사한 바에 의하면 한국 10대 청소년들의 '주관적 행복감'은 OECD 비교 국가 20개국 청소년들 가운데서 최하위였다고 한다. 한국 학생들의 학업성취도란 한마디로 빛 좋은 개살구 격이라는 말이다.

2012년 PISA 보고서에 따르면 미국은 읽기에서 17위, 과학에서 21위, 그리고 수학에서는 고작 27위에 그쳤다. 그동안 전 세계 영재들을 흡수해왔고 소위 교육산업에서도 최강국이라고 자부해왔던 미국도 PISA가 발표한 미국 학생들의 한심한 결과에 얼마나 충격을 받았는지는 오바마 대통령의 언급을 보면 짐작이 간다. 오바마 대통령은 2015년 7월 15일 오클라호마 주州의 한 고등학교에서 한 연설에서 "한국은 교사들에게 의사만큼 봉급을 주고, 교육(교사)을 최고의 직업으로 여긴다"[17]고 말했는데 이는 그의 한국 교육에 대한 현실 인식의 수준이 명확하지 않음을 보여준다. 이에 미국의 안 던컨Arne Duncan 교육부 장관은 "미국에 경종을 울리는 가혹한 진실이다. 세계에서 가장 우수한 교육을 받은, 가장 경쟁력 있는 노동력을 확보하려는 우리의 열망과도 크게 어긋난다"며 실망감을 나타냈다. 미국이 더욱 충격을 받은 까닭은 미국 학생들의 실력이 과학과 읽기 부문에서는 3년 전 평가 결과에 비해 나아지기는커녕 오히려 후퇴했기 때문이다. 1000점을 만점의 기준에서, 미국 학생들의 점수는 수학 481점, 과학 497점, 읽기 498점으로 세 과목 모두

16) 김광철, 「교실 혁명〔…〕독서모임에서부터 시작한다?」, 『오마이뉴스』(2014. 12.24).
17) 「美 오바마 "한국 교사, 의사만큼 봉급 받고 최고의 직업"」, 『조선일보』(2015. 07.17).

500점 아래로 나타났다. 2009년 평가와 비교하면 과학은 17위에서 21위로 떨어졌고, 읽기는 14위에서 17위로, 수학은 24위에서 27위로 처졌다.

미국의 학생 1인당 교육비는 세계 2위이니 이 결과로만 놓고 보면 세금을 내는 미국 시민들이 아이들 교육에 엄청난 시간과 돈을 낭비해왔다는 결론을 피하기가 어렵다. 그러나 이런 격차를 사회경제적 요인으로만 보기 힘든 이유는 경제적으로 미국보다 열악한 지역에 사는 베트남이나 에스토니아 혹은 폴란드가 수학 부문에서 미국을 앞질렀다는 사실이다. 이는 가난하다고 해서, 실습실이 없거나 교실에 최첨단 장비가 없다고 해서 학생들의 학업성취가 반드시 떨어지는 것이 아니라는 점을 방증한다.

미국 교육계 일부에서는 PISA 자체가 각국의 사회·경제적 환경이나 인종 구성의 차이를 감안하지 않기 때문에 지나치게 큰 의미부여를 할 필요가 없다고 주장한다. 스탠퍼드 대학 교육대학원의 마틴 카노이Martin Carnoy 교수는 『월스트리트 저널』과의 인터뷰에서 "정책 당국자들이 이번 평가를 가지고 종종 지나치게 단순화된 결론을 내리지만 사실 평가 결과는 해당국 교과과정이나 강의의 질에 대해선 아무것도 말해주지 않는다"고 지적했다. 저명한 교육정책 분석가인 다이앤 래비치Diane Ravitch도 "미국 학생들은 지금까지의 국제 평가에서 상위권 근처에 가본 적이 없고 때론 중간 이하까지 떨어진 적도 있다. 결국 이번 결과와 해당국의 국부 간에는 상관관계가 없음을 보여준다"라고 주장했다. 미국의 성적이 아시아와 유럽의 여러 나라에 비해 뒤떨어지는 것으로 나왔지만 여전히 미국은 세계 제1의 경제대국이라는 것이다. 다시 말해, 경제적 생산성과 PISA 성적 결과와는 상관관계가 없다는 것이다. 키이스 베이커

Keith Baker는 학업성적에 대한 이런 일방적인 결과가 인간의 삶의 질이나 민주국가의 여부와는 상관이 없다고 주장한다. 오히려 경제성장의 원동력은 창의력에서 나오는데, 그 반증으로 여전히 "특허권 비율을 따질 때 미국이 세계 최고"라는 점을 든다.

미국도 요즘 시대에 뒤떨어진 교육정책 때문에 아이들이 학교에서 상처받고 있다는 원성이 자자하고 성적지상주의에 매몰된 일부 학부모들은 초등학생 때부터 아이들을 사교육에 맡겨 비판이 일고 있다. 한국의 수능(대학수학능력시험)에 해당하는 미국의 '수학능력평가시험'SAT 성적을 올려준다는 사교육 시장이 수십억 달러 규모로 성장하고 있다. 미국은 빈부의 차이가 극대화된 나라여서 학군별로 걷히는 재산세가 공립학교의 재정을 지원하기 때문에 당연히 빈민층이 사는 학군은 재정이 열악할 수밖에 없다. 또한 극도로 열악한 빈민가의 생활환경에서 자란 빈민층 아이들은 가정에서 거의 방치된 상태이기 때문에 학업 중도 포기율이 한국과는 비교도 안 될 정도로 높다. 요즘은 학력 인플레도 심각하여 대학을 졸업해도 마땅한 일자리가 없어 대학원에 진학하는 사례도 나날이 늘고 있다.

앞에서 언급했듯이, 요즘 미국 사회에도 기존의 학습제도가 세상의 변화를 따라잡지 못하고 있다는 불만이 비등하고 있다. 구태의연한 학습방법에 대해 "오늘날 21세기의 학교는 1950년대 건물에서 1990년대 기술을 이용하여 1960년대 교과과정을 가르친다"[18]고 비판하며, 토드 로즈Todd Rose는 "지금 세상은 모든 것이 연결된 인터넷 시대이지만 학교는 여전히 농경시대에 머물러 있다. 더 이상 교육목표에 부합하지 않는다"[19]고 비난한다. 결국 나날이 떨어

18) 커스틴 올슨, 『상처 주는 학교 — 우리 교육의 희망과 대안을 찾아』, 노승영 옮김, 한울림, 2012, 101쪽.
19) 같은 책, 240쪽.

지고 있는 삶의 질을 미국인들도 실감하면서 미래의 안전을 위해 학교의 변화와 교육의 개혁을 요구하고 있다. 이런 충고는 현행 미국 교육계에만 적용되는 것이 아니라 바로 한국 교육계에도 그대로 적용된다. 본질은 미국의 학교교육 문제가 그대로 한국에서도 재현되고 있고 문제의 심각성이 미국과는 비교도 안될 만큼 악화되어 있다는 사실이다. 하긴 그동안 맹목적으로 미국 것이라면 모든 것을 그대로 모방했으니 문제 또한 그대로 답습하는 것이 하등 이상할 것이 없다. 다만 문제는 우리가 미국 교육의 실정이나 현실을 간과한 채 그저 겉껍데기만 베낀 교육행정을 실시해왔다는 것이다. 한국 학생들은 세계에서 가장 오랜 시간 공부하는 것 같지만, 정작 공부에 집중하는 학생은 극소수다. 대부분의 중·고등학교 교사는 교실에서 대다수 학생이 잠을 자고 있더라도 정해진 진도에 맞춰 공허하게 수업을 일방적으로 진행해갈 뿐이다. 또한 수업을 마치고 교무실에 가면 산더미처럼 쌓인 공문을 처리해야 한다. 그리고 교육과학기술부나 교육청이 소위 교육개혁안을 수시로 바꿀 때마다 그것은 곧 교사들에게 새로운 일감이 되어버린다. 이런 와중에 학생 개개인에게 신경을 쓰고 지도한다는 것 자체가 사치이고 새로운 수업방식을 연구하고 시도하려 해도, 그것이 입시에 도움이 되지 않으면 곧바로 교장이나 교감의 저지를 받는다.

미국 교육의 핵심은 바로 '핸즈온 융합사고력 교육'에 있다. 핸즈온hands-on이란 교과서 외에도 다양한 자료와 프로젝트 활동을 통해 공부를 놀이처럼 하는 방식을 뜻한다. 왜냐하면 융합사고력이란 과목과 과목의 경계를 넘나들며 하나의 주제를 종합적인 관점에서 공부하는 것을 뜻하기 때문이다. 수행평가, 서술형 시험, 논술, 스토리텔링 수학이 어려운 이유는 서로 다른 분야를 연결하고 분석해서 결과를 도출해야 하는데 융합사고력이 없으면 해결할 수 없기 때문이다. 융합사고력은 단순히 성적향상만을 지향하는 것이 아니라, 그것이 아이의 평생 실력이 될 수 있도록 도와준다. 살아가면서 크고 작은 문제에 부딪쳤을 때, 자기가 배운 다양한 지식을 연결해서 해결책을 찾아내는 훈련을 하는 것이다.[20] 융합교육이란 과목 간의 융합뿐 아니라, 이론적인 지식과 일상과의 융합을 의미하기도 한다. 수업의 교과과정도 위에서 일방적으로 지시하는 획일적인 집행이 아니다. 교사의 수업평가와 교과과정 구성에 따른 창의적인 수업계획안 등 교사 개개인의 자율적인 참여도와 권한이 한국과는 비교도 안 될 만큼 높다.

'아비투어'Abitur는 독일이나 핀란드의 2차 교육(한국의 고등학교 과정)을 마칠 때 치르는 일종의 고등학교 졸업자격 시험이다. 아비투어의 공식 명칭인 'Zeugnis der allgemeinen Hochschulreife'는 '대학입학종합자격' 또는 '고등교육 전체적 원숙도 자격'으로 번역될 수 있다. 그런데 독일의 아비투어는 과목당 3~4시간에 걸쳐 장문의 글을 써내는 방식이다. 하루 만에 모든 시험을 끝내는 한국의 수능시험과는 달리 며칠에 걸쳐 글쓰기 시험을 본다. 독일이 세계적 강국이 된 비결은 학생들에게 끊임없는 독서와 토론과 글쓰기를 결합한 창의적인 교육을 시킨 데에 있다. 프랑스의 대입시험인 '바칼로레아'Baccalauréat도 논술 및 철학시험이 필수이며 여러 날에 걸쳐 시험을 치른다. 캐나다도 학생들에게 일기 쓰기를 권장하며 교사들은 학생들의 일기와 문법을 수시로 검토한다. 따라서 학생들은 우리나라의 논술과 같은 에세이를 별도의 과외 등을 받지 않고도 어

20) 심미혜, 『하루 20분, 미국 초등학교처럼 — 가르치지 않는다. 외우게 하지 않는다. 반드시 답을 찾게 한다』, 센추리원, 2014, 76~81쪽.

릴 때부터 쓸 수 있는 실력을 쌓을 수 있고, 정답이 아니더라도 문제에 대한 생각을 논리정연하게 표현하는 습관을 들임으로써 자신의 생각을 명확하고 논리적으로 표현할 수 있는 실력을 쌓을 수 있다. 영국, 호주, 미국 등 모든 선진국에서는 글쓰기를 매우 중시하고 이를 자격평가에 반영한다.

한국 근대 교육의 기본 구조는 미국과 일본의 것을 그대로 답습해왔다. 대학입시를 결정하는 수능도 미국의 SAT를 그대로 모방했고 비교과 영역을 학생선발에 적용하는 입학사정관제도 실은 미국의 것을 그대로 모방한 것이다. 또 한편 교육과정이나 학교체계, 국가의 교과과정에 대한 강력한 통제, 주입식 교육, 무엇보다 대학입학에 대한 치열한 선발경쟁 등은 일본의 제도를 그대로 답습했다.

리플리는 PISA를 비롯한 각종 지표를 통해 미국이 교육열등국임을 뼈저리게 인식한 후 이에 대한 해답을 찾기 위해 OECD 국가 중 PISA 평가에서 상위를 차지한 국가들의 교육환경과 사회적 배경을 탐구했다. 그녀는 이들 국가들의 현장을 방문하고 수많은 교육관계자들과 이곳에 교환학생으로 간 미국 학생들의 생생한 체험담을 듣고 설문조사를 실시하는 등 다각도로 심층취재했다. 그녀는 결론적으로 가장 똑똑한 아이는 교육의 질을 스스로 판단할 수 있는 식견을 가진 학부모에게서 나온다고 말한다. 그리고 교육강국의 학부모들은 모두 "엄격한 교육이 자녀들의 삶을 향상시키는 데 중요하다"는 데 동의했다고 한다. 루소가 그의 저서 『에밀』에서 "자식을 불행하게 만드는 가장 확실한 방법은 언제나 무엇이든지 손에다 쥐어주는 것이다"라고 한 말을 상기시킨다.

리플리는 교육강국인 핀란드, 한국, 폴란드 역시 수많은 문제를 안고 있고 아직 미완성이라 할 수 있지만, 앞으로 무엇이 가능한지를 보여주는 사례라고 할 수 있다고 말한다. 교육에 대한 확고한 기준을 가지고 있는 부모와 교육의 중요성과 가치를 이해하는 정부의 노력과 투자 그리고 수준 높은 교사의 역할이 삼위일체가 될 때 비로소 세계적인 교육강국이 탄생한다고 역설한다. 그녀는 아이, 부모, 교사 모두가 좋은 교육을 받는 것을 삶의 가장 중요한 가치로 여기는 한국인 특유의 교육열에 놀라움을 표한다. 또 부모나 사회가 아이의 목표치를 높게 형성해주고, 아이 역시 자신의 수준을 높이려고 노력하는 것을 한국 교육의 경쟁력으로 꼽았다. 그렇지만 정작 그녀는 과열된 한국 교육열의 이면에 도사리고 있는 문제점의 근본 원인이나 핵심을 짚어내지는 못했다. 과열된 교육열과 연계된 한국인들의 인생관과 가치관을 그녀가 한 번의 방문으로 파악한다는 것은 불가능한 일이었을 것이다.

학습에 대한 흥미도 없고 폐쇄적인 공간에 갇혀서 억지로 공부하는 학생들에게 무슨 자율성이나 창의력을 기대할 수 있을까? 스스로 공부할 수 있도록 만들어야 하고, 적어도 억지로 공부를 시키지는 말아야 한다. 학생의 자율성과 자발성을 기반으로 한 새로운 교육과정을 창의적으로 끊임없이 실험하지 않으면 만년 교육후진국으로 남을 수밖에 없다. 교육강국의 모델인 핀란드도 우리처럼 별다른 자원이 없고 기후마저 매우 불순한 땅이다. 그래서 핀란드나 한국이나 유일한 자원인 사람의 생산성을 재생산할 수 있는 교육에 중점을 두고 있고, 그런 교육이 나라의 미래를 결정한다는 가치에는 양국이 일치한다.

한국은 투자하는 시간에 비해 노동의 생산성이 낮듯이 학생들 역시 세계에서 가장 긴 시간의 학습에 시달리고 있으면서도 정작 그 효율성은 너무나 낮다. 2014년 프랑스의 공중파 방송국 '아르

떼'Arte의 <28분>이라는 시사 프로그램은 한국 학생들의 학업 수준이 세계 최고 수준이라고 추켜올렸다. 그러나 이내 "학습에 대한 스트레스와 믿을 수 없는 자살률 속에서 만들어낸 세계 최고의 일등학생들"이라고 비아냥거렸다. 이들의 지적대로 한국은 세계에서 학생들의 학습시간이 가장 긴 나라다. 학습시간만 긴 것이 아니라 가장 많은 사교육비를 쓰고 있는 나라다. 그런데도 실상 우리가 걷어들인 수확은 그동안 쏟아부은 노력과 시간에 비하면 너무나 초라하다. 우리가 이렇게 정신 나간, 그래서 외국에서 보기엔 영락없이 미친 교육을 하는 동안 청소년들은 속절없이 병들어가고 있다. 인생에서 가장 혈기방장한 시기를 지나는 청소년들이 매일매일 지겨운 일상 속에서 견딜 수 없는 스트레스와 고통을 호소하고 있지만 정작 교육혁신은 공허한 구호로만 맴돌 뿐이다. 우리는 이제 기왕의 학습체제가 전면적으로 재검토되어야만 하는 절박한 시점에 서 있다.

학생들의 응용력, 사고력, 비판력, 창의력을 키우려면 수업 내용만 바뀌어서는 안 되고 학생들의 능력을 평가하는 방식 자체가 혁명적으로 바뀌어야 한다. 객관식 시험이 "4개의 답을 보여주면서 그중에서 정답을 찾아내라"는 것이라면 주관식 시험은 "돌이라는 재료를 줄 테니 원하는 조각상을 조각해보라"고 하는 것과 같다. 어떤 시험이 학생들의 응용력, 사고력, 창의력을 키워줄 수 있을지 그 대답은 자명하다. OX형이나 사지선다형 시험의 문제점은 흑백론적 사고를 유발하여 어느 하나만 옳고 나머지는 모두 그르다는 독선적 가치관을 형성시킨다는 것이다. 다양성이 강조되는 현대 사회에서 창조적이고 건설적인 중지를 모으기 위해 필요한, 대화하고 타협하는 능력은 길러질 수가 없다. 물론 객관식 시험은 교사가 채

점하는 데 훨씬 더 편하지만 주관식 시험은 일일이 꼼꼼히 읽어봐야 하기 때문에 채점이 어렵고 또 시비가 붙을 위험도 그만큼 많다. 이런 문제를 해결하려면 학급당 학생 수도 줄여야 하고, 그만큼 교원을 더 많이 충원해야 하지만 우선 학생들의 창의력과 사고력을 연마하려면 OX형이나 사지선다형 객관식 시험은 시급히 폐지되어야 한다.

학벌주의와 수저계급론

"능력 없으면 니네 부모를 원망해. 돈도 실력이야"라는 최순실의 딸 정유라의 페이스북 게시글은 한국 사회가 가장 예민하게 반응하는 대학입시와 시중에 유행하고 있는 "금수저, 흙수저" 논란을 동시에 건드린 말이었고 급기야 성난 민심을 폭발하게 만들었다. 신분제가 사라진 지 한 세기가 지났지만 아직도 이 사회에 엄연히 도사리고 있는 비뚤어진 차별의식이 뜨거운 논란을 불러일으키고 있다.

서열화는 대학을 넘어 이젠 같은 대학 안에서조차도 기승을 부린다. 취업률이 높은 학과와 그렇지 않은 비인기 학과, 입학전형 종류에 따라, 그리고 캠퍼스별로 소위 '클래스'가 나누어지고 있다. 학생들 간에 "수시충" "기균충" "지균충" "분캠충"이라는 말이 공공연하게 쓰이고 성적, 학과, 캠퍼스를 기준으로 자신보다 낮은 성과를 이룬 학생을 무시하거나 조롱하는 것이 당연한 권리처럼 확산되고 있다.

소위 "SKY, 서성한, 중경외시, 건동홍, 국숭세단〔…〕"이라는 괴상한 글줄을 고등학생들과 대학생들이 마치 주문이라도 되는 양 줄

줄 외우고 있다. 해외에 나가면 아직도 대부분의 외국인들은 한국의 명문이라는 소위 'SKY'를 인지조차 못한다. 서울대가 최근 세계 100대 대학 안에 들었다고 자랑하고 있지만 그런 지표가 상승했다고 해서 당장 세계적인 명문 대학 안에 들어가는 게 아니다. 마치 졸부가 갑자기 상류사회에 진입할 수 없는 것처럼 갑자기 논문 편수가 늘어났다고 해서 당장 명문 대학으로 취급받는 것은 아니기 때문이다. 명성이란 오랜 세월에 걸쳐 쌓아올려지고 그 이름이 점차 사람들 뇌리에 인식되어 가기 시작하면서 만들어지는 것이다. 더군다나 졸업자나 재학생이나 도무지 노벨상 수상자가 단 한 명도 나오지 않는 그런 대학을 세계적인 명문 대학이라고 할 수 있을까? 서울대의 결정적 약점은 명문 대학 평가요소의 30%를 차지하는 노벨상 및 필즈상 수상자 부문에서 0점을 받고 있다는 점이다.

어릴 적부터 자기보다 가난한 집 아이들과는 함께 놀지 못하게 하고 학교에서도 성적에 따라 우열을 나누다 보니 대학에 입학하기 전부터 이미 아이들의 머리는 특권의식으로 굳어버렸고 동료들과 따뜻한 유대감도 느끼지 못하는 냉혈한이 되어버렸다. 한 시대를 같은 공간에서 살아가면서도 마치 물과 기름처럼 섞일 수 없다면 과연 그들이 살아갈 미래의 한국 사회는 어떤 모습일까. 우리 사회가 선진화되려면 다원화 사회로 가야 하는데 이런 식의 폐쇄적·수직적·수구적 사고방식으로는 미래 사회의 발전을 기약할 수 없다. 21세기 한국의 젊은이들이 이런 고리타분한 생각을 한다는 것 자체가 시대착오적이다. 자신의 혈통이나 신분이 대단히 고귀하다고 믿는 것을 혈통망상 혹은 신분망상이라고 한다. 자신이 본래 뼈대 있는 집안의 자손이라고 으스대는 사람이나, 명문 학교를 졸업했으니 또는 국가고시에 합격했으니 자신이 대단히 고귀한 존재라고 믿는 사람이나 모두 신분망상병 환자임에는 틀림없다.

인간은 사회적 동물이라서 반드시 사회적 관계를 형성한다. 그러나 그 관계가 수직적·획일적 관계를 형성하고 있다면 그건 아직도 왕조시대의 유산인 구시대의 패러다임에 갇혀 있다는 것을 의미한다. 민주사회에서는 수평적으로 다원화된 인간관계를 지향한다. 따라서 이 시대의 인간관계는 상대방을 억압이나 지배의 대상으로 보지 않고 상호 협력의 관계를 지향한다. 그런데도 아직 우리는 매사 서열순으로 수직적인 줄을 세운다. 성적순부터 시작해서, 출신 학교, 연봉, 아파트 평수, 영어 실력 등으로 매사 순위를 정하고 상대방 위에 군림할 생각만 한다. 그러니 아이들도 부모와 주위 어른들로부터 듣고 배운 대로 만사를 남과 비교하고 좀 더 앞서기 위해 피 말리는 경쟁을 계속한다.

중고교 평준화 정책 때문에 영재들이 자기 역량을 발휘할 수 없다는 우려가 있었다. 그래서 교육기관의 수평적 다양화를 촉진시키기 위해 영재학교, 특목고, 자사고 등이 설립되었다. 그러나 애초의 목표와는 다르게 교육기관의 수직적 서열화를 또 다시 만들어냈다. 애초에 의도했던 '평준화 교육'은 이미 실종되어 버렸고 부유층 부모들이 가진 정보력과 재력을 바탕으로 쌓아올린 실력과 소위 "스펙"을 통한 학교교육의 재편이 이루어졌다. 특수층 아이들은 유치원 시절부터 부모나 심지어는 조부모의 재정 능력에 따라 분리되어 자라나고 있고 비싼 유치원 입학이 엘리트 인맥으로 이어지면서 학벌주의가 유치원까지 내려왔다는 이야기가 들린다. 명문 학교에 집착하는 이유는 부와 권력이 학력순이라고 믿기 때문이다. 일류학교 학벌이 미래의 일류신분을 보장한다는 맹신이 과열 경쟁을 넘어 이젠 이성을 잃어버린 경쟁에 이르고 있다. 영재학교-특목고-자사고식의 서열화는 초등학생부터 사교육에 미친 듯이 내몰았고 결국 한국의 사교육비 규모는 OECD 국가들 중에서 1위 자리를 차지하게 되었다.[21]

2013년 3월, 경기도 양주에 사는 한 학생이 "제 머리가 심장을 갉아먹어 이제 더 이상 못 버티겠어요"라는 글을 남기고 목숨을 끊었다는 기사가 인터넷에 올라왔다. 이 아이는 전국에서 서울대를 가장 많이 보낸다는 지방 명문 사립고 재학생이었다. 입학 당시 450명 중 150등 정도에 머물렀던 그 학생은 자살하기 2주 전 치른 수능모의고사에서도 인문계 1등을 차지할 정도로 놀라운 성취를 이뤄냈다고 한다. 하지만 과도한 성적 압박은 성실한 아이를 결국 죽음으로 내몰았다. 더 비극적인 사실은 학교가 그 아이의 죽음을 마치 없던 일처럼 은폐하려고 했다는 사실이다. 피를 말리는 경쟁의 연속이 낳은 비극이다.

시민단체인 <사교육 걱정 없는 세상>이 밝힌 내용을 보면 경북 ㄱ초등학교의 3학년 학급에서는 정기시험 성적이 나오는 날마다 급식 받는 순서가 바뀐다고 한다. 시험 점수가 1등인 아이부터 꼴등인 아이까지 줄을 서서 차례로 급식을 받는데, 성적이 하위권인 ㄴ군은 거의 1년 내내 맨 꼴찌로 밥을 먹고 있다. 남녀공학인 ㄹ고에는 전교 50등까지만 들어갈 수 있는 '유리부스' 자습실이 있다. 안에서 공부하는 모습이 그대로 보이고 자습실 책상도 전교 석차순이다. 학생들은 이 유리부스 안에 들어가는 아이를 선망의 대상으

---

21) 한국의 사교육 지출비는 월 평균 22.2만원으로 OECD 국가들 중에서 GDP 대비 지출 비용이 무려 세 배에 이른다. 한국 사교육의 메카라 할 수 있는 서울 강남구는 월 평균 114만원이고 약 8% 정도의 가구는 평균 1인당 5천만 원의 유학경비를 들이면서 아이를 유학 보내고 있는 것으로 나타났다. 백일우·김명희, 「세계 사교육시장 정책동향분석」, 『비교교육연구』, 23권 6호(2013).

로 바라보며 "유부남"(유리부스에서 공부하는 남자) 혹은 "유부녀"라 부르기도 하는 것으로 알려졌다. 경남 ㅁ고는 학교 도서관 좌석에 30여 명의 이름표를 붙여 지정좌석제를 운영하고 있다. 기숙사도 성적순 배정이라 집이 멀어도 성적이 안 되면 학교 근처에서 자취하며 학교에 다녀야 한다. 울산 지역은 평준화 지역인데도 이 지역의 모 고등학교는 전교 30등까지만 학교 기숙사를 이용할 수 있으며, 논술 등 학원강사의 특강이 제공되고 기숙사에만 에어컨이 가동된다고 한다.

2014년 충남교육청이 입수한 이 지역 「인문계 고교 기숙사 운영실태 보고서」를 보면 조사대상 15개 고교 중 7개 학교가 '성적 하락 학생을 강제로 퇴사시키는 규정'을 두고 있었다. 이밖에도 성적 중심으로 기숙사 입사생을 뽑는 학교는 조사대상 15개 고교 가운데 14개교였고 어떤 고등학교들은 공부 잘하는 학생과 그렇지 못한 학생의 방을 따로 배정했다. 충남의 기숙형 고등학교인 ㄷ고에서 작성한 「2014학년도 봉황학사 입사자격 및 선발기준」이란 문서를 보면, 이 학교는 전체 석차 50% 이내인 학생만 기숙사에 입사시키고 있다. 이 문서는 "운영중점" 항목에서 "전체 석차 50% 이내인 학생만 입사 가능"하다면서 "성적이 50% 이하인 학생은 충원하지 않는다"고 못 박았다. 이 학교가 성적을 판단하는 기준은 국영수 내신 성적과 이전 학년의 국영수 모의고사 점수다. 역시 충남 기숙형 고등학교인 ㅌ고는 성적에 따라 학생들을 나눈 뒤 기숙사 동과 층수를 따로 배정하고 있다. 이 학교는 A·B·C동 등 모두 3개 기숙사 건물이 있는데 A동에는 성적이 우수한 남학생 48명만을 입실시키고 있다. B동에는 성적 하위권인 남학생 72명을 배정했다. 여학생용 기숙사인 C동의 경우에도 2층에는 성적 우수 학생을,

3~4층에는 성적이 우수하지 않은 학생을 각각 배정했다.

이 지역 한 고교 교사는 결국 이런 식의 기숙사 배정은 "협동을 가르쳐야 하는 학교에서 공부 못하는 놈과 상종도 말라고 가르치는 격"이라고 비판했다. 국가인권위원회법은 제2조에서 "교육시설 이용과 관련하여 특정한 사람을 우대·배제하거나 불리하게 대우하는 행위는 '평등권 침해의 차별행위'다"라고 규정하고 있다. 하병수 전교조 대변인은 "충남뿐만 아니라 대전과 광주 등 전국 상당수의 고교 기숙사가 입시교육을 위한 기숙형 학원 노릇을 하다 보니 석차순에 따라 학생을 차별하고 있다"면서 "교육 공간인 학교 기숙사만큼은 입사와 퇴사에서 학생의 장거리 통학과 가정형편 등 교육적 기준을 앞세워야 할 것"이라고 지적했다.[22)]

세상 어디나 명문 대학이 존재하는 만큼 대학 간 서열이 존재하고 이에 따른 인맥과 학맥이 조성되기 때문에 학벌이 아예 없을 수는 없다. 그러나 우리나라처럼 1등부터 꼴등까지 철저하게 줄 세우는 나라는 찾기 힘들다. 더구나 서구사회에선 학력만 따지는 게 아니라 학업 외에도 해당 분야에서의 경력과 추천서가 입사를 결정하는 데 매우 중요한 평가척도가 된다. 해당 분야에서의 경력과 업무 적합도를 엄정하게 따지는 서구와는 달리 무턱대고 좋은 대학을 나왔다는 이유만으로 좋은 직장과 직급을 독차지하는 일이 한국 사회에는 아직도 만연하다. 결국 학벌에 따른 사회적 불이익이 거의 영구적인 영향을 미치기 때문에 무슨 일이 있더라도 우선 명문대에 입학하고 보자는 치열한 경쟁이 교육광풍을 부채질할 수밖에 없다. 교육광풍으로 인해 전 국민이 심각한 피해를 입는 상황에서 대학의

---

22) 윤근혁, 「"31등 이하부터 기숙사 나가" 무서운 고교들」, 『오마이뉴스』(2014. 11.11).

서열화는 저주일뿐, 축복이 아니다.

2014년 11월 13일 전국 1,200여 개 고사장에 꾹꾹 눌러앉은 65만 명의 수험생, 이들을 둘러싼 기이한 국가적 침묵hush을 영국의 일간지 『데일리 메일』*Daily Mail*은 "만일 당신이 시험에 대한 압박 때문에 불평한다면, 잠시 한국 학생들에 대한 동정의 시간을 가져보길 바란다"고 보도했다. 한국에서 수십만 명의 인생을 결정하는 시험이 진행됐다며 대입수학능력시험을 둘러싼 한국 사회의 기이한 모습을 조명한 것이었다. 이른 아침 수험생들에게 길을 양보하기 위해 정부와 공공기관, 대부분 기업들은 이날 출근시간을 한 시간씩 늦추고, 증시證市도 평소보다 한 시간 늦은 오전 10시에 개장했으며, 고사장 입구 200미터 전부터 차량 운행이 통제되고, 특히 영어듣기 평가가 치러지는 35분 동안은 민간 항공기 이착륙이 금지되며, 전투기 운항 등 군 훈련도 통제되는 현상을 전했다. 이 모든 풍경이 서구인들에게는 신기하게 보인 것이다. 수험생들에 대한 이와 같은 거국적인 '배려'(?)는 사실 학생들에 대한 사회적 압박을 상징하기도 한다. 수능시험장에 들어가는 학생들을 보면 마치 도살장에 끌려들어가는 가축들의 행렬을 보는 것 같다. 긴장이 극에 달하여 시험을 치기도 전에 울기부터 하는 학생도 있다. 이제 겨우 열여덟 살 밖에 안 된 청년들이, 파랗게 긴장한 얼굴로, 마치 죽을지도 모르는, 아니 죽을 가능성이 높은 전쟁터로 끌려가는 듯 죽을상을 하고 있다.

이상하게 수능 날만 되면 날씨가 추워져서 "수능한파"라 일컬어지는 날씨는 이 아이들의 미래에 닥쳐올 한파를 예고하는 듯하다. 아이를 수능이라는 전쟁터에 내보낸 부모들은 밖에서 온갖 신을 찾고 간절한 염원을 담아 지극한 기도를 올린다. 시작 종소리가 울리면 아이들의 미래와 가능성에 비해 너무나 하찮고 지엽적인 시험 문제가 홍수처럼 쏟아진다. 단편적이고 부정확하고 사소한 시험 문제들이 수십만 아이를 줄 세우고 0.1점 단위로 끊어낸다. 그렇게 끊겨나간 수많은 아이들은 미처 피지도 못하고 져버리는 꽃과 같다. 실패하면 이류, 삼류라는 주홍글씨가 평생의 낙인처럼 따라다닌다.

2015년 KBS <명견만리: 교육의 미래 2편, 어떻게 생각의 힘을 키울 것인가?>에서 보여준 수능의 영어시험 결과를 보면 어안이 벙벙하다. 한국어학당에서 공부하고 있는, 영어를 모국어로 사용하고 있는 학생들에게 한국의 수능 영어를 풀어보게 했더니 모두 맞춘 학생은 16명 중 1명, 그중 5명은 한 문제도 못 맞추었다. 언어영역에서는 최승호 시인의 시를 토대로 문제가 출제되었는데, 원저자도 그 문제를 풀지 못했다. 이런 희한한 상황은 교육청이 정한 정답과 시인이 고른 정답이 다르기 때문에 일어난 일이다. 원저자도 풀지 못하는 문제를 출제하는 것이 한국의 수능시험이다.

한국의 입시지옥과 취업지옥은 사람이 자식을 낳겠다는 본능마저 주저하게 만드는 지경에 이르렀다. 입시지옥의 근원은 대학의 서열화다. 입시지옥에서 승리한 소수가 우리 사회에 기여한 것도 적지 않을 것이다. 그러나 그들이 기여한 것보다 몇 배, 몇 십 배의 다른 잠재력을 가진 인재들이 변방으로 밀려나 사라지고 있다는 점이 중요하다. 일본은 노벨과학상 수상자의 절반이 지방대 출신들이다. 심지어 지방대 출신으로 석사학위도 없는 사람이 노벨화학상을 탄 적도 있다. 2014년 노벨물리학상을 탄 일본인 3명 중 2명도 지방대 교수다. 이것이 바로 "지잡대"로 평가절하 당하는 한국 지방대와 일본 지방대의 차이다.

30여 년 전만 해도 지방의 국립대는 서울의 주요 대학들에 견줘 별로 뒤지지 않았지만 이젠 하늘과 땅의 차이다. "지잡대", 즉 "지방의 잡다한 대학"이라는 조롱은 사회적 편견과 차별을 고착시킨다. 지방 국립대의 한 교수는 "학생들이 자기 인생에 미리 한계를 긋는다. 정말 이래도 되는 것이냐"고 한탄한다. 어쩔 수 없이 지방대를 간 아이들도 일단 입학만 하고 그 후에는 어떻게든 편입시험을 치러 수도권 대학으로 진입하려고 한다. 교수들도 저출산에 따른 대학구조조정으로 지방대들이 언제 문 닫을지 모른다는 불안감에 어떻게든 수도권 대학으로 진입하려고 한다. 그래서 교수 사회에서 천안 밑으로는 가지 말자는 농담까지 있을 정도다. 수도권 분기점을 천안으로 본 것이다. 대학교수 또한 재임용과 연봉제란 덫 때문에 정량적 성과목표치를 채우기 위해 전력투구해야 하고 연구비를 얻기 위해서 좀 더 첨단의, 유행하는 이슈만을 좇는다. 정작 연구비를 얻어도 일정 기간 안에 성과물을 내놓아야 하고 자신을 정량적 숫자로 증명해야 하는 압박에서 전전긍긍해한다. 일본처럼 자신만의 연구 목표를 향해 차분하게 매진할 수 있는 연구 환경이 전혀 아니다.

한국에서는 일부 명문 대학 외엔 별로 인정해주지 않기 때문에 대다수 학생들은 사회진입을 하기도 전에 이미 좌절감에 시달린다. 현재 한국의 고교 교실에서는 학생의 절반이 매일 엎드려 잠만 잔다. 교사도 못 본 채 외면한다. 한국의 학교는 학습지진아를 보살피지 않는다. 그냥 기계적으로 수업진도를 나가고 시험성적에 따라 석차를 매길 뿐이다. 이상적인 교육에서는 체험활동과 탐구활동이 적절하게 배분이 되어야 하는데 체험활동이 학습에서 거의 전무하고 탐구활동도 토론이나 참여가 없는 객관식 문제풀이가 주요하다.

학생들의 종합적 이해력과 논리적 사고력을 평가하고자 1993년에 도입했던 수능시험도 과거 학력고사의 4지선다형에서 5지선다형으로 바뀐 것을 빼고 나면 여전히 무의미한 객관식 문제풀이 능력만을 시험하는 상황이다. 그럴수록 학생들은 용한 족집게 강사를 찾고 그런 강사들이 가르치는 학원과외에 목을 맬 수밖에 없다.

최근 부모 자산에 따라 "금수저" "흙수저" 등으로 계급을 나누는 소위 "수저계급론"이 자주 회자되고 있다. 원래 이 말은 "은수저를 물고 태어나다"born with a silver spoon in one's mouth라는 영어식 표현에서 비롯됐다고 하는데, "금수저"(좋은 가정환경과 조건을 가지고 태어난 사람)와 대비되는 "흙수저"(가진 것 없는 서민층에서 태어난 사람)라는 단어가 젊은이들 사이에 유행하고 있다.

계층이동의 사다리가 끊기고 있다는 사실은 실제로 여러 지표들이 증명한다. 2015년 김희삼 한국개발연구원KDI 연구위원이 내놓은 「사회이동성 복원을 위한 교육정책의 방향」 보고서에 따르면, 세대 간 계층 대물림 현상이 강화되고 있음을 여실히 볼 수 있다. 20~69세 성인 남성 1,525명을 대상으로 사회경제적 지위와 학력의 상관관계를 분석한 결과, 학력상관계수는 할아버지와 아버지 사이에서는 0.656에 달했지만 아버지와 본인 간에는 0.165로 낮아졌고, 사회경제적 지위의 상관계수도 각각 0.599에서 0.449로 낮아졌다. 그런데 본인과 아들 간 학력계수는 0.398로 다시 높아졌고, 사회경제적 지위의 상관계수도 0.6으로 상승했다. 통계청이 발표한 2015년 사회조사 결과도 "평생 노력을 한다면 본인 세대에서 개인의 사회경제적 지위가 높아질 가능성"에 대해 "높다"고 생각하는 사람은 겨우 21.8%에 불과한 것으로 나타났다. 반면 "가능성이 낮다"는 응답은 62.2%에 달했다. 평생 노력해도 사회적 지위가 올라갈 희망을 갖지 못하고 사는 국민들이 절반 이상인 것이다.

한국의 30대 재벌은 30년 전이나 지금이나 거의 다름이 없고, 상향 이동한 중소기업도 거의 없다. 자본주의의 종주국이라 할 수 있는 미국에서도 새로운 창업자들이 계속 성공신화를 만드는데 한국은 그게 힘들다. 미국의 100대 부자 중 자수성가한 사람은 78명인데 비해 한국은 100대 부자 중 상속부자가 무려 84명이나 된다. 한국 100대 기업은 고용에 겨우 4% 기여하면서 이익의 60%를 독점하는 구조다. 그래서 장하성은 『왜 분노해야 하는가』란 책을 펴내면서 이 시대의 청년들에게 분노하라고 촉구한다. 서울대학교 행정대학원 서베이연구센터의 「2017 국민인식조사」 결과에 따르면 "개인의 노력을 통한 성공 가능성"을 묻는 질문에 무려 응답자의 74.64%가 "보통 이하"라고 답했다.

민주사회에서 가장 확실한 계층이동 사다리였던 교육도 이젠 부모나 조부모의 경제력에 좌우되는 폭이 커지며 점차 붕괴하고 있다는 지적이 나온다. 원비가 월 100만원이 넘는 영어유치원부터 대학 등록금 수준의 학비를 내야 하는 사립 초등학교, 국제 중학교, 특목고 출신들이 오로지 '그들만의 리그'를 형성하고 있다. 서울대 입학생의 출신 고교 가운데 특목고 비중은 2002년 22.8%에서 2012년에 40.5%로 껑충 뛰었고, 특히 특목고와 강남3구 고교의 비중은 전체 입학생의 65.7%에 달했다. 결국 위 두 보고서의 결론은 "한국은 더 이상 평등한 기회의 나라가 아니"라는 것이다. 사람은 현실이 힘들더라도 미래엔 좀 더 나아질 거라는 희망 때문에 살아가는데 계층이동의 사다리가 끊긴다는 것은 미래에 희망을 걸 이유가 없어진 것과 같다.

왕조시대에는 과거시험에 합격하는 길만이 소위 입신양명의 유일한 출구였다. 가문을 통하여 혹은 학파를 통하여 상호 결속하면서 국가권력을 다투다 보니 사색당파로 분열되었으며 치열한 붕당정치가 결국은 조선왕조를 쇠망하게 하는 데 결정적인 기여를 했다. 권위적이고 폐쇄적이었던 귀족사회의 폐단이 현대에는 학벌주의로 둔갑했는데 이런 패거리 혹은 연줄사회가 평등을 기반으로 하는 민주사회에서 여전히 기승을 부리고 있다. 연줄의 힘은 안 되는 것도 되게 하는 막강한 힘을 가지고 있다. 좋은 연줄을 쌓아올리는 데 가장 효과적인 통로라고 생각하는 학벌은 실상은 전근대적 문벌귀족사회의 유산으로, 사회적 불평등과 차별을 조장한다. 비록 법률적으로는 신분제 차별이 사라졌지만 과거 양반들이 누렸던 특권의식은 그대로 남아 신분상승을 위한 새로운 학벌이 형성되고 강화되고 있다. 여전히 왕조시대의 유산인 가문의 명성, 출세 등에 대한 의식이 문벌주의를 재현하고 있으며 현대판 과거제도라 할 수 있는 학벌을 통한 신분획득이나 상승에 온 국민이 광분하고 있는 실정이다.

대학입학 선발기준이 한국처럼 자주 바뀌고 복잡한 나라는 세상에 없다. 그래서 학생이나 학부모나 끊임없는 정보전쟁에 시달려야 하며, 늘 불안한 가운데서 대입을 치러야 한다. 종잡을 수 없는 대입전형 때문에 학부모들은 극심한 눈치작전에 내몰리면서 이를 예측할 수 있다는 족집게 강사를 찾게 되고 대입전형을 준비해주는 사교육이 극성일 수밖에 없다. 공교육이나 사교육이나 어떻게든 성적을 올려 명문 대학에 입학시키는 것만이 지상의 목표라면 다를 것이 무엇인가? 오히려 족집게 과외 교사가 예상문제를 더 잘 집어내고 학원교육이 학교교육보다 훨씬 더 효과적이라고 알려져 있으니 대부분의 아이들이 방과 후에 다시 학원으로 향할 수밖에 없는 것이다.

초등학교 시절부터 시작된 대입경쟁구도는 12년 동안 준비되어 대입수능시험에서 절정을 이룬다. 그런데 인생의 성패가 어떻게 대입수능시험에서 결판나야 되는가? 2014년 대입수능은 영어와 수학 B형의 경우 난이도 조절에 실패해 만점을 받아야 1등급이 되고 한 문제라도 틀리면 2등급으로 떨어졌다. 결국 이 말은 한 문제라도 틀리면 "SKY"(서울대·고려대·연세대)는 못 들어간다는 말이다. 현 대입수능은 9등급 체계인데 1등급에 속하는 상위 4%는 숫자로 따지면 매년 약 2만 5,000명 정도다. 그런데 모두가 소망하는 SKY, 의대, 치의대, 카이스트, 포스텍 등은 모두 합쳐 입학정원이 1만 5,000명 정도 밖에 되지 않는다. 소위 상위 20위권 대학의 정원을 다 합쳐도 전체 고교 졸업생들의 8%를 넘지 못한다. 결국 나머지 92%는 20세가 되기도 전에 인생의 실패자 혹은 낙오자로 강등되어 버리는 사회다. 모든 에너지와 지원을 극수소인 특출한 영재들에게만 쏟아붓는다면 미래의 모습은 마치 머리만 있고 허리가 없는 기형인간과 같을 것이다.

일류 학교 학벌이 미래의 일류 신분을 보장한다는 맹신이 과열경쟁을 넘어 이젠 이성을 잃어버린 경쟁에 이르고 있다. 불교에서 말하듯 집착은 모든 고통의 씨앗이다. 학벌주의, 출세주의에 대한 과도한 집착이 오늘날 한국 사회의 모든 고통을 배태시켰다. 석차를 매겨 학생들을 줄 세우는 것은 인구밀도가 과밀한 아시아 국가들의 독특한 교육관행인데 물론 인구가 과밀하다 보니 경쟁이 그만큼 치열할 수밖에 없다는 점에서 일면 수긍이 간다. 그러나 자라나는 청소년들에게 함께 살아가야 할 친구를 경쟁에서 이겨야만 하는 적으로 만든다는 점은 상대평가나 석차로 줄 세우는 관행의 가장 큰 폐해다.

타인과 더불어 자신의 삶과 앎을 가꾸어가는 능력을 배우고 익히는 일은 인간적 성숙의 가장 중요한 단계다. 타인의 의견에 공감할 줄 아는 것 그리고 타인을 배려하는 행동을 익히는 것이야말로 사회성 함양교육에 필수적 요소가 되어야 한다. 경쟁은 아무도 승자로 만들어주지 않는다. 잠시 경쟁에서 승리한 듯 보여도 시간이 지나면 모두 패자가 된다. 영원한 승자란 없다는 것은 누구나 다 알지 않는가. 누구나 이 세상에 맨입으로 왔다가 맨입으로 돌아간다. 맨입엔 수저가 필요 없다.

폭력과 희생양 메커니즘

청소년들이 학업에서 엄청난 스트레스를 받고 있다 보니 약자를 찾아 괴롭히는 것으로 그 스트레스를 해소하기도 한다. 2011년 12월 대구 덕원중학교 권승민 군(당시 13세)이 급우들로부터의 폭력과 괴롭힘에 시달리다 못해 유서를 작성한 후 자신의 아파트에서 뛰어내려 자살한 사건은 전 국민에게 심대한 충격과 아픔을 던져주었다. 이 사건 이후 전국이 갑작스럽게 자살예방과 학교폭력에 대한 감시로 온갖 부산을 떨었지만 이를 비웃기라도 하듯 2011년 12월을 기점으로 불과 여섯 달 사이 대구에서만 여덟 명의 중고등학생이 스스로 목숨을 끊었다. 특히 2012년 6월 2일에는 대구에서 이제 겨우 16살인 한 고등학생이 또 다시 아파트에서 뛰어내려 자살했는데 자살하기 수 시간 전 자신이 살던 아파트 승강기에 쪼그려 앉아 우는 모습이 담긴 CCTV 동영상은 보는 모든 이들의 눈시울을 뜨겁게 했다. 근심걱정 없이 뛰어놀며 한창 희망과 미래에 대한 부푼 꿈으로 살아야 할 십대 청소년이 죽음을 생각하며 극한의 공포 속에서 써내려간 유서는 읽는 모든 이들의 가슴을 찢어놓았다. 그 아이가 그동안 얼마나 혼자 고민하고 갈등하고 두려움에 떨었을지 생각하면 지금도 가슴이 저린다.

최근 3년간 초·중·고교에서 학교폭력을 휘두른 학생들이 두 배나 증가했다고 한다. 특히 초등학교에서는 네 배 가까이 늘었다. 학생 자살사건이 타지에 비해 많았던 대구광역시 교육청에 2011년과 2012년 10월까지의 학교폭력 관련 정보공개 청구를 한 결과 2011년 대구의 학교폭력 발생 총 건수는 650건이었고, 2012년 10월까지는 863건으로 전년에 비해 213건이나 더 증가했다.[23] 한동안 잠잠해지는 듯하더니 2017년 9월 부산과 강릉에서 일어난 여중생들의 집단폭행 사건들은 도저히 14세에 불과한 미성년 여중생들이 한 짓이라고는 믿어지지 않을 만큼 잔혹하여 전 국민의 공분을 샀다. 실제로 청소년들 간의 폭행은 점점 더 악랄해지고 잔혹해지고 있다.

청소년 자살은 실상 사회적 타살로 봐야 한다. 성인들의 그릇된 가치관과 그로 인해 생긴 비인간적 교육시스템의 결과이기 때문이다. 온 나라를 뒤흔들고 있는 학교폭력과 이에 따른 자살현상은 공교육시스템이 이미 붕괴된 상태임을 극명하게 증언하고 있다. 극심해지고 있는 학교폭력과 공교육의 붕괴는 상황을 걷잡을 수 없이 악화시키고 있다. 학교폭력은 날로 증가하고 폭력의 질도 더욱 잔인해지고 있다. 학생들 사이의 물리적인 폭행은 물론, 공갈, 협박, 왕따, 정보통신망을 이용한 공격 등 폭력의 수법도 다양해졌다.

23) 「어머니의 눈물 〔…〕 너를 너무 착하게 키운 내가 죄인」, 『노컷뉴스』(2012.12.29).

2009년 「청소년 유해환경접촉 종합실태조사」 결과에 따르면, 학교폭력을 경험한 비율은 일반 청소년이 7.0%, 위기 청소년의 경우는 10.6%나 되었고 중학교의 폭력이 고등학교보다 높았다.

학교폭력뿐만 아니라 청소년 마약사범 또한 점차 증가하는 경향을 보이고 있다. 2009년도 청소년 범죄의 마약류 현황을 보면 향정신성 의약품이 67.1%로 가장 높았고, 다음으로 대마가 30.5%, 기타 다른 마약이 2.4%이였다. 특히 16~17세의 청소년의 마약류 범죄가 18.3%로 눈에 띠게 증가하고 있는 현실이다. 학부모들은 막연한 불안함을 느끼고 있고 청소년들이 건강하게 뛰어놀아야 할 학교는 우울과 혼돈, 절망과 분노로 가득하다. 결국 대다수 아이들은 수업에 흥미도 없고 집중도 하지 않는다. 당연히 수업은 그저 시간이나 때울 뿐이다. 대다수 학생이 수업에 대한 흥미를 잃고, 교사들 또한 자신의 직분에 대한 무기력감에 시달린다.

일상화한 사회폭력이 학교까지 밀려들어오고 있다. 그런데도 한국 교육계는 학교폭력 실태에 대한 정확한 조사와 연구 자체가 매우 부실하다. 사건이 일어나도 그에 대한 대처는 처음에만 요란하다가 이내 시들해져버리곤 한다. 고통의 배후를 철저히 살피지 않는 것이야말로 폭력의 시작이다. 학교폭력의 문제는 그 원인이 정확히 이해되고, 그 이해에 기초한 해결책의 공감대가 사회에 형성될 때 비로소 집행 가능한 대책을 수립할 수 있다. 2011년 대구의 권 군 사건 이후 학교폭력 심각성에 대한 사회적 경각 수준은 높아졌지만 학교폭력의 문제는 오히려 증가일로에 있다. 폭력을 당하는 학생은 죽음보다 더한 고통을 겪을 만큼 심각한 상황인데도 그동안 교육청이나 학교는 침묵하거나 은폐·축소하는 경향이 많았다.

날이 갈수록 횡포해져 가는 학교폭력은 과도한 입시경쟁에 그 원

죄를 물어야 한다. 입시지상주의 교육은 인성을 함양시키는 교육보다 무조건 성적향상에만 매달리게 만들었고 휴식이 부족한 학생들은 그 스트레스를 자신보다 약한 친구를 괴롭히는 것으로 해소하려고 한다. 폭력은 인간의 심성을 강퍅하게 만들고 황폐화시킨다. 결국 학생들은 반복된 경쟁과 평가에 따라 하위권 학생은 학교에서 패배자로 낙인찍히고 성적순에 따라 학생들 사이에도 계층이 형성된다. 이 과정에서 상호 간 피해의식과 마찰이 생길 수밖에 없으며 사소한 일에도 비난, 욕설, 증오, 배제, 집단가해가 오가는 것이 일상이 되어버린다. 서로를 할퀴는 날선 감정이 너나 할 것 없이 아이들 정서의 밑바닥에 끈적끈적하게 눌어붙어 있다. 경쟁심과 시기심, 그리고 자학과 비관적인 생각은 스스로를 괴롭힐 뿐만 아니라 남도 괴롭힌다.

비인가 대안학교인 산청의 민들레학교 교장 김인수는 "10미터씩 훨훨 날아다녀도 부족한 닭을 양계장의 비좁은 케이지에 가두면 화가 나서 독을 품고 병들게 마련이지요. 아이들도 마찬가지. 작은 울타리에 가두려 들지 말고 어지간하면 울타리를 크게 해줘야 해요"[24] 라고 말한다. 이른 아침부터 늦은 저녁까지 인생에서 가장 혈기 넘치는 30~40명의 아이들을 폐쇄적인 공간에 가두어두면 싸움이 날 수밖에 없다.

국립국어원에서 실시한 청소년 언어사용 실태조사에 따르면 초등학생의 97%, 중·고등학생의 99%가 비속어를 사용한 적이 있는 것으로 나타났다. 글이나 통신언어에 비해 일상에서의 욕설 등에서 공격적인 표현을 더 빈번하게 사용하는 것으로 조사됐다. 욕설이 부정적인 감정을 풀어주는 스트레스 해소 방법 중의 하나라는 점에

---

24) 조 현, 「가난해지라는 교육자가 있다」, 『한겨레신문』(2017.11.28).

서 보면 현재 한국 아이들의 스트레스 정도를 가히 짐작할 수 있다. 하위권 학생들 중 상위권 학생들보다 신체적 조건이 우월한 학생들은 자신의 존재감을 드러내기 위해서 폭력적인 행동을 취하기도 한다. 이런 상황에서 급우 간 상호 배려와 협력과 연대는 꿈조차 꿀 수 없다. 탈북한 대학생들이 남한 대학에서 적응하는 과정에서 다소 낯설어 하는 부분이 있는데, 그것은 바로 북한 학생들과 달리 남한 학생들은 결코 자기 노트를 빌려주지 않는 점이라고 한다. 약자를 차별하고 따돌리고 괴롭히기가 일상화된 학교에서 북한에서 온 아이들은 촌닭처럼 취급당하거나 아예 무시나 차별을 당하기 쉽다. 탈북 학생들은 이런 차별과 욕설이 제일 견디기 힘들다고 한다.

일상의 언어가 순화된 사회는 건강한 사회다. 악성 댓글을 다는 사이버 폭력에서부터 일상어가 되어버린 청소년들의 욕설에 이르기까지 욕은 단순히 불쾌한 단어를 뱉는 것으로 끝나지 않는다. 문제의 심각성은 자극적이고 폭력적인 욕설들이 성장기 청소년들의 뇌세포 생성에 영향을 끼친다는 점이다. 거친 언어를 쓴다는 것은 우선 자기 자신의 뇌에 상처를 준다. 놀라운 것은 청소년들의 언어폭력이 뇌에 미치는 영향을 MRI 촬영을 통해 알아본 결과, 거친 욕설을 더 많이 들었을 경우 해마 크기가 작아지고 일부 뇌 회로 발달도 늦어지는데, 아이러니하게도 욕을 하는 가해자 역시 해마 크기가 중간 이하로, 뇌 발달이 느린 것으로 나타났다고 한다. 결국 언어폭력은 피해를 당하는 사람이든, 가해를 하는 사람이든 모두가 다 뇌 입장에서 보면 피해자라고 할 수 있겠다. 대뇌 주의력을 담당하며, 감정과 판단 등 인간 뇌 활동의 실질적인 집행관 역할을 담당하는 전전두엽은 자발성, 의지, 참을성, 도덕성, 감정조절 등을 담당하는 기능도 갖고 있다. 감정조절이 잘 안 되는 청소년기를 질풍노도의 시기라고 하는 것은 청소년들에게는 아직 전전두엽이 충분히 성숙하지 않았기 때문이다. 이처럼 중요한 기능을 담당하는 전전두엽이 장애를 받게 되면 성인이 되어도 회복이 잘 되지 않는다.

언어폭력도 폭력의 일종이다. 욕설은 부정적인 감정을 상대방에게 강렬하게 전달하는 기능을 가지고 있기 때문에 다른 어떤 단어보다 상대방을 자극하는 강렬한 힘을 지닌다. 듣는 사람으로 하여금 불쾌감을 일으키고 욕설의 대상자는 모멸감으로 인해 자존감이 저하된다. 언어폭력의 피해자는 물론이거니와 언어폭력이 난무하는 현장을 보기만 해도 심리적인 상처를 주고 후유증을 남긴다. 가치관과 인식이 한창 형성되어 가고 있는 시기의 아이들에게 일상의 욕설은 인성과 정서를 파괴하는 것은 물론 나아가서는 사회를 황폐화시키는 요인으로도 작용한다. 한국의 교육문화가 만들어놓은 지극히 억압적이고 통제적인 입시 환경 속에서 청소년들의 입에서는 지겨운 일상을 탈출하기 위한 저속하고 비열한 언어가 남발될 수밖에 없다. 청소년들은 욕설의 의미를 이해하고 내뱉는다기보다는 억압적인 환경의 불만을 욕으로 표출한다고 봐야 한다.

오늘날의 한국 학교는 공장식 양계장과 같다. 공장식 양계장이 어떤 곳인가. 옴짝달싹하기도 힘든 사각의 공간에서 각종 항생제로 뒤범벅이 된 사료를 먹고 제대로 움직이지도 못하면서 살아가는 닭들을 떠올려보라. 양계장 같은 학교시스템 속에서 아이들은 교사가 던져주는 잡다한 지식을 사료처럼 받아먹는다. 닭이 본능적으로 사료를 쪼아 먹듯이 아이들은 그 지식들을 그저 받아먹기에 바쁘다. 애초에 합리적인 분석이나 비판은 허용되지 않는다. 입시에 종속된 수업은 철저하게 문제풀이 기술을 익히는 기계적인 공정을 따른다. 학교에서 이루어지는 일상의 교육은 전쟁이다. 친구는 기본적으로 적이지만 전술적으로 이용 가치가 있다면 활용해야 할 대상이 되기도 한다.

학교 공부만 열심히 하면 대학 간다는 구호는 이젠 통하지 않는다. 옆자리 친구와의 대화까지 수행평가라는 이름으로 내신에 반영되는 요즘 교실에서는 학생들끼리 고발이나 왕따가 횡행한다. 진짜 두려운 건 어린이 사회에서도 "반따"나 "왕따" 아이들은 힘의 서열상 학급 내에서 불가촉천민이 되어버린다는 사실이다. 이건 더불어 사는 사회라기보다는 야수화된 개인들의 기계적 조합에 더 가깝다. 약자, 소수자를 배려하지 않는 사회는 아주 야만적인 사회다. 끊임없이 살벌한 경쟁을 부추기고 승자가 모든 것을 독차지하도록 가르치고 부추기는 교육은 사회적 통합을 근본에서부터 균열시키는 망국적 행위다.

최근 동물심리학이나 인류학은 인간의 뇌 연구와 유전자 연구를 토대로 인간의 폭력 성향을 다방면에서 추적하고 있다.[25)] 이들은 동물과 인간 모두 공격적 충동을 가지고 있고 그러한 충동을 분출할 출구를 항상 찾고 있다고 주장한다. 인간의 가치관이나 윤리적 판단 같은 행동양식은 저절로 생겨나는 것이 아니라 주위의 모방을 통해 습득된다. 문화인류학자이자 문예비평가인 르네 지라르René Girard[26)]는 연극, 영화, 문화평론, 인문학 제반 분야에 걸쳐 인간 내면에 깊게 각인되어 있는 폭력적 성향과, 특히 종교와 폭력이란 역

25) 졸고, 「성스러운 폭력과 희생제의의 탈신화화」, 『종교문화비평』, Vol.22, 238~264쪽.

26) *Violence and the Sacred*, Patrick Gregory(tr.), Baltimore/London: Johns Hopkins University Press, 1997.

설적 관계를 '모방욕구'mimetic desire 이론에 입각하여 그 나름대로 독특하게 해석하고 있다.

지라르는 "폭력은 인간관계의 부산물"이라고 주장한다. 인간 존재가 말을 하게 되고 자아에 대한 성찰의식이 싹트면서 자신이 무엇을 얻고자 하는지 그리고 자신의 욕망의 대상이 타인과 겹치게 되면 어떻게 해야 하는지를 성찰하게 된다. 인간은 사회적 동물이라서 무리를 지어 살 수밖에 없는데 무리 속에서 여러 삶의 방식을 배워나가면서 타인을 모방하는 '모방 메커니즘'mimetic mechanism도 생겨난다.[27] 인간을 움직이는 요인이 모방욕구이고 무의식적으로 남을 닮고자 하는 욕구는 필연적으로 경쟁의 삼각관계 구도로 발전된다. 이런 모방은 외부인과 내부인에 대한 모방으로 나뉘는데 외부인은 접근이 어렵기 때문에 문제가 아니지만 내부인에 대한 모방의 경우 특히 모방의 대상이 자신이 닮고자 하는 모델과 얻고자 하는 목적이 겹치는 경우 적대적 관계 혹은 경쟁적 관계로 비화되어 공동체 내에 분열과 갈등을 야기시킨다. 따라서 욕구가 겹쳐지는 대상과 적이 되게 마련이고 욕구란 이기적이기 때문에 어떻게든 상대방을 제압하려고 하게 된다.

모방욕구는 전염성이 있기 때문에 순식간에 공동체 구성원들 간에 모방분쟁이 격화되면 위기를 초래하게 된다. 이때쯤이면 얻고자 하는 욕구의 대상은 뒤로 물러서고 공동체의 적의가 폭력성을 띄게 되면서 우연히 어느 한 사람에게 그 적개심이 집중된다. 그리고 그 사람은 가상의 적으로 몰려 희생을 치른다. 이런 폭력적 성향의 집단적 전이轉移를 '희생양 메커니즘'victimage mechanism이라고 한다. 학교의 "왕따" 혹은 "이지메" 현상도 공동체 내의 구성원 중, 특히

27) *Ibid.*, pp.143~168. 156~157.

주변부에 있는 힘없는 개인이나 집단을 희생양으로 지목한 뒤 모든 갈등의 책임을 뒤집어 씌워 처형해버리고자 하는 심리가 깔려 있다는 점에서 현대판 "희생양 메커니즘"에 해당한다. 과거에는 희생양에게 공동체가 돌을 던졌다면 현대에는 각종 물리적 폭력뿐만 아니라 대중매체나 인터넷 댓글을 통해 집단적 공격을 가하고 사회적 매장을 통해 제거해버린다.

우리는 폭력의 실체를 이해해야 한다. 폭력의 가해자를 이해하는 것이 아니라 폭력 그 자체에 대한 이해가 무엇보다 필요한 시대에 살고 있다. 학교 안에서 벌어지는 학교폭력의 다양성을 정확하게 이해해야 한다. 지금 한국의 초·중·고등학교의 폭력과 학습현장의 붕괴는 학교라는 기관이 존폐의 기로에 서 있다고 볼 수 있을 만큼 큰 위기다. 대구의 권 군 사건을 보더라도 어린 학생들의 짓이라고는 상상도 할 수 없을 만큼 폭력이 조직적이며 잔인하다.

학교폭력을 근절하기 위해 정부가 종합대책을 내놓았고 교육청은 일진경보제, 입학사정관에 인성교육 내용 반영, 복수 담임제, 가해학생 격리조치, 징계사항 생활기록부 기재 등의 정책을 내놓았다. 교과부는 학교에 임시직 전문 상담사 3,000여 명을 배치하고 비행학생들에게는 강제전학, 학부모 소환, 생활기록부 등재를 비롯해 형사처분 연령을 기존 만 14세에서 만 12세로 낮추는 등 소년법 처벌 기준을 강화하는 방안을 내놓는 등 야단법석을 떨었다. 경찰은 한 술 더 떠, 학교폭력을 민생치안 현안으로 규정한 뒤, 상습적인 교내외 폭력에는 가해자를 구속 수사하겠다는 방침을 밝혔다. 또 외근 경찰 1만 2,000여 명을 투입하고, 학교담당 경찰(현 배움터 지킴이)School Police제도를 도입하는 등 학교폭력과의 전쟁까지 선포하였다. 그러나 아이들의 교육문제를 교육적인 관점에서 접근하고 해결하려는 것이 아니라 비교육적인 극약처방만을 대책으로 쏟아낼 수밖에 없는 교육담당자들이나 공무원들의 허약한 지혜는 문제가 된다.

문제학생의 강제전학은 비교육적이고 비효율적인 방법의 전형이다. 전학을 가기 위해서는 전 가족이 타 학군으로 이사를 가야 하는데 우선 이 문제가 쉽지 않다. 그러다 보니, 편법이지만 위장전입을 하게 되는데, 무엇보다 어느 학교도 이런 문제 학생을 환영하지 않는다는 점이 문제다. 그러다 보니 문제학생을 놓고 소위 "폭탄 돌리기"를 하는 것이다. 왜 폭탄을 돌리려고만 할까? 폭탄의 뇌관을 제거하려는 노력은 왜 하지 않는 것일까? 이 폭탄이 엉뚱한 곳에서 또 폭발할 수 있는 위험이 있다는 사실을 짐짓 외면해버리는 것이다. 가해학생은 이 학교, 저 학교 전전하다 결국 학교 밖으로 영영 쫓겨나게 된다. 학교 안에 있어야 그나마 교사로부터 상담치료라도 받을 수 있는데, 쫓겨나면 그럴 기회를 얻지 못한 채 돌이킬 수 없이 점점 더 나쁜 길로 빠져들 수밖에 없다. 일부에서는 가해학생을 암적 존재로 매도한다. 모든 암은 조기 진단과 치료가 중요한데 암적 존재라고 방치해버리면 결국 죽으라는 소리나 마찬가지다. 또한 무조건 암적 존재로 매도하여 학교 밖으로 내쫓는 것은 교육을 포기하는 행위다. 물론 일부 가해학생 중에는 다른 학생들과 격리시켜야 할 만큼 고질적이고 상습적으로 학교폭력을 일삼는 학생들도 있다. 그러나 그런 학생들을 위한, 좀 더 특별한 프로그램을 마련하여 교화와 상담을 통해 학교로 돌아올 수 있도록 도와주지 않으면 정말 무시무시한 폭탄을 미래 사회에 수출하는 꼴이 되고 만다.

과수원의 사과 하나가 썩었다고 모든 사과가 썩었다고 할 수 없는 것처럼, 모든 가해학생을 구제불능으로 낙인찍는 것은 바람직해 보이지 않는다. 연령을 낮추어 어린 초등학생까지 형사처분하겠다는 것 또한 교육적이지 못한 방법이다. 초등학생에게까지 구속을 내세워 겁을 주겠다는 것 아닌가? 교과부나 경찰이 내놓은 대책이 책임전가, 여론 잠재우기, 성과주의식 방안이라는 비판이 이래서 제기되는 것이다. 문제는 정부의 대책이나 법이 없어서 이러한 폭력이 난무하게 된 것이 아니라는 데 있다. 폭력이 이슈가 될 때만 갑작스럽게 온갖 대책을 늘어놓지만, 막상 학교폭력의 근본적 원인에 대한 지속적인 연구와 논의는 없었다. 문제의 근원은 뿌리에 있는데 뿌리는 놔두고 가지치기만 열심히 한다고 병든 나무가 건강해질까? 이러한 현상의 이면에는, 오래전부터 학교교육과 가정교육이 맞물리는 가운데 한국 사회가 안고 있는 문화, 그리고 부모와 교사, 어른들의 가치관과 의식구조의 문제가 산적해 있다. 이에 대한 총체적 점검이 필요하다. 그 이유는 문제 해결에 대한 대책이 부실해서가 아니라는 것이다. 그리고 아무리 대책이 좋아도 예방교육이나 처벌로 학교폭력 자체를 근절하는 데는 한계가 있다. 그러한 대책들은 폭력의 근원이 되는 학생들의 피폐한 심성을 치유하는 것과는 아무런 상관이 없기 때문이다. 학교폭력은 입시지상주의 경쟁에 예속된 가정교육과 학교교육에서 나오고, 한국의 고질적인 사회 문제에서 나온다. 근본 문제에 대한 개선이 없는데 그때그때마다 내놓는 땜질식 폭력방지 대책은 그야말로 '언 발에 오줌 누기'일 뿐이다.

인간의 인격 형성에 있어 가장 큰 영향을 미치는 곳은 가정이다. 가정은 성격이나 태도 및 가치관 등에 직접적으로 관련될 뿐만 아니라 가슴으로 느끼는 정서적 요소들이 모두 그 가정에서 비롯된다. 가정에서 사회화를 위한 기초적인 양육과정이 결여되거나 불량해지면 향후 청소년의 일탈 행위로 발전될 수 있는 가능성이 높아진다는 점에서 학교교육은 가정교육의 연장선이라 할 수 있다. 자녀들은 가정에서 사회성과 인간관계를 위한 기본 정서와 절제를 배우게 되는데 절제 능력은 공격성을 제어하는 훈련이기도 하다. 어렸을 때 정서적·성적 학대와 폭력을 경험하거나 부모와 자녀 간의 애착이 부족하면 이것이 향후 학교에서의 일탈을 조절하거나 교육의 순기능으로서의 사회화를 가로막는 요인으로 작용한다. 이것을 두고 청소년 문제라고 하지만 엄밀히 말하면 부모의 문제이며, 가정의 기능 상실에 대한 문제다.

미성숙한 존재인 학생들은 어른들이 만들어놓은 환경 속에서 행동할 수밖에 없기 때문에 이 모든 문제에 대해 아이들이 책임을 질 수 있는 입장은 아니다. 다만 가장 큰 피해자일 뿐이다. 그러니 가해학생도 피해학생도 넓은 의미에서는 모두 피해자다. 가해학생과 피해학생이 무 자르듯 흑백으로 쉽게 가려지는 경우는 드물다. 어제의 피해자가 오늘은 가해자가 되기도 하기 때문이다. 가해학생들도 가정이나 주위로부터 상처받은 영혼들이다. 그래서 피해학생뿐만 아니라 가해학생에게도 상담과 치료가 필요하다. 가해학생이든 피해학생이든 원인을 찾아 그것을 제거해주는 노력이 절실히 필요한 시점이다.

한국의 아이들은 어릴 때부터 이렇듯 삶이 지옥임을 체험한다. 감당할 수 없는 공부의 중압감과 살인적 경쟁에 휘말리면서 일생에서 가장 건강하고 즐거워야 할 청소년기에 이미 심신의 황폐화를 경험한다. 한국 청소년들의 사망 원인 1위는 자살이다. 5명 중 1명은 가끔 충동적인 자살 유혹을 느끼고, 3분의 1은 간헐적으로 우울증을 경험한다. 죽음이라는 공포는 인간이 경험할 수 있는 극한의 공포다. 그런데도 마치 세월호 선원들이 침몰하는 배 안에 갇힌 학생들에게 가만히 있으라고만 했듯이 어른들은 학생들이 고통 속에서 절망의 나락으로 떨어지고 있는데도 오로지 공부만 열심히 하라고 요구한다. 우리 사회는 이미 생명과 죽음의 가치에 대해 마비되어 있는 상태다.

자신의 삶을 파괴하고 죽음의 문화를 확산시키는 근본 원인도 실상은 따지고 보면 무차별적으로 받아들인 현대 서구 자본주의 문화의 편향된 유산에서 파생된 것이다. 인간이 사회의 구성원으로서 배우고 익히는 신념, 종교, 예술 등은 모두 문화와 연결되어 있다. 마치 물과 물고기가 분리될 수 없듯이 인간은 모두 문화의 아들과 딸로 태어난다. 그래서 기어트 홉스티드Geert Hofstede는 문화를 "정신 혹은 마음의 소프트웨어"이며 "그들 자신의 특정한 문화 틀에 의해 프로그램되어 있다"[28]고 정의했다. 마치 내 몸이 하드웨어라면 문화는 그 안에 프로그래밍된 소프트웨어라고 할 수 있다. 사실 우리가 어떻게 생각하고 느끼고 행동하는지는 그 안에 내장되어 있는 소프트웨어의 반응이라 할 수 있다.

21세기 시민사회에서 국가의 수준은 국민들의 문화적 역량에 따라 가늠된다. 한 나라의 국격은 그 구성원인 시민의 품격에 의하여 결정된다. 그런데 졸부문화에서는 감각과 힘의 논리만이 지배한다. 물리적 힘은 사회적 가치(돈, 권력, 지위 등)의 배분에 막강한 영향력을 행사한다. 부당한 방법으로 부를 쟁취한 졸부들이나 사이비 정치인들은 이 힘을 유지하기 위해 이데올로기를 이용한다. 문제는 이들이 부는 피리에 춤추는 코브라처럼 자신이 이용당하는 줄도 모

---

28) 길트 홉스테이드, 『세계의 문화와 조직』, 차재호 · 나은영 옮김, 학지사, 1996, 39쪽.

르고 이들의 장난에 부화뇌동하는 대중들이다. 압축성장의 후유증은 건전한 삶의 가치나 윤리의식을 일거에 붕괴시켜 버렸으며 신용, 원칙, 준법, 책임과 같은 시민의식은 실종되어 버렸다. 무엇보다 사회정의와 시민의식을 나타내는 사회자본 점수가 선진국에 비해 우리에게 너무나 부족하다는 점이 이를 증명한다.

한국에서 대사로 근무한 어느 미국 외교관이 본국으로 돌아가는 길에 친구인 일본 외교관을 만나게 됐는데, 그때 그는 "한국에서 살아보니 3년도 지옥이었는데 당신들은 용케 36년이나 지배했다"[29]고 지극히 모멸적인 말을 내뱉었다고 한다. 일본 내 대표적인 지한파로 알려졌던 무토 마사토시武藤正敏 전 주한 일본대사는 일본의 유명 주간지에 「한국인으로 태어나지 않아 다행」이라는 제목의 칼럼을 통해 "한국은 대학입학 전쟁과 취업 경쟁, 노후 불안, 결혼난과 높은 자살률을 기록하는 혹독한 경쟁사회"라며 "나는 한국인으로 태어나지 않아 정말 좋았다고 생각한다"고 말했다.[30] "한강의 기적"을 일궜다고 우쭐대는 우리에게 이처럼 찬물을 끼얹는 언사들은 다시금 우리 자신을 되돌아보게 한다. 더구나 외교관들이라면 어느 정도 교양이 있는 사람들일뿐더러, 위와 같은 말들은 잠시 머물다 가는 관광객이 던진 것이 아니라 상당 기간 한국에 체류했던 경험이 있는 사람들의 입에서 나온 것이다. 물론 위의 외교관들의 언급은 극단적인 예에 속하겠지만, 우리가 생각하는 위상과 외국인들이 보는 객관적인 평가 사이에 커다란 괴리가 상존하고 있는 것은 사실이다.

매사 "한국은 보잘것없다"(미소망상)거나 혹은 "한국은 대단하다"

---

29) 「망상 대한민국이여, 헛꿈에서 깨어나라!」, 『월간중앙』(2007년 8월호).
30) 「한국인으로 태어나지 않아 다행」, 『조선일보』(2017.02.16).

(과대망상)거나 양쪽 다 망상인 것은 확실하다. 그런데도 가난했던 과거가 아직도 열등감으로 작용해서인지 우리는 끊임없이 한국이 선진국 그룹에 속하는지 아닌지를 확인하려고 애를 쓴다. 우리 소득이 얼마인데, 우리 기술 수준이 어떤데 하면서 국제사회에서, 특히 서구인들로부터 칭찬과 확인을 받으려고 안간힘을 쓴다. 행복이란 것마저도 내가 진실로 행복한지 아닌지를 자신에게 묻기보다는 타인이 봤을 때 내가 과연 행복하다고 할 만한 삶을 살고 있는지를 확인받고자 한다. 그러다 보니 객관적 지표라 할 수 있는 집이나 차의 크기, 돈, 직함, 자식들의 성공 여부 등이 중요한 평가의 잣대가 될 수밖에 없다. 우리는 늘 성공의 기준을 돈, 명예, 권력 등을 얼마나 가졌느냐를 가지고 판단하려 한다. 그러나 이런 상대적인 것에 매달리는 한 진정한 행복은 없다. 이 세 가지를 완벽하게 가진 사람이란 이 세상에 없을뿐더러, 있다 하더라도 그런 것들은 일시적이기 때문이다. 엄밀하게 말하면 객관적인 행복은 존재하지 않는다.

사회의 모든 분야가 무한경쟁과 성공지상주의, 일류지상주의에 빠졌고, 결과적으로 "만인의 만인에 대한 이리"들이 득시글거리는 폭력사회로 변해버렸다. 그러나 이리들만 득시글거리는 폭력사회는 아무리 국민소득이 높다 해도 선진국이라 할 수 없다. 남을 배려하는 예의와 이타적 가치를 고양시키는 시민의식이 바로 선진국의 시민수준이다. 더불어 살아나가고자 하는 지혜가 결여된, 성숙하지 못한 자존심은 주위 사람들과의 차이를 받아들이는 데 지극히 인색하도록 만든다. 차이를 차별로 받아들이는 사람은 대단히 미성숙한 사람이다. 민주주의의 가장 핵심적인 가치는 다양성을 존중하는 데 있다는 점을 잊지 말아야 한다. 사람은 성숙해질수록 관대해지지만 미성숙할수록 욕설과 폭행이 난무한다.

성과지상주의

21세기는 "규율사회에서 성과사회Leistungsgesellschaft로 변모했다. 이 사회의 주민도 더 이상 '복종적 주체'Gehorsamssubjekt가 아니라 '성과주체'Leistungssubjekt라고 불린다".[31] 한병철은 근대에 이르기까지 서양사회를 지배해온 억압과 규율에 근거한 부정성의 패러다임이 더 이상 유효하지 않으며 이제는 과잉 긍정성의 패러다임으로 전환된 시대라고 주장한다. 과거 규율사회에서는 그저 정해진 시간과 규칙만 준수하면 그 나머지는 개인의 자유시간이 되었지만, 성과사회에서는 근무시간과 관계없이 성과를 만들어내야 하기 때문에 누가 지켜보든 지켜보지 않든 24시간 일에 매달릴 수밖에 없는 구조다. 이런 구조는 타인의 강박이나 감시가 없는데도 성과를 인정받기 위해 무한정 자기 자신을 착취할 수밖에 없다. 결국, 자신도 의식하지 못하는 사이에 스스로를 마모시키며 탈진 상태에 이르도록 만든다.

극단적인 효율성과 생산성을 요구하는 현대 사회는 가시적인 성과를 요구한다. 성과에 따라 소득과 승진이 결정되기 때문에 치열하게 경쟁할 수밖에 없다. 결국 낙오자나 실업자가 되지 않기 위해 자신의 온갖 시간과 정력을 쏟아낼 수밖에 없는 무서운 경쟁구조다. 과거에는 누군가에게 메인 노예였다면 이젠 자신 스스로가 만들어낸 일에 붙들린 노예다. 냉혹한 능력 중심의 사회에서는 누구

31) 한병철, 『피로사회』, 문학과지성사, 2002, 23쪽.

나 자신이 고용주인 것처럼 행동해야 하기 때문에 억압자인 동시에 피억압자다. 전 세계를 뒤덮는 신자유주의 물결의 범람은 무한경쟁을 부추긴다. 이런 사회적 압박은 인간의 능력을 극대화할 수밖에 없다. 출퇴근시간은 좀 더 자유로워지고 1인 기업, 재택근무, 프리랜서 등 업종들은 다양화되었으나 결국 자신의 능력을 성과물로 증명해야만 하는 사회적 압박에 지속적으로 시달리게 만든다. 오직 성과만이 신자유주의의 가장 핵심적인 가치로 떠오르면서 누구나 할 수 있다는 가능성, 긍정의 가능성을 되뇌면서 스스로를 채찍질하게 되고 "이제 금지, 명령, 법률의 자리를 프로젝트, 이니셔티브, 모티베이션이 대신한다".[32]

에리크 쉬르데주Eric Surdej 전 엘지LG전자 프랑스 법인장의 이야기는 성과사회의 한 단면을 극명하게 보여준다. 그는 2003년 영업마케팅 책임자로 엘지 프랑스 법인에 합류했고 인터넷마케팅과 감성마케팅을 도입하는 등 탁월한 경영감각으로 엘지 프랑스 법인의 놀라운 성장을 이끌어낸 인물이다. 그는 재직 기간 동안 엘지 프랑스 법인의 연 매출을 7배 이상 증가시켰기에 그 능력을 인정받아 2006년 상무로 승진했다. 이는 엘지그룹 역사상 최초로 외국인이 임원진으로 승진한 사례이기도 했다. 그런 그가 『한국인은 미쳤다! LG전자 해외 법인을 10년간 이끈 외국인 CEO의 생생한 증언』[33] 이란 책을 펴냈다. 거기에서 그는 "하루 10~14시간 근무, 상사의 냉혹한 감시, 온종일 컴퓨터와 전화기 앞에 매달린 직원들, 냉정하고 가차 없는 평가와 징계, 종교집회 같은 기업연수, 과로로 쓰러진 동료직원의 담당의사에게 언제 업무에 복귀할 수 있는지 묻는 한국

---

32) 같은 책, 24쪽.
33) 에리크 쉬르데주, 『한국인은 미쳤다! LG전자 해외 법인을 10년간 이끈 외국인 CEO의 생생한 증언』, 권지현 옮김, 북하우스, 2015.

인을 어떻게 이해해야 할까. 문화가 전혀 다른 타인의 시선이라고 보기에는 슬픈 자화상이다"라고 꼬집고 있다.

이 책은 인간성은 배제된 채 극단적 성과지상주의와 효율성에만 매몰된 한국의 기업 문화를 통렬하게 고발하고 있다. 한국과 같은 무한경쟁 승자독식 체제의 사회에서는 생산적인 활용도만이 그 사람에 대한 평가의 유일한 척도가 되는, 철저하게 비인간적인 사회이기 때문이다. 쉬르데주는 "서양에선 부정적으로 보는 선별, 탈락, 등급, 성과와 같은 개념이 한국에서는 지배적이다. 그래서 한국의 젊은이들은 대학을 졸업하고 회사에 들어가도 똑같은 세상을 경험한다. 서양인이라면 아무도 견디지 못할 중압감은 그들이 아주 어렸을 때부터 경험했던 압박의 연장선일 뿐이다".[34] 무엇보다 한국계 회사에서 10년이나 근무했는데도 친구를 한 명도 사귀지 못했다는 그의 푸념은 가슴을 아리게 한다. 따지고 보면 물리적 노동시간만 긴 것이 아니라 그의 말대로 인간관계도 매우 피곤한 사회다. 한국인은 정이 많은 민족이라고 우리는 자위하고 있지만 자신에게 이익이나 도움이 되지 않는다고 느끼면 엄청나게 냉담한 민족이라는 걸 우리는 잘 알고 있지 않은가.

일중독증workaholic

한국노동사회연구소가 내놓은 「연장근로시간 제한의 고용효과」 보고서에 따르면 2014년 한국의 근로자가 1년 동안 일한 시간은 총 2,285시간으로 OECD 회원국 중 최고인 것으로 나타났다. 이 노동시간은 OECD 회원국 중 가장 적게 일한 독일보다 1.6배가량

34) 같은 책, 41쪽.

많다. 한국 노동자들의 근로시간은 2000년만 해도 2,512시간으로 멕시코(2,311시간)와 큰 격차를 보이며 1위였다. 이후 2007년까지 1위를 유지하다가 2008년 한국이 2,246시간으로 줄면서 멕시코(2,260시간)에 이어 6년간 2위를 지키고 있었다. 그러나 한국노동사회연구소[35]가 2014년을 기준으로 OECD 34개 국가의 '연간 노동시간'을 조사한 발표에 따르면, 1위는 다시 한국(2,285시간)이 되었으며 멕시코(2,228시간)는 2위다. 차라리 이런 도식적 통계보다는 2014년 CNN이 "한국인은 1주일에 44.6시간 일하는데, 이는 세계인의 평균보다 12시간 긴 수준"이라며 "1일 평균 수면시간도 6시간이 채 안 된다"고 보도한 기사가 훨씬 더 실감 있게 다가온다.

전 세계에 지점을 갖고 있는 유명 커피전문점 스타벅스의 폐점시간은 세계 대도시 중 서울이 가장 늦었다. 프랑스 파리는 평균 오후 8시 33분, 독일 베를린은 9시 8분, 영국 런던은 9시 25분에 문을 닫는 데 비해 서울의 경우 평균 폐점 시각은 밤 10시 33분이었다. 해가 완전히 진 고층빌딩 숲 사이에서 환하게 불을 켠 사무실이 즐비하고, 일하다가 졸음을 쫓기 위해 커피전문점을 찾는 직장인들의 발길이 끊이지 않기 때문이다. 1인당 평균 근로시간이 가장 짧은 나라는 독일로 1,371시간에 불과했다. 한국인이 8개월 일한 것과 같은 수준인데 결국 한국인은 독일인보다 무려 연간 4개월을 더 일하는 셈이다.

「연장근로시간 제한의 고용효과」 보고서에서 한국노동사회연구소 김유선 선임연구원은 2014년 주당 52시간을 초과해 일한 근로자는 357만 명으로 전체 근로자의 19%를 차지했다고 보고했다. 주 40시간을 넘긴 근로자로 범위를 넓히면 54.3%에 이른다. 절반이

35) 한국노동사회연구소, 「연장근로시간 제한의 고용효과」, 2015.

넘는 근로자가 법정 근로시간을 초과해 일하고 있는 셈이다. 제도를 바꾸고 규제를 해도 장시간 근로라는 악습은 여전하여 실상 법정 근로시간이 있으나마나 한 셈이다. 기업들은 인건비를 줄이기 위해 야근·휴일근로수당 등을 추가로 줄 필요가 없는 포괄임금제를 선호한다. 이렇게 근로계약을 하면 출근시간은 있어도 퇴근시간은 없는 상황이 벌어진다. 퇴근시간이 따로 정해진 것이 아니라 주어진 일이 끝나는 때가 퇴근시간이다. 노동연구원이 2010년 직장인 1만 1,582명을 대상으로 조사한 결과 52%가 포괄임금제였다.

출퇴근시간이 엄격하여 노동자가 8시간 이상 근무하다 적발되면 기업이 불이익을 받기 때문에 일주일에 36시간만 일하는 독일 노동자와 비교하면 한국 노동자들이 얼마나 가혹한 노동조건에 시달리는지 실감할 수 있다. 하루 8시간 노동을 기준으로 할 때, 한국인들은 다른 OECD 국가들에 비해서도 2개월이나 더 일하는 셈이다. 그런데 그토록 긴 시간 노동하면서도 노동생산성은 엄청나게 비효율적이다. 노동의 생산성은 OECD 34개 국가 중에서 겨우 27위이고, 세계경제포럼WEF도 한국의 노동시장 효율성을 86위로 평가했다. 당연히 산재사망률도 최근 10년 동안 줄곧 1~3위를 다투고 있다.

OECD가 2015년 한국 경제를 "생산성은 상위 회원국 전체 평균의 절반에 불과하고 경제성장률이 수년 동안 감소했으며, 소득불평등이 극대화되고 있다"[36]고 평가했다. OECD가 발표한 「2015년 생산성 지표의 개요」 자료에 의하면 2013년 구매력평가PPP기준 한국의 근로시간당 국내총생산GDP은 31.86달러로 OECD 국가 중 28위에 그쳤다. OECD 평균인 47.99달러의 2/3 수준이다. 시간당

---

36) 『조선일보』(2015.01.01).

노동생산성이 가장 높은 곳은 유럽의 룩셈부르크(93.62달러)로, 무려 한국의 세 배에 달했다. 미국(66.00달러)도 한국 노동자보다 시간당 생산성이 두 배나 높다.

노동생산성이란 경제학적 개념은 단위 투입 노동량 대비 생산량으로 정의할 수 있다. 체코 노소비체 지역에 설립된 현대자동차 체코 공장의 자동차 한 대당 투입 시간HPV은 2014년 말 현재 15.1 수준이다. 즉, 15시간이면 차량 한 대를 만들어낸다는 의미다. 무엇보다 2011년 17.7시간에서 2012년 17.2시간, 2013년 15.7시간으로 매년 기록을 단축하여 노동생산성을 획기적으로 높여가고 있다. 하지만 한국 내 공장의 HPV는 27시간대에 달한다. 이는 기아자동차 옌칭 공장(19.2시간)은 물론 현대자동차 베이징 공장(17.7시간), 미국 조지아 공장(14.7시간)보다 압도적으로 높다.[37] 가전, 반도체, 조선 등 일부 산업을 제외한 전체 산업의 생산성도 선진국의 50% 정도밖에 안 된다. 근무시간에 비해 노동생산성이 이렇게 낮다는 것은 아직도 우리 기업풍토가 얼마만큼 비효율적인지를 극명하게 보여준다.

한국의 시간당 노동생산성 단가는 29.75달러로 28위다. 세계 1위인 노르웨이가 87달러나 된다고 하니 우리의 노동생산성이 어느 정도의 수준인지 짐작이 간다. 이 수치는 OECD 평균의 66.8%에 불과했고 미국 대비 49.4%, 일본 대비 71.6%였다. 영국『파이낸셜타임스』*FT*는 2014년 7월 22일자 기사에서 "한국의 노동자들은 OECD 전체 평균 470시간에 비해서 거의 5배 가까이 일을 하지만 노동생산성은 OECD 전체 평균의 66%에 머문 것으로 나타나 미국의 절반에도 미치지 못했다"고 꼬집으면서 "한국은 전 세계 최고의

---

37)「조선일보」(2015.01.01).

'일 중독'workaholic 국가"이고 당연히 "한국은 전 세계에서 가장 잠이 부족한 국가"라고 보도했다. OECD가 2017년 발표한 「구조개혁평가보고서」 *Going for Growth*(2017)도 한국 노동자들의 노동시간이 OECD 국가 가운데 가장 길지만 생산성은 겨우 절반 수준이라고 지적하고 있다.

최근 들어 근무시간이 길면 길수록 노동자들이 더 많은 일을 하고 생산성이 올라갈 것이란 통념을 깨트리는 실증적인 연구들이 등장하고 있다. 2014년 미국 스탠퍼드 대학교 경제학과 존 펜카벨 John Pencavel[38]은 오히려 근무시간을 줄이는 것이 생산성 향상에 도움이 된다고 주장한다. 그에 따르면 주당 49시간 이하로 일할 때 나타나는 노동의 생산성은 비슷한 수준으로 유지되는 반면, 50시간을 넘어가면 오히려 생산성이 감소한다. 노동자들의 집중도와 의욕이 크게 떨어지기 때문이다.

라트비아의 '드라우기엠 그룹'은 생산성이 가장 높은 직원과 가장 낮은 직원들 사이의 차이를 추적하는 과정에서 시간추적-생산성 계산 어플리케이션인 '데스크타임'을 통해 실험한 결과 단순히 오랜 시간 근무만으로는 생산성 향상에 도움이 되지 않는다는 사실을 발표했다. 이 기업은 생산성 상위 10% 직원들이 다른 직원들보다 오래 일하지 않았고, 월요일부터 금요일까지의 근무시간이 40시간 미만이었으니 결국 하루에 8시간 일한 것도 아니었다. 평균 52분마다 17분씩 쉬는 시간을 가지는 것이 오히려 직원들의 집중력을 일정하게 유지하는 데에 도움이 되는 것으로 나타났다. 보고서에는 생산성을 높이는 데 가장 효과적이었던 것은 무작정 긴 노동시간이

---

38) John Pencavel, "The Productivity of Working Hours", *IZA* Discussion Paper, No.8129(April, 2014).

아니라 일에 대한 고도의 집중도였다는 사실을 적시했다.[39] 고용주라면 고용인을 무작정 작업현장에 오래 붙잡아두기보다는 이젠 업무효율과 근로시간, 그리고 삶의 질을 냉철하게 따져볼 수 있는 혜안을 가져야 한다.

노동생산성이 개선되지 않는 또 하나의 이유는 한국의 조직문화에서 찾아야 한다. 폭력과 폭언이 수반된 철저한 상명하복의 군대식 문화가 여전히 일반 산업현장에 엄존하고 있다. 일에 대한 우선순위나 효율성이 상급자의 한마디에 의해 좌지우지되는 구조에서 일단 하급자들은 윗사람의 신경을 건드리지 않고 몸보신이나 하려는 눈치문화에 젖기 쉽기 때문에 발전적인 방향으로 나아가기 어렵다. 또한 내실보다 외면에 집착하는 관료적인 분위기는 필요도 없는 보고서를 끊임없이 요구하기 때문에 하급자들의 진을 빼버린다. 팀과 부서들은 상호 간 유기적인 소통과 협력이 이루어져야 생산성으로 이어질 수 있다. 그러나 어릴 때부터 학교에서 남을 거꾸러트리는 경쟁만 배웠지 급우들과의 협동과 협력이라는 것을 배운 적이 없는 한국 사람들은 어느 곳에서든 파벌을 조성하고 이상한 적대감정만 키운다. 일할 때는 제대로 일하고, 쓸데없이 작업시간을 늘리지 않으며, 쉴 때는 확실히 쉬어야 능률이 올라갈 텐데 그저 시간이나 때우려는 모습을 보면 역시 기업이나 학교나 똑같다는 느낌이 든다.

회사에 대한 충성도도 높이고 직원들 사이의 관계도 강화하기 위한 목표로 회식자리가 마련되지만 술자리는 밤늦게까지 이어지고 경쟁적인 음주량은 그 이튿날 숙취로 이어진다. 고된 업무시간 이

---

39) Jack Rosenberger, "To Be More Productive, Work Fewer Hours", http://www.cioinsight.com/blogs/to-be-more-productive-work-fewer-hours.html (검색일: 2015/11/30).

후에도 직장의 회식과 2차, 3차로 이어지는 집단음주문화에서 대부분은 자유스러울 수가 없다. 이런 자리를 자주 빠지면 승진은 고사하고 왕따를 각오해야 하기 때문이다. 한국인들은 장시간 노동 외에도 피곤한 인간관계에서 오는 스트레스를 '폭탄주'로 풀려 하기 때문에 한국인의 음주량이 세계 최고라는 명성을 얻고 있다.

한국 사회의 직장인 10명 중 9명이 화병을 앓아본 경험이 있는 것으로 보고되고 있다. 2015년 취업포털 <커리어>가 직장인 448명을 대상으로 설문조사를 한 결과에 따르면 "직장생활을 하면서 화병을 앓은 적이 있는가"라는 질문에 응답자 가운데 90.18%가 "있다"라고 답했다. 화병이 생긴 이유로는 "상사·동료와의 인간관계에 따른 갈등"(63.80%)이 1위를 차지했다. 이어 ▲인사 등 고과산정에 대한 불이익(3.62%) ▲이른 출근 및 야근으로 인한 수면 부족(3.17%) ▲퇴출, 구조조정에 대한 불안감(2.71%) 등이 뒤를 이었다. "화병은 어떠한 형태로 나타나는가"라는 질문에는 응답자 가운데 34.68%가 "만성피로를 앓고 있다"고 답했다. 이어 ▲조울증(19.02%) ▲탈모(12.30%) ▲직업병(9.84%) ▲호흡곤란(6.26%) ▲공황장애(4.25%) 등이 꼽혔다. 화병은 마음속의 분노와 울분을 억지로 억누르다 보니 생기는 통증과 불면증 증상 등을 말하는데, 미국정신의학회는 1995년부터 한국인들의 이런 독특한 증세를 아예 '화병'hwa-byung으로 표기하고 질병으로 공식 인정하고 있다.

고졸의 80% 이상이 대학에 진학하지만, 현행 한국 경제는 이 정도로 많은 대졸자를 수용할 능력이 없다. 모든 대졸자들이 잘나가는 대기업에 취직하고 싶어 하기 때문에 모두가 학교성적 외에도 온갖 "스펙"을 열심히 쌓는다. 하지만 대졸자들의 취업 현황과 관련해서는 "이태백", 즉 20대 태반이 백수라는 이야기가 유포되고 있다. 또한 "9988"이란 용어가 있는데 이는 한국 기업의 1%만 대기업이고, 99%는 중소기업인데, 이런 중소기업들이 전체 고용의 88%를 책임지고 있다는 의미다. 정작 대기업의 고용비율은 12% 정도밖에 되지 않는다. 결국 대기업의 하청인 중소기업들이 대다수의 고용을 창출하지만 노동자들을 살인적으로 착취함으로써 대기업의 해외 수출품 가격 경쟁력을 보장해준다. 아직도 대부분의 한국 중소기업은 노동착취 위주의 후진적 구조이며 이런 구조에서 청년들이 자신들의 꿈을 살릴 가능성은 희박하다.

사람들이 인터넷이나 소셜미디어 등을 사용하며 만들어낸 110억 개의 빅데이터에 의하면 사람들은 '방전'이라는 단어를 접하면 배터리를 떠올렸던 예전과 달리 지금은 체력을 떠올린다고 한다. 일과 관련한 수많은 단어들 중에서 '힘들다'라는 말이 꾸준히 올라가고 있는 시점이다. 하늘을 봐야 별을 따듯 당연히 싱글족이 무수히 늘어나고 있는 상황에서 출산율은 세계 최저 수준에 머무를 수밖에 없다. 그러다 보니 가족 해체의 속도도 늘어나 오히려 미국이나 유럽을 압도할 정도다. 젊은 부부들의 이혼율도 이젠 미국이나 유럽에 버금가고, 결혼은 필수라는 관념도 이미 젊은이들에게서는 거의 사라졌다. "혼밥" "혼술"이라는 유행어들이 현 세태를 대변해주고 있다. 전통적인 의미의 가족이나 공동체는 붕괴되어 버리고 사회가 완전히 개체화·파편화되어 가고 있다. 아파트, 버스, 기차, 지하철 어디에서나 옆 사람에게는 전혀 관심이 없고 소통도 안 되는 시대다. 모두가 휴대폰만 들여다보고, 서로 눈을 마주치지 않는 사회, 아파트 승강기에서 이웃과 간혹 눈을 마주쳐도 괜히 어색하고 서로 할 말이 없는 분위기 속에서 한국인들은 상호 소통이 얼마나 어려운지를 매일매일 실감한다.

이렇게 병적으로 노동력을 착취하는 사회구조 속에서 시간은 가속화될 수밖에 없다. 과거와는 달리 이젠 업무의 시간적·공간적 한계가 사라지고 인터넷과 노트북 컴퓨터로 인해 거의 언제 어디서나 일을 할 수 있게 되었다. 출퇴근시간과 업무의 공간적 한계가 사라지면서 이젠 24시간 잠자는 시간 외에는 일에 붙들려 있을 수밖에 없다. 휴가기간에도 스마트폰과 노트북을 끌 수 없다면 그건 쉬는 것이 아니다. 이와 같은 사회적 구조는 사람을 조급하게 하거나 불안하게 만들어 신경과민 상태로 이끌어가고 막연한 두려움을 갖게 만든다.

일중독증이나 공부중독증도 일종의 심리적 강박증이다. 일중독증에 걸린 사람이 반드시 강박증 병리를 앓고 있다고 말할 수는 없지만 강박증을 갖고 있는 사람들에게서 보이는 여러 증상들과 매우 흡사한 모습을 보이기 때문이다. 인간에게는 본능적으로 즐거움과 휴식을 향유하려는 욕구가 있다. 그러나 목적지향적 성격이 강한 한국인들은 남들과의 경쟁에서 먼저 고지를 점령해야 한다는 생각 때문에 쉬거나 여가를 향유하는 것에 소홀해지고 오히려 쉰다는 것에 대해 불안하게 생각한다. 특히 "범생" 타입이어서 항상 남의 모범이 되어야 한다고 생각하는 완벽주의적 성격을 가지고 있는 이들에게 이런 강박증세가 많이 나타난다. 이런 사람들은 자신이 집착하고 있는 그 일이 절대적이라 믿으며 자신의 모든 시간과 수고를 바칠 가치가 있다고 생각하고 전력투구하기 때문에 점점 일에서 헤어나지 못하고 고통스러운 삶을 살게 된다. 모든 것에 철저하지 않으면 직성이 풀리지 않기 때문에 일단 일에 손을 대면 쉬거나 타협을 하지 못한다. 일에 열중하다 보면 심신의 피로가 누적되는데도 휴식이나 기분전환은 어렵다. 당연히 과로로 인해 건강이 악화되고 일의 능률은 떨어지지만 쉬기는커녕 거꾸로 자신을 더욱 채찍질하다가 결국엔 과로의 절정에서 갑자기 우울 상태에 빠진다. 일 중독의 문제점은 전혀 쉴 줄을 모르고 무한정 자신을 닦달하다가 스스로 소진되어 버리는 자기 질식의 상태라고 할 수 있다.

강박증은 무엇인가에 강하게 집착하는 특성을 일컫는다. 무언가에 규칙적으로 집착하지 않으면 불안하고 내면에 허전함을 느낀다. 내면의 자유롭지 못한 점이 억압을 통해 외적으로도 여유와 안정을 갖지 못하게 되고 이런 요인 때문에 더욱 무언가에 집착하면서 내면의 허전함을 채우려 든다. 자신이 세워놓은 목적에 대한 강박성은 그들이 실현시키고자 하는 자아의 이상을 상상 속에 한없이 높이고, 이를 실현하기 위해 감당하기 어려운 초자아를 세워놓는다. 주체적으로 살기보다는 주위의 체면 때문에 솔직하게 자신을 드러내지 못하고 자신의 한계를 솔직하게 인정하지도 못하면서 무언가에 과하게 집착하다 보면 어느 날 갑자기 강이 범람하여 둑이 무너지듯 자아가 붕괴되기도 한다.

과거 북미에서 공부할 때 주위에 사는 교포들을 보면 대부분 조그만 가게를 운영하면서 인건비를 절감하느라 점원을 쓰지 않고 부부가 아침부터 저녁까지 장시간 노동에 시달리곤 했다. 1년 365일, 심지어는 크리스마스 날에도 쉬지 않고 장사하는 한인들이 있었다. 이렇게 오랜 세월 장시간 노동에 시달리다 보면 운영하는 가게의 계산대 앞에 있어야만 맘이 편하고 오히려 쉬는 날 집에 무료하게 앉아 있으면 마음이 더 불안하다고 했다. 결국 이런 사람들은 쉬는 날에도 한가로움을 즐기지 못하고 언제나 일이 머리에서 뱅뱅 도는 상태가 된다. 한마디로 전형적인 일중독증 현상이다. 결국 이런 일중독은 몸과 마음을 파괴하고 삶을 황폐화시킨다. 대한민국의 경제

성장의 주역들인 기성세대들은 대부분 이렇듯 "월화수목금금금" 정신으로 살아왔다.

우리가 늘 주위 동료들에게 건네는 "수고하세요"란 말을 영어로 번역하면 "Take it easy"가 되는데, 실상 그 의미는 "스트레스 받지 말고 편하게 하세요" 혹은 너무 "심하게 일하지 마세요" 정도다. 우리는 이 말의 진정한 의미를 늙어서야 깨닫고 "노세, 노세, 젊어서 노세, 늙어지면 못 노나니~"라고 하지만 이미 때는 늦었다. 만화작가 단체인 <도그하우스다이어리스>thedoghousediaries가 각 나라를 대변할 수 있는 단어로 만들어진 세계지도를 보면 한국은 '일중독자'workaholics로 표시되어 있다. 일단 어떤 것이든 중독되어 우리 삶에 유익한 것은 아무것도 없다. 어떤 것이든 중독되면 그것에 노예가 되기 때문이다.

피로사회증후군

일에 중독되어 스트레스와 피로가 누적되면 필연적으로 각종 신경성 질환들로 이어진다. 과거에는 들어본 적도 없는 우울증, 주의력결핍과잉행동장애, 경계성성격장애, 소진증후군 같은 질환들이 우리 주위에 창궐하고 있다. 21세기에는 이처럼 자기착취로 인한 신경증적 증상들이 사회의 주된 병리학적 상황으로 대체되고 있는 시점이다. 알랭 에랭베르Alain Ehrenberg는 "우울증을 규율사회에서 성과사회로의 이행기에 나타나는 현상으로 규정한다".[40] 결국 성과사회는 경쟁에서 뒤처진 낙오자들과 우울증 환자들을 양산해내기 때문이다.

---

40) 『피로사회』, 26쪽.

한국의 직장인 85%는 몸과 마음이 피로한 나머지 극도의 무기력증을 느끼는 '번아웃', 즉 '소진消盡증후군'Burnout Syndrome을 겪은 경험이 있다고 한다. '번아웃'Burnout이란 문자 그대로 뇌의 에너지가 다 타버렸다는 뜻이다. 감당하기 어려운 피로가 누적이 되어 어느 한계를 넘어서버리면 감정적, 정신적, 육체적으로 소진증후군이 갑자기 나타난다. '번아웃'이라는 용어를 처음으로 사용한 사람은 1974년 독일계 미국인 심리분석가인 허버트 프로이덴베르그Herbert Freudenberger[41]였다. 그는 뉴욕에서 사람들에게 일정 한계 이상의 과도한 업무를 부과할 경우 소진현상을 일으켜 더 이상 일할 수 없게 된다는 사실을 관찰하기 시작했다. 유럽에서 공부하고 그곳에서 강의하고 있는 한병철은 우울증이나 소진증후군 같은 정신적 고통을 21세기의 주도적 질병이라고 갈파했다. 그래서 그의 저서 『피로사회』는 "시대마다 그 시대에 고유한 질병이 있다"는 문장으로 시작한다.

심리적 소진현상은 마치 배터리가 완전히 방전되어 버리듯 뇌가 심각하게 방전되는 현상을 일컫는다. 마치 어느 날 문득 자동차 시동을 켜려고 하는데 시동이 전혀 걸리지 않는 상태처럼 우리의 심리적 소진현상도 마찬가지다. 어느 날 자고 일어났는데 갑자기 아무것도 하기 싫고 심지어는 전화조차도 받기 싫어지는 상태가 되는 것이 소진증후군이다. 만사가 시들해 보이고 손가락 하나 까딱하기 싫은 상태다. 소진증후군의 대표적인 증상은 극심한 피로감과 불안감, 짜증과 분노, 무기력, 식욕 감소, 체중 감소, 수면장애, 삶에 대한 무관심이나 의미 상실 등이다. 무한경쟁이 일상화된 현대 사회에서 성공하기 위해서 무조건 '하면 된다'는 식의 저돌적인 자세로

---

41) "Staff Burn-out", *Journal of social Issues* 30(1), pp.159~165.

자기 자신을 무한히 혹사시키다 보면 어느 날 갑자기 이러한 증상이 나타난다. 결국 이런 소진증후군은 우울증으로 이어지게 되고 우울증이 심각해지면 자기파괴라는 극단적 선택을 하게 되기도 한다.

모든 것이 순식간에 변화하는 세상에서 이러한 변화를 제대로 따라가지 못하면 도태되어 버릴 수밖에 없는 환경이다. 이러한 곳에서 고강도 노동에 지치고 치열한 경쟁에서 오는 스트레스에 짓눌리다 보면 웬만한 사람들은 감당하기 힘들다. 스트레스를 받으면 우리 몸에서는 스트레스에 대응하기 위해 '코르티솔'Cortisol이라는 호르몬이 분비되어 우리 몸을 보호한다. 그런데 소진증후군은 마치 몸이 파업이라도 일으킨 것처럼 더 이상 코르티솔을 분비하지 않는다. 이에 비해 우울증은 코르티솔을 너무 많이 분비한다는 차이점이 있다. 코르티솔 분비는 일종의 생체지표biomarker라 할 수 있는데, 이를 초기에 발견하면 쉽게 조절이 가능하지만 방치해버리면 이후 고비용을 요하는 병으로 발전하게 된다.[42]

'번아웃'증후군은 개인의 문제뿐만 아니라 가정, 직장, 사회에까지 그 영향을 미친다. 심리적으로 소진된 개인들이 많아지면 "피로사회"가 된다. 역으로 피로한 사회는 개인을 소진시킨다. 이렇듯 개인과 사회시스템은 끊임없이 상호 작용을 한다. 소진증후군이 마치 전염병처럼 한국 사회에 번져나가고 있다. 소진증후군 환자가 많아지면 조직과 사회에 심각한 문제를 야기한다. 피곤한 사람이 거리에 넘쳐나고 심리적 장애를 앓고 있는 사람들이 마치 전염병처럼

42) "Burnout vs Depression: What is the difference between 'burnout' and depression?", Center for Stress for Human Stress, http://www.humanstress.ca/stress-and-you/workers-and-stress/burnout-vs-depression/page-3.html(검색일: 2015/01/30).

확산되고 있다. 소진증후군, 피로증후군, 적응장애, 우울증 등 여러 가지 정신적 질환들이 한국 사회에 급속도로 증가하고 있다. 한국 사회에서 우울증 환자의 증가 속도는 2009년에 49만 5,000명, 2011년에 53만 4,000명, 2013년에는 59만 1,000명으로 연평균 증가율이 5%에 이른다. 우울증보다 자살 위험이 더 큰 것으로 알려진 조울증 환자도 2009년에 5만 1,000명에서 2013년에는 7만 1,000명으로 연평균 증가율이 10%에 달했다.[43] 자살을 시도한 사람들을 조사해보면 약 80%는 우울증을 앓고 있다고 한다.

사람은 몸만 병드는 것이 아니라 마음도 쉽게 상처받고 병들 수 있다. 문제는 몸이 아프면 즉시 병원에 달려가면서도 정신과적인 문제는 어떻게든 숨기려고 한다는 것이다. 남의 눈에 띄면 사회적 낙인이 찍히기 때문에 소위 심리적 경계선Borderline을 넘어갈 때까지 방치하는 경우가 허다하다. OECD는 자살률 1위인 한국에서 우울증 치료를 위한 항우울제 사용이 꼴찌에서 두 번째라는 조사 결과를 발표했다. 정신건강에 대한 한국인들의 대처가 얼마나 비과학적이고 안이한지를 보여주는 결과다. 항생제는 세계에서 가장 많이 먹으면서도 항우울제는 되도록 기피하고, 또 복용하는 사실 자체를 수치스럽게 여기며 감추려고만 든다.

우울증은 현대인의 10~20%가 한 번쯤은 앓게 되는, 마치 마음의 감기처럼 흔한 질병이다. 그러나 적절하게 치료하지 않고 방치하면 심리적 고통이 육체적 고통보다 더 심할 때도 있다. 견딜 수 없는 고통은 급기야 자살이라는 극단적 상황으로까지 발전되기 때문에 문제의 심각성이 있다. 즉, 우울증은 적절하게 치유하지 못하

43) 2014년 8월 국회 보건복지위 새정치민주연합 이목희 의원이 국회에 보고한 건강보험심사평가원에서 받은 최근 5년간의 통계자료 참조.

면 때론 자살로 치닫는 원인을 제공한다는 점에서 심각한 사회질환 중 하나다.

우울증은 한마디로 규명하기 어려운 여러 가지 복합적인 양상들이 중첩되어 일으키는 것으로 알려져 있다. 유전적·체질적 문제에서 유발되어 두뇌 안의 화학적 불균형이나 스트레스에 대처하는 호르몬 분비의 이상에서 오는 신경생리적 원인에서부터, 복잡한 사회생활에서 오는 각종 스트레스 같은 심리적 원인에 이르기까지 그리고 가치관이나 사회적인 이유 또는 술이나 마약의 중독 등에 이르기까지 실로 그 원인은 다양하고 복합적이다. 이처럼 다양한 원인을 갖고 있는 우울증은 어떤 외부적 충격에 의해 적합한 토양이 조성되면 싹을 틔우고 자라난다. 이런 점에서 우울증도 사회적 전염성이 강한 정신질환이라고 볼 수 있다. 그러므로 자살의 모든 원인을 단순히 우울증으로 돌리기보다는 왜 자살을 유도하는 우울증이 이 사회에 폭증하고 있는지를 분석하는 사회적 징후에 대한 원인 분석이 더 필요한 시점이다. 우울증이 이 시대에 폭증하고 있다면 외부적 요인에 의해 우울증 인자가 싹을 틔우고 급격하게 자라나게 할 수 있는 비옥한 토양을 이 사회가 가지고 있기 때문이다. 그러므로 사회적 요인에 대한 분석이 필요하고 그 원인을 제대로 규명해야만 이런 사회적 질병을 치유할 수 있다.

정신분석학에서는 우울증이 상실과 좌절에 그 병인이 있다고 본다. 경쟁이 치열한 사회에서 지속적으로 스트레스를 받다 보면 사람들은 쉽게 좌절감과 상실감을 느낄 수밖에 없다. 우울증은 조울증, 불안장애, 공황장애, 불면증, 강박증, 만성피로증후군이나 소진증후군 등과 같은 질병들과 함께 오거나 또는 상호 연관되어 있다. 우울증은 선진국형 질병이다. GDP 증가 속도에 따라 증가하는 우울증은 선진국이나 개발도상국 같은 신흥공업국들에서 많이 발생하고 있기 때문에 이른바 물질적 풍요 속의 정신적 빈곤이라 말할 수 있다. 미국정신의학협회American Psychiatric Association, APA가 1952년에 제작한 『정신장애진단통계편람 I』*Diagnostic and Statistical Manual of Mental Disorders, DSM-I*에는 106가지 종류의 정신장애를 분류하고 있는 데 비해 2013년 5번째 출판된 *DSM-V*는 무려 300여 종류로 늘어났다. 60년 만에 거의 세 배가 늘어난 정신장애 분류는 현대인들이 얼마나 다양한 정신적 고통을 겪고 있는지를 한마디로 대변해준다.

많은 정신과 의사들은 소진증후군이 우울증이라는 낙인을 미화한 동의어라는 데 의견을 같이한다. 모든 우울증이 심리적 소진증후군은 아니지만 거의 모든 심리적 소진증후군은 피로우울증이라고 볼 수 있다.[44] 문제는, '번아웃'은 일단 쉬면서 충분한 휴식을 취하는 가운데 항스트레스 훈련과 더불어 재활치료를 하면 회복이 되지만 심한 우울증은 완치가 불가능하다는 점이다.

우리가 "라인 강의 기적"이라고 칭송하며 모범적인 선진국가로 추앙하는 독일의 경우 1년에 거의 3명 중 1명이 심리장애를 앓고 있다고 한다. 1990년 이후 정신질환으로 인한 보험급여가 거의 두 배로 늘었다. 1997년 이래 베를린의 경우만 해도 우울증을 앓고 있는 사람이 70%나 급증했고 직장에서 일을 그만두는 이유들 중 네 번째가 정신과적 문제라고 한다. 특히 우울증은 2002년 이후 다른 질병 치료비의 증가분보다 두 배 더 많다. 심각한 상태의 우울증은 완치가 어려우며 마치 당뇨나 고혈압처럼 일생 동안 치료받아야 하는 만성적인 질병이다. 2008년 독일의 건강보험사들은 우울증 치료

---

44) 「'쥐어짜기 경영'이 낳은 역병, 우울증」, *Economy Insight* 11호(2011.03.01).

에만 52억 유로를 지출했다. 유럽도 청년실업문제가 심각한 사회문제인데 특히 20대의 젊은이들은 타 연령에 비해 두 배 이상 많은 심리적 질환을 가진 것으로 나타났다.[45]

미국도 통계에 따르면 2,000만 명 이상이 치료가 필요한 수준의 우울증을 앓고 있으며 이것이 심각한 사회문제로 대두되고 있다. 우울증은 성실한 '모범생'형 인간들, 특히 성직자나 전문 직종 종사자들에게 많이 발생한다. 이런 유형의 직업인들은 무엇이든 철저하게 하지 않으면 직성이 풀리지 않는 완벽주의적인 성격을 갖고 있는 경우가 많고 맡은 일에 최선을 다하려고 하기 때문에 일단 일에 손을 대면 적당히 쉬거나 타협하지 못한다. 심신의 피로가 쌓이면 그때그때 기분전환을 하고 휴식을 취해야 하지만 그게 안 되는 경우가 많다. 지속적이고 감당할 수 없는 스트레스는 불면증, 긴장, 건망증, 면역력 약화, 복통, 소화불량, 피로 등을 가져온다. 당연히 과로로 인해 심신의 에너지가 고갈되어 일의 능률이 떨어지는데도 휴식을 취하기는커녕 더욱더 자신을 채찍질하다가 결국 어느 날 갑자기 소진증후군이나 우울증이라는 나락에 떨어져버린다.

한국에도 정신적으로 건강하지 못한 사람들이 많다는 것은 무엇보다 운전할 때 실감한다. 운전하다 보면 한마디로 약삭빠른 이기심과 까닭모를 적개심이 도로에 넘쳐난다는 것을 실감하게 된다. 죽어도 양보하지 않는 이런 태도가 단순히 운전에서 끝난다는 생각하지 않는다.

남을 배려하지 못하고 마음속에 적개심이 가득한 사람들이 거리에 넘쳐난다는 것은 이 사회가 그만큼 병들어 있다는 신호다. 문제는 한국인들이 타 민족보다 더 악해서 그런 것이 아니라 스트레스

---

45) "Germany's new 'great depression'", BBC News, Monday, 18 April, 2005.

가 많은 사회에서 살다 보니 남을 배려하는 마음이 줄어들 수밖에 없고, 스트레스를 제대로 해소할 수 없어 피곤한 일상이 짜증스러우며, 나 자신과 남을 학대하는 일들이 많아졌기 때문이다. 세계보건기구는 직업적 스트레스를 "21세기의 가장 큰 위험 중 하나"라고 선언했으며, 2030년까지 우울증이 심장순환 질환과 에이즈AIDS(후천성 면역결핍증)를 추월해 세계에서 가장 주요한 질병 중 하나가 될 것이라고 예측한다. 과도한 경쟁과 더불어 휴식과 여가가 없는 일상은 현대인들의 삶의 질을 고갈시키고 이로 인해 우울증과 같은 질병이 급증하게 되었다.

삶에서 무언가를 이루기 위한 노력이나 수고가 실종되어 버리면 기쁨 또한 사라진다. 경쟁지상주의 사회에서 인간은 누구나 자신의 능력을 '성공'이라는 것으로 입증해보려는 사회적 강박에 시달린다. 그러다 보니 과다한 일과 성취욕은 결국 자아착취 수준으로 심화된다. 타인에 의한 착취보다 자아착취가 더 무서운 이유는 자기 스스로가 원해서 그것을 하기 때문이다. 이런 자아착취를 계속하다 보면 어느 날 갑자기 온몸의 에너지가 고갈되어 버리는 순간이 온다. '빨리빨리' 문화에서 성공을 향해 무한질주하는 한국인들은 자동차를 운전할 때도 속도가 너무 빠르면 차체가 균형과 절제력을 잃으면서 대형 사고의 위험이 커진다는 사실을 직시해야 한다.

소진증후군의 전형적인 특징은 삶의 의미가 잘 느껴지지 않는 것이다. 삶의 의미를 제공하는 감성에너지가 완전히 고갈되어 버리면 어느 날 갑자기 공중에 붕 떠 있는 것처럼 무중력 상태를 경험하게 된다. 자기정체성에 대해 반성해볼 수 있는 휴식과 여가가 없이 목적지향적인 일과에 집착하게 되는 데서 오는 결과다. 소진증후군을 예방하려면 취미생활 등을 개발하고 휴식과 여가 그리고 심리적 공백을 메워줄 다른 일에 몰두함으로써 몸과 마음의 균형을 유지하고, 문제 상황에 유연하게 대처할 수 있도록 심신을 단련시켜야 한다.

과학기술이 발전함에 따라 인류는 질병과 빈곤에서 벗어나 물질적인 풍요로움을 누리고 있지만 병든 사회구조에서 기인하는 온갖 스트레스와 다양한 정신질환 및 장애로 인해 정신적으로는 오히려 나날이 더 황폐해지고 있다. 세계보건기구도 1996년 건강의 정의에 '영적 건강'을 포함시켜 치유의 범위를 포괄적이고 전인적인 개념으로 넓혔다. 통합적인 의미에서의 건강에 대한 정의는 이제 더 이상 단순히 육체적 질병유무만을 따지지 않는다. 마리아 루이사 디 피에트로Maria Luisa Di Pietro[46]는 단순히 몸이 아프지 않으면 건강하다고 단정 짓는 것은 곤란하다고 말한다. 건강은 한 인간의 인격 전체와 그의 삶에 대한 이해 방식과도 관련돼 있기 때문에 철학적인 문제이기도 하다. 피에트로는 건강은 단순히 몸의 특징이 아니라 인격 전체의 특징이며 "심리적, 정서적, 사회적, 도덕적 차원뿐만이 아니라 질병의 유무와 신체적 능률성도 포괄"하여 바라보아야 한다고 정의했다. 그러므로 통합적 의미의 건강이란 건강절대주의나 예방열광주의에 빠지지 않기 위해서 개인과 공중위생 사이에 균형을 유지해야 한다고 주장한다. 온전한 건강이란 신체적, 정신적, 사회적으로 완전한 "참살이"well-being의 상태에 있는 것을 의미한다.

과거에는 '~해서는 안 된다'는 엄격한 규율사회였다면 요즘은 '~해야 한다' 또는 '뭐든 할 수 있다'는 긍정사회로 전환되었다. 사람

46) *A Systematic Review of Key Issues in Public Health*, Stefania Boccia / Paolo Villari / Walter Ricciardi(eds.), New York: Springer, 2015, pp.153~156.

들은 이제 뭐든지 꿈꾸는 대로 되리라는 또는 믿는 대로 되리라는 확신을 가지고 질주하기 시작한다. 교회에 가면 목사들이, 회사에 가면 자기계발의 도사들이 소위 수많은 '간증' 사례를 통해 무엇이든지 자신이 믿는 대로 꿈꾸는 대로 되리라는 황홀한 꿈을 선사해 주는데도 왜 이 사회에 이처럼 '번아웃'이나 우울증 환자들이 많이 창궐하는 것일까?

한병철은 "우울증은 성과 주체가 더 이상 할 수 없을 때 발발한다"고 주장한다. 그래서 "무엇인가를 할 수 있는 힘만 있고 하지 않을 힘은 없다면 우리는 치명적인 활동과잉 상태에 빠지고 말 것"이며 그것은 일차적으로 "일과 능력의 피로다. 아무것도 가능하지 않다는 개인의 한탄은 아무것도 불가능하지 않다고 믿는 사회에서만 가능한 것이다"라고 말하고 있다. 그러므로 "긍정성의 폭력은 박탈하기보다 포화시키며, 배제하는 것이 아니라 고갈시키는 것이다. 따라서 그것은 직접적으로 지각되지 않는다".[47] 한마디로 이 시대는 긍정성의 과잉이나 과다가 빚어낸 긍정성의 폭력이 내재적인 테러를 감행하고 있는 시대다. 그러므로 바쁘게 사는 현대인에게 "참살이"는 무엇보다 느리게 사는 슬기와 지혜를 배우는 것이다.

우울한 사회의 종착역은 "헬조선"

보건복지부가 발표한 OECD의 「건강통계 2015」*Health Data 2015*를 보면, 2013년 OECD 회원국의 자살로 인한 평균 사망률은 인구 10만 명당 12명이었고 한국(2012년 기준)은 이보다 두 배가 넘는

47) 『피로사회』, 21. 28쪽.

29.1명으로 회원국 가운데 최고였다. 지난 2003년부터 2016년까지 13년 연속 1위다. 자살사망률 상위권에 든 나라는 2위 헝가리(19.4명), 3위 일본(18.7명), 4위 슬로베니아(18.6명), 5위 벨기에(17.4명) 등이다. 자살사망률이 가장 낮은 국가는 터키(2.6명)였으며 최근 최악의 경제 사태를 맞았던 그리스(4.2명), 경제적 불황이 심각한 멕시코(5.0명), 이탈리아(6.3명) 등은 오히려 자살률이 낮은 국가에 속했다. 1985년 이후 자살률 추이를 살펴보면 OECD 회원국 대부분은 자살률이 점차 줄어들었지만 한국은 1998년 IMF 사태 이후 급격히 치솟기 시작해 지난 20년 사이 세 배나 급증했다. OECD 회원국 중 10년 사이 자살자 수가 급증한 나라는 한국이 유일하다.

한국보건의료연구원이 2012년에 내놓은 「우울증 자살에 대한 연구」[48] 결과를 보면, 한국인의 자살률은 1985년에 10만 명당 9.1명, 2000년은 10만 명당 10.6명, 2006년에 21.9명, 2011년에는 31.7명으로 급격하게 증가하는 경향을 보이고 있고 특히 10대, 20대, 30대 사망원인 1순위(통계청, 2011)가 자살로 나타났다. 자살은 암, 뇌혈관질환, 심장질환에 이어 한국인의 주요 사망 원인의 네 번째로 자리 잡았다.

특히 청소년 자살률이 심각하다. 한국건강증진재단은 세계보건기구의 자료를 토대로, 2010년 청소년 자살률을 공개하였다. 자료에 따르면 한국의 청소년 자살률 역시 청소년 10만 명당 9.4명으로 OECD 평균인 6.5명보다 훨씬 높은 수치를 기록하여 세계 6위다. 2010년 전체 청소년(15~19세) 사망자 1,034명 가운데 자살자는 292명으로 자살 비율이 28%에 이르는 것으로 집계됐다. 이 비율은 10

---

48) 「국내 정신질환 관련 연구 현황 파악 및 우울증 자살에 대한 연구」, 한국보건의료연구원, 2012.

년 전인 2000년(13.6%)의 두 배가 넘는 수치다. 2013년 통계 결과도 청소년들의 사망 원인 1순위가 질병이나 사고가 아니라 자살이라고 나왔다. 그 원인은 역시 성적과 진학 문제가 39.2%로 가장 큰 비중을 차지했고 그 다음이 가정불화다. 특히 최근 들어 학교폭력에 시달리다 못해 학생들이 자살하는 사건도 늘어나고 있다.

연령별 비교를 보면 청소년의 나이가 높은 연령군(15~18세)의 자살률이 8.2명으로 낮은 연령군(12~14세)에 비해 세 배 이상 높으며, 이는 OECD 회원국 국가의 15~19세 평균 자살률인 10만 명당 6.8명보다 월등히 높은 수준이었다.[49] 청소년 4명 중 1명꼴로 최근 1년간 자살을 생각해본 적이 있는 것으로 나타났다. 한국청소년정책연구원이 전국 16개 시·도 300여 개 초·중·고교 학생 8,745명을 설문조사한 결과다. 이 중에서 자살을 생각한 적이 있는 청소년은 2,043명(23.4%)이었다. 이 가운데 294명(3.4%)은 실제로 자살을 시도한 경험이 있었다. 이런 세태를 극명하게 보여주는 사례가 2015년 5월에 한 인터넷에 올라온, 소위 자살하지 않겠다는 "생명사랑 서약서"[50]에 대한 기사다. 죽음의 의미도 아직 제대로 모르는 초등학생들에게 절대로 자살하지 않겠다는 서약을 요구하는 내용이다. 과연 자살공화국다운 발상이다.

가장 심각한 문제는 노년층과 청소년층의 자살이 폭발적으로 늘고 있다는 사실이다. 이런 상황인데도 우리 사회는 정작 죽음에 대한 경각심이 별로 없다. 사람들도 일단 장벽에 부딪히면 극복하려고 노력하기보다는 자살로 마감하려는 충동에 휩싸이고 만다. 한 예로, 보건복지부에 따르면 번개탄을 사용한 자살사망자가 2004년

---

49) 같은 연구, 302쪽.
50) 「초등 1학년에 "자살방지 서약서" 내민 학교 논란」, 『세계일보』(2015.05.18).

50명에서 2013년엔 1,825명으로 지난 10년간 30배 이상이 늘었다. 심지어는 한때 전 국민의 인기를 끌었던 "행복전도사" 최윤희마저 자살로 생을 마감하는 현실이다. 한때 '자살'을 거꾸로 읽으면 '살자'가 된다고 말하고 다녔던 그녀였기에 그 자살은 더욱 충격이 컸다.

각종 대중매체에 출연하는 유명인이나 연예인들의 자살은 특히 어린 청소년들에게 심각한 영향을 미친다. 모방자살률이 가장 높은 청소년들의 경우, 이런 모방 위험은 인터넷이나 신문·방송 등 접근성이 높은 대중매체로부터 직접적인 영향을 받는다. 특히 모방자살을 유도하는 '베르테르 효과'Werther effect[51]가 큰 연예인들의 자살은 사회에 미치는 파장이 너무 크다. 박진희[52]는 연예인 중 40%가 경미하거나 혹은 심각한 임상적 우울증을 겪고 있다고 보고하면서 "사는 것이 지겹고 죽어버리고 싶다"고 생각하거나 "자살에 대한 생각을 실제 행동으로 옮기고 싶다" 혹은 "자살에 대한 구체적인 계획을 세워본 적이 있다" 등의 답을 한 연예인이 총 설문자 중 40%에 이르렀고 그중 20%는 구체적으로 "자살을 위해 약을 모으거나 물품을 사는 등의 준비를 해본 적이 있다"고 밝혀 더욱 충격을 주었다.

이외에도 인터넷 자살 사이트의 활성화 등 예전에 비해 다양해진 자살 방식들이 충격을 던져주고 있다. 특히 자살 사이트는 자살에

---

51) 18세기 독일 시인 괴테(Wolfgang von Goethe)가 지은 소설인 『젊은 베르테르의 슬픔』의 주인공인 베르테르가 푸른색 코트, 노란 조끼 그리고 장화를 신고 책상에 앉아 책을 펴놓은 상태에서 권총 자살을 한 이후 몇 년간 유럽의 수많은 젊은이들이 이를 모방하여 자살을 한 데서 유래한다. 이 책은 이 때문에 여러 나라에서 판금 조치가 되기도 하였다. "The Werther Effect", http://webhome.idirect.com/~andyt/tmas.html(검색일: 2010/10/29).

52) 박진희, 「연기자의 스트레스와 우울 및 자살생각에 관한 연구」, 석사학위 논문, 2009.

대한 두려움과 공포감 때문에 혼자서는 자살을 쉽게 결행하지 못하는 이들을 서로 연결해줌으로써 집단 자살이라는 새로운 사회 문제를 만들어낸다. 근원적인 처방은 내버려둔 채 아무리 단속과 경계를 강화한다 해도 청소년들의 내면에 도사리고 있는 상처를 치유하기 전에는 청소년들에게는 마이동풍馬耳東風일 뿐이다.

자살은 죽음뿐 아니라 삶과도 밀접하게 연관되어 있기에 인간이 자행하는 가장 복잡한 행동 중의 하나다. 자살하는 사람들 중 많은 경우 반드시 죽음을 목적으로 시도하기보다는 스스로에 대한 절망감의 표현이거나, 혹은 자살이라는 사건을 통해 타인을 조종하려고 하거나, 또는 극단적인 행위를 통해 주위의 시선을 끌고 동정을 얻으려고 하는 수단일 경우 등 그 목적은 다양하다. 자살자들도 자살 전에 "죽고 싶다"거나 "고통스럽다"는 등 어떤 신호를 주위에 보낸다. 자살을 결행하기 전 주위에게 알리는 경우는 자살시도자의 59.64%에 달했고 주로 연락하는 사람은 친구, 어머니, 선생님, 형제/자매, 아버지 순이었다.[53] 그러나 가장 가까운 가족이나 친구들조차 이들의 호소에 무신경하게 대하는 바람에 결국 "세상에 아무도 없다" 혹은 "세상에 나 혼자"라고 생각하고 막다른 선택을 하게 된다. 주로 이용하는 자살의 방법으로는 자해, 약물에 의한 음독, 투신, 질식, 화학약품에 의한 음독 순으로 나타났다.

2006년 보건복지부의 용역 연구에 따르면 자살로 인한 사회경제적 손실은 연간 1조 2,000억~3조 1,000억 원 규모로 추산된다. 2006년 7월 국립서울병원과 이화여자대학교가 공동 발표한 「우리나라 자살의 사회경제적 비용부담에 관한 연구보고서」도 자살로

53) 「국내 정신질환 관련 연구 현황 파악 및 우울증 자살에 대한 연구」, 한국보건의료연구원, 2012, 174쪽.

인한 경제적 부담이 매년 3조 856억 원에 달하는 것으로 보고하였다. 이 금액은 자살자가 사망 전 1년간 소비한 의료비용과 조기 사망으로 인한 생산성 손실액 등을 합한 결과다.[54]

정부는 사태의 심각성을 감안해 2004년부터 2008년까지 <자살예방 5개년 종합대책>을 추진했고 2010년까지 인구 10만 명당 자살자 수를 18명 선으로 끌어내리는 것이 목표였지만 정부의 바람과는 달리 자살자 수는 오히려 24명 선으로 올라가버렸다. 2010년 정부의 자살예방사업 예산을 보면 보건복지부에 생명존중정신건강증진사업 7억 3,500만원, 문화체육관광부에 종교단체 자살예방 상담 및 자살예방 활동 지원 명목으로 6억 원이 편성돼 있을 뿐이다. 이는 일본의 100억 원 이상과 비교할 때 가히 비교도 할 수 없을 만큼 낮은 수준이다. 자살로 인한 사회적 손실이 3조 원을 넘어가는데 이를 예방하기 위한 예산이 13억 수준이란 것은 정부와 사회가 얼마나 사회병리적 현상에 둔감한지를 단적으로 보여주는 예다. 자살은 자살하는 사람들의 잠재적 노동력 손실로 인해 사회·경제적 비용을 유발하고 또한 가족이나 친구 등 주변인들에게까지 심대한 심리적·경제적 고통이 파급된다는 데 그 심각성이 있다.

자살에 대한 사회적 성찰[55]

한편에서는 조금이라도 오래 살기 위해 온갖 건강식과 건강 전도사들의 설득이 요란한데, 또 다른 한편에서는 이렇듯이 생명을 스

54) 「자살로 인한 사회경제적 비용, 연간 3조 856억 원!」, 보건복지부 보도자료, 2008년 7월 6일.

55) 졸고, 「자살에 대한 사회적 성찰과 죽음학」, 『인간연구』 20호(2011/봄), 69~101쪽.

스로 버리는 이들이 많다는 역설적인 현실은 사회적 성찰의 필요성을 부각시킨다. 자살이 폭증하는 것은 그만큼 우리 사회가 심각하게 병들어 있다는 역설적인 증표지만 왜 자살이 폭증하는가에 대한 심도 있는 분석과 논의는 미미한 실정이다. 흔히 자살이 발생하면 대뜸 우울증의 결과라는 단순 처방이 내려지는데 과연 이런 개인 차원의 심인성 또는 정신병리적 원인만이 전부일까? 그렇다면 왜 한국에만 유독 이런 심인성 질환이 급격하게 증가하고 있는가를 물어야 한다. 무엇보다 먼저 무엇이 폭력의 악순환을 재생산하는지를 성찰해야 한다. 상처받은 분노가 외부로 향하면 폭력이나 살인과 같은 범죄로, 내부로 향하면 자살로 치닫게 되기 때문이다.

자살 현상의 이면에는 물질만능주의, 가족의 해체, 폭력적인 인터넷 문화, 각종 스트레스, 왜곡된 출세주의, 학벌지상주의, 외모지상주의 등 온갖 사회병리적 현상이 복합적으로 집약되어 있다. 개인적 요인은 반드시 그를 둘러싼 사회·문화·환경적 요인과 맞물려 있기 때문에 필연적으로 사회학적 통찰을 필요로 한다. 우리는 문화적으로 유도된 질병의 시대를 살아가고 있으며 따라서 현대인을 괴롭히는 건강 문제에는 생물학적 요인보다는 문화적 요인에 의한 것이 많다.

근대 사회학의 주춧돌을 놓은 프랑스 사회학자 에밀 뒤르켐Émile Durkheim은 그의 저서 『자살론』*Le Suicide*에서 자살의 원인을 "개인의 내적 관점"intrapersonal에서 뿐만 아니라, "상호 인간관계"interpersonal의 관점에서 분석해보고자 했다. 인간의 행동은 그가 속한 사회·문화적 관점에서 해석되어야 한다는 이론이다. 왜냐하면 각각의 사회는 고유의 "집합적 경향"을 가지고 있으며 이와 관련된 구조적 요인은 자살 원인을 규명하는 데 참고해야 한다고 보았다.

뒤르켐은 자살자가 자살을 결행하는 데 영향을 줄 수 있는 사회학적 요인을 분석해냈다. 그의 주장에 따르면, 한 개인의 선택은 순전히 개인적인 것만은 아니고 사회적인 원인에도 영향을 받는다. 결국 이 이론의 초점은 사회가 병들면 사회의 구성원인 개인도 또한 병든다고 보았다.

인간은 사회적 존재다. 그러므로 인간의 선택은 전적으로 그 개인의 것만은 아니다. 그러므로 뒤르켐은 19세기 말 유럽 사회의 자살 원인을 사회학적 시각으로 규명하고자 하였다. 그는 인간의 행위 중 가장 비사회적인 행위라고 할 수 있는 행위가 자살이며 사회는 개인들로 구성되어 있지만 구성된 사회에는 개인의 총합을 초과하는 "사회적으로 실재하는 사실"이 있다고 주장하였다. 따라서 뒤르켐은 자살의 원인을 단순하게 정신병리학적 결과나 심리학적 문제로 진단하는 것에 반박한다. 그는 당시 자살 통계를 이용하여 어느 인종보다 정신병 발병률이 현저하게 높은 유대인들이 오히려 자살률은 타 인종군과 비교해 현저하게 낮은 점이나 또한 자살 현상의 모방을 통한 감염설도 근거가 약하다고 반박한다. 그러므로 자살은 개인의 심리적·정신병리학적 원인만으로는 설명할 수 없으며 사회집단의 특성과 분리하여 설명할 수 없기 때문에 특정한 사회구조적 요인에서 비롯된 하나의 사회적 현상이라고 설명했다. 뒤르켐은 사회통합과 사회규제를 기준으로 인간의 자살을 이기적 자살, 이타적 자살, 아노미적 자살, 숙명적 자살 등 네 가지[56]로 분류했다.

---

56) Émile Durkheim, *Le Suicide: Étude de Sociologie*, Paris: Presses Universitaires de France, 1930, pp.174~311.

✣ 이기적 자살Egoistic suicide

뒤르켐은 끈끈한 연대로 엮인 사회에서 그 사회에 잘 통합되지 못하고 고립되거나 따돌림을 받는 사람들이 스트레스를 받으면서 느끼는 극도의 소외감과 무력감 때문에 자살을 택하게 된다고 분석했다. 이기적 자살자에게는 개인적인 문제가 자살의 결정적인 원인으로 보이지만 뒤르켐은 개인적 차원에만 머무는 문제로 보지 않고 그를 둘러싼 사회가 그를 자살에 취약한 상태로 만들어놓았기 때문이라고 분석했다.

✣ 이타적 자살Altruistic suicide

개인이 사회에 지나치게 통합된 나머지 자신보다는 자기가 속한 공동체의 이익을 위한 의무감에서 수행하는 순국이나 순교와 같은 자살을 이타적 자살이라고 한다. 이타적 자살은 자살의 의무를 강요하는 조건과 상황이 조성되어, 개인이 소속된 공동체가 암묵적으로 자살을 강요하는 것처럼 느끼거나 또는 개인의 명예가 실추되었을 때 자신의 삶이 더 이상 살 가치가 없다고 느껴 자살을 시도하는 경우다. 예를 들면 제2차 세계대전 당시 일본 군인들의 가미가제나 이슬람 테러리스트들의 자살폭탄테러 등이 이타적 자살의 예다.

✣ 아노미적 자살Anomic suicide

아노미anomie는 사회가 위기에 닥쳤을 때 공통된 사회적 가치나 도덕적 규범이 무너지면서 나타나는 가치관의 혼돈 상태를 말한다. 개인의 행동을 규제하거나 인도해줄 규범이 무너져버릴 때 개인은 가치관의 혼돈 속에서 인생의 목적과 의미를 상실할 수 있기 때문에 자살을 택하게 된다. 사회와 개인과의 유기적 연대가 해체된 무질서와 혼란 상태에서 새로운 사회적 조건의 적응에 실패하거나 의기소침해질 때 한없이 위축된 자신의 삶을 내던지는 것을 아노미적 자살이라고 한다. 아노미적 자살은 개인의 욕망은 무한대로 확대되지만 사회가 이를 효율적으로 제어하지 못하는 데서 일어나는 현상으로 현대 사회의 가장 일반적인 자살 유형에 속한다.

✣ **숙명적 자살**Fatalistic suicide[57)]

아노미적 자살과는 반대되는 유형으로, 지나친 사회적 억압이 개인의 자유를 극도로 억압하여 탈출구를 찾기가 힘들다고 느껴질 때 시도하는 자살로, 예를 들면 과거 압제받던 노예들의 자살이나 시민들의 삶을 극단적으로 억압하는 독재국가에서 일어나는 자살이 이에 해당한다. 현대 사회에서 가장 많이 일어나는 이기적 자살과 아노미적 자살들은 사회통합력과의 인과관계라는 점에서는 일치하지만 이기적 자살의 경우는 집합적 경향의 결함으로 인해 개인이 삶의 의미와 목적을 상실하게 되는 경우이고 아노미적 자살은 개인의 열망에 대한 사회적 방치가 이끌어내는 경우라는 점에서 구분된다.

자살에 대한 뒤르켐의 분석은 여러 가지 측면에서 이후 비판을 받았다. 특히 그는 "사회적 통합에 대한 개념화, 자살의 종류와 자살에 대한 심리학적 성격과 사회적 요인을 명료화하지 못했고"[58)]

---

57) 뒤르켐은 자살의 원인을 네 가지로 분류했지만 이기적, 이타적, 아노미적 자살을 가장 일반적인 원인으로 보았으며 숙명적 자살은 오늘날은 거의 무의미하기 때문에 거의 무시해도 좋은 원인이라고 분류했다. 그래서 숙명적 자살(le suicide fataliste)은 제5장 "Le Suicide Anomique"의 맨 마지막 주석에 매우 간략하게 부연하였다. Émile Durkheim, *Le Suicide: Étude de Sociologie*, p.311.

58) Al Wood, "Jack D. Douglas, The Social Meanings of Suicide", in *The*

더구나 집합적 총수 통계인 거시적macro 자료에만 의거하여 결론을 도출하려고 했기 때문에 개별적 특성이나 미시적micro 요인을 간과했다는 비판을 사회학계에서 받아왔다.[59] 무엇보다 뒤르켐이 19세기 말 유럽의 상황을 분석한 자료를 21세기 한국 사회에 그대로 적용할 수 있느냐 하는 문제와 개신교와 가톨릭 신자의 자살률 비교를 단지 유럽 국가, 그것도 독일어권만을 대상으로 했다는 점[60]은 일반화의 오류라는 지적을 피해가기 어렵다. 그러나 이런 비판에도 불구하고 자살은 어디까지나 개인 특유의 심리적 성향에서 기인하는 것으로만 보던 시각에서 한 걸음 더 나아가, 자살은 개인적이면서 동시에 사회적인 요인 또한 분석해야 할 필요성을 제시했다는 점에서 뒤르켐의 가정은 여전히 유효하다 하겠다.

오늘날 한국의 현실은 뒤르켐의 『자살론』이 나온 19세기 말의 유럽 사회처럼 산업화와 근대화로 인해 지난 반세기 동안 매우 급격한 변화를 겪어왔다. 1960년대 이후 농업국가에서 급격한 산업화를 겪으며 농촌 인구가 도시로 대거 유입되면서 전통적인 공동체 문화가 파괴되었고 기존의 전통과 도덕은 붕괴되었다. 최근 한국인의 자살 증가는 현행 한국 사회의 문화적·정서적 구조를 반영하는 "집합적 경향"의 소산이라고 분석할 수 있다. 송재룡은 한국인의 "집합적 경향"이 삶의 행태를 주조하는 사회문화적 배경을 "가족주의적 습속"이라고 규정한다.

Annals of American Academy, http://ann.sagepub.com/content/378/1/200.extract(검색일: 2010/10/30).

59) B. B. Birk, "Macro-Micro Relationships in Durkheim's Analysis of Egoistic Suicide", *Sociological Theory*, Vol.24, No.1(2006), pp.73. 78~79.

60) Whitney Pope / Nick Danigelis, "Sociology's One Law", *Social Forces* 60(1981), 496~514.

> 이 가족주의 가치체계가 한국 사회에 미친 강력한 영향은 '출세와 성공'을 통해 사회적 지위를 획득하고 가문의 영광을 드러낸다는 입신양명주의와 숭문주의적 의지와 정서다. 얼핏 보면, 현대 한국 사회에서 그 누구도 드러내놓고 출세와 성공을 통해 가문의 영광을 구하려 들지 않는다는 점에서 이 가족주의적 의지와 정서의 원형은 사라진 듯하다. 하지만 이 가족주의적 의지와 정서는 오랜 역사적 전승을 통해 형성되어 온 문화·정서적 현상이라는 점에서 쉽게 사라지지 않고 지속적으로 영향력을 행사하고 있다.[61]

이런 분석은 한국인들의 자살 원인이 개인의 정신병리적 현상만이 아니라 집합적 경향과 밀접하게 연계되어 있는 사회문화적 현상임을 입증하고 있다.

가족주의적 가치체계가 무의식에 각인된 한국인들은 극심한 경쟁사회에서 출세와 성공의 실현이 점점 멀어지고 있지만 그럴수록 더욱 그것에 강박적으로 매달린다. 그러한 집착은 자기 자신을 괴롭힐 뿐만 아니라 자신의 좌절된 꿈을 자식을 통해서라도 실현하려고 하기 때문에 교육열이 과열될 수밖에 없고, 이에 온갖 교육정책을 내놓아도 백약이 무효인 지경이다. 결국 개인의 욕구불만과 좌절이 스스로를 삶의 의미 상실과 우울 상태로 내몰고 극단적인 경우 자살충동에 빠져드는 것이다.

뒤르켐은 자살충동으로부터 개인을 보호하는 기능을 발휘하는 또 하나의 사회는 종교라고 주장했다. 종교는 사회적 통합을 이루

---

61) 송재룡, 「한국 사회의 자살과 뒤르케임의 자살론」, 『뒤르케임을 다시 생각한다』, 한국사회이론학회, 2008, 143~144쪽.

는 집합적 정서와 이념을 주기적인 만남을 통해 강화시키면서 인간을 결속시킨다.[62] 과거에는 이런 집합적 정서와 종교 공동체의 강한 결속력이 자살에 대한 예방적 가치를 가진다고 했지만 현대에 들어와 급속하게 진행된 세속화로 인해 개인에게 미치는 종교의 사회적 통합 기능은 매우 미약해졌다. 특히 종교적 상업화와 대형 교회를 지향하는 한국의 종교계에서 가난한 사람이나 약자들은 자신의 종교 공동체 안에서마저도 쉽게 소외될 수 있다. 최근의 종교 통계를 보면 불교와 그리스도교를 비롯한 종교인이 전 국민의 반을 차지하고 있지만 역설적으로 자살률이 전혀 줄어들지 않고 폭증하고 있다는 것은 오늘날 종교가 가지는 집합적 정서가 각 개인에게, 특히 사회적 소수자나 약자에게 미치는 영향이 매우 약하다는 것을 반증한다.

자살은 단순히 우울증이나 어떤 개인적·사회적 요인 하나로만 설명할 수 없는 복잡하고 다중적인 요인을 갖고 있다. 국립서울병원이 발표한 보도자료[63]에 따르면 남자의 자살동기 중 가장 많은 원인은 원인불명(29.9%)이었다. 그만큼 자살의 동기를 명확히 밝히기는 어렵다. 다음으로 많은 자살 동기는 육체적 질병(23.5%), 경제적 이유(19.0%), 정신과적 질병(12.0%), 가정불화(7.3%)였다. 여성의 자살동기 중 가장 많은 원인은 육체적 질병(30.7%), 원인불명(23.9%), 정신과적 질병(22.1%), 경제적 이유(9.2%), 가정불화(8.2%)의 순이었다.

상담기관을 방문한 청소년들이 자살을 시도하는 이유를 보면 가

62) W. S. F. Pickering(ed.), *Durkheim on Religion*, Atlanta, Georgia: Scholars Press, 1994, pp.245~248.

63) 정상혁, 「우리나라 자살의 사회경제적 비용부담」, 국립서울병원 보도자료(2006. 07.07), http://www.mw.go.kr/front/sch/search.jsp(검색일: 2010/11/15).

정불화(20.99%), 교우관계의 어려움(19.46%), 학교폭력/집단괴롭힘/따돌림(18.39%), 부모와의 갈등(15.37%), 청소년의 정신과적 질환(8.29%) 순이었다.[64] 청소년의 자살 가능성은 가계의 경제 상황이 어려울수록, 본인이 느끼는 스트레스나 불행·우울감이 클수록, 잠자는 시간이 부족할수록 높아지는 것으로 나타났다. 또 자살 청소년 가운데는 성 경험이나 성폭력 경험, 음주 및 흡연 경험이 있는 사람이 많은 것으로 분석됐다.

경기도 청소년상담복지센터 강유임 상담팀장은 "부부싸움 등 가정불화 심화 → 아이의 눈치·불안 상승, 대처능력 저하 → 집이나 학교에서 아이를 돌보지 못함 → 학업 포기 → 탈선, 또래관계 단절 → 절망 → 자살시도"로 이어진다고 설명했다. 청소년 자살 연구를 수행한 우종민은 "이른바 '왕따' 등 교우관계나 부모에게서 받는 스트레스가 자살 시도의 중요한 원인이라는 점이 드러난 것"이라며 "노인의 자살 원인인 질병이나 빈곤, 고독 등과는 달리 청소년의 대인관계 문제는 학교나 부모, 상담기관 등이 초기에 적극적으로 개입하면 해결될 수 있는 문제"라고 말했다. 청소년기의 특징이 충동적·즉각적이기 때문에 청소년 자살의 경우 자살 계획에서 자살 시도까지 걸리는 시간이 어른보다 짧은 것으로 나타난다. 그러므로 청소년은 충동적인 자살의 위험이 어느 연령대보다 크기 때문에 초기에 적극적으로 개입해야 자살을 줄일 수 있다.[65]

근래 일어난 한국인들의 자살에 있어 주요한 요인은 우울증 등, 주로 개인의 신체적, 심리적 성향(우울증, 정신질환이나 각종 중독증 등) 때문이라는 논의가 주류를 이루었다. 그러나 이런 원인들은 독립변

---

64) 같은 자료, 〔표 3-62〕, "청소년의 자살사고 원인"(5순위), 170쪽.
65) 「청소년 사망 중 자살률 10년 새 2배로」, 『한겨레신문』(2012.09.12).

수가 아니고 위에 열거한 다양한 요인과 상호 연결되어 우울증을 유발하거나 심화시킨다고 보는 것이 타당하다. 왜냐하면 자살은 우울증 외에도 각종 정신질환, 알코올 및 약물 중독·스트레스·빈곤·소외·분노·가족력 등이 중첩되어 있거나 혹은 개인이 감당할 수 없는 사회·문화·경제적 충격이 복합적으로 상승 작용하여 일어나고 있기 때문이다.

한국 사회는 요즘 집단우울증에 걸린 것처럼 보인다. 그러므로 뒤르켐이 지적하였듯이 사회의 '집합적 경향'을 배제하고 심인성 질환만을 가지고 자살 문제를 다룬다면 문제의 근원은 보지 못하고 지엽적인 문제에만 매달리는 꼴이 된다. 우울증을 배태하는 개인적 경향의 원천이 사회의 집합적 경향과 결부되어 있다면 이런 요인은 사회문화적 환경에 종속되어 일종의 촉매적 역할을 하는 잠재적 매개변수로 간주해야 하고 따라서 사회학적·심리학적 분석이 함께하는 통합적 접근을 시도해야 할 것이다.[66]

삶이 의미가 있으면 있을수록 죽음은 위협으로 간주된다. 그러나 사람은 삶이 무의미해지면 차라리 죽음을 원하게 된다. 뒤르켐이 분류한 "아노미적 자살"은 사회가 개인의 욕망을 적절하게 제어하지 못할 때 일어난다. 산업화로 인한 경제발전이 인간의 물질적인 삶은 풍요롭게 만들었지만 인간의 끝없는 욕망은 제어할 수 없게 되었다. 자본주의가 가져온 물질만능주의는 이기적 개인주의의 무한한 확대에 따른 빈부격차와 여기에서 빚어지는 상대적인 박탈감 및 윤리·도덕의 붕괴로 인한 가치관의 상실과 무분별한 서구사상의 유입으로 인한 정체성의 위기 등이 총체적인 사회적 혼란 상태를 야기시켰다. 결국 병든 사회적 가치관이 이기적·아노미적 자살

66) 송재룡, 앞의 책, 167쪽.

을 증가시키는 주요 원인변수가 되었다. 인간의 이기적인 욕망을 기존의 종교나 가족, 국가 등의 전통적인 규범들이 적절하게 제어하지 못할 때 혼란이 생기고 사회가 병들게 되기 때문이다.

어떤 일간지는 요즘 한국 사회가 '헝그리'hungry 사회에서 '앵그리'angry 사회로 변하고 있다고 지적하고 있다. 배고픔을 면하려고 무한질주를 하다 보니 치열한 경쟁에 돌입할 수밖에 없었고 이러다 보니 스트레스에 시달려 까닭 모를 분노가 사회에 가득하다. 윤평중[67]은 이런 한국 사회를 "거대한 르상티망ressentiment 사회"라고 분석했다. 르상티망은 승자와 강자에 대한 패자와 약자의 원한, 질투, 시기심 등 대단히 부정적이고 파괴적인 감정의 결합체다. 권력을 쥔 정치인과 부를 거머쥔 재벌, 그들만의 나눠먹기식 협잡으로 인해 소외된 일반 민중의 불만이 극에 달해 '원한 사회' 혹은 '울혈 사회'로 가고 있다는 진단이다. 2016년 광화문 촛불집회의 함성은 바로 공정한 기회와 과정의 틀을 짜고 집행해야 할 정치인들이 그 역할을 방기한 것에 대한 민중의 분노의 함성이다. 토머스 홉스 Thomas Hobbes가 이야기한, "만인의 만인에 대한 투쟁 상태"인 사회, 그건 바로 지옥이다. 한국 사회는 현재 심각한 중증의 문화적 질병을 앓고 있다. 천민자본주의에서 파생된 왜곡된 가치관과 인생관이 온 사회에 범람하고 있고 과도한 경쟁주의에서 파생된 피해의식과 서로에 대한 불신, 그리고 폭력이 기승을 부리고 있다. 당연히 바닥에 머물러 있는 행복지수는 우리 내면의 천박성과 야만성을 극명하게 보여주는, 또 하나의 지표일 뿐이다.

이런 사태를 반영이라도 하듯 한때 그렇게 유행하던 "참살이" well-being란 단어는 자취를 감추고 요즘 우리 사회에서 가장 유행

---

67) 「정책토론: 울혈 사회, 어떻게 치유해야 할 것인가?」, 『월간교육 8월호』.

하는 말 중의 하나가 "힐링"healing, 곧 치유다. 마음의 치유를 다루는, 소위 힐링 관련 도서들이 베스트셀러의 상위를 점령하고 있다는 것은 낙담하고 상처받은 자들이 "위로와 위안이 내게 정말 필요해"라고 소리 없이 외치고 있는 것이 아닐까? 그만큼 삶의 무게에 짓눌리고 외로운 사람, 특히 몸과 마음이 아픈 사람이 많다는 방증이다. 어쨌든 "힐링"의 범람 현상은 오늘날 한국인들이 느끼는 상실감과 불안감이 그만큼 크다는 사실의 반증이다. 2000년대의 유행어였던 "웰빙"(참살이)이 더 조화롭게 잘 살기 위한 대중의 욕망을 표현한 것이라면, 2010년대의 "힐링"(치유)은 더 잘 살고 싶기는커녕, 받은 상처를 치료라도 받고 싶은 몸부림이라는 점에서 차이가 있다.

경쟁은 과연 성장의 동력일까?

인간은 본능적으로 자신의 능력을 계발하여 남보다 더 나은 삶을 살고자 노력한다. 그러므로 경쟁이 없는 사회는 없다. 경쟁심은 때때로 개인의 능력을 극대화하는 데 촉매 역할을 해왔고 치열한 경쟁이 인류 사회의 발전에 기여했다는 점도 인정해야 한다. 그러므로 개인의 능력을 치열하게 연마하도록 촉구하지 않는 무경쟁 사회가 반드시 선량하고 협조적인 인간을 만드는 것도 아니며 오히려 사람을 나태하게 만들거나 무능력한 사람으로 만들 수도 있다. 그러나 지나친 경쟁은 성취동기를 유발시키기보다는 오히려 좌절감을 맛보게 한다. 경쟁과 협동이 상호 간 균형을 이룰 때 사회가 발전한다. 협동심이 없고 경쟁심만 가득한 집단은 분열과 끊임없는 소모전으로 인해 붕괴되기 마련이다.

인간은 사회적 동물이다. 인간은 홀로 사는 것이 아니라 타인에게 의존해가면서 살아간다. 그렇기 때문에 가족, 친척, 친구들로부터의 관심과 사랑은 삶의 원동력이 된다. 주변 환경과 협력할 줄 아는 생물이 더 오래 살아남는다는 사실을 생태계의 역사는 보여준다. 동물에서 진화進化하여 인류가 출현하는 데에는 상호 간의 배려와 보살핌이 결정적인 원동력으로 작용하였고 그것이 인류 진화를 이끈 힘이었다고 한다. 인간이 자연에서 배울 수 있는 지혜는 협력과 공생이다. 진정한 성과는 서로의 피를 말리는 경쟁에서 오는 것이 아니다. 그럼에도 학교와 일터는 점점 더 구성원 간의 치열한 경쟁을 부추기고 있다. 마치 경쟁에서 도태되면 살 가치가 없다는 듯 학교에서부터 치열한 경쟁기술을 배운다. 경쟁사회에서 뒤지지 않으려면 아이들의 기를 죽이면 안 된다고 부모들은 생각하지만 막상 학교에서는 학생을 성적순으로 줄 세우고 우열반으로 나누어 아이들의 기를 죽여버린다. 결국 어릴 때부터의 편 가르기가 성인이 된 후에도 그대로 유지되어 사회적 편견과 차별, 분열을 조장한다. 무엇보다 경쟁교육을 통한 학벌체제의 고착화와 서열화는 사회의 통합을 저해하는 근원적인 악이다. 현재 우리 교육은 인성을 함양하기보다는 오히려 파괴하고 있고, 결과적으로 악에 대항하는 능력을 키우기보다는 오히려 사회악을 고착화시키는 데 일조해왔다.

한때는 입시지옥이 오히려 한국이 가진 경쟁력의 원천인 것처럼 선전되던 때도 있었다. 실제 1960년대까지는 국민 대다수가 문맹이었고 국가발전의 동력이 될 인적자원을 양성하기 위해서 교육은 필수 수단이었다. 그러나 만성화된 입시지옥은 청소년들의 정서를 극도로 황폐화시켜 왔고 결국 한국 사회를 사하라 사막처럼 삭막하고 하이에나가 득시글거리는 야만적인 사회로 만들어버렸다.

2013년 한국의 국민소득 순위는 세계에서 33위인데 대학 등록금은 구매력평가PPP기준으로 보았을 때 미국 다음인 세계 2위였다. 초·중·고등학교 교육도 사교육비가 공교육비보다 훨씬 더 많이 지출되다 보니 학부모들은 자신의 노후대책 같은 것은 그야말로 꿈도 꿀 수 없는 형편이다. 온 국민이 오직 자녀의 교육에 그야말로 '올인'하고 있는 형국이며 여기서 파생된 교육열은 그 비등점을 향하여 돌진하고 있다. 열정은 추진력을 배가시키는 기제가 되지만 광기는 상황을 혼돈으로 몰아간다. 한국의 교육열은 단지 광기일 뿐 열정이 아니다.

최근 국가경쟁력지수를 보면 한국은 2008년 11위, 2012년 19위로 떨어지더니 2014년에는 26위로 급격하게 하락하고 있는데, 항목별로 보면 특히 노동시장 효율성 부분의 노사 간 협력지수가 2013년과 2014년 연속 144개국 중 132위다. 국가경쟁력이란 국민의 협력의 결과다. 잘난 사람 혼자서 독불장군식으로 만들어낼 수는 없다. 삼성경제연구소가 2009년 발표한 조사에 의하면 사회적 갈등으로 인한 비용지출은 국내총생산GDP의 약 27%인 300조 원에 달하는 것으로 나타났다. 결국 죽어라 일해서 벌어들인 돈의 3분의 1을 부질없는 경쟁에 써버린 꼴이다. 실로 엄청난 사회적 손실인데도 국가나 사회가 여기에 별로 신경을 안 쓰는 것을 보면 둔감한 것인지 대책이 없는 것인지 판단하기가 힘들다. 사회적 갈등에 대한 근본적 치유 없이는 땀 흘려 쌓아올린 성장을 갉아먹을 수밖에 없다.

한국에서 다년간 생활했던 영국인 다니엘 튜더Daniel Tudor는 그동안 그가 지켜보아온 한국인들의 삶의 모습을 보고 *Korea-the Impossible Country*란 책을 저술했는데 굳이 알아듣기 쉽도록 의

역하자면 "불가능한 것을 이뤄낸 한국"이라고 할 수 있겠다. 그래서 한국어판에서는 아예 책 제목을 『기적을 이룬 나라, 기쁨을 잃은 나라』라고 붙였다. 한국이 단기간에 성취한 기적적인 경제성장과 민주주의의 정착에 찬사를 보내면서도 정작 그런 기적을 성취한 한국인은 별로 행복해 보이지 않는다는 것이 책의 주된 내용이다.

튜더에 따르면 한국은 그가 겪어본 그 어느 나라보다도 경쟁적인 사회라고 말한다. 당연히 그런 사회에서 생존해야 하는 구성원들에게는 마치 매일이 전쟁과 같다. 경쟁도 폭력의 일종이다. 일제강점기부터 비교적 최근의 군사독재정권 시기에 이르기까지 오랜 군대문화가 남긴 집단주의에 함몰되어 개인의 주체적인 생각이나 판단을 함양할 수 있는 기회가 매우 부족했다. 획일적인 집단주의적 문화가 지배하고 있는 사회에서는 개인으로서의 주체적인 판단이 무력해지기 일쑤다. 모두가 한곳을 향해 맹렬히 질주하고 있는데 천천히 가거나 옆으로 비켜서기란 여간한 강심장이 아니고서는 힘들다. 그래서 이건 아니라고 생각하면서도 집단적 광기에 휩쓸리게 마련이다.

모든 판단의 기준이 남과의 경쟁 심리에서 유발되고 있기 때문에 한국인은 행복의 잣대를 자신 안에서 규정하지 않고 획일적이고 사회적인 잣대를 기준으로 한다. 한국심리학회가 발표한 2011년 「한국인의 행복」 조사의 결과도 그렇게 나타나고 있다. 우리는 "다른 사람이 봤을 때 내가 행복하다고 할 만한 삶을 살고 있나"라고 자문하는 경향이 높았다. 심리학자 서은국은 "타인이라는 거울에 반사된 내 모습을 행복의 잣대로 삼는 것"이라며 "40대 남자라면 자식이 어떻고 직함이 어떤지로 행복을 평가하기 때문에 승자勝者는 극소수"[68]라고 지적하고 있다. 자신의 주관적 기준이 결여되어 있기 때문에 비교 대상이 누구인가에 따라 행복해지거나 불행해진다면 그런 삶은 얼마나 불안정한 것인가. 우리는 강박적으로 세속적인 인정과 성공에 지나치게 매달려 있는 정서적 불구자는 아닌지 냉정하게 물어야 할 시점이다.

우리는 누구나 자기 자녀가 성공해서 행복한 삶을 살기를 바란다. 그러나 2015년 5월 국제구호단체 '세이브더칠드런'과 서울대 사회복지연구소가 함께 <아동의 행복감 국제비교연구>를 시행한 결과 한국 아동의 '주관적 행복감'이 조사 대상인 12개국 아동 가운데 가장 낮은 것으로 나타났다고 발표했다. 책임연구자인 이봉주 서울대학교 사회복지학과 교수는 "한국 아동의 외모와 성적에 대한 만족감이 다른 나라보다 크게 낮은 것은 부모와 사회가 정한 기준에 맞추느라 늘 남과 비교하는 분위기에서 아이들이 위축된 결과로 보인다"[69]고 말했다. 인생의 기준이 늘 눈에 보이는 경쟁과 비교에 초점이 맞춰져 있는 한 누구도 행복할 수 없다. 경쟁이라는 강박관념에 사로잡히면 그 무엇도 순수하게 즐기지 못한다. 아무리 재미있는 책도 즐거움을 위해서 읽는 것이 아니라 남들이 베스트셀러를 읽었다니까 나도 마치 질 수 없다는 듯 억지로 읽는다면 무슨 재미가 있을까?

『경쟁에 반대한다』는 저서로 1986년부터 미국 교육계에 격렬한 논쟁을 불러일으킨 교육심리학자 앨피 콘Alfie Kohn은 인류의 생존과 진화에 더 적합한 본성은 경쟁이 아니라 협력이라고 주장한다. 그에 따르면 경쟁은 인간 본성 때문이 아니라 경제적 혹은 심리적 결핍 때문에 나타난다는 것이다. 영원히 사는 사람은 없다. 결국은

68) 박돈규, 「알랭 드 보통 매뉴얼(3) — 행복」, 『조선일보』(2015.05.03).
69) 「한국 아동 행복감 최저 〔…〕 네팔 · 에티오피아에도 뒤져」, 『연합뉴스』(2015.05.18).

누구나 빈손으로 왔다가 빈손으로 가게 마련인데 부와 권력을 차지하려고 자신을 소진시켜 가면서까지 극심하게 경쟁하느라 몸과 마음의 건강을 잃고 가족과 친척 그리고 친구를 다 잃어버린 사람을 우리는 주위에서 많이 본다. 아무도 믿지 못하고 늘 불안하고 초조한 부자보다, 조금 가난하더라도 서로 돕고 살 줄 아는 사람이 더 지혜롭고 행복한 삶을 살 수 있지 않겠는가. 서로 힘을 모아 아름다운 공동체적 삶을 만들어낼 수 있는 능력을 길러주는 것, 개인과 사회 그리고 미래를 위해 이보다 더 좋은 교육은 없다.

마거릿 헤퍼넌Margaret Heffernan[70]은 그의 저서 『경쟁의 배신』에서 "우리는 경쟁을 포기하면 마치 자본주의가 멸망하고 소련이라는 실험에서 나타났던 부패와 잔인함으로 돌아가기라도 할 것처럼 두려워한다"고 했다. 그런데 이러한 두려움은 "실제 역사와 거리가 멀다. 소련은 모든 사회 각계각층을 상대로 늘 사악한 경쟁을 조장했기 때문"이라고 말한다. 치열한 경쟁은 오히려 효율성과 창조성을 갉아먹고 온갖 부패와 모략을 야기하며 결국 개인과 조직을 파멸시킨다고 충고한다.

헤퍼넌은 과잉경쟁으로 인해 우리가 치르고 있는 막대한 정신적, 물리적 비용을 신랄하게 비판하고 있다. 그녀는 교육·스포츠·과학·의학·기업 등 거의 모든 사회 분야에서 경쟁지상주의가 불러온 폐해를 제시했는데 교육은 그중에서도 가장 두드러진 분야다. 그녀는 유치원생을 세 집단으로 나눠 그림을 그리게 하는 실험을 실시한 결과로써 그 증거를 제시했다. 첫 번째 집단은 그림을 그리면 보상을 하겠다고 약속했다. 두 번째 집단은 사전에 얘기하지 않고 그림

70) Margaret Heffernan, *A Bigger Prize: Why Competition isn't Everything and How We Do Better*, London, UK: Simon & Schuster, 2014(한국어판: 마거릿 헤퍼넌, 『경쟁의 배신』, 김성훈 옮김, 알에이치코리아, 2014).

을 그리게 한 뒤 보상했다. 세 번째 집단은 아무런 보상 없이 그림을 그렸다. 2주 후에 아이들에게 다시 그림을 그리게 했을 때 우리의 예상과는 달리 보상을 약속받았던 집단이 가장 낮은 의욕을 보였다. 성적과 점수, 수료증과 트로피 같은 보상이 실제로는 내재적 동기를 갉아먹는 결과를 가져온다는 것을 보여주는 사례다.

최근 스웨덴도 자국의 학업성취도가 너무 낮은 데에 대한 우려의 목소리가 높다고 한다. OECD의 국제학업성취도평가PISA에서 스웨덴은 OECD 회원국 중 중위권도 유지하지 못했기 때문이다. 그러나 오히려 스웨덴 교육계에서는 학생들의 학업성취도가 낮아지고 있는 이유를 경쟁이 늘었기 때문이라고 분석한다. 1992년 스웨덴의 교육정책 개혁안이 국회를 통과된 후 스웨덴의 학교들도 이전보다 경쟁구도를 강화하기 시작했다. 학생과 학부모들에게 학교 선택권을 주면서 학생들 간의 경쟁이 늘어난 것이다. 그런데 스웨덴의 이웃 나라인 핀란드의 교육전문가 파시 살베리 교수는 "평등을 강조하던 스웨덴 교육이 평등을 포기하고 학생 개인의 성과를 강조한 후 오히려 이전보다 학생 개인의 성과가 후퇴했다"[71]고 지적했다.

성적으로 줄 세우는 교육은 대다수 학생의 학습의지를 꺾고 부정을 통해서라도 어떻게든 상대를 이겨야 한다는 그릇된 가치관을 심어준다. 결국 이렇게 자란 아이는 나중에 상대방을 이기기 위해서는 못할 것이 없고 심지어는 자신의 영혼까지도 서슴지 않고 팔게 된다.

미국에서도 "교육은 이제 더 이상 학습 경험을 위한 것이 아니다. 교육은 아이들이 서로 상대방을 물리치고 교육제도를 이리저리

---

71) 이석원, 「존재하지만, 노예가 되지 않는 스웨덴 학교의 경쟁」, 『데일리안』(2018. 01.06).

빠져나갈 전략을 짜는 생존 게임이 되고 말았다"고 헤퍼넌은 한탄한다. 그녀는 "경쟁은 늘 제도를 악용하려는 동기를 부여한다. 경쟁은 위대한 생각을 만들어내지 못한다. 위대한 아이디어가 나와도 확산되지 못하기 때문"이라고 말한다.

우리는 그동안 경쟁만이 성장의 동력이라고 세뇌되어 왔지만 진정한 성장은 개인과 조직의 발전을 위한 상호 협력과 공유의 가치를 알게 될 때 비로소 가능해진다. 학교에서 타인과 함께 협력하고 잘 살 수 있는 지혜를 배우는 것은 바로 미래 사회에서 성공할 수 있는 지름길이다. 타인과 함께 잘 지낼 수 없는 사람이 성공하는 것은 본 적이 없다. 상생相生은 서로가 이익을 취하고 함께 발전을 도모한다는 뜻이다. 진정한 경쟁력은 협력과 신뢰 속에서 싹트는 상생의 능력이다.

공자의 교육관의 핵심은 인仁으로, 서로 사랑하라는 것이다. 춘추전국시대라는 극도의 혼란기를 살았던 공자의 꿈은 세상을 평화롭게 만드는 데 있었고 이를 실현하기 위해서 자신의 인격을 수양하는 수신修身과 이기적 자아를 극복하고 서로 협력하며 함께 사는 방법인 극기복례克己復禮를 제자들에게 터득시키고자 했다. 공자는 평화주의자였기 때문에 무력이나 폭력으로 남을 강제하는 것을 반대하였다. 또한 덕이 있는 사람은 외롭지 않고 반드시 이웃이 있다는 '덕불고필유린'德不孤必有隣을 강조하면서 내가 이룬 것을 상대방도 이룰 수 있도록 도와주고 내가 아는 바를 상대방에게도 알려주어 어진 사람이 되도록 가르쳤다. 덕德과 득得은 통한다. 덕이 있으면 반드시 얻는 것들이 많아지기 때문이다. 동료들과 힘을 모아 서로 돕고 협력하는 따뜻한 공동체를 만드는 것이야말로 개인과 사회의 미래를 약속하는 첫 출발점이다.

혹시라도 자신의 아이가 치열한 경쟁에서 살아남지 못할까 봐 불안해하는 한국의 학부모에게 정신과 의사인 이시형 박사[72]는 단순하게 말한다. “서두르지 말라, 놔둬라.” 과거에는 산이며 들이며 강이 온통 아이들 놀이터였다. 거친 산야를 거침없이 달리고 뛰어놀면서 돌멩이와 나뭇가지를 장난감 삼아 노는 과정에서 자연스럽게 두뇌가 발달했고 창의성과 모험심을 길렀으며 친구들과 협동할 줄 아는 사회성을 익혔다.

자기조절 중추가 발달하면 자신의 감정과 행동을 잘 통제하고 공감력, 문제해결력을 발휘할 수 있게 된다. 실패해도 다시 극복하고 또 다른 시도를 할 수 있는 끈기 있는 추진력과 굳센 의지력으로 어떤 상황에서도 남에게 기대지 않고 독립적으로 살 수 있는 능력을 키워주는 것이 자기조절 능력이다. 인간은 사회적 동물이기 때문에 자기조절 능력은 공동체 구성원으로서 반드시 익혀야 할 능력이다. 이것은 곧 미래를 위해 참고 기다릴 줄 알고 남에게 폐를 끼치지 않는 능력이며 세상이 내 마음대로 돌아가는 것이 아님을 깨닫고 상대방을 배려할 줄 아는 능력이다. 이 능력은 생후 6개월 이전에는 충분히 사랑해주고, 만 3세까지는 잘못된 행동이나 위험한 행동을 할 때 “안 돼”라고 말해주면 자연스럽게 생긴다고 이시형은 권고한다.

영어로 버르장머리 없는 아이를 ‘디씨플린’discipline, 즉 ‘훈육이 안 되어 있다’고 표현한다. 서구에서는 아이들이 천방지축 놀다가도 부모가 엄격하게 말하면 곧잘 순종하는 것을 자주 볼 수 있는데, 애들 기죽이지 않겠다고 무한정 방임하는 것은 아이의 자기조절 능

---

72) 「이시형 박사가 이 시대 부모에게 보내는 메시지」, http://media.daum.net/society/education/newsview?newsid=20150509094108278(검색일: 2015/05/08).

력을 죽이는 것이나 마찬가지다. 자기조절 능력을 충분히 키우지 못하면 이는 향후 대인관계의 실패로 이어질 가능성이 높다.

요즘 한국 아이들은 햇빛 아래 마음껏 뛰어놀 수 있는 시간이 없기 때문에 자기조절력을 키울 수 있는 황금 같은 기회를 잃고 있다. 선행학습을 제대로 받아들일 수 있는 아이는 천재인데 그런 아이는 3만 명 중 1명뿐이라고 한다. 그런데도 대부분의 학부모는 무턱대고 아이를 선행학습의 노예로 만들고 있다. 일반적으로 아이 때는 아직 논리적인 추리와 사색의 회로가 덜 만들어졌는데 여기에 우격다짐으로 구겨넣으려다 보니 자꾸 밖으로 튕겨져 나온다고 이시형은 일갈한다. 그래서 그는 천재의 시대는 끝이 났고 이젠 "창재"創才의 시대라고 단언한다.

창조력이란 두루두루 널리 쓰일 수 있는 것이기 때문에 요즘처럼 모든 것이 빠르게 변하는 시대에 반드시 필요한 능력이고 어떤 환경에서도 적응해 살아나갈 수 있는 능력이다. 어떤 상황이 와도 잘 견뎌내고 실패나 좌절에도 다시 일어설 수 있는 의지력과 투지력, 누구와도 잘 지낼 수 있는 친화력, 어떤 환경에서도 적응할 수 있는 융통성 등은 위에서 말한 자기 감정의 통제로 귀결된다. "굼벵이도 구르는 재주"가 있듯 모든 아이들은 한두 가지 잘할 수 있는 재주, 즉 '강점 지능'이 있으니 아이들 스스로 자신의 재주를 발견할 수 있도록 도와주어야 한다. 교육이란 아이가 가진 재능을 찾아내 최고로 발현시켜 주는 것이다. 학력에는 보이는 것과 보이지 않는 것이 있는데 보이는 학력은 점수이고 보이지 않는 학력은 리더십, 창조성, 희생정신이다.

사람은 학교 문만 나서면 성적순으로 살지 않는다. 학교 다닐 땐 어수룩하게 보였던 친구가 몇 십 년 후 사회에서 크게 성공한 모습을 보면서 우리는 놀라지 않는가.

생태계가 파괴되어 가면서 요즘은 어디서나 "지속가능한 발전" Sustainable Development이 주요 화두가 되어가고 있다. 1987년 세계환경개발위원회WCED의 「브룬트란트 보고서」*The Brundtland Report*는 <우리 공동의 미래>에서 "지속가능한 발전"을 제시하였고 이 구호는 지구적 규모에서 인류의 발전 방향을 변화시키려는 운동으로 파급되어 가고 있다. 지속가능한 발전의 지표가 되는 세 분야는 환경, 경제, 사회(제도)인데 이 중에서 삶의 질에 가장 직접적으로 영향을 미치는 것은 사회적 요인이고 사회적 지속발전 가능성의 핵심이 바로 교육에서 나온다.

바람직한 교육은 학습자인 학생들의 삶의 질을 높여주는 교육이어야 한다. 학습자의 삶의 질의 고갈은 바로 창의력의 고갈로 이어지고 우리의 미래를 어둡게 한다. 현행 한국의 교육은 교육의 목표 설정이나 그 내용과 방법의 설정에 있어 우왕좌왕 혼란만 거듭하고 있을 뿐 무엇 하나 지속적인 교육정책이 부재한 상황이다. 오직 점수와 지표 중심의 학교 사회에 새로운 가치, 정신, 문화를 세우고 학교 운영 전반에 대한 근본적인 전환과 변화를 시도해야 하는 절박한 시점이다. 교육이나 언론매체 등을 통하여 과도한 경쟁압력의 수준을 떨어뜨리고 매사 다른 사람과 비교하는 사회적 압박을 줄여 나가기 위한 사회문화적 노력이 수반되어야 한다.

우리는 왜 점점 행복과 멀어질까?

현대인들은 진정한 의미의 행복이 무엇인지보다는 그저 손쉽게 보다 빨리 행복을 얻을 수 있는 방법만을 추구한다. 특히 최근 들어 긍정심리가 유행하면서 긍정성에 대한 가치를 지나치게 신봉하다 보니 행복해지려면 반드시 긍정적·적극적 사고를 해야만 한다는 강박증에 빠져들게 된다. 그러나 아무리 좋은 것도 지나치게 강조하면 집착이 되고 강박증이 생긴다. 모든 집착은 고통의 씨앗이고 강박증은 집착에서 생기는 고통이다.

행복강박증에 걸린 현대인들의 약점을 재빠르게 간파한 사람이 소위 '긍정적 사고'의 전도사들이다. 지난 수십 년간 소위 미국식 이데올로기인 '긍정의 힘'에서 유발된 적극적 사고, 자기계발, 행복전도 붐은 이 땅에 홍수처럼 몰아닥쳤으며 기업, 종교, 심지어는 학계에까지 맹위를 떨쳤다. 긍정성의 과잉에서 비롯된 긍정적 사고방식은 그동안 마치 만능 약처럼 선전되었지만 이 또한 심리현상 중 하나인 '위약효과'placebo effect다. 심리적 효과를 노린 약이라는 뜻이다. 2010년대 초반 이와 같은 미국식 이데올로기에 찬물을 끼얹었던 두 가지 충격적 사건은 '긍정의 힘'의 전도사 역할을 담당했던 미국의 초대형 교회인 LA Crystal Cathedral(한국에서는 "LA 수정교회"로 불리었다)의 파산이고, 또 하나는 긍정의 힘의 부정적 실체를 파헤쳐 단박에 미국 아마존닷컴의 사회 부문 베스트셀러에 오른 『긍정의 배신』*Bright-Sided*이란 책의 출현이다.

2010년 미국의 초대형 교회 중에서도 그 화려함과 명성으로 가히 미국 개신교회의 아이콘이라 불렸던 LA 수정교회가 파산해 법원에 의해 매각되었다는 소식이 미국 종교계를 경악하게 만들었다. 이 희화적인 기사가 더욱 충격을 준 것은 미국 개신교 복음주의의 본산인 이 교회당이 로스앤젤레스 근교에 있는 천주교 오렌지 교구에 매각되어 주교좌 성당으로 변모될 것이라는 것이다. 미국의 한 일간지는 수정교회의 파산 사태를 두고 "금이 간 수정교회"Cracks in the Crystal Cathedral라고 비아냥거렸다. 미국 개신교 복음주의 신학과 교회 성장 모델을 그대로 직수입한 한국 개신교계가 LA 수정교회의 파산을 목격하면서 받았을 그 충격파의 여진은 미루어 짐작할 수 있다. 이 교회당은 외벽이 대형유리 1만 664장으로 장식되어 있고 세계 최대의 파이프 오르간과 진도 8의 지진에도 견딜 수 있도록 견고하게 지어진 건물로 미국을 넘어 전 세계 개신교회의 대표격 건물이었다. 이 교회는 소위 미국식 이데올로기인 "긍정의 힘"을 목회에 적용하여 대형 교회의 원형을 이루는 성공을 거두었으며 설립자인 로벗 쉴러Robert H. Schuller 목사는 미국에서 가장 유명한 방송복음전도자Tele-Evangelist 중의 하나였다.

19세기 미국의 철학자이자 최면술사였던 큄비Phineas Parkhurst Quimby는 마음의 힘의 작용에 따라 치유가 이루어지거나 부자가 될 수 있다고 주장했고, 이것은 이후 미국의 "신사고운동"New Thought Movement으로 발전했다. 긍정적 사고와 창조적 시각화 훈련을 통해 누구나 원하는 것을 이룰 수 있다는 사상은 점차 미국 사회의 기업, 복음주의 계열의 교회, 그리고 학계까지 널리 퍼졌으며 후일 신자유주의와 맞물리면서 미국의 보편적인 이데올로기로 떠올랐다. 긍정의 힘은 복음주의자에 의해 번영신학으로 변형되었다. 고전적인 윤리적 단죄나 죄의식 같은 부정적인 이야기보다는 부와 성공과 건강을 믿기만 하면 그대로 이루어진다는 단순한 메시지는 미국의 방송복음전도자들에 의해 가속도가 붙기 시작했다. 그러나 여기서 믿음은 하느님의 은혜와 용서에 대한 수용이라기보다는 인간의 잠재력에 관한 믿음이고 특히 자신의 현세적 열망을 긍정적인 언어로 표현하는 적극적·긍정적 습관을 숙달하면 무엇이든 소원하는 바를 이룰 수 있다고 강조했다.

쉴러 목사는 1955년 로스앤젤레스 근교 가든 그로브에 있던 자동차 극장을 교회로 만들고 죄의식만을 강조했던 기존 교회의 설교와는 다르게 누구나 마음속에 긍정적인 신앙을 갖고 있으면 그 대가는 "네가 꿈꾸는 대로 이루어지라"If you can dream it, you can do it는 메시지로 대중을 매혹시켰다. 그의 설교는 듣기만 해도 그야말로 "필 굿"feel good이 되어 선풍적인 인기를 끌었다. 그의 설교는 <능력의 시간>Hour of Power이란 TV 방송을 통해 미국만이 아니라 전 세계에 방영되었다. 필자의 유학 시절 매 주일 아침 TV에 나오던 그의 설교 장면과 화려했던 LA 수정교회의 모습은 아직도 기억에 선명하다. 쉴러 목사의 성공적인 목회신학은 그대로 한국에 직수입되었고, 1960~1970년대의 소위 "잘살아보세"라는 기치 아래 시행되었던 정치적·사회적 운동과 궁합이 기막히게 들어맞았으며 긍정의 힘을 변용한 "번영신학"은 한국인의 기복신앙과도 잘 어우러져 개신교 성장의 기폭제가 되었다.

번영신학의 문제점은 세속적 성공을 바로 하느님의 축복으로 동일화시킴으로써 신자들을 성장과 축복 이데올로기에 함몰시켜 버린다는 점이다. 한국의 대형 교회는 수단과 방법을 가리지 않고 빠른 시간 내에 돈과 권력, 명예를 쥐고 싶어 하는 신자들에게 세속적 성공 과정에서 따를 수 있는 죄에 대한 심적 불안이나 양심의 가책을 느끼지 않도록 중산층의 정서와 문화적 코드에 맞춘 달콤하고 세련된 설교를 통해 급속하게 성장했다. 편하고 쉬운 것만을 좋아하는 일반 신자들은 공동선公同善이나 윤리적 책임 같은 쓴소리보다는 적극적이고 긍정적인 사고방식과, 성공신화 등에서 들을 수 있는 달콤한 간증에 목말라하고 이런 설교를 은혜가 충만한 설교라고 찬양한다.

돈이 모든 가치의 중심이 되면서 종교계도 상업화·대형화되어 돈의 가치를 부추기는 일을 자행하고 있다. 소위 "삼박자 축복" 중의 하나가 재물이며 십일조를 하면 확실히 몇 십 배 혹은 몇 백 배 축복을 받을 것이라고 약속하는 것은 마치 투자를 부추기는 투기꾼들의 어투와 비슷하다. 초월적 가치를 가르쳐야 할 종교가 오히려 무절제한 탐욕과 비합리적 충동을 부추기는 것은 매우 역설적이다. 요즘은 이런 외판원들을 개신교만이 아니라 대형 불교사찰의 승려나 가톨릭의 인기 있는 성직자들 가운데서도 찾아볼 수 있다.

인간의 삶에서 영원한 번영, 영원한 건강은 없다. 무엇보다 번영신학은 종교인으로 하여금 영원한 것을 사모하는 것이 아니라 덧없이 지나가버리는 것에 매달리게 만들고 정작 사회정의나 인권 같은 예민한 현실 문제에 대해서는 애써 회피하거나 외면하게 만들었다. 이런 경우 신의 능력은 단지 긍정의 힘으로 치환되고 신은 인간의 현세적 성공과 번영을 위해 이용되는 도구나 수단으로 전락되어 버린다. 긍정적인 사고와 함께 개인의 노력을 함께 병행해야 목표를 달성할 수 있는데 일반인은 대부분 그 두 가지의 선후 관계를 혼동한 채, 무작정 잘될 것이라는 주문만을 외우며 긍정적으로 살면 모든 문제가 해결된다고 자기 암시 내지는 최면을 건다. 사회의 빈민이나 실업자들로 하여금 자본가에 의해 저질러진 경제적 폭력에 휘둘리면서도 긍정적 사고야말로 그나마 행복하게 살 수 있는 유일한 길이라 굳게 믿도록 만들었다. 긍정의 힘을 전파하여 살판난 것은 부자와 심리학자, 그리고 교회를 포함한 '긍정적 사고'의 전도사들뿐이다.

긍정 이데올로기를 생산하고 전파하는 시스템은 그동안 기업, 종교, 학계에 유포되었고 자기계발서, 기업의 동기유발 프로그램, 행복전도서들이 앞다퉈 발행되면서 여러 영역에 걸쳐 문어발과 같은 거대한 산업으로 성장했다. 그러나 『긍정의 배신』의 저자인 바버라 에런라이크Barbara Ehrenreich는 교회와 자본가와 긍정적 사고 전파자들이 결탁해서 "평범한 사람이 속기 쉬운 속성과 낙천성"을 이용해 오히려 튼튼한 미국 경제를 무너뜨려 세계의 위기를 초래하고 우리를 불행에 빠트리고 있다고 고발한다. 낙관주의의 과잉이란 함정이 위기의 징후를 간과하게 만들었고 금융위기를 비롯한 사회적 재앙에 대비하는 힘을 약화시켜 왔으며 나아가 실패의 책임을 개인의 긍정적·적극적 사고의 부족으로 돌려버린다는 것이다. 또 하나의 문제점은 긍정적 믿음만을 절대 신봉하다 보면 막상 불행한 상황에 직면하면 부정적 상황을 받아들일 마음의 준비가 전혀 없어 고통이 더 뼈아프게 느껴진다는 것이다.

긍정의 힘은 사람들에게 고난을 극복할 수 있는 적극적인 의지와 희망을 갖다주는 삶의 추동력이 될 수 있다. 매사 비관적으로 생각하는 것보다는 긍정적·적극적으로 생각하는 것이 확실히 더 낫다는 점은 부인하지 않는다. 그러나 사람은 실패를 통해서도 배운다. 남의 처절한 실패담을 들으면서 위로와 용기를 얻기도 한다. 문제는 긍정 자체가 아니라 긍정의 대상이 과연 무엇인가 하는 점이다. 교회의 성장이 개인의 야망과 접목되어 맹목적인 교회성장주의에 몰입되어 버리면 탐욕의 영이 지배하는 상황에 빠질 수 있다는 점을 망각하지 말아야 한다. 예수는 우리에게 스스로를 포기함으로써 온 세상을 얻고 자기부정을 통해 영원한 생명을 얻는 길을 보여주었다. 복음의 위대한 능력을 값싼 세속주의로 둔갑시킨 죄악을 회개해야 한다. 참된 삶을 살기 위한 거짓된 삶의 부정이 바로 그리스도인이 품어야 할 참된 긍정의 자세다. 실제로는 자신의 야망을 추구하면서 그것을 교묘하게 하느님의 축복이라는 종교적인 언어로 위장한다면 이는 바벨탑 쌓기 운동일 뿐 선교가 아니다.

한국 사회에서는 일단 한번 무언가에 "끌리고 쏠리고 들끓기" 시작하면 합리적인 토론은 순식간에 실종되어 버리고 극단적인 쏠림 현상이 득세한다. 그간 위세를 떨쳐온 긍정의 힘도 이런 맥락에서 보아야 한다. 그러므로 정신적 유연성과 개방성 등 열린사회에서 꼭 필요한 시민의 자질을 함양하고 다원적 사회에 요구되는 시민의 덕성을 어떻게 계발해야 할지를 고민해야 한다. 대화를 통해 배우고 훈련하는 과정을 통해 이념적·종교적 갈등을 극복하고 상생의 패러다임을 세울 수 없다면 한국 사회의 질적 심화나 성숙은 요원할 것이다. 긍정이냐 아니면 비관이냐는 선택의 문제가 아니라, 사실에서 출발하느냐 마음가짐에서 출발하느냐가 핵심임을 보여주는 데 있다. 또한 불가능이란 없다고 주문만 외울 게 아니라, 불가능한 일이 왜 불가능해졌는지를 되돌아보고 그것을 향해 목소리를 내어 정직하게 요구하는 일도 필요하다.

『합리적 행복』의 저자 올리버 버크먼Oliver Burkeman[73]은 참된 행복이란 긍정적 감정뿐만 아니라 부정적 감정까지도 모두 포괄할 수 있어야 한다고 주장한다. 그는 부정적 감정은 애써 외면하고 긍정적, 적극적 사고만을 강조하는 맹점은 해결하기 힘든 삶의 다양한 문제를 오직 몇 가지의 처방이나 실천계획으로 무리하게 끼워 맞춰 해결하려는 성급함이 문제라고 지적한다. 인생은 씨줄과 날줄처럼 행복과 불행이 얽혀 있다. 인생은 행복과 고통의 융합체다. 삶의 어두운 면을 애써 부정하면 할수록 도리어 부정의 늪에 빠진다는 사실이 여러 사례를 통해 증명되고 있다. 잘못되는 일의 상당

---

73) 올리버 버크먼, 『합리적 행복』, 정지인 옮김, 생각연구소, 2013.

부분이 너무 잘하려는 노력에서 기인하기 때문이다. 긍정적 사고에 대한 편향된 추구가 행복을 가져다주는 게 아니라 오히려 불안과 고통을 야기한다. 정말로 행복해지려면 부정적인 감정이나 불확실성조차도 기꺼이 껴안을 수 있어야 한다. 최소한 그런 감정으로부터 너무 강박적으로 달아나려 하지 말고 오히려 부정적 경로를 통해 행복에 이르는 방법도 있음을 알아야 한다.

행복을 전문적으로 연구하는 심리학자나 과학자들에 의하면, 화목한 가정, 참된 사랑, 좋은 인간관계, 진정으로 보람을 느낄 수 있는 일 등이 행복의 원천이며, 이러한 것들은 돈으로도 살 수 없다고 말한다. 마틴 셀리그만Martin Seligman[74)]은 자신의 삶에 만족을 느끼고 행복하기 위해서는 다섯 가지 공식이 필요하다고 역설한다. ① 긍정적 정서Positive emotion: 평화, 감사, 만족, 기쁨, 희망, 영감, 사랑 등 긍정적 감정을 말한다. ② 몰입Engagement: 시간 가는 줄 모를 만큼 현재의 어떤 일, 업무, 상황에 빠져드는 것을 말한다. ③ 긍정적인 관계Positive Relationship: 인간은 사회적 동물이기에 타인과 의미 있고 긍정적인 관계를 유지하는 사람이 그렇지 않은 사람보다 더 행복하다. ④ 의미Meaning: 인간성을 함양하거나 종교에 헌신하는 것 등 자신보다 더 중요하다고 믿는 어떤 것에 소속되고 거기에 기여하는 것에서 나온다. ⑤ 성취Accomplishment/Achievement: 단순히 일 때문에 일을 하는 것이 아니라 그 일을 통해 가치가 있는 목적을 성취하는 것 등 성취 그 자체가 좋아서 추구하는 것을 말한다. 같은 긍정의 힘을 원용한 것이라 해도 여기엔 이기적 욕망이나 탐욕에 몰입된 사람들이 추구하는 것과는 너무나 다르다.

---

74) Martin Seligman, *Flourish: A Visionary New Understanding of Happiness and Well-Being*, New York: Free Press, 2011.

시대에 따라 국가적 화두는 바뀐다. 1960년대에는 '조국근대화', 1970년대 이후는 '경제개발'이더니 언제부터인가 '국민행복'이 시대적 화두로 등장했다. 이는 그동안의 경제발전에 대한 반성과 더불어 삶의 진정한 목표나 의미에 대해 묻기 시작했다는 증거다. 한국개발연구원KDI의 「우리나라의 국가경쟁력 분석체계개발(2011)」 연구보고서는 우리나라의 '삶의 질'이 OECD 국가들 중에서 최하위권에 속한다고 발표하였다. 한국개발연구원이 4대 국가경쟁력 지표(성장동력, 삶의 질, 환경, 인프라)를 분석한 결과, '삶의 질' 지표가 OECD와 주요 20개국G20이 포함된 39개국 중 27위로 나타났다. 국가 간 행복지수 비교에 가장 많이 인용되는 <세계가치조사>에 의하면 1990년대에 우리나라는 조사대상 65개 국가 가운데 22위로 중상위권에 속했으며 일본보다는 조금 아래였다. 그런데 희한하게도 점점 높아지는 경제 소득과는 반비례로, 1990년대 이후 한국인들은 점점 더 불행해졌다.

나라 밖에서 바라본 한국인의 '삶의 질 만족도' 통계지표는 더 처참하다. 미국 여론조사기관인 갤럽Gallup이 발표한 <2014년 세계 웰빙well-being지수>에 따르면, 한국은 전년도인 2013년 75위에서 무려 마흔두 단계나 추락하여 세계 145개국 가운데 거의 최하위권인 117위로 곤두박질쳤다. "국민이 행복한 나라"를 국가적 슬로건으로 내건 당시 정부나 정치인들은 이런 지표를 보고 무슨 생각을 했을까? 갤럽은 보건컨설팅업체 '헬스웨이스'와 공동으로 145개국의 15세 이상 남녀 14만 6,000명을 대상으로 인생목표, 사회관계, 경제상황, 공동체, 건강 등 5개 항목에 걸쳐 삶의 질을 묻는 설문조사를 실시했는데, 한국은 항목별로 보면 인생목표 96위, 사회관계 112위, 경제상황 53위, 공동체 113위, 건강 138위를 기록했다. 경제상황만 간신히 중위권을 유지했을 뿐, 나머지는 모두 세계 최하위권으로 추락하고 있다. 한국의 웰빙지수 117위는 심지어 오랜 전쟁으로 피폐해질 대로 피폐해진 이라크(102위, 12.1%)나 오랜 독재정치의 유산과 침체된 경제로 신음하고 있는 기니(116위, 9.4%)보다도 낮은 수치라니 국제적으로 권위와 명성을 자랑하는 갤럽의 발표를 믿어야 할지 말아야 할지 매우 큰 갈등을 느낀다. 물론 이런 통계들을 액면 그대로 받아들이기는 어렵다. 왜냐하면 행복을 수치와 등수로 평가하는 것 자체가 문제를 일으킬 수 있는 소지가 다분하기 때문이다. 그러나 그와 동시에 입만 열면 세계 11위 경제대국 운운하는 한국에서 과연 이런 경제적 수치들이 오늘을 사는 한국인의 삶에 무슨 의미가 있는지도 정직하게 되물어봐야 할 시점이다.

단지 경제성장률만으로는 한 사회를 제대로 평가할 수 없다. OECD는 2011년부터 매년 5월 '더 나은 삶 지수'Better Life Index를 발표하고 있다. 이 지수엔 공동체지수를 비롯해 ▲삶과 일의 균형 ▲안전 ▲양극화지수 등 여러 지표가 포함돼 있다. 그동안 우리는 누구보다 정情이 많은 민족이라고 자부해왔고 개인보다는 가족이나 공동체를 우선시하기 때문에 나의 집, 나의 학교라는 표현보다는 우리 집, 우리 학교라고 표현해왔다. 그런데 2015년 OECD가 발표한 "더 나은 삶 지수"를 보면 한국은 36개국 가운데 27위로, 그런대로 최하위는 아니지만 "공동체지수"가 36개 국가 중 가장 낮은 점수를 기록했다는 점이 눈에 띈다. 공동체지수는 "어려움에 처했을 때 이웃이나 친구 등 사회적 네트워크의 도움을 받을 수 있다"고 응답한 비율이다. 이 설문에서 한국인은 72%가 "도움을 받을 수 있다"고 답했다. 전체 평균인 88%보다 16% 더 낮다. 1위를 차지한 아일랜드는 96%였다. 지난 반세기 동안 산업화와 더불어 인구의 절대다수가 도시로 이동하게 되었고 전통적인 공동체 의식은 사라져버렸다. 공동체가 파괴되면서 이웃에 대한 무관심이 극대화되고 도움이 필요할 때 이웃의 손길을 기대하기도 힘들어졌다.

순위	국 가	지수	순위	국 가	지수
1	아일랜드	96%	27	프랑스	87%
2	스위스	96%	34	그리스	83%
3	아이슬란드	96%	35	멕시코	77%
25	일본	89%	36	한국	72%

〔표 2〕 국가별 공동체지수 순위

※ 출처: OECD, <Better Life Index>, 2011.

최근 연이어 터져나온 아동학대사망 사건을 살펴보면 옆집 아이가 부모로부터 구타당하거나 수개월 동안 보이지 않아도 이웃은 "전혀 몰랐다"고 말하고 있다. 또한 옆집에서 홀로 죽음을 맞이하는 소위 고독사孤獨死 역시 급증하고 있다. 사람이 살아가는 데 윤활유 역할을 하는 공동체적 유대관계가 극도로 빈약함을 보여주고 있다. 따뜻한 인간관계가 실종되면서 사회적 자본인 신뢰와 배려 대신 매사를 고소나 고발로 해결하려다 보니 갈등을 해결하는 사회적 비용이 상승할 수밖에 없다. 2016년 국가경쟁력지수 중 "사회적 결속" 점수가 2012년에 비해 절반 수준으로 떨어졌다는 스위스 국제경영개발원IMD의 평가는 한국의 국론 분열이 얼마나 심각한 상태인지를 보여주는 지표다.

삶의 질이 떨어지면 당연히 행복지수도 떨어질 수밖에 없다. 2016년 유엔자문기구인 지속가능발전해법네트워크SDSN가 발표한 「제4차 세계 행복지수 보고서」에서 덴마크가 세계에서 행복한 나라 1위에 올랐다. SDSN은 세계 157개 국가를 상대로 국내총생산GDP, 건강한 기대수명, 정부와 기업의 투명성, 개인의 자유, 사회적 지원 등을 평가해 행복지수를 산출했으며 어려울 때 주변에 의지할 사람이 있는지 등 정서적인 항목도 반영됐다. 통상적으로 사회보장제도가 우수한 아이슬란드, 노르웨이, 핀란드, 캐나다, 네덜란드, 뉴질랜드, 호주, 스웨덴 등이 최상위 수준인 10위권에 올랐다. 반면 2015년 47위에 올랐던 한국은 열한 계단 하락한 58위에 머물렀다. 아시아 국가 중에서는 싱가포르(22위)가 가장 높았으며 태국(33위), 카자흐스탄(54위)도 한국보다 더 행복한 나라로 조사됐다. 순위표를 뒤집어 가장 행복도가 낮은 나라는 오랜 기간 내전에 시달려온 아프리카 부룬디와 중동의 시리아가 1, 2위라는 불명예를 떠안았다. 보고서는 조사결과를 토대로 "불평등이 적을수록less inequality 행복한 생활이 가능하다는 것을 알 수 있다"고 지적했다. 동시에 "국가가 사회와 환경적인 목표는 외면하고, 경제개발에만 매달린다면 인간적인 삶에서 역효과가 발생할 수밖에 없다"라며 심지어 생존까지 위험해질 수 있다고 경종을 울렸다. 보고서 저자로 참여한 제프리 삭스Jeffrey Sachs 미국 컬럼비아 대학교 교수는 "인간의 삶의 질은 경제, 사회, 환경적 목표가 결합된 포괄적인 방식으로 접근해야 상승한다"고 주장하고 있다.[75)]

서울올림픽을 개최하면서 역사상 가장 국운이 융성하다고 뿌듯해했던 1988년 경제기획원 조사에서 당시 한국인 60%는 자신이 중산층이라고 응답했다. 이듬해에는 스스로 중산층이라고 여기는 비율이 75%에 달했다. 당시 1인당 국민소득GNI은 약 5,000달러로

75) "Denmark the 'happiest country' and Burundi 'the least happy' ", http://www.bbc.com/news/world-europe-35824033(검색일: 2016/03/17).

현재 중국보다도 못한 수준이었다. 1995년 한국의 1인당 GNI는 1만 달러를 넘었고, 2014년에는 2만 6,000달러에 달했다. 그러나 중산층이라고 생각하는 비율은 1990년대 중반에 42%로 줄었고, 2013년에 20.2%로 급감했다. 정부는 장밋빛 청사진으로 국민들의 눈을 현혹하지만 국민들은 자신들의 실제 생활이 점점 하강하고 있다고 느낀다.

한국의 소시민들은 세계에서 가장 오랜 시간 일하면서도 가계소득은 점점 줄어들고, 가계부채는 나날이 늘어가고 있다. 한국은 한때 빈부격차가 작은 나라로 통했지만, 지금은 소득불평등 정도를 나타내는 지니계수에서 OECD 34개 국가 가운데 여섯 번째로 소득불균형이 심각한 나라다. 부익부, 빈익빈이라는 말이 일상화된 것처럼 부의 편중 현상은 점점 극심해지고 있으며, 부의 세습으로 인한 사회적 계층의 고착화와 계층 간 위화감도 심각한 지경에 이르렀다. 최근 KAL 항공사의 "땅콩회항" 사건이나 마산 몽고식품의 "회장 갑질" 사건 등으로 그 모습이 적나라하게 드러나고 있다.

행복경제학자인 리처드 이스털린Richard Easterlin은 소득이 증가해도 인간의 기본적인 욕구가 충족되면 더 이상 행복에 큰 영향을 끼치지 않는다고 주장한다. 즉, 소득이 어느 일정 시점을 지나면 그것이 꼭 행복으로 연결되지는 않는다는 학설인데 이를 "이스털린의 역설"Easterlin's paradox이라고 일컫는다. 쉽게 말하면 "풍요의 역설"이라 할 수 있다. "이스털린의 역설"을 통해 행복은 돈으로 살 수 없다는 것을 누구나 알고 있다. 국제기구 행복지수 조사를 보면 한국의 순위는 비슷한 경제 수준의 국가들에 비해서도 한참 뒤처져 있다. "성장과 행복의 역설"을 보여주는 전형적인 사례다. 이제는 삶의 좌표를 다시금 점검해보아야 할 시점이다.

행동경제학자이자 행복심리학 분야 대가인 대니얼 카너먼Daniel Kahneman[76]은 연봉이 평균 6만 달러 이하인 미국인들의 경우 연봉 수준이 낮아지는 데에 비례해 불행감을 느낀다고 주장한다. 그러나 문제는 6만 달러 이상인 사람들의 경우 그만큼 비례적으로 더 행복해지지는 않는다는 점이다. 오히려 연봉이 높을수록 행복감이 줄어드는데, 그 이유는 그만큼의 돈을 버느라 일하는 시간이 더 많이 늘어났고, 그에 따른 스트레스도 급격히 증가했기 때문이다. 그에 의하면 행복도를 높이기 위해서는 더 많은 시간을 가족이나 친구와 함께 보내고 그들과 함께 식사나 운동에 더 많은 시간을 쓰는 것이 효과적이었다. 기본적인 의식주가 충족되면 이상의 수입이 꼭 행복으로 이어지지는 않는다는 점은 위의 "이스털린의 역설"과 비슷하다. 결국 행복은 성취나 결과가 아니라 과정인데 우린 온통 목적지향적인 삶에만 매달리다 보니 삶의 대부분을 차지하는 그 과정을 즐기지 못하고 쫓기듯 살고 있다.

한국 사회는 그동안 경제만 성장하면 모든 것이 다 해결되고 잘 살게 될 것이라 믿었다. 그리하여 허리띠를 졸라매고, 세계 최장의 노동시간을 악착같이 견디며, 소중한 인권과 환경마저도 포기하도록 강요당했다. 경제발전이 최상의 가치이니 당연히 배금주의가 이 시대의 종교가 되었고 이런 사회적 분위기는 개인의 탐욕을 제도적으로 보장하고 부추기면서, 사회적 연대나 약자에 대한 공감은 치열한 경쟁에 오히려 장애물로 치부되었다. 그러나 사회학자들은 사람이 행복해지기 위해서는 경제나 정책적 수단뿐 아니라 사회문화적인 변화가 있어야 한다고 말한다.

---

76) Ryan McCarthy, "Daniel Kahneman, Nobel Prize Winner: Happiness Can Be Bought For About $60,000 Per Year", *Huffington Post*, 05/25/2011.

TV에서 부탄을 여행했던 독일 여행자가 부탄이 독일보다 모든 면에서 앞선, 균형 잡힌 나라라고 말하는 모습이 깊이 뇌리에 남는다. 부탄은 2013년 기준 국민소득이 2,300달러에 불과하지만 2006년 『블룸버그 비즈니스위크』*Bloomberg Businessweek*의 국민행복지수 조사에서 아시아 국가 중 1위, 전 세계 국가 중 8위를 차지하였고 2011년에는 유럽신경제재단NEF이 발표한 국가행복조사에서 143개국 중 1위를 차지했다. 이 조사에서 부탄 국민 100명 중 97명은 "나는 행복하다"고 답했다고 한다. 낭만은 마음의 여유에서 나온다. 국토의 대부분이 해발고도 2,000미터 이상의 험준한 히말라야 산악지대이고 경작이 가능한 평야는 국토의 2%밖에 안 되는 척박한 땅이지만 대다수의 국민들은 행복하다고 느끼고 첫눈을 보면 공휴일을 선포할 만큼 낭만적이고 마음의 여유가 있는 나라다.

부탄 정부는 난개발로 인해 국민의 삶의 질이 저하되는 것을 막기 위해 새로운 개발정책을 수행하려면 선진국의 환경영향평가와 유사한 국민행복지수 영향 평가를 먼저 거치도록 했다. 세계 모든 나라가 국가의 운영목표를 경제적 발전에서 찾을 때 부탄은 오히려 경제성장 위주의 행복에 반기를 들고 온 국민의 참된 행복에 국가 운영의 초점을 맞췄다. 부탄 정부는 4개의 기본적 국가정책의 전제하에서 국민총행복지수를 좀 더 세부적으로 평가하기 위해 심리적 건강, 육체적 건강, 교육, 시간의 사용, 문화적 다양성과 회복력, 합리적인 통치, 활기 있는 공동체, 생태적인 다양성과 회복력, 삶의 질 등 9개의 항목으로 세분하여 통시적인 관점에서 관리하며 평가하고 있다.[77]

---

77) "Gross National Happiness", http://www.grossnationalhappiness.com/articles(검색일: 2015/01/05).

부탄의 모든 정책의 결정 기준은 국민행복지수이기 때문에 각 국가기관이 어떤 정책을 만들거나 바꾸고자 할 때 위의 9개 항목의 기준에 의거하여 각 정책을 평가하고, 평가 결과가 GNH의 기준에 미달될 경우 아무리 좋은 정책이 할지라도 통과시키지 않는다. 부탄은 진보를 경제적인 부분에만 집중하지 않고 생태계를 파괴하지 않은 지속가능한 발전에 초점을 맞춘 통시적 접근을 하였다는 점이 놀랍다. 부탄은 이 목표를 "국민총행복"Gross National Happiness이라고 명명하고, 국민총생산GNP을 대신하는 새로운 후생지표로 삼았는데 이건 세계에서 최초의 일이다.

온 세계가 신자유주의의 광풍에 휩쓸려 인간의 탐욕과 이기심을 끊임없이 부채질하면서 약육강식과 만인의 만인에 대한 투쟁을 불러일으켜 왔다. 이젠 선진국에서도 일자리, 주거, 교육, 보육과 의료, 노후 문제가 과거보다 훨씬 더 심각해졌다. 인간의 이기심과 탐욕에 맡겨진 시장경제는 오직 경쟁과 효율 그리고 이윤추구의 극대화만이 지상명제가 되었다. 결국 소득불평등과 빈부격차의 심화는 일반 대중의 꿈을 앗아가 버렸다. 심리적 황폐화는 자연의 황폐화를 가져왔고 전통적인 공동체들이 사라져버렸으며 경제적 발전이 이루어질수록 삶의 안정성이 사라져버리는 결과를 가져왔다. 신자유주의 경제체제는 구조적으로 가난해질 수밖에 없는 사람들을 대량으로 생산해내고 약자들은 빈곤의 덫poverty trap에 걸려 헤어날 길이 없다.

해방 이후 지난 70년간 미국만큼 한국의 모든 면에 영향을 미친 나라는 없다. 한때 미국은 거의 천국의 표상처럼 여겨졌고, 한국은 그런 미국의 모든 것을 열렬하게 사모했다. 미국이 한국의 실질적인 나침반 역할을 해온 것이 사실이다. 강만수 전 기획재정부 장관의 말처럼 현재 미국의 모습에 대한민국 미래가 고스란히 투영되어 있다.

희화적인 것은 그동안 한국이 그토록 닮고 배우고 싶어 하던 사회가 바로 미국이었는데 미국은 천국이 아니었다는 것이다. 미국 빈민가의 비참한 모습을 보자면 지옥도 그런 지옥이 없다. 천국이 아닌데 천국이라고 믿는다면 그건 우상숭배다. 그런데도 미국을 천국이라고 전도하는 사람들이 아직도 이 땅에는 많다. 미국의 사회 비평가인 모리스 버먼Morris Berman은 "허슬링"hustling, 즉 공공선은 아랑곳하지 않는 맹목적인 사익의 추구가, 먼 옛날 신대륙에 청교도들이 상륙했을 때부터 미국을 이끌어온 힘이었다고 말한다. "허슬"hustle이란 경제적 이익을 얻기 위해서는 공동선은 안중에 없으며 사익을 얻기 위해서는 수단과 방법을 가리지 않는 행태를 뜻한다. 버먼은 현재 미국 문화는 개인의 사적 이익과 쾌락을 극대화하기 위해서라면 수단과 방법을 가리지 않는 허슬러 문화라고 비판한다. 그에 의하면 독립혁명 이전부터 적나라한 사익의 추구가 최상의 가치로 공동선을 대치했다고 주장한다. 신대륙에 발을 내딛는 순간부터 지금까지 미국을 견인한 것은 끊임없이 부富를 축적하려는 개인들의 집념이었으며, 바로 그것이 물질적 진보를 이끌어내어 미국의 번영을 가져왔다. 그러나 이러한 집념은 미국의 제국주의적 확장을 가능하게도 했지만, 동시에 제국의 종말도 가져오는 원인이 되었다고 버먼은 진단한다.

1831년 미국의 민주주의를 연구하기 위해 미국을 방문했던 프랑스의 정치학자 토크빌Tocqueville은 "미국인의 국민성을 깊이 파들어 가면, 그들은 이 세상 모든 것의 가치를 오직 단 하나의 질문, 즉 그것이 얼마나 많은 돈을 벌어올 것인가에 대한 답에서 찾아왔음을 알게 된다"[78]고 기술했다. 경제적 이익을 위해선 수단과 방법을 가리지 않는 이런 국민성이 세계 최강의 대국을 이루어냈는지는 몰라도 결과적으로 서구 국가 중에서 가장 복지 상태가 열악하고 시민의 안정성이 위협받는 사회를 만들어냈다.

아우구스티노는 1,500년 전에 이미 "정의가 없는 국가는 강도떼"라고 말한 바 있다. 마이클 샌델Michael J. Sandel은 『정의란 무엇인가』란 책에서 미국 사회가 처한 부조리한 현실을 정치철학적 입장에서 조목조목 비판하였고, 급기야 한국에도 정의 열풍을 불러일으켰다. 그의 책은 서구의 다원적 사회에서 본 국가·정치·법 등에 기반을 둔 가치의 문제를 다루고 있다. 그는 미국의 소득불평등과 빈부격차를 비판하면서 공리주의utilitarianism가 경제적 파이를 키우는 데만 초점을 맞춘 나머지 사회적 약자가 입게 될 피해를 외면하였다고 비판한다. 자유지상주의가 시장만능주의로 귀결되면서 인간의 이기심과 탐욕의 범람으로 인해 빈부격차가 커지게 되고 결국 공동선의 실현을 방치하게 된다. 그러므로 그는 공동선을 실현하기 위해 사회적 연대와 시민적 덕목을 강조하는 공동체주의를 주장한다.

물론 샌델의 공동체주의는 "하위 공동체와 상위 공동체가 대립 없이 화합을 이룰 수 있다고 믿는 '낙관주의적 허상'을 갖고" 있기 때문에 자칫 공동체가 모든 것을 해결해줄 수 있다는 식의 '공동체 지상주의'로 흐르기 쉽다는 박정순[79]의 지적을 감안한다 해도 미국식 제도를 그대로 복사하고 있는 한국에 사회정의와 공동선의 문제도 적용해볼 수 있다. 무엇을 돈으로 살 수 있는지 혹은 없는지를

78) Letter to Ernest de Chabrol, 9 June 1831, Tocqueville Reader, p.41.
79) 박정순, 「마이클 샌델의 정의론, 무엇이 문제인가」, 한국윤리학회 동계학술대회, 2015.02.25.

분별하라고 한 샌델의 말을 한국의 졸부들은 새겨들어야 한다. 정의가 보장되지 않는 사회에는 신바람도 미래도 없다.

한국인들이 소득에 비해 행복지수가 형편없이 떨어지는 이유를 이제 냉정하게 분석해봐야 한다. 옛말에 "늦게 배운 도둑질이 날 새는 줄 모른다"더니 한국은 자본주의의 본산인 영국이나 미국보다 훨씬 더 과격하고 천박한 한국식 자본주의를 만들어냈다. 그 근본 원인을 따져보면 모든 가치를 돈으로 환원시키는 천민자본주의를 아무런 비판 없이 전수받았기 때문이다. 신자유주의가 촉발한 무한경쟁은 인간관계와 공동체의 파괴적 확산으로 이어졌고 모든 가치가 돈으로 환산되면서 한국인들의 삶의 질도 형편없이 추락했다. 그러는 동안 공동선이나 공동체적 가치는 뒷전으로 물러나고 개인의 안락과 행복만이 최상의 가치로 떠올랐다.

그동안 우리는 경제적 수치만 올라가면 우리도 행복해질 수 있다는 정치인들의 달콤한 말에 세뇌되어 왔다. 그러나 경제발전이 사람을 위한 수단이 되어야지, 사람이 경제발전을 위한 수단이 될 수는 없다. 그동안 군사정부의 독재자들은 자신들이 비합법적으로 탈취한 권력의 정당성을 인정받기 위해 경제발전은 곧 국가번영이라는 구호를 미끼로 삼았다. 그들이 내걸었던 "개발독재"는 개발을 위한 독재가 아니라, 그들의 권력을 영속화하기 위한 개발이었던 것이다. 목적이 되어야 할 국민은 개발의 소모품으로 전락했고 삶의 질은 형편없이 저하되었다. 그러는 동안 기승을 부린 것은 배금주의였고 살판난 것은 권력과 야합한 재벌과 부동산 광풍을 이용해 떼돈을 벌었던 졸부들뿐이었다.

경쟁주의는 자본가가 노동자의 노동력을 착취하는 데에 있어 매우 긴요한 수단이다. 그렇게 착취당하는 동안 우리의 삶은 형편없이 망가지고 황폐화되었다. 교황 레오 13세의 회칙 「새로운 사태」 *Rerum Novarum*는 "오늘날 모든 것이 경쟁의 논리와 약육강식의 법칙 아래 놓이게 되면서 힘없는 이는 힘센 자에게 먹히고 있습니다. 그 결과 수많은 사람이 배척되고 소외되고 있습니다. 그들에게는 일자리도, 희망도, 현실을 벗어날 방법도 없습니다"(「복음의 기쁨」, 53항)라고 고발하고 있다. 1891년에 반포된 회칙이지만 여전히 우리에게는 유효한 사태다.

최근 신문에 올라온, 이웃과 사회를 모르는 어리석은 부자 이야기에서 21세기 한국인의 모습을 발견한다.

> 언젠가 항구 가까이에서 큰 유람선이 난파해 침몰했고 수많은 승객들이 긴급히 출동한 구조대원에게 구조됐다. 그런데 승선 명부에 있는 승객 중 딱 한 사람이 보이지 않았다. 잠수부가 가라앉은 배 안을 샅샅이 뒤지자 실종됐던 그 승객은 선실 바닥에 앉은 채 숨져 있었다. 시신이 물 위로 떠오르지 않은 것을 이상히 여겨 몸을 조사해본 결과 그는 허리에 금괴 띠를 차고 있었다고 한다. 그는 죽어가면서도 자신의 허리에 감고 있던 금덩어리 띠를 벗어버리지 못하고 끝내는 금의 무게에 이끌려 죽었다. 그는 자신이 통제할 수 없는 재물을 지닌 채 재물의 노예가 된 것이다. 돈은 잘 쓰면 충실한 노복이지만 잘못 쓰면 무서운 주인이 된다는 말이 있다. 우리 이웃 중에는 이와 비슷하게 돈을 움켜쥐고 죽어가는 불쌍한 부자들을 수없이 볼 수 있다.[80]

80) 전진문, 「졸부(猝富)를 구별해내는 4가지 방법」, 『한국경제매거진』, 제28호(2007년 9월).

자본주의는 인류 역사에서 가장 큰 혁명이었다. 무엇보다 이 혁명은 현대 그리스도교에 대한 가장 강력한 도전이기도 하다. 돈과 하느님을 동시에 섬길 수는 없기 때문이다. 개인의 이익과 자본 소유를 추동하는 자본주의가 인류에게 유래 없는 물질적 풍요를 선물하였고 인간의 경쟁력을 최고로 발휘시킬 수 있게 하는, 엄청난 잠재력과 장점을 가지고 있는 제도인 것은 사실이다. 그러나 문제는 경쟁이 지나치면 인간의 협동이 퇴색한다는 것이다. 무엇보다 인간의 탐욕이나 이로 인해 빚어진 독점자본의 횡포를 제어할 수 없고 결과적으로 이익의 배분이라는 숙제를 안고 있다. 이기적인 삶을 만연하게 만드는 자본주의는 환경문제, 자원의 고갈, 부의 편중 등 스스로 만들어낸 문제로 인해 이미 한계에 부딪히고 있다. 현재 전 세계를 강타하고 있는 금융위기는 자본주의가 퇴조하는 한 징후다. 이제 세계는 물질만이 아닌 통합적 행복에 기반한 새로운 경제 패러다임을 모색해야 할 때다.

한국인도 사람답게 사는 세상, 즉 행복한 세상을 절실하게 염원하고 있고 그런 꿈을 현실화시켜 주는 것이 참된 선진국이다. 그저 서구적인 것만을 모방하는 얼치기 모방정신이 팽배한 이 사회에 "진정한 의미의 창조를 하려면 자신 있게 해야 하는데 자기 문화에 대한 자신감이 없으면 안 된다"[81]고 했던 임마누엘 페스트라이쉬 Emanuel Pastreich의 충고를 귀담아들어야 한다. 경쟁주의는 무엇보다 타인지향적 삶을 살게 만든다. 나의 삶의 기준이 타인의 기준에 맞춰지면 삶은 늘 불안정해지고 진정한 행복은 거품처럼 사라져버린다.

---

81) 신연수, 「논설위원이 만난 사람: 한국, K팝 같은 표피문화에 안주하면 만주족처럼 사라진다」, 『동아일보』(2015.08.31).

푼초 왕겔 GNH위원회 평가조사팀장은 한국에서 찾아간 신문기자와 인터뷰를 하면서 "지구상 어디에 유토피아가 있겠는가"라며 "부탄 정부는 시민 개개인 행복의 총합을 끌어올리기 위해 최선을 다할 뿐"[82]이라고 말했다. 비록 부탄이 지구상에서 가장 행복한 나라는 아닐지라도 적어도 시민 행복을 위해 가장 적극적으로 노력하는 나라라는 것이다. 부탄인은 허울뿐인 강대국이나 허황된 부를 꿈꾸지 않고 무엇보다 이런 것들에 주눅 들지 않는 자신감이 있다. 돈 몇 푼 벌기 위해 자신의 삶이 파괴되는 줄도 모르고 일분일초 시간에 쫓기며 사는 소위 서구 선진국과는 달리 느긋하게 흘러가는 시간을 즐기며 아직도 원초적인 삶의 즐거움을 향유하고 있는 부탄인에게서 현대인은 배워야 한다. 자연을 보호하면서 청정한 자연 속에서 행복하게 살아가는 사람들, 어려움에 처한 사람들을 내버려 두지 않는 전통적인 공동체 정신이 아직 살아 있어 노숙자와 양로원, 고아원이 필요 없는 나라 부탄이야말로 인간이 살 만한 최고의 선진국이 아닌가.

---

82) 김원진, 「부탄은 유토피아가 아니다, 가장 불행한 이들의 행복 위해 노력할 뿐」, 『경향신문』(2017.10.25).

제2부

놀이와 쉼에 대한 학문적 성찰

Future

'놀이' 하면 우선 어감이 자칫 경박하거나 유치하다는 느낌이 들거나 시간낭비 또는 비생산적이라는 생각이 든다. 더구나 "놀고 있네"라는 우리말은 경멸과 야유의 의미를 담고 있다. 실업자에게 뭐하고 지내느냐고 물었을 때도 "놀고 있다"고 표현하고, 아이를 닦달할 때도 "그렇게 놀기만 해서 도대체 뭐가 되려고 그러니" 하고 호통을 칠 만큼 '놀이'에는 부정적 의미가 많이 담겨 있다. 성과지향적이며 실용주의적 철학이 지배적인 현대 사회의 관점에서 보면 놀이란 시간의 낭비 내지는 게으름으로밖에 보이지 않는다. 그러나 요한 하위징아는 놀이에 대한 우리의 고정관념을 뒤엎는다. 그는 "문화를 예의 주시해보면 놀이가 문화의 정립 이전부터 당당한 크기로 존재했음을 알 수 있고, 이어 선사 시대의 초창기부터 우리가 현재 살고 있는 21세기에 이르기까지 문화를 수반하면서 그 속에 침투했다는 것을 알 수 있다"[83]고 주장한다.

인간의 문명은 "놀이의 정신 속에서 놀이의 양태樣態로 생겨나며 결코 놀이를 떠나지 않기"[84] 때문에 놀이가 없는 문명이란 애당초 존재조차도 할 수 없었다. 이처럼 놀이는 인간문화 전반에 깊게 연결되어 있다. 문화의 발전이라는 것도 살펴보면 사실 문화생활 전반에 깃들어 있는 놀이 형태인데도 그동안 사회과학은 이 문제를 깊게 천착하지 못했다. 더군다나 모든 것이 경제적·성과적 가치로 평가되는 자본주의 사회에서 자칫 놀이는 노동 후에 오는 부차적인 여가나 휴식으로 취급되거나 혹은 놀이가 가져오는 소비적 성격 때문에 긍정적으로 평가되지 못했다.

"놀이하는 인간"Homo Ludens은 여러 면에서 놀이의 중요성을 재정하고 강조하기 위한 명제다. 그동안 사소하고 시시한 것으로 백안시되어 온 놀이와 게임이 실은 인간을 인간답게 만들어주는 핵심적 관건이기 때문이다. 그래서 놀이의 의미를 '진지하지 않음, 심각하지 않음'이라고 정의해서는 그 의미를 완전히 파악했다고 할 수 없다. 놀이는 그 자체로 독립체다. 그러므로 "놀이 개념 그 자체는 진지함보다 더 높은 질서 속에 있다. 왜냐하면 진지함은 놀이를 배제하려고 하는 반면, 놀이는 진지함을 잘 포섭하기 때문이다".[85]

---

83) 요한 하위징아, 『호모 루덴스』, 이종열 옮김, 연암서가, 2010, 34~35쪽.
84) 같은 책, 329쪽.
85) 같은 책, 106쪽.

놀이하는 인간Homo Ludens

신체를 움직이는 스포츠 활동은 몸의 건강증진을 위해서도 좋지만 사고력이나 지적 활동을 활성화시켜 줄 뿐만 아니라 사회생활에서 겪는 각종 스트레스를 해소시켜 주고 우울증이나 기타 심리적 불안에도 좋은 효과를 갖고 있다고 학계에 보고되고 있다. 무엇보다 몸을 움직이는 놀이는 청소년들에겐 학습의 집중력을 높여주고 각종 중독증의 치유에도 효과가 탁월하다. 어린이들에게 역시 놀이란 자연스러운 생활의 일부분이다. 아이들은 놀이를 통해 협력과 사회생활을 배우고 상상력을 현실화시켜 주는 창의력을 키운다.

'레저'leisure라는 말은 무엇으로부터 허용된 활동이나 자유를 뜻하는 라틴어 '리체레'licere에서 유래되었다. 레저는 일상의 온갖 책임, 의무, 활동에서 벗어난 해방이나 자유의 상태를 뜻한다. 휴가를 갈 때 누구나 홀가분해하고 해방감을 느끼지 않는가. 바로 그 기분이 레저다. 본래 이 단어는 교육과 밀접한 관련이 있는데 그래서 불어로 학교를 '리세'lycee라고 표현한다. 이 기간은 인간이 생계를 위한 필요성이나 의무에 얽매이지 않고 스스로의 만족을 얻기 위해 자유스럽게 무언가를 연마하거나 교육받는 시기를 뜻하기 때문이다. 레저 상태는 적성, 숙달, 성취, 자기만족을 얻기 위해 홀가분하고 자유로운 상태에서 개인적으로 자기개선과 향상을 위해 쓰는 시간이다.[86]

고대 사회에서 노예들은 일상의 고된 노역에 시달렸기 때문에 개인적으로 여가시간을 가질 수 없었다. 오직 자유를 향유할 수 있는

86) Robin Ann Kunstler / Frances Stavola Daly, *Therapeutic Recreation Leadership and Programming*, Champaign, IL: Human Kinetics, 2010, p.5.

시민 계급만이 자신들의 여가시간을 개인의 학습활동과 창조적인 활동에 투자할 수 있었고 여기서 얻은 결과가 바로 인간의 탁월성과 완성이었다. 여가활동이 바로 교육이었던 것이다. 개인적인 탁월성이 인간 자신의 도덕적 혹은 정치적인 의무뿐만 아니라 타인과의 관계와 사회적 관계의 탁월성을 수행하는 공적인 탁월성으로 연계되었다. 과거 한국 사회에서도 일반 평민들은 이런 여가를 가질 수가 없었고 오직 왕족이나 귀족 계급인 양반만이 이런 여가를 자기완성에 쏟을 수 있는 공부시간을 가질 수 있었다.

놀이에 대한 우리말의 어원적인 개념을 살펴보면 놀이는 '놀다'의 명사형으로 노래〔歌〕(놀다-놀에-노래) 또한 '놀다'에서 파생된 명사형이다. 놀이는 웃다〔奚〕, 유遊하다, 연주演奏하다, 노래〔歌〕하다, 부르다〔唱〕 등의 말을 포함하고 있으며 놀다는 '한가하다' '귀하다'는 뜻도 갖고 있다. 놀이는 인간의 유희본능과 모방본능에서 유래되었다. 놀이는 어원적으로 원시종합예술과 밀접한 연관이 있으며 그래서 종교·의례·굿 등과 연관되어 있다. 무당에게 '놀다'의 의미는 신이 무당의 몸을 빌려 노래와 춤과 공수를 노는 것으로 풀이한다.[87] 놀이는 고대 종교의례와 밀접한 관련이 있다. 고대 공동체는 종교의례를 거행하면서 함께 술을 마시면서 노래하고 춤추며 놀았다.

한국적 그리스도인의 전형이라고 할 수 있는 다석 유영모는 사람살이(살림 또는 삶)의 궁극적인 목적은 '여공배향'與空配享이라고 정의했다. 그는 인간이 궁극적 실재인 하느님과 어울리고 더불어서 삶을 향유하는 것이 바로 인생의 목적이라고 규정했다. 인간의 참삶

---

87) 성병희, 「민속놀이의 정의와 본질」, http://221.145.178.204/nrichdata/etc.book/file/1991/FMH24_10.pdf(검색일: 2012/01/21).

은 바로 "빈탕 한데 맞혀 놀이"다. '빈탕'은 크고 큰 우주의 허공, 즉 '공공허허대대실'空空虛虛大大實을 의미한다. 그리고 '안팎 한테'(안과 밖이 하나가 되는 한데+하나-한테)에서 나온 '한데'는 '베풀' 여與에 해당된다. '맞혀'는 '맞추어간다'라는 뜻의 배配를, '놀이'는 제사〔享〕의 유희삼매에 빠져 노는 것을 의미한다. 다석은 인간이 하느님의 품 안에서 살아가는 것을 "이 세상의 일을〔…〕잠을 자고 일어나고 깨어 활동하는 것을 죄다 놀이로 볼 수 있다.〔…〕하느님 앞에서 어린아이처럼 이 세상을 지나가면 말끔히 놀이가 될 수 있다.〔…〕우리는 묶고 묶이는 큰 짐을 크고 넓은 '한데'에다 다 실리고 홀가분한 몸으로 놀며 가야 할 것이다. 그리고 종당에는 이 몸까지도 벗어버려야 한다.〔…〕다 벗어버리고 홀가분한 몸이 되어 빈탕한 데로 날아가야 한다"[88]고 언급하였다.

예수는 "너희가 회개하여 어린이처럼 되지 않으면, 결코 하늘 나라에 들어가지 못한다"(마태 18,3~4)라고 말한다. 우리는 잠시 이 세상에 와서 놀고 있는 어린이들이다. 하루 내 들판에서 친구들과 놀다가도 저녁 어스름에 엄마가 "들어와 밥 먹어라"고 부르는 소리를 들으면 다 버려두고 집으로 달려가듯 우리 인생도 지상에서의 놀이가 끝날 때가 되면 모든 것을 버려두고 떠나가야 한다. 미련 없이 모든 것을 내려놓고 홀로 떠나가야 한다. 인간이 원초적인 근원으로 돌아가는 것을 종교에서는 '귀향'歸鄕 혹은 '귀일'歸一이라고 표현한다.

장자는 대자유인의 삶을 '소요유'逍遙遊라고 표현했다. 여기서 '놀다'라는 의미의 유遊는 가식적이고 작위적인 것을 넘어선 무위자연無爲自然의 유遊를 의미한다. 어느 것에도 구속됨이 없이 유유자적

88) 『다석일지』(1957년 2월 26일), 오강남 번역 재인용.

하며 편안히 노니는 마음과 자유롭게 비상하는 개방된 정신을 가진 대자유인의 삶이다. 다석은 이런 삶을 "얼나/얼사람"〔靈我〕 또는 "참사람"〔眞人〕으로 표현하였는데, 인간이 가진 모든 잠재력과 가능성을 성취한, 그래서 종교적 의미로는 구원받은 삶이다. 모든 인간적 제약과 굴레에서 벗어나 궁극적 실재와 합일을 이룬 인간의 상태는 결국 노는 삶으로 표현할 수밖에 없다.

이렇듯 놀이는 실상 인간의 삶과 분리할 수 없는데도 그동안 학문적 분석의 대상이 되지 못했다. 18세기 후반에 들어서야 비로소 놀이의 중요성을 파악한 독일의 철학자 프리드리히 쉴러Friedrich Schiller는 "인간은 완전한 의미에서 인간인 한에서만 놀며 또한 놀고 있는 한 그는 참 인간이다"[89)]라고 정의했다. 그는 놀이야말로 진정한 인간을 규정하는 기준이라고 주장했다. 인간은 놀이를 통해 미를 추구하고 이를 통해 예술을 형성하며 인간 본성의 회복과 사회변혁을 이끄는 추동력이 되었다는 것이다. 그러나 20세기 중반 놀이의 본질에 대해 가장 중요한 언급을 한 사람은 네덜란드의 역사학자이자 문화이론가인 요한 하위징아다. 왜냐하면 놀이에 대해 가장 포괄적으로 고찰한 최초의 학자라 할 수 있기 때문이다. 그는 인간을 라틴어로 "호모 루덴스"Homo Ludens 즉, "놀이하는 인간"Man the Player이라고 규정하였다.

하위징아는 문화 현상으로서의 놀이의 본질과 의미를 규정하였는데, 놀이에는 생존에 필요한 직접적인 욕구를 뛰어넘어 인간 생활의 행위에 의미를 부여하는 "놀고 있는 어떤 것"이 있다고 말하였다.

---

89) Friedrich Schiller, *On the aesthetic education of man: in a series of letters*, E. M. Wilkinson / L. A. Willough(eds. & trans.), Oxford: Clarendon Press, 1967, Letter 20.

> 우리의 시대보다 더 행복했던 시대의 인류는 자기 자신을 가리켜 감히 "호모 사피엔스"(Home Sapiens: 합리적인 생각을 하는 사람)라고 불렀다. 하지만 세월이 흐르면서 우리 인류는 합리주의와 순수 낙관론을 숭상했던 18세기 사람들의 주장과는 다르게 그리 합리적인 존재가 아니라는 게 밝혀졌고, 그리하여 현대인들은 인류를 "호모 파베르"(Home Faber: 물건을 만들어내는 인간)라고 부르기 시작했다. 비록 인류를 지칭하는 용어로서 'Faber'(물건을 만들어내는)라는 말이 'sapiens'(생각하는)라는 말보다는 한결 명확하지만, 많은 동물들도 물건을 만들어낸다는 점을 감안할 때 이 말 역시 부적절하기는 마찬가지다. 인간과 동물에게 동시에 적용되면서 생각하기와 만들어내기처럼 중요한 제3의 기능이 있으니, 곧 놀이하기다. 그리하여 나는 호모 파베르 바로 옆에, 그리고 호모 사피엔스와 같은 수준으로, 호모 루덴스(Home Ludens: 놀이하는 인간)를 인류 지칭 용어의 리스트에 등재시키고자 한다.[90]

하위징아는 놀이야말로 문화를 발생시키는 가장 근원적인 요소라고 보았고 인간의 유희적 본성이 문화 활동으로 표현된 것이 축제라고 보았다. 문화는 놀이의 성격을 갖고 있을 뿐만 아니라 실제로 "놀이로서 그리고 놀이 안에서 문화는 태어나고 또한 자신을 드러낸다"[91]고 규정했다. 놀이와 문화는 이렇듯 서로 밀접하게 얽혀 있기 때문에 "진정한 놀이는 문명의 주요한 근원들 중의 하나다"[92]

---

90) 하위징아, 『호모 루덴스』, 20쪽.

91) Joan Huizinga, *Homo ludens: a study of the play-element in culture*, Boston: Beacon Press, 1955/1938, Foreward.

92) *Ibid*., p.5.

라고 주장하였다.

하위징아에 의하면 놀이는 활동 자체가 인간에게 즐거움과 만족을 주고 누가 시키거나 강제하지 않아도 자발적으로 행해진다. 놀이는 꼭 해야만 하는 의무가 없다. 그냥 해도 되고 안 해도 되는 성질의 것이기에 자유시간 혹은 여가시간에 행해진다. 누군가 강요해서 놀이를 해야 한다면 그건 이미 놀이가 아니다. 물론 강요해서 놀이에 끼어들 수는 있지만 그땐 이미 놀이의 즐거움이나 흥미가 반감되어 버린다. 그러므로 모든 "놀이는 특정 시간과 공간 내에서 벌어지는 자발적 행위 혹은 몰입 행위로서, 자유롭게 받아들여진 규칙을 따르되 그 규칙의 적용은 엄격하며, 놀이 그 자체에 목적이 있고 '일상적 생활'과는 다른 긴장, 즐거움 그리고 의식을 수반한다".[93]

놀이가 의무가 되는 것은 종교적 예배나 의식의 행태로 행해질 경우에만 그렇다. 놀이는 이처럼 여가시간에, 그래서 전적으로 심각한 상태가 아닌 그저 심심풀이 땅콩처럼 행해지는 것이지만 일단 놀이에 몰입하게 되면 전적으로 거기에 빠져들게 되고 집중하게 된다. 놀이는 그 나름대로의 규칙과 매너가 있으며 기타 바깥세상과는 다른, 그들만의 정체성을 강화시키고 그들 사이에 사회적 연대성을 강조하는 비결이 숨어 있다. 놀이는 단순한 현실도피가 아니다. 프레더릭 부에크너Frederick Buechner는, 놀이의 진정한 성격은 "실재로부터의 현실도피가 아니라 오히려 그 현실 안으로 깊숙이 들어간다"[94]고 갈파했다.

---

93) 하위징아, 『호모 루덴스』, 79쪽.
94) Frederick Buechner, *Wishful Thinking: A Theological ABC*, New York: Harper & Row, 1973, p.21.

놀이와 문화

놀이는 그동안 비일상적, 비생산적인 것으로 간주되어 왔지만 역설적으로 일상과 생산을 위해 필수불가결한 요소다. 인간의 원초적이고 투쟁적인 경쟁 본능을 전쟁, 시, 예술, 종교 및 기타 문화의 근원적인 요소들과 연결해주는 것이 놀이다. 놀이는 그냥 본능적으로 몸만 움직이는 동작이 아니다. 놀이는 필수적으로 심상心象 혹은 표상表象, 상징에서 시작하며 풍부한 상상력과 창작력을 동반한다. 인간의 문명에 추동력을 갖고 있는 신화나 의례 그리고 여기에서 유래된 인간 사회의 법, 질서, 상업, 도구제작, 예술, 시, 과학 등이 모두 다 근원적으로 놀이라는 것에 그 바탕을 두고 있다고 하위징아는 역설했다. 그러므로 놀이야말로 문화의 원천이자 기능이며, 모든 인간 사회의 원형적 행위들 안에는 놀이의 요소가 깃들어 있기 때문에 모든 문명의 바탕이라는 것이다. 왜냐하면 사회에 질서를 정립하는 각종 제도와 사회 발전에 공헌하는 온갖 학문들의 근원에는 놀이정신이 있기 때문이다.

하위징아는 "문화의 놀이 요소"the element of culture라는 자신의 강연 제목에서 놀이의 중요성을 간파하지 못한 주최 측이 'of culture'를 'in culture'로 바꾸려고 했을 때 상호 간 논쟁이 있었다고 고백했다. 이 논쟁의 핵심은 하위징아가 문화의 소유격을 강조했던 것은 놀이야말로 문화 속에 존재하는 여러 요소 중의 하나의 하위 항목in culture이 아니라, 문화 그 자체를 본질적으로 구성하는 한 요소of culture라고 생각했기 때문이다. 즉, 놀이의 성격이 얼마만큼 문화 그 자체를 담지하고 있는지를 드러내고 싶었기 때문이며 놀이란 하나의 생물학적 현상이 아니라 바로 문화적 현상 그 자체임을 강조하고 싶었기 때문이다.

로저 카이와Roger Caillois는 하위징아의 저작 『호모 루덴스』가 지난 세기 인간의 정신세계에 공헌한 최고의 저작 중의 하나라고 격찬하고 있다. 그러나 카이와는 하위징아의, 놀이에 대한 정의가 "너무 폭넓은 동시에 너무 협소하다"[95]고 비판하고 놀이에 대해 좀 더 철저한 견해를 내놓았다. 카이와는 자신이 말하는 "비밀과 신비"는 하위징아의 종교적 제례나 실천에 해당하는 것인데도 하위징아가 그것을 놀이라고 정확하게 말하지 않는 점에서 놀이의 정의가 너무 광범위했다고 비판했다. 또한 하위징아가 규칙과 운에 기반을 둔 놀이들을 배제했기에 놀이에 대한 정의가 너무 협소했다고 비판했다. 하위징아가 놀이와 문화의 상관관계가 어떻게 작동하는지를 보여주고자 했다면 카이와는 놀이와 사회와의 상관관계를 논의하면서 사회제도라는 것은 놀이나 게임의 정교한 형태라고 정의했기 때문에 놀이의 다양성과 형태에 대해 카이와가 좀 더 완벽하고 총괄적인 논의를 했다고 볼 수 있다.

카이와는 그의 저서 『놀이와 인간』에서 모든 형태의 문화는 놀이 형식을 가지고 있음을 입증하고자 했다. 그는 놀이를 1) 강요당하지 않는 데서 오는 자유로움, 2) 처음부터 정해진 명확한 공간과 시간의 범위 내에 한정되어 현실과 분리된 활동, 3) 게임의 전개가 결정되어 있지도 않으며, 따라서 결과도 미리 주어져 있지 않기에 자유가 놀이하는 자에게 반드시 남아 있어야 하는 비확정성, 4) 어떤 재화나 부를 만들어내지 않기 때문에 비생산적, 5) 일정한 규칙과 그 약속에 따르는 활동, 6) 현실 생활이 아닌 명백히 비현실적이라는 특수한 의식을 수반하는 허구적인 활동이라고 정의한다.[96]

---

95) 로저 카이와, 『놀이와 인간』, 이상률 옮김, 문예출판사, 1994, 26쪽.

카이와는 놀이를 네 가지 기본적인 범주로 나눈다. 첫째, 경쟁을 통해 승패를 가리는 놀이가 있다. 카이와는 이를 "아곤"agōn(그리스어로 '경기'를 뜻함)이라 부른다. 축구, 골프 혹은 권투시합 같이 서로의 실력을 겨루는 스포츠나 회사의 경쟁시험 또는 음악 콩쿠르가 여기에 해당한다. 둘째, '운'運 즉, '알레아'alea(라틴어로 '요행' '우연'을 뜻함)에 의지하는 놀이다. 제비뽑기, 주사위 던지기 등이나 주식이나 복권 등이 여기에 해당한다. 셋째, 경쟁에 따른 승패가 없는 놀이도 있다. 소꿉놀이처럼 각각 역할을 맡고, 이에 걸맞은 일을 하면서 즐거움을 찾는 놀이들인데 카니발, 연극, 영화, 스타숭배 등이 여기에 해당한다. 카이와는 이런 놀이를 '흉내' 또는 '모의'라는 뜻의 낱말인 '미미크리'mimicry(영어로 '흉내 내기' '모방'을 뜻함)로 지칭한다. 넷째, 스키나 공중서커스 또는 롤러코스터를 탈 때처럼 짜릿한 기분과 흥분을 맛보려고 기꺼이 위험을 무릅쓰는 놀이다. 카이와는 현기증을 불러일으키는 이런 놀이를 '일링크스'ilinx(그리스어로 '소용돌이'를 뜻함)라 명명했는데 스릴이나 아찔함을 통해 쾌감을 얻는 놀이를 일컫는다.

물론 놀이란 서로 철저하게 분리된 것이 아니라 상호 중첩되어 있다. 예를 들면 포커 게임을 하는 사람에게 카드를 돌리는 것은 순전히 운에 달려 있지만, 노름꾼들에게는 카드 돌리는 것에도 그 동안 쌓은 노련한 수법들이 영향을 미치기 때문에 경쟁이 깃들 수밖에 없다. 요즘 세상에 유행하는 모든 놀이를 위의 분류표에 의거해 관찰해보면 그 놀이의 성격을 대략 파악할 수 있다. 카이와는 이 네 가지 범주의 놀이와 사회와의 관계 설정을 통해 사회 내에서의 문화적 형태나 제도적 형태, 그리고 놀이의 타락을 설명하고자

96) 같은 책, 34쪽.

한다.

위의 네 가지 놀이의 기본 범주에는 또 다시 두 개의 상반된 극이 잠재되어 있는데 기분전환, 소란, 즉흥 등과 같이 통제되지 않는 어떤 일시적인 기분이 표출되는 것을 '파이디아'Paidia(그리스어로 '놀이'라는 뜻이지만, 동시에 '유희' '어린애 같음'이라는 뜻)라 하고, 반대쪽의 극은 목표를 향한 노력, 인내, 재주나 솜씨 등 끊임없이 증대를 요구하는 '루두스'ludus(라틴어로 '투기' '시합' '경기' 등을 뜻함)가 있다고 분류하였다.[97] 이와 같은 양극의 교접과 역동성 안에서 인간은 그들을 둘러싼 대상세계를 변화시켜 가며 문화를 계발하고 발전시켜 나간다. 카이와는 놀이정신이 문화발전을 위한 창조력의 원천이기도 하지만 동시에 놀이정신이 타락하면 현실을 오염시키기도 한다고 경고한다.

놀이는 독창적인 예술이 꽃피도록 하는 영감의 원천이기도 하다. 예술가들은 자유로운 탐색 작업을 통해 창조적인 영감을 얻는 새로운 기법과 원재료를 놀이에서 얻어온다. 독일의 철학자인 가다머Hans Georg Gadamer는 예술에 대한 진정한 이해를 놀이의 존재방식에서 발견한다. 놀이는 예술작품 감상이나 창작활동을 설명하는 미학의 주요 개념이다. 그래서 가다머는 놀이야말로 "예술작품의 존재 방식"[98]이라고 정의한다. 즉, 그는 예술에 대한 진정한 이해를 자기를 표현하는 놀이의 존재방식에서 찾고 있다. 놀이의 유형 중에는 표현하는 놀이가 있고, 표현하는 놀이 중에는 관객을 위한 놀이가 있다. 예를 들면 제사의식이나 연극 등이 바로 관객을 위한

---

97) 같은 책, 37~38쪽.

98) H. G. Gadamer, Wahrheit und Methode, 3, erweiterte Auflage, Tübingen: J. C. B. Mohr, 1972, S. 93; 배상식, 「H. G. 가다머의 '놀이' 개념 — 도덕교육적 함의를 중심으로」, 『철학논총』 제74집 제4권(2013), 250쪽 재인용.

놀이다. 누군가를 위해, 누군가를 향하는 놀이의 성격, 곧 놀이의 지시 성격이 바로 예술을 구성하는 요소가 된다. 즉, "제식 놀이와 연극은 표현하는 것으로 다 끝나는 것이 아니라, 동시에 자신을 넘어서, 자신을 관람하면서 참여하고 있는 사람에게도 향한다. 여기에서 놀이는 더 이상 어떤 질서 있는 운동의 단순한 자기표현이 아니고 또 놀이하는 아이가 몰두하고 있는 단순한 표현도 아니며, 그것은 '~을 위한 표현'이다".99)

놀이하는 사람은 놀이의 의미 실현을 위해 그것에 몰입하면서 망아忘我의 세계를 경험하고 놀이를 통해 또 하나의 의미 세계가 드러남에 따라 일상의 세계는 잊힌다. 예를 들면 연극이나 종교적 예배에서 단순한 관객이 아니라 진정한 공감대가 형성되어 참여를 하게 되면 이제까지의 현실 세계와는 또 다른 참된 세계가 열린다. 그리고 이 참된 세계가 진리로서 스스로 우리에게 발언하고, 그 진리를 경청하게 한다. 이처럼 전적으로 변화된 세계를 체험하게 될 때 "일종의 '총체적인 전환'totale Wendung이 일어난다. 이 전환은 관객을 연기자의 입장이 되게 하며, 비로소 연극은 관객을 위해서 그리고 관객 앞에서 행해지는 것이 된다. 말하자면 여기서 연극의 고유한 세계는 관객의 귀속을 통해서 비로소 하나의 예술작품으로서 '완성체'Ergon가 된다".100)

오늘날 한국의 초·중등학교에서 시도되고 있는 "역할놀이 수업모형"role-playing instruction model은 학생들에게 인간관계 문제해결을 위해 특수한 상황이나 장면에 처해보도록 하거나 특정의 역할을

99) *Wahrheit und Methode*, p.104. 배상식, 「H. G. 가다머의 '놀이' 개념 — 도덕교육적 함의를 중심으로」, 257쪽 재인용.

100) 배상식, 「H. G. 가다머의 '놀이' 개념 — 도덕교육적 함의를 중심으로」, 258쪽.

실행해보도록 하는 경험 중심의 학습모형이다.[101] 이 수업모형은 개인으로 하여금 그들의 세계에서 개인적 의미를 발견하게 하고, 사회집단의 도움으로 개인적 문제를 해결할 수 있도록 도움을 준다.이 모형은 1960년대 샤프텔Fannie and George Shaftel 부부가 개발한 수업모형으로 학생들에게 '인간의 존엄성' '정의감' '애정' 등의 개념을 어떻게 실천할 수 있는지를 가르치기 위해 고안되었다. 어린 학생들은 자신과 다른 사람의 역할을 실연하는 과정에서 감정이입을 통해 인간 행동의 다양성과 유사성을 배우고 이것을 실제 장면에 적용할 수 있게 된다. 또한 자신이나 타인이 지니고 있는 가치관 혹은 신념을 깊이 있고 명확하게 이해할 수 있도록 도와주어 인간관계의 문제해결이나 비판적 사고 및 상호 작용을 통한 경험transactional experience을 가능하게 한다.

배상식[102]에 의하면 가다머의 '놀이' 개념은 도덕교육의 본질적 특성을 담고 있기 때문에 오늘날 초등학생이나 중학생들의 도덕교육에서 행해지는 역할놀이 수업모형, 가치관계 확장법이나 대화학습 등을 이해하는 데 큰 도움이 된다고 말한다.

놀이의 타락과 문명의 퇴행

근대주의의 유산인 이성만능주의와 이에 근거한 분석적 사유, 유물론적 사고 속에서는 환상의 능력이 간과되거나 상실되어 버린다.

---

101) Fannie R. Shaftel / George Shaftel, *Role-Playing for Social Values: Decision-Making in the Social Studies*, Englewood Cliffs, N.J.: Prentice-Hall, Inc, 1967, p.70.

102) 배상식, 「H. G. 가다머의 '놀이' 개념 — 도덕교육적 함의를 중심으로」, 257쪽.

그러나 오늘날 강조되고 있는 창의성이란 실상 풍부한 상상력이 있어야만 가능한 것이다. 노벨문학상을 받았던 버나드 쇼George Bernard Shaw는 "상상은 창조의 시작"이라고 말했다. 창의적 발상이란 것도 실상은 상상력에서 나오는 것이기 때문이다. 미래를 준비하는 교육이란 상상력과 창의성을 길러주는 교육이어야만 한다. 과학도 따지고 보면 인간의 상상력과 환상이 매개가 되어 발현된다.

현실의 오염으로 인한 놀이의 타락으로 말미암아 점점 상품화된 놀이가 넘쳐나고 청소년들은 여기에 매몰되어 비인간화되어 가고 있다. 상업화되고 퇴폐적인 놀이문화의 왜곡은 놀이를 하는 이들에게 자유와 해방을 가져다주는 것이 아니라 오히려 중독과 억압 그리고 노예적 놀이문화를 낳는다. 창조적 놀이를 상실한 인간에게 남은 것은 음주나 도박 같은 일탈적 쾌락뿐이다. 진정한 놀이가 사라지고 대신 노름이 남은 것이다. 사실 놀이는 자칫 무의미한 시간 낭비나 일탈적 활동으로 전락할 수 있다. 친구를 괴롭히면서 노는 놀이는 놀이정신의 타락이다. 공자는 일찍이 "소인小人은 한가하면 잡된 생각으로 일관하고 군자君子는 위대한 학문을 낳는다"고 갈파하였다. 그는 이어 "일일청한 일일선"一日淸閑 一日仙, 즉 "하루를 마음을 깨끗하고 한가하게 살면 그 하루는 신선이 되는 것이다"(『明心寶鑑』, 55)라고 하였다. 공자야말로 한가함이 주는 창조적 힘을 여실하게 깨달은 분이다.

몰트만은 놀이에 대한 이론은 라틴어 'Cui Bono'(쿠이보노), 즉 누구의 이익을 위한 것이냐는 기능적인 질문에서 시작해야 한다고 말한다.[103] 이런 질문을 제기하는 의도는 놀이에도 거짓 놀이와 참된 놀이가 있기 때문이다. 참된 놀이는 하나님과 이웃으로부터 소외된

---

103) Moltmann, *Theology of Play*, p.31.

인간에게 자유와 온전성을 회복시키고 증진시키는 효과가 있다. 지고至高의 종교적 경험인 신비체험은 해방체험을 동반한다. 일체의 구속과 압제에서 벗어난 지고의 해방체험은 그리스도교의 구원 또는 불교의 해탈의 영역에 속한다. 인간은 놀이를 통해 갱신, 기쁨, 궁극적인 희망을 표현하고 참여한다. 그래서 종교적 축제에서 놀이는 현실의 고통과 노역을 보상하기 위한 것일 뿐만 아니라, "현재 생활체제의 구속으로부터의 해방"[104]이라고 몰트만은 언명하였다. 과거와는 달리 현대의 종교적 축제에서는 놀이가 사라졌으며 따라서 사람들은 세속사회의 영성이 없는 놀이에 탐닉할 수밖에 없다.

신학적으로 보더라도 아이의 성장과 하느님 자녀로서의 성장은 서로 교통한다. 구원이란 다양한 영역의 경험을 포괄하고 있는데 다음의 두 가지 영역으로 구분된다. "첫 번째는 자기 자신을 잃어야 한다. 두 번째는 그 이전보다 훨씬 더 새롭고 충만해진 자신을 발견하게 된다."[105] 구원의 역동적이며 경험적인 성격은 자아의 발견과 이제까지 기술한 놀이의 성격과 상호 교감을 하고 있다는 것을 발견할 수 있다. 이런 발견을 통해 그리스도인에게 구원이란 단순히 형이상학적인 지식을 주입하는 것이 아니라, 인간의 다양한 경험 영역과 연계되어 있다는 것을 알 수 있다. 놀이야말로 "참여자를 그것에 빨려들어 가도록 놓아두는 자기 비움의 역동성"[106]을 갖고 있기 때문이다.

하위징아나 카이와가 보여주는, 놀이에 대한 통찰은 매력적이다. 하위징아는 놀이가 건전한 문화를 창조하는 원동력이 되기 위해서

104) *Ibid.*, p.13.

105) Buechner, *Wishful Thinking: A Theological ABC*, p.83.

106) Babette Davis Reeves, "A Theology of Play", *Journal of Health Care Chaplaincy*(1989), 2:2, pp.17~26.

는 놀이의 요소들이 순수해야 한다고 말한다. 인간의 이성, 신앙, 인간성 등에 의해 설정된 놀이의 기준을 훼손시키거나 타락시켜서는 안 된다. 왜냐하면 그럴듯한 놀이 형태를 전면에 내세우면서 실은 그 뒤에 숨어 있는 정치적 의도를 위장하는 거짓 놀이가 많기 때문이다. 그러므로 진정한 놀이는 프로파간다를 하지 않고 놀이 자체가 그 목적이며 놀이정신은 행복한 영감의 원천이 되어야 한다.[107] 과거 로마의 통치자들이 그들의 핍박과 압제로 인한 민중의 불만을 딴 곳으로 유도하기 위해 놀이나 게임을 어떻게 이용했는지를 역사를 통해 알 수 있다. 이런 사례는 바로 놀이가 항상 자유나 해방으로 연결되지 않는다는 사실도 보여준다. 현대의 독재자들 또한 자신의 체제를 강화하기 위해 대중의 관심을 돌려 엉뚱한 스포츠에 열광하도록 부추긴다. 이런 놀이는 인간을 자유롭게 하기보다는 오히려 독재자들이 민중을 효과적으로 통제하는 수단으로 이용된다.

하위징아는 놀이상 규칙의 발명과 존중 그리고 공정한 경쟁에서 문명 발전의 단초를 이끌어내었다. 장 샤토도 놀이에서 인격 형성에 필요한 미덕을 배울 수가 있으며 카이와는 "한정되고 규칙 있는 투쟁은 윤리적으로 사람의 정신을 풍요롭게 해주며, 공상 놀이는 문화를 풍요롭게 해준다"[108]고 주장한다. 또한 카이와는 하위징아가 놀이의 한계와 역기능을 간과했다고 비판하면서 놀이의 타락에 대해서 비판적 평가를 하고 있다.

카이와는 놀이가 타락하게 되면 '알레아'(우연)의 놀이가 도박이나 복권, 주식투기 등으로 나타나고 또한 이런 횡재를 가능하게 한다

107) 하위징아, 『호모 루덴스』, 397쪽.
108) 카이와, 『놀이와 인간』, 245쪽.

고 믿는 미신이나 운세를 보는 것 등으로 발전될 수 있다고 주장한다. '아곤'(경쟁)은 스포츠나 각종 경쟁시험, 선발전 등에서 나타나지만 이것이 가열되어 타락하게 되면 폭력이나 전쟁으로 이어질 수도 있다. '미미크리'(모방)는 우리 주변에서 보는 각종 축제, 연극, 드라마 등에서 나타나지만 이 욕구가 지나치면 각종 광기나 이중인격으로 드러난다. '일링크스'(현기증)는 스피드에 심취하는 자동차 경기, 공중서커스, 번지점프 등에서 쓰일 수 있지만 이것에만 심취하게 되면 마약, 알코올 중독, 약물 중독으로 타락하게 된다.[109] 현대 청소년들이 탐닉하고 있는 비디오나 컴퓨터 게임의 중독은 위의 범주 중 하나이거나 혹은 몇 개가 합쳐진 형태다.

카이와는 현대 사회에서 성스러움이나 종교적 축제가 사라지면서 놀이가 타락하고 있다고 보았다. 결국 놀이의 타락이 현대 사회의 각종 타락이나 테러 그리고 무자비한 폭력으로 이어진다는 것이다. 카이와에 따르면, 놀이가 타락한 세계는 "성스럽지 않은 세계, 축제도 놀이도 없는 세계, 따라서 일정한 기준도 없고 헌신해야 할 원리도 없으며 창조적인 파격破格, licence도 없는 세계다. 이러한 세계에서는 직접적인 이익利益, 냉소주의, 모든 규범의 부정이 존재"[110]하는 세계가 탄생했고, 결국 삭막하고 혼란스럽고 폭력이 난무하는 현대 사회를 만들어냈다. 그는 모든 놀이가 다 창조적인 것도 아니며 놀이 중에는 공허하거나 무가치한 놀이, 문자 그대로 시간만 죽이는 놀이도 있다고 말한다. 결국 그는 인류가 건강한 놀이를 회복할 때 비로소 건강해진다고 보았다. 놀이는 그 자체의 존중을 받지 못하고 현실에서 원래적 정의와 무관하게 작동할 때 타락

109) 같은 책, 92~93쪽.
110) 같은 책, 269쪽.

하며 우리가 사는 현실을 오염시키고 여러 가지 부작용을 불러일으킨다. 이러한 카이와에 의하면 왜곡된 놀이의 형식은 현실을 해방시키기는커녕 오히려 그 억압기제들을 보충하고 강화하는 방식으로 기능한다. 왜곡되고 미성숙한 놀이정신은 규칙을 어지럽히고 놀이 자체를 퇴행시켜 결국 문명을 파괴한다.

하루 종일 실내에서 파괴적인 게임에만 열중하는 소위 컴퓨터 폐인이나 어른, 아이 할 것 없이 스마트폰에만 몰두하고 있는 지하철이나 버스 안의 풍경 따위를 떠올려보면, 실제로 우리의 삶에서 놀이정신이 결여될 때 얼마만큼 부정적인 결과를 낳는지를 실감할 수 있다. 기계가 아무리 발달할지언정 인간을 대체할 수는 없다. 공동체와의 교감이 없이 눈만 뜨면 핸드폰이나 컴퓨터를 들여다보는 아이들은 불행하다. 사람은 사람과 만나 함께 놀아야 행복하다. 인류는 오랜 세월 지상에서 무리를 이루어 살아오면서 집단성을 진화시켜 왔다. 진화생물학자 에드워드 윌슨Edward O. Wilson은 인간은 개미나 벌을 제외하면 모든 생명체 중에서 가장 높은 수준의 사회성을 이루고 있다고 주장한다. 그는 인간의 특징을 "모닥불 주위에 둘러앉는 행위"로 묘사했다. 그래서 때론 사람을 싫어하고 싸우면서도 다시 사람을 찾게 되는 모순이 있을 수밖에 없으며, 이것은 오랜 진화의 과정에서 우리 뇌에 깊게 뿌리박인 것으로 인간은 본능적으로 사람에게 끌릴 수밖에 없다는 것이다. 어차피 사람은 사회적 동물이라서 사람을 떠나서는 행복을 찾기 어렵다. 결국 좋은 인간관계가 행복의 원천이다.

아이를 살펴보면 인간이란 타고난 놀이꾼이라는 것을 감지할 수 있다. 아이는 심심하면 자기만의 방법으로 재미있는 것을 잘 찾아낸다. 돈이나 프로그램, 화려한 장난감이나 비싼 놀이도구가 없어도 시간 가는 줄 모르고 웃고 떠들고 놀 줄 안다. 아동학자들은 단순한 장난감일수록 아이들의 창의성을 자극하는 좋은 놀이도구라고 말한다. 창의적 발상이나 영감은 인간이 어떤 재미에 빠져 몰입해 있을 때 일어난다. 그래서 재미와 창의성은 분리할 수 없다.

하위징아는 문명의 추동력을 놀이로 규정하였기 때문에 문명의 퇴행 또한 놀이정신의 타락으로 결론짓는다. 그래서 그는 "놀이정신이 결여되어 있으면 문명은 성립하지 않는다"[111]고 주장하고 놀이정신의 타락을 거짓 놀이 또는 유치한 놀이로 규정했다. 타락한 놀이정신은 규칙을 어지럽히고 놀이 자체를 망쳐서 문명을 파괴시킨다. 무엇보다 중독 상태의 게임이나 도박은 진정한 놀이가 가져다주는 자유나 해방이 전혀 없고 오히려 인간을 노예화시킨다. 놀이정신의 퇴행은 극단적인 인간소외 현상을 가져온다는 점을 잊지 말아야 한다.

놀이하는 하느님Deus Ludens

현대 신학이 당면하고 있는 문제 중의 하나는 전통 신학의 어휘나 설명이 현대인들에게는 적절하게 다가오지 않는다는 점이다. 그렇기 때문에 현대인이 이해할 수 있는 방식으로 재해석을 할 필요가 있다. 기존의 종교교육은 지나치게 결의론決疑論적인 윤리교육과 주지주의적 교리교육에 치중해왔다. 그러나 오늘날 인간에 대한 새로운 이해와 발견이 드러나면서 기존 교육의 패러다임 전환이 요구되고 있는 시점이다. 이 시대는 인간의 정서를 순화시키고 창의성

111) 하위징아, 『호모 루덴스』, 200쪽.

을 고양시켜 주는 예술교육의 중요성이 부각되고 있다. 그리스도인들 사이에서도 하느님 나라의 향연에서 하느님의 아름다움을 느낄 수 있는 심미적 직관과 놀이를 통한 자유와 해방체험을 강조하는 '놀이신학'이 부상하고 있다. 그리스도교는 근원적으로 놀이의 종교이기 때문이다.

하느님 체험과 미학적 구원

이성만능주의에 기반한 합리성에 최고의 가치를 두었던 근대 사회가 한계를 드러내면서 영성에 대한 새로운 조명이 촉구되고 있다. 현대인들은 종교에 있어서도 정교한 논리적 설명보다는 어떤 신적 실재를 직접 체험하고 싶어 한다. 그래서 정교한 형이상학적, 논리적, 사변적인 교리해설 방식에 집중하기보다는 어떻게 하면 종교적, 신비적 체험을 할 수 있을까를 고민한다. 이 시대는 근대 이성중심주의가 추방한 환상이나 상상력에 대해 새로운 재각성이 부상하고 있으며 이런 현상은 우리로 하여금 종교의 자리가 어디인가를 다시금 묻게 한다. 왜냐하면 현대인은 신이 사라져버린 세계에서 초월적 가치를 상실하는 데서 오는 삶의 무의미성과 이에 따른 혼란과 불안 그리고 영적 방황을 절감하고 있기 때문이다.

이성중심주의적 근대 사회에서는 인간의 감정이나 감각은 차원이 낮은 열등한 단계로 간주되었다. 그러나 미학을 단순히 감각적 차원의 낮은 인식 방법이라고 치부해서는 안 된다. 도스토예프스키 Fedor Mikhaylovich Dostoevsky는 아름다움을 성사로 이해하면서 "아름다움이 세상을 구원할 것이다"[112]라고 말했다. 이 말은 신학적

112) 발터 니그, 『조르주 루오』, 윤선아 옮김, 분도출판사, 2012, 23~24쪽.

합리주의가 넘어서지 못하는 개념의 한계로서의 인식론적 방법의 틀을 넘어선다는 점에 대한 통찰이다. 쉴러도 "인간은 아름다움을 통해 자유에 도달"113)한다고 말했다. 세상을 살아가는 데는 난해한 형이상학적 정의만큼이나 아름다움을 즐길 줄 아는 낭만도 중요하다. 인간은 예술을 통해 무한한 상상의 나래를 펴기 때문이다.

근원적으로 아름다움을 느끼는, 즉 미적 직관과 진리 체험은 상통한다. 슐라이어마허Friedrich Schleiermacher는 기존의 종교적 교리들, 특히 계몽주의자들의 종교관을 비판하고 재해석하면서 종교의 본질을 직관과 감정이라고 정의했다. 그는 "무한자에 대한 감각과 맛"이나 우주에 대한 미학적 직관을 강조했다. 미학적 직관은 미를 계시적인 것으로 간주한다. 슐라이어마허에 의하면 종교에 있어서 교의나 전승은 2차적인 것에 불과하다. 종교는 명제적 인식이나 윤리의 문제가 아니라 감정의 문제다. 무한자(우주, 신)에 대한 절대 의존의 감정이나 직관이야말로 종교의 본질이기 때문에 "도덕론적 개념과 존재론적 개념을 지양하고 미학적 차원을" 수용할 것을 그는 충고한다. 논리적 설명에 피곤함을 느끼는 현대인들에게 딱딱한 교리적 설명보다는 "하나님의 환상의 위대한 노래나 풍요로운 시나 아름다운 춤"114)과 같은 것이 훨씬 더 효과적이라는 권고는 포스트모던 시대의 현대인들에게 매우 설득력이 있다.

진선미는 서로 연결되어 있다. 인간이 아름다움을 추구하는 한 결코 악해질 수 없다. 그래서 쉴러는 감각을 가진 인간은 아름다움을 추구하는 심미적 인간이 될 때 비로소 도덕적 인간이 된다고 역설했다.115) 인간의 놀이충동play impulse이란 유용성의 사슬을 벗어

---

113) 프리드리히 쉴러, 『미학편지』, 안인희 옮김, 휴먼아트, 2012, 50쪽.
114) 위르겐 몰트만, 『오시는 하나님』, 김균진 옮김, 대한기독교서회, 1997, 567. 571쪽.

나서 아름다움이 그 자체로서 열망의 대상이 되는 것이라고 풀이했다. 그는 인간이 놀이충동을 회복해 놀이가 사회의 원리가 되는 그런 사회가 "아름다운 국가"요, 인간이 소망하는 낙원, 즉 유토피아라고 주장했다. 놀이충동은 판타지, 즉 환상으로 연결된다. "현실과 이상이 합치하고, 쾌락원칙과 현실원칙이 화해되지 않으며, 노동이 놀이가 되지 않는 한, 환상의 유토피아적 비전은 사라지지 않을 것이고 그 역할은 감소되지 않을 것이다. 놀이와 환상은 만족되지 않은 소원wish이 있는 한 존재한다. 〔…〕 억압된 소원이 없다면 놀이나 환상도 있을 수 없다."[116)]

인간은 삶에서 자아가 위협받는 한계 상황을 경험할 때 본능적으로 자신을 보호하기 위한 정신기제를 작동시킨다. 이런 정신기제를 프로이드는 자기방어, 즉 방어기제defense mechanism라고 표현했다. 방어기제를 발달시키는 여러 가지 요인은 감정의 억압, 자기합리화, 상황의 부인, 자아의 퇴행 등 다양하게 존재하는데 이를 극복하기 위해 인간은 '승화'라는 방법을 차용한다. 즉, 자신이 직면하고 있는 고통이나 스트레스 또는 현실의 한계성 등에서 벗어나기 위해 이것을 예술작업으로 표출하거나 치환함으로써 삶의 고통으로부터 스스로를 보호한다는 것이다.

창조계의 모든 것은 신의 지혜와 영광을 드러내는 매개물들이다. 이와 같은 연계성으로 말미암아 전체 우주와 개체는 서로 하느님의 표징이자 성사의 기능을 담당하게 된다. 모든 피조물은 창조계 안에서 하느님의 표징을 읽는 이들에게 하느님의 신비를 드러내며 동시에 매개물이 된다. "피조물의 성사성"sacramentality of creation은 또

---

115) 쉴러, 『미학편지』, 12쪽.
116) 이경재, 『프로이트와 종교를 말한다』, 집문당, 2007, 370쪽.

한 신적 계시와 성자의 강생에서 온다. 하느님의 말씀이 우리 안에 거처하기 시작하였을 때부터 하느님의 초월성은 좀 더 친밀한 방법으로 세상 안에 거처하기 시작하였다. 말씀이 육화된 순간부터 모든 육체와 모든 물질적인 것은 새로운 존엄성과 성사성을 갖게 되었다.

하느님의 육화는 창조 안에서 신의 근원적 계획을 드러내며, 물질적인 것과 영적인 것 그리고 나아가서 신적인 것과 하나로 통합된다. 육화 안에서 신은 자신을 물질과 동일화하며, 그 물질을 새로운 존엄성으로 고양시킨다. 그렇다면 놀이야말로 하찮은 것이 아니라 하느님을 만날 수 있는 또 하나의 매개체가 될 뿐만 아니라 이를 통해 우리는 놀이의 구원성이란 가능성을 보게 된다.

아름다움은 신적인 성사聖事다. 왜냐하면 예술은 영적인 것을 구체적인 형태로 이해하고자 하는 인간의 욕구와 부합하기 때문이다. 예술은 인간의 실존과 분리될 수 없다. 그래서 심광섭은 "지금까지 기독교 신학을 이끌어왔던 사유가 진짜와 거짓, 정통과 이단을 가리는 논리적 사유, 혹은 선과 악을 판단하는 윤리적 사유였다면 앞으로 기독교 신학을 창조해갈 사유는 창조세계의 좋음, 곧 아름다움을 회복하기 위한 예술적 사유이어야 하며, 이 사유를 통해 구성되는 감성의 신학이어야 한다"[117]고 주장한다. 그래서 이제까지 전통신학이 추구해왔던 "지성을 찾는 신앙"fides quaerens intellectum이란 안셀무스의 명제를 보완하여, 다가오는 신학의 새로운 과제는 "아름다움을 찾는 신앙"fides quaerens pulchrum이어야 한다고 주장하면서 종교에 있어 미학적 중요성을 강조하고 있다.[118]

117) 심광섭, 『예술신학』, 대한기독교서회, 2010, 41쪽.
118) 심광섭, 「놀이의 신학」, 37쪽.

우주는 가히 측량할 수 없을 만큼 신비하고, 웅대하고, 아름답고, 장엄하다. 지혜서의 저자는 "피조물의 웅대함과 아름다움으로 미루어 보아 우리는 그들을 만드신 분을 알 수 있다"(13,5)고 증언한다. 이는 이신론理神論적 방법이 아니라 바로 심미적 직관으로도 하느님을 발견할 수 있음을 말하고 있다. 피조계가 이처럼 아름답고 신묘하다면 이를 만드신 하느님께서 어떠한 분이신지를 직관적으로 깨달을 수 있다는 이야기다. 성경은 "하늘은 하느님의 영광을 이야기하고, 창공은 그분 손의 솜씨를 알리네. 낮은 낮에게 말을 건네고, 밤은 밤에게 지식을 전하네"(시편 19,1~2)라고 고백한다. 이 구절에서 말하는 아름다움은 자연을 통해서 드러나는 하느님의 영광이란 개념과 연결된다. 하느님의 영광을 드러내는 자연물의 현란한 표현 안에서 인간은 신의 현존과 자비의 손길을 느끼면서 종교적, 영성적 발전을 가져왔기 때문이다.

초대 교회 시대 광야로 나아가 오로지 하느님만을 추구했던 사막의 교부들로부터 중세 아시시의 성 프란치스코, 빙겐의 힐데가르드 Hildegarde of Bingen, 노리치의 줄리앤Julian of Norwich뿐만 아니라 동방교회의 수도자와 신학자에 이르기까지 그리스도교 전통 안에서 우리는 풍부한 녹색영성의 발자취를 발견한다. 자연계 안에서 느꼈던 경이와 놀라움, 서정적인 감각을 통해 신의 현존을 느끼고 이야기했던, 특히 중세 신비가들의 증언은 곧 현대 생태영성교육의 보금자리이기도 하다. 신의 아름다움의 외적 표현인 창조계와 이에 대한 인간의 응답은 하느님에 대한 찬양으로 이어진다. 자연계의 눈부신 아름다움은 하느님의 아름다움을 반사하고 반영하는 흔적을 보여주기에 "하느님을 숨기고 있는 면사포"[119]라 할 수 있다. 이처

119) 심광섭, 「창조의 아름다움 — 생태-미학적 창조론」, 『신학과 사상』 제64호(2009

럼 창조계의 아름다움과 경이는 언제나 사람의 마음을 감탄과 찬양, 매혹과 감사로 채운다. 창조계의 아름다움은 신앙인에게 기쁨과 종교적 영감의 원천이 된다. 심미적 감각은 사람을 영적으로 부유하게 만들어주는 원천이다.

위르겐 몰트만Jürgen Moltmann은 제2차 세계대전 중 전쟁포로로 잡혀 있을 때 신학 공부를 시작하였다. 그래서 그의 관심사는 인간과 고난의 문제였다. 그는 고통스러운 현실에서 "하느님께서는 어디에 계시는가"를 질문하면서 '놀이'가 고난당하는 자들에게 세상의 가치를 전복하는 희망이 될 수 있음을 역설하였다. 그는 "자유의 혁명이 정치적 남용과 불운에 의해 질식되어진 후에, 그것은 예술의 아름다운 환상 속에서 비로소 자신의 완성을 발견하게 된다"[120] 고 말했다. 몰트만은 형이상학적 추론을 통해 하느님을 찾기보다는 자유와 해방을 미학적 차원에서 해설하면서 놀이를 최종적 해방인 인간의 구원론과 연관시킨다. 그는 "우리는 이 세계를 변화시키기 위해 하나님을 필요로 하는 것이 아니라, 오히려 하나님을 향유하기(누리기) 위해 이 세계를 변화시키고자 한다"라고 말한다.[121]

몰트만은 "베트남에서 죄 없는 자들이 죽임을 당하고, 인도에서 아이들이 굶어 죽어가고 있으며, 브라질에서 시민들이 고문으로 고통당하고 있는 상황에서 어떻게 차마 놀이하고 노래하며 즐거워할 수 있단 말인가. 〔…〕 아우슈비츠 이후에 도대체 어떻게 놀이를 할 수 있단 말인가? 놀이하는 인간homo ludens 그리고 행복, 재미, 게임에 대한 우리의 권리를 복권하는 것은 괜찮은 생각인 듯 보이지

년/겨울), 74쪽.

120) Jürgen Moltmann, *Theology of Play*, Reinhard Ulrich(tr.), New York: Harper & Row, 1972, p.4.

121) 위르겐 몰트만, 『희망의 윤리』, 곽혜원 옮김, 대한기독교서회, 2012, 400쪽.

만, 그것이야말로 오직 여유와 돈이 있는 사람들에게만 그러한 것이 아닌가"[122]라는 실존적 질문 앞에서 고통과 고난이 지니는 미학적 역설에 주목하라고 주장한다. 손원영은 아름다움을 추구하는 미학적 놀이는 현실전복적인 유토피아적 성격을 지니고 있다고 말한다. 왜냐하면 "놀이하는 인간이 노는 방식인 정치적 유머, 농담, 패러디, 게임, 연극, 그리고 고의적인 오해 등은 억압당하는 민중에게 정치적 저항의 한 방법론이 될 수 있다. 이러한 말의 놀이를 통해 독재자는 웃음거리가 되기도 하고, 무시무시한 폭력적 지배는 그 절대적 권위를 상실하게"[123] 되기 때문이다.

창세기를 보면 "하느님께서 보시니 손수 만드신 모든 것이 참 좋았다"(창세 1,31)라는 구절이 창조의 매 순간 반복된다. "참 좋았다"는 심미적인 감탄은 바로 미학과 연결이 된다. 그래서 몰트만은 미적인 가치를 추구하는 신학이 바로 '놀이신학'이라고 천명하였다. 하느님께서는 창조라는 놀이를 통해 인간을 창조하고, 피조물인 인간도 하느님의 창조놀이를 본받게 하셨다. 그러므로 "놀이하는 인간"은 바로 하느님의 형상을 살아내는 사람이다. 놀이에서 중요한 것은 성취나 업적이 아니라 하느님의 무한한 기쁨을 향유하고자 하는 유한한 모방으로서의 놀이와 예술이다. 몰트만은 미학적 관점에서 보다 더 아름답고 인간다운 세계의 형성을 위해 현존하는 세계를 변화시킬 수 있도록 그리스도인들의 관심을 환기시키고 있다.

진정한 놀이는 인간에게 자유를 가져다준다. 놀이는 자유인의 선언이다. 몰트만은 인간은 놀이를 통해 스스로를 해방한다고 하였다. 왜냐하면 예수 안에서만 인간은 비로소 진정한 자유와 해방을 느낄

---

122) Moltmann, *Theology of play*, p.2.
123) 손원영, 「놀이신학과 주일교회학교」, 『기독교 교육정보』, 35권(2012), 246쪽.

수 있고, 그래서 신명나게 놀 수 있기 때문이다. 인간을 미학적 존재로 규정하는 것은 감각적인 것, 유희적인 것, 평온한 것, 그리고 아름다운 것이 존재의 형식이 되기 때문이라는 마르쿠제의 말처럼 인간은 아름다움을 통해 의미를 체험하고, 자신이 결단한 그 의미를 실현해간다. 인간이 해방적 놀이를 통해 하느님과 함께 즐기고 그분을 향유하기 위해서는 놀이가 억압적 현실에 저항하는 전복적 기능을 해야 한다. 몰트만은 "놀이는 인간을 고요하게 진정시키는 것이 아니라 해방하는 것이고, 인간을 마비시키는 것이 아니라 각성시키는 것이다. 해방적 놀이는 억압자와 착취자의 악한 놀이에 저항하는 것이다. 따라서 놀이는 진지하게 그리고 즐겁게 싸우는 것이다"[124]라고 말한다.

놀이하는 신성Divinitas Ludens

과거에는 여가란 귀족들의 전유물이었지만 오늘날은 신분제의 철폐와 각종 기계의 혜택으로 가혹한 노역에서 해방된 일반 민중들에게도 여가시간이 많아졌고, 각종 스포츠, 레크리에이션 등도 다양해졌다. 여가시간이 늘어나면서 즐거움을 주는 놀이야말로 하느님의 형상으로 창조된 인간 존재의 본질적인 부분이며 좋은 것이라는 성찰이 싹트게 되었다. 하위징아가 인간을 "놀이하는 존재"로 정의하면서 신학 분야에서도 놀이에 대한 신학적 관심이 고조되었고 이에 대한 새로운 신학적 성찰이 놀이신학Theologia Ludens을 탄생시켰다.

모든 인간은 행복하고 즐거운 삶을 희구하지만 실제 우리가 살고

124) Moltmann, *Theology of Play*, p.113.

있는 삶의 현장은 매일매일 여러 가지 고통스러운 현실로 점철되어 있다. 고통스러운 현실에서 잠시나마 벗어나 우리가 논다고 할 때 그 순간만큼은 해방감과 홀가분한 즐거움을 맛볼 수 있다. 그러므로 진정으로 행복하고 즐거워지기 위해서는 현실에서 나를 옭아매는 온갖 세상사에서 벗어나는 자유를 느낄 수 있어야 하는데, 그처럼 완벽한 해방의 경지는 실상 종교적 구원의 경지라고 할 수 있다.

❖ 창조와 놀이

놀이가 갖는 즐거움, 즉각성, 그리고 자유는 놀이를 이해하기 위한 주요 요소들이다. 데이빗 노글David Naugle은 창조주 하나님을 "놀이하는 신성"Divinitas Ludens으로 표현함으로써 "놀이하는 하느님"의 형상을 따라 "놀이하는 인간"이 창조되었음을 보여주고 있다.[125] 그리스의 철학자들이나 고대 라틴교부들이 모두 놀이하는 신성에 주목하고 있음을 눈여겨보아야 한다. 하느님께서는 누군가의 강요가 아닌, 당신 스스로의 즐거움에서 인간과 세계를 창조하셨다. 하느님께서는 스스로 완전하신 분이므로, 그분에게는 인간처럼 무엇을 해야 된다거나 강요당하는 일은 있을 수 없다. 그렇다면 하느님의 창조 행위는 그분의 완전한 자유의지로, 스스로의 즐거움에서, 어떤 대가도 없이 행해졌기 때문에 일종의 하느님의 "놀이"라고 정의해도 무방하다.[126] 하느님의 놀이인 창조사역을 심광섭은

---

125) David Naugle, "A Serious Theology of Play", http://www.qideas.org/blog/a-serious-theology-of-play.aspx(검색일: 2012/01/23).

126) Joseph Padinjatummu, *Play in Religion: A Means for Catechesis and Evangelization*, Extract from the Doctoral Dissertation in the Faculty of Missiology, Rome: Urbaniana University, 1985, p.35.

이렇게 표현한다.

> 창세기 1장은 하나님이 놀이의 시간(낮과 밤의 교체)과 공간(하늘과 땅과 바다)을 만듦으로써 놀이의 규칙을 정하고 각각의 공간 안에 아름답고 잘생기고 생동감 있는 놀잇감을 만드는 놀이 이야기다. 신학적으로 놀이는 창조 안에 계신 하나님의 근본적인 움직임이다. 어마어마한 종의 다양성은 하나님께서 기꺼이 풍성한 놀이를 즐기심을 의미한다. 무지개의 다채로움은 하나님이 기꺼이 놀이를 즐기기 때문이다. 놀이적 자유, 놀이적 다양성, 놀이적 아름다움은 모두 처음부터 마지막까지 하나님의 창조사역에 속하는 것이다.[127)]

무엇보다 논리적으로, 인간을 본질적으로 놀이하는 존재로 규정해야 한다면, 인간은 하나님의 형상을 따라 지음 받은 존재이기에 먼저 하나님께서 놀이하는 분이 되어야만 한다. 그래서 휴고 라너 Hugo Rahner는 그의 저서 『놀이하는 인간』*Man at Play*에서 "우리가 먼저 '놀이하는 하느님'Deus Ludens의 문제를 고려하지 않는다면, 우리는 놀이하는 인간의 비밀을 온전히 파악할 수 없다"[128)]고 말했다. 그는 놀이를 하느님과 인간 사이의 지속적 통교와 창조 그리고 하느님을 이해하는 데에 있어 주요 은유로 이해했다. 또한 우리가 놀이하는 하느님을 이해할 수 있을 때 비로소 왜 인간이 놀라운 게임과 놀이를 할 줄 아는 피조물인지 이해할 수 있다고 말했다. 라너는 "놀이란 몸과 마음의 필요성과 연관된 인간 활동이다. 놀이란

127) 심광섭, 「놀이의 신학」, 57쪽.
128) Hugo Rahner, *Man at Play*, New York: Herder and Herder, 1972, p.9.

보고 듣고 만질 수 있는 육체적 도움을 통해 성공적으로 현실화할 수 있는 내적 영적기능의 표현이다"[129]라고 언급했다.

놀이란 이런 의미에서 몸과 마음의 균형에 대한 갈망과 인간 내면 깊숙이 도사리고 있는 자유와 무제약성에 대한 열망의 실현이기도 하다. 라너의 예수회 동료사제인 월터 옹Walter Ong은 라너에게 있어 놀이의 개념은 하느님의 자녀에게 자유를 설명하기 위한 하나의 수단이라고 말했다. 하느님의 역사役事는 항상 즐거우며 즉각적이고 완벽한 자유에서 나오는 완벽한 이타적 사랑이기 때문에 하느님의 역사야말로 놀이라는 것이다. 그는 "하나님의 모든 창조의 활동은 어린이와 같은 활동이었기에, 그것은 노동이자 동시에 놀이이고, 진지한 적용이면서 동시에 자기 자신을 위한 자발적인 활동이다"[130]라고 주장했다.

몰트만은 "왜 하느님께서는 세계를 창조하셨는가?"라는 질문을 제기하면서 놀이를 창조론과 연관시켜 하느님께서 스스로 그것을 보고 즐기시기 위해 세상을 창조하셨다고 말한다.[131] 그는 창조에서 종말에 이르기까지 전 구속사를 하느님의 놀이라는 측면에서 고찰하고 있다. 하느님의 놀이가 창조이며, 그것은 바로 그분의 불가해한 지혜를 보여주는 놀이일 뿐 아니라, "하느님의 영광을 보여주는 영역"[132]이라고 말한다. 창조는 태초에 하느님께서 선한 의지로 스스로 행하신 즐겁고 온전한 놀이 행위였다. 하느님을 닮은 인간은 놀이를 통해 하느님의 놀이인 창조에 응답한다. 그래서 "인간의

---

129) *Ibid.*, p.6.
130) *Ibid.*, pp.xii~xiv.
131) Robert E. Neale, "The Crucifixion as Play", in *Theology of Play*, Reinhard Urich(tr.), New York: Harper & Row, 1972, p.76.
132) Stephen Barton, *Life Together: Family, Sexuality and Community in the New Testament and Today*, New York: T&T Clark Ltd. 2001, p.77.

자유스러운 자기표현은 창조 안에서 하느님의 즐거움에 대한 인간적 반향echo이 되어야만 한다"[133]고 말한다. 인간은 하느님의 인형이나 도구가 아니라 자유로운 하느님의 동반자로서 하느님의 기쁨을 함께 향유하도록 창조되었기 때문이다.

몰트만은 놀이야말로 궁극적 인간성에 대한 창의적인 희망이며 즐거움에 대한 표현이고 자유인의 선언이라고 규정했다. 그는 놀이가 본질적으로 인간의 자유와 연결되어 있으며 인간성을 규정하는 면모를[134] 갖고 있다고 역설하고 있다. 자유는 인간의 속성이기 때문에 늘 자기를 둘러싸고 있는 한계 상황이라는 구속에서 벗어나고자 한다. 노예들은 그 존재 자체의 성격상 놀이를 즐길 수 없다. 일을 쉬는 휴식은 있을지언정 자유롭지 않으므로 신명나게 놀 수도 없다. 억압과 고통 속에서는 참된 쉼도 없고 신명나는 놀이도 할 수 없기 때문이다. 그러므로 놀이는 해방이다. 인간 본성의 본질적인 부분으로서 놀이에 대한 재구성은 인간의 자유 혹은 해방과 연결된 놀이와 분리시킬 수 없다. 하위징아는 그래서 "놀이는 자유로운 행위이며 자유 그 자체"[135]라고 말한다.

인간의 놀이를 유추해보면 거기에는 하느님의 놀이에서 발견되는 자발성, 즐거움, 창조성, 생명력 등이 있다. 그러나 아담이 타락한 이후 인간은 원초적으로 주어진 놀이의 즐거움을 잃어버렸다. 인간은 에덴동산에서 범죄를 저지른 후 "사는 동안 줄곧 고통 속에서 땅을 부처 먹으리라"(창세 3,17)는 저주를 받아 삶이 온통 고통으로 뒤범벅이 되었고 놀이도 또한 타락하여 경쟁과 쾌락 그리고 게으름으로 격하되었다. 아우구스티노가 "주님, 당신 위해 우리를 내

---

133) Moltmann, *Theology of Play*, p.21.
134) *Ibid*., p.6.
135) 하위징아, 『호모 루덴스』, 42쪽.

시었으니 당신 안에 쉬기까지 우리는 안식이 없나이다"라고 탄식한 것처럼 인간은 본래 에덴동산에서 하나님과 함께 즐기고 그분을 향유fruito Dei하기 위해 창조되었다. 그러나 인간의 타락으로 말미암아 노동과 고통이 뒤따르게 되었다. 그렇지만 인간이 다시 영원하신 하나님과 일치하게 될 때 "하나님 안에서 영원한 안식quies을 누리게 된다. 이때는 믿음과 소망은 그치지만 하나님을 사랑하는 데서 오는 fruito Dei(하나님을 즐김)가 계속되어, 그를 사랑하고 찬양함에 따라 그 사랑이 더욱 증진된다".[136)]

인간은 본능적으로 자유를 희구하기 때문에 "놀이의 본질은 자유다. [⋯] 놀이의 희구는 억압에 기인한 자유의 노래요, 놀이의 실행은 억압을 해방하는 자유의 비상이다".[137)] 이처럼 놀이와 종교는 양쪽 다 우리를 해방과 기쁨의 세계로 인도한다는 점에서 유사성이 있다. 절대적인 자유와 기쁨은 결국 신 안에서 누릴 수 있는 거룩하고 초자연적인 감각이다. 놀이는 그 경지를 인간에게 미리 맛보인다고 할 수 있다. 인간은 놀이를 통해 피조물이 획득할 수 있는 최고 수준의 완전성에 도달할 수 있기 때문에 인간적 노력의 최고 목표인 신성에 바쳐진 놀이는 바로 종교라고 할 수 있다.

인간은 놀이에 몰입할 때 어느 순간 자신을 잃어버리는 몰아적沒我的 경지를 맛볼 수 있는데, 이 또한 종교의 망아적忘我的 경지, 즉 엑스터시와 연결된다. 속담에 "신선놀음에 도끼자루 썩는 줄 모른다"거나 "노느라 시간가는 줄 몰랐다"는 표현들은 모두 놀이가 갖고 있는 몰아적 경지와 일맥상통한다. 본래 '엑스터시'ecstasy는 그리스어 'ek' 'exo'(~의 밖으로)와 'histanai'(놓다, 서다)의 복합어인 '엑

136) 선한용, 『시간과 영원』, 대한기독교서회, 1998, 113쪽.
137) 이경재, 『해석학적 신학』, 다산글방, 2002, 341쪽.

스터시스"ἔκστασις에서 유래된 것으로, '밖에 서다'라는 뜻을 갖고 있다. 자신을 떠나거나 자신을 잃어버리는 이 경지는 마술이나 술에 취한 상태, 황당한 꿈이 아니고 오히려 좀 더 자신을 충만하게 그리고 심오하게 인식하고 경험하는 자의 변형을 가져온다.

운동선수가 운동에 몰입하다가 몸과 마음이 고도로 집중할 때 느끼는 순간적인 탈아적 경험과 시간을 초월하는 절정감은 마치 종교인들이 느끼는 것과 같은 비일상적인 종교적 신비체험과 비슷하다. 그리스도인에게 성사sacrament, 聖事는 아우구스티노의 말처럼 "눈에 보이지 않는 하나님의 은혜가 눈에 보이는 방법으로 전달되는 예식"이다. 인간에게 비가시적인 신비스러운 신적 실재와의 연결을 위해선 가시적인 매개성이 필요하기 때문이다. 인간이 놀이를 통해 초월적 경험을 할 수 있다면 놀이 또한 비록 "무의미한 것처럼 보이는 작은 놀이라 하더라도 하나님의 신비스러움과 연결될 수 있는 가능성을 지닌 매개가 될 뿐만 아니라, 그 놀이의 활동에 공동으로 참여하는 행위는 초월을 경험하는 거룩한 사건이 될 수 있다. 따라서 이 세상 속에서 우리가 노는 많은 놀이적 활동은 신비스러운 하나님을 지시하는 '상징체계'가 된다"[138]고 할 수 있다.

마이클 맨델바움Michael Mandelbaum은 그의 저서 『스포츠의 의미』 *The Meaning Of Sports*[139]에서 현대의 팀 스포츠와 제도화된 종교는 몇 가지 중요한 공통점이 있다고 주장했다. 그는 "스포츠와 종교는 양쪽 다 육체보다 마음과 영혼의 필요성을 역설한다. 육체의 생존을 위해 음식과 쉼터의 필요성만을 주장하는 것은 충분하지 않다고 한다. 양쪽 다 일터 밖에서 존재한다. 팀 스포츠는 21세기 미국인

---

138) 손원영, 「놀이신학과 주일교회학교」, 238쪽.

139) Michael Mandelbaum, *The Meaning Of Sports*, Cambridge, MA: Perseus Books, 2004, p.4.

들에게, 근대 이전에는 오직 종교만이 제공할 수 있었던 3가지 종류의 삶의 만족을 제공한다. 판에 박은 듯한 일상으로부터의 일탈, 집단적 응집성과 명확성의 모델, 그리고 사람들을 경탄하게 하고 본받고 싶도록 하게 하는 영웅적인 사례를 제공한다"고 언급했다.

스포츠와 종교는 공통점이 많다. 몸과 마음 그리고 영혼의 완전성을 희구하기 때문에 구성원들에게 금욕주의를 강조하고 경기나 종교적 예배는 일상적인 시간에서 벗어난 특수한 시간대에 진행된다. 운동선수들이 시합 전에 국가를 부르고 서로 손잡고 구호를 선창하거나 손뼉을 치고, 시합 후에는 시가행진 등을 하듯 종교인들도 역시 서로 손잡고 기도하고 성가를 부르고 축제일에는 시가행진 등을 한다. 스포츠와 종교 양쪽 다 뛰어난 업적을 세운 전설적인 영웅이 존재한다. '명예의 전당'에 등극한 스포츠 스타가 있다면 종교에는 전설적인 봉사와 성덕으로 인해 시성된 성인聖人이 있다. 양쪽 다 공동의 모임이나 특별한 행사를 위한 건물과 장소를 소유하고 있고 종교인들에게 순례지가 있다면 미국의 보스턴 레드삭스Red Sox 팬들에겐, 열광적인 레드삭스 팬들이 모이는 장소이자 특별한 규칙이 적용되는 펜웨이 파크가 있다. 스포츠가 경기력 향상을 위해 책과 교본을 마련하듯 종교 또한 신자들의 영적 향상을 위해 기도서, 교리서 등을 갖추고 있다. 스포츠에 구단주와 감독과 코치가 있듯 종교에도 주교, 사제, 부제 등 제도화된 조직이 존재한다. 스포츠에서 보이는 성화된 행동들과 상징들, 엄격한 고행, 환희와 절정감, 몰입, 그리고 경험하지 않은 자들은 느낄 수 없다는 암묵적인 동질감까지, 이 모든 것들이 스포츠와 종교에서 나타나는 공통된 특징이라 할 수 있다.

이런 공통점 때문에 레드삭스가 우승할 것이라고 믿게끔 분위기를 조성하는 것이나, 보이지 않는 것에 대한 믿음을 필요로 하는 종교나 양자가 비슷하다는 말이 나온다. 오죽하면 스포츠가 갖는 이런 성격 때문에 "야구는 미국의 유사 종교"라는 말이 나올 정도다.[140] 죄와 죽음과 역경을 헤쳐나가며 끊임없이 투쟁하면서도 한편으로는 마음의 안정, 조화, 아름다움을 가져다주는 자기실현을 추구하는 그리스도인의 모습들은 마치 스포츠 경기와 비슷하다. 바오로 사도는 "경기장에서 달리기하는 이들이 모두 달리지만 상을 받는 사람은 한 사람뿐이라는 것을 여러분은 모릅니까? 이와 같이 여러분도 상을 받을 수 있도록 달리십시오. 모든 경기자는 모든 일에 절제를 합니다. 〔…〕 나는 내 몸을 단련하여 복종시킵니다"(1코린 9,24~27)라고 말한다.

조셉 파딘자툼마리Joseph Padinjatummury[141]에 의하면 자기몰입과 변형을 성취하기 위해서는 "너희가 생각을 바꾸어 어린이와 같이 되지 않으면 결코 하늘나라에 들어가지 못할 것이다"(마태 18,3)라는 성경 말씀처럼 유년기로의 퇴행이 필요하다고 말한다. 그는 피아제 Jean Piaget가 말한 인간의 인지발달 단계가 종교에서도 그대로 재현된다고 주장한다. 첫째 단계에서는 어린아이의 감각운동기sensory-motor stage 놀이다. 어린아이들은 간단없이 근육과 팔다리를 움직임으로써 쾌락을 느낀다. 종교적 의식에서도 성스러운 경지나 체험을 얻기 위해 참가자가 몰입할 수 있도록 서두에 음악과 춤이 가미된 놀이형식을 배치해 집단적 종교의식으로 인도하며, 이때 자기부정

---

140) Jay Coakley, *Sports and Religions: Is It a Promising Combination?*, www.mhhe.com/coakley8e.

141) Joseph Padinjatummury, *Play in Religion: A Means for Catechesis and Evangelization*. Extract from the Doctoral Dissertation in the Faculty of Missiology, Rome: Urbaniana University, 1985, pp.26~27.

이나 망아의 경지가 요구된다. 망아, 즉 자기를 잃음으로써 자기를 얻는 논리가 여기에 해당된다. 둘째 단계에서는 단지 사지를 허우적대는 단계를 지나 이젠 정확하게 타인을 흉내 내기 시작하고 상징을 통해 투사도 하기 시작한다. 상징적인 놀이를 통해 아이에게 과거의 일을 환기시키고 또한 미래의 역할도 탐색하게 만들듯 종교에서도 인간은 신이나 성스러운 세계를 가리키는 상징을 통해 초자연적 존재를 닮으려고 한다는 점에서 일맥상통한다 하겠다.

현대에 들어 인간의 몸에 대해 새롭게 개안하게 되었고, 이에 인간의 몸이 참자아를 찾아가는 영적 여정의 출발점이라는 것이 드러났다. 샘 키인Sam Keen[142]은 그동안 자신이 인간의 육체에 대한 서구 종교의 편견에 사로잡혀 있었다고 고백한다. 그는 전통적으로 그리스도교가 가르쳐왔던 영·육의 분리와 육체에 대한 멸시 같은 플라톤적 시각을 지양하고 동양 종교나 무술에서 보여주는 것처럼 영·육의 결합을 배양하고 스포츠나 고도의 육체적 조율을 통해 초월의 경지에 이르는 것을 주장한다. 키인에 의하면 오히려 몸이야말로 영혼으로 가는 진입로다. 그에게 "놀이는 인간의 영과 육의 활동이요. 육체적으로 가시적인 몸짓이요. 접촉할 수 있는 물질을 통해 나타낸다. 말이 몸을 얻지 못한다면 바람이 불면 쭉정이같이 공중에 나부낄 뿐이요. 몸에서 주르르 미끄러져 내릴 뿐이다. 놀이는 정신이 육체로 이사하는 행동"[143]이라는 것이다. 그래서 키인은 감각적인 몸의 가치를 긍정하고 이런 몸을 준 신의 은총을 즐기며, 세상과 생명의 약동성을 경축하는 가운데 삶의 충일성을 재발견해

142) Chifen Lu, "Transforming the Male Body: Sam Keen's Mythopoetic Myth-Body and Dan Millman's Embodied Zen", *Concentric: Literary and Cultural Studies* 40.2(September 2014), 261~288.
143) 심광섭, 「놀이의 신학」, 51쪽.

야 한다고 주장한다.

전통적인 서구 신학의 입장에서 보면 키인의 신학적 주제는 매우 도발적이다. 그는 전통 신학에서 간과되어 온 인간의 육체성, 감각성, 도취성을 긍정적으로 강조하면서 몸에 대한 재각성을 촉구한다. 그래서 몸을 통한 감각의 축제와 육체신학, 나아가 창자를 뚫고 들어가 그야말로 오장육부로 신학을 하는 소위 "내장신학"Visceral Theology을 제안한다. 종교의 진수는 인간의 의식과 행동이 다 포함된다는 점에서 몸에 대한 새로운 각성을 촉구하는 그의 신학적 발제는 매우 큰 의의가 있다.

성경은 몸을 경시하지 않는다. 사도 바오로는 "여러분의 몸이 여러분 안에 계시는 성령의 성전임을 모릅니까? 그 성령을 여러분이 하느님에게서 받았고, 또 여러분은 여러분 자신의 것이 아님을 모릅니까? 하느님께서 값을 치르고 여러분을 속량해 주셨습니다. 그러니 여러분의 몸으로 하느님을 영광스럽게 하십시오"(1코린 6,19~20)라고 촉구한다. 그러므로 "우리 주 예수 그리스도께서 재림하실 때까지 여러분의 영과 혼과 몸을 온전하고 흠 없이 지켜 주시기를"(1테살 5,23) 기도하라고 전한다. 하느님과의 관계는 영·육을 포함하는 전인적 관계이지, 단순히 영혼만의 관계는 아니다. 제2차 바티칸 공의회는 기왕의 영·육에 대한 분리적, 이원적 관점을 지양하고 영과 육의 통합을 통한 육화적 영성의 보완을 촉구하였다. 이런 관점은 우리가 살고 있는 세상과 현실적 삶을 긍정적인 시각으로 바라보고 따라서 인간의 본성적 능력 또한 초자연적인 질서에 의해 강화되고 조화를 이룰 수 있음을 강조하는 것이다.

✣ 춤추는 하느님: 놀이의 거룩한 형식으로서의 춤

하위징아의 "놀이하는 인간"에서 영감을 얻은 미국의 신학자 하비 콕스Harvey Cox는 그의 저서 『바보들의 축제』*The Feast of Fools*에서, 세속 도시의 "노동하는 인간"homo faber은 그와 동시에 "놀이하는 인간"homo ludens, "축제하는 인간"homo festivus, "환상적인 인간"homo fantasia이라고, 인간에 대한 정의를 추가함으로써 종교와 놀이를 축제와 연결시켰다. 콕스는 축제festival에 경축festivity과 환상fantasy의 기능이 내포되어 있다고 말한다. 경축이 마치 광복절처럼 인간의 현재 생활에 과거의 사건을 재생시킴으로써 인간 경험을 확충시키는 것이라면, 환상은 이를 미래의 영역으로 확대시키는 일종의 놀이라고 볼 수 있다. 인간이 동물과 다른 점은 꿈과 환상을 가지고 있다는 점이다. 그러므로 인간에게서 경축과 환상이 사라지면 결코 인간은 역사적 존재가 될 수 없다.

콕스는 "종교적 인간은 보다 더 넓은 역사적, 우주적 조망 안에서 자신의 삶을 파악하는 존재"[144]인 만큼 인간에게 축제가 없었다면 암울한 현실의 굴레에서 벗어날 수 없다고 보았다. 인간의 삶에 축제도 없고 환상도 없다면 그 얼마나 삭막한가. 그건 마치 지렁이가 사하라 사막을 기어가듯 건조하고 따분한 삶일 것이다. 과거 인간은 축제를 통해 춤을 추고 환상을 꿈꿀 수 있었다. 콕스는 "환상이야말로 인간의 창조 능력의 가장 풍요로운 자원이다. 신학적으로 말하면, 그것은 사람 안에 깃들인 창조주 하느님의 모습이다. 하느님께서 아무것도 없는 무로부터ex nihilo 온 세상을 창조하셨듯이 인간도 환상 안에서 그러할 수 있다"[145]고 말했다. 그래서 그리스도

144) Harvey Cox, *The Feast of Fools*, Harvard University Press, 1969, p.14.
145) *Ibid*., p.59.

인의 신앙생활에서는 경축과 환상의 정신이 재현되어야 한다. 콕스는 "축제는 억압되고 간과되었던 감정 표현이 사회적으로 허용된 기회" 또는 "인간은 일상의 이성적 사고와 축제의 감성적 욕망 사이를 넘나들면서 경험과 인식의 지평을 확대할 수 있고, 또 그를 통해서 문화의 발달을 가져올 수 있다"[146]고 보았다.

축제에서 춤은 빠질 수가 없는 필수요소다. 놀이의 가장 전형적 형태 중의 하나인 춤은 놀이신학에서 성경적 근거를 가장 명료하게 보여주는 대목이다. 몰트만은 하느님의 삼위일체 관계를 공동체의 모습으로 담아내며 이 공동체에 모든 피조물들이 초대받는다고 말한다. 영원한 놀이와 축제는 종말론적 전망의 선취를 보여준다. 라너도 하느님의 형상에 따라 창조된 인간은 놀이하는 하느님을 본받아 놀이하도록 창조되었기 때문에 인간의 놀이는 "천상의 춤"heavenly dance에서 절정을 이룬다고 말한다. 그는 "모든 놀이는 그 안에 춤의 요소를 갖는다. 그리고 그것은 진리에 관한 춤이다. 춤은 놀이의 거룩한 형식이다. 왜냐하면 그것은 하느님께서 우주를 창조하시면서 우주에게 나누어진 창조의 원리로써 자유롭게 솟구쳐 오르는 움직임의 율동과 몸짓 형식을 모방하는 것이기 때문이다"라고 말한다.[147] 라너는 춤을 종말론적 선취의 예표로서 정교하게 묘사하면서 춤의 회복이야말로 내적인 조화를 다시 얻게 되는 길이라고 보았다.

종교학자 반 데어 레우Gerardus Van der Leeuw[148]는, 춤은 모든 예술의 기원이며 "춤이야말로 지상의 인간을 움직이는 하느님의 움

146) *Ibid*., p.59.
147) Rahner, pp.66~67.
148) *Sacred and Profane Beauty*, David E. Green(tr.), Oxford: Oxford University Press, 1963, p.viii.

직임을 반영한다"고 정의하였다. 하위징아도 "춤이야말로 항상 모든 시기, 모든 사람들에게 순수한 놀이였으며 존재하는 놀이 형태들 중에서 가장 순수하고 완벽한 것이다"149)라고 말했다. 감각적 체험을 통한 신앙훈련을 주장하는 샘 키인은 "원시종교는 믿어지는 것이 아니었다. 그것은 춤추어지는 것이었다"150)라는 아서 노크A. D. Nock의 말을 인용하면서 "지금 우리는 말, 개념, 교리, 관념, 말, 말, 말, 말의 대양에 빠져 병들어 있다. 말은 육체 안에서 재발견되어야 한다. 종교는 마땅히 춤으로 되돌아가야 한다. 아마도 조르바야말로 우리 시대의 성자일 것이다"151)라고 말한다.

흥미롭게도 히브리어로 춤siheq은 놀이와 동의어다.152) 기쁨과 여러 감정의 표현인 춤은 전도서(코헬렛) 3장 4절에 명료하게 표현된다. 다윗은 이스라엘 역사상 가장 강력한 국가를 만들었고 최전성기를 구가한 명군이기도 했지만 예술적 감각도 탁월한 사람이었다. 시편 150편의 시 중에서 73편이 그의 것으로 표기되어 있으니 다윗 왕은 탁월한 시인이라 할 만하고 수금을 잘 연주하여 사울 왕의 광기를 달래주었으니 요즘 말로 하면 음악치료의 원조라 할 수 있다. 이처럼 예술감각이 뛰어난 다윗 왕은 춤도 잘 추었다고 전해진다. 계약의 궤가 예루살렘 도성에 들어오던 날 다윗 왕은 "아마포 에폿을 입고, 온 힘을 다하여 주님 앞에서 춤을"(2사무 6,14) 추었다. 하지만 춤을 추려면 음악이 있어야 한다. 그래서 "다윗과 이스

---

149) 하위징아, 『호모 루덴스』, 313쪽.
150) 생명신학협의회 엮음, 『오늘의 생명신학』, 신앙과지성사, 2013, 64쪽 재인용.
151) 샘 키인, 『춤추는 신』, 이현주 옮김, 대한기독교서회, 1977, 207~208쪽.
152) Angela Yarber, *Dance in Scripture: How Biblical Dancers Can Revolutionize Worship Today*, Cascade Books, Eugene, Oregon, 2013, p.6; Mayer I. Gruber, "Ten Dance-Derived Expressions in the Hebrew Bible", *Dance as Religious Studies,* Doug Adams / Diane Apostolos-Capaddona(eds.), Oregon: Bipf and Stock Publishers, 2001, p.59.

라엘 온 집안은 주님 앞에서 방백나무로 만든 온갖 악기와 비파와 수금과 손북과 요령과 자바라에 맞추어 춤추었다"(2사무 6,5). 시편에 나오는 수많은 구절들이 찬양과 축원과 춤들에 관한 구절들이다. 그들은 비파, 거문고, 소고, 북, 통소, 소의 뿔, 나팔(트럼펫), 제금, 피리 등, 현대어로 표현하면 모든 현악기와 관악기를 총동원하여 춤을 추며 예배를 드렸고 하느님을 향한 기쁨과 감사를 표현했다(시편 150,1~6).

최근 들어 그리스도교의 전례나 예배에서 사라졌던 "전례적 춤" liturgical dancing이 다시 복원되기 시작했다. 전통적으로 가톨릭이나 동방정교회에서 전례적 춤은 불경한 것으로 금기시되었지만 최근 미국의 여러 수도원과 일반 성당의 미사 그리고 개신교의 각종 예배에서 춤으로 하느님을 경배하는 형식들이 다시 도입되고 부흥하고 있다. 아프리카 토착민들은 그들의 경신례를 춤으로 표현하는 전통이 있는데 아프리카 현지인을 위한 미사에서는 종종 토착민들과 주교가 미사전례 중에 함께 춤을 추곤 한다. 매우 흥겹고 인상적인 모습이 아닐 수 없다.

최근 한국에도 영성댄스 동호회가 생겼다. 예술목회연구원(이하 예목원)이 춤을 좋아하는 사람들을 대상으로 시작한 모임인데, 예술신학에 관심이 깊던 예목원 손원영 원장이 만든 모임이다. 사람들은 예술이라고 하면 특별한 전문 영역이라고 생각한다. 하지만 손원영은 우리 존재 자체가 예술이라고 이야기한다. 세상을 창조한 분이 하느님이고 하느님의 창조 행위 자체가 예술이라는 것이다. 하느님께서 창조하신 작품인 우리도 예술이기 때문에 하느님의 형상을 회복하는 것은 결국 예술성 회복과 연관이 있다는 이야기다. 그는 "예술을 어렵게 전문적으로 이야기하는 건 근대 사고의 산물입니다. 음악이든 미술이든 표현하는 행위 자체가 예술입니다. 모두가 다 예술가여야 하고 예술적 표현을 할 수 있는 존재입니다. 예술 체험은 하나님 체험과 아주 가깝습니다. 전문적인 예술가들이 보기에는 허접할 수 있죠. 하지만 각자 나름대로 아름다움을 표현함으로써 예술에 이르게 됩니다. 자신이 없어지면서 하나님과 함께 있다는 체험, 예술 체험과 신앙 체험은 밀접하게 연관돼 있습니다"[153)]라고 말한다.

세계를 창조한 하느님의 지혜의 말씀은 놀이의 창조성을 여실히 보여준다. "그가 하늘을 펼치시고, 깊은 바다 둘레에 테를 두르실 때에 내가 거기 있었다. 〔…〕 나는 붙어 다니면서 조수 노릇을 했다. 언제나 그의 앞에서 뛰놀며 날마다 그를 기쁘시게 해드렸다. 나는 사람들과 같이 있는 것이 즐거워 그가 만드신 땅 위에서 뛰놀았다"(잠언 8,27~31). 이 말씀을 곰곰이 읽어보면 하느님께서 당신이 창조한 이 세계에 얼마나 많은 관심과 사랑을 갖고 계신지 드러난다. 다음의 구절은 이 장면을 절실하게 묘사하고 있다.

> 너희가 차지하러 건너가는 땅은 언덕과 골짜기가 많은 땅으로, 하늘에서 내리는 비가 촉촉이 적셔 주는 곳이다. 주 너희 하느님께서 돌보아 주시며, 주 너희 하느님의 눈이 한 해가 시작할 때부터 한 해가 끝날 때까지 늘 살펴 주시는 땅이다(신명 11,11~12).

이렇게 극진히 보살펴주시는 하느님에 대해 피조물들은 찬미와

153) 이은혜, "춤추고 그림 그리다 만나는 하나님", http://www.newsnjoy.or.kr/news/articleView.html?idxno=201666(검색일: 2016/01/30).

찬양과 흥겨운 춤으로 응답한다. 우주가 하나의 장엄한 교향악단임을 시편(148,1~4. 7~10)은 곳곳에서 아주 아름다운 시어로 묘사하고 있다. 이처럼 장엄한 우주의 교향악에 맞추어 "하늘은 기뻐하고 땅은 즐거워"(시편 96,11~13)하며 "산들은 숫양처럼, 언덕들은 어린 양들처럼 껑충껑충 뛰어다니는"(시편 114,4; 이사 55,12) 흥겨운 창조의 무도회舞蹈會, Dance of creation가 전개된다.

춤과 노래는 이렇듯 인간의 삶에서 기쁨과 즐거움을 표현하는 보편적 표현이자 놀이라고 할 수 있다. 7세기 초대 교회의 교부인 다마스쿠스의 성 요한St. John of Damascus은 신의 속성인 삼위일체 안에서 성부·성자·성령의 역동적인 상호 관계를 인간들이 춤추는 댄스 스텝의 모형으로 표현하였다. 춤을 추는 원무circle dance를 뜻하는 그리스어 '페리코레시스'perichoresis는 삼위일체의 역동적 상호 친교관계를 묘사하는 데 매우 적절했기 때문이었다. 본래 이 단어는 그리스도론에서 예수 그리스도의 인성과 신성의 관계를 묘사하는 데 쓰였지만 후일 삼위일체의 관계를 묘사하는 데도 쓰였다.[154] 몰트만도 삼위일체의 사귐의 관계를 묘사할 때 상호 순환적 사랑의 힘으로 서로의 위격 안에서 자기를 실현하는 역동적인 움직임을 춤으로 표현한다.

> 파트리치아 윌슨-카스트너는 perichoresis를 perichoreusis로 이해하고, 원무(圓舞)로 묘사했다. 이 은유에 따르면, 세 위격들은 완전한 운동 안에서 결합되어 있다. 삼위일체 하나님의 일치는 격렬한 생동성, 진동하는 운동 그리고 운동 안의 완전

154) Danut Manastireanu, "Perichoresis and the Early Christian Doctrine of God", *ARCHÆVS,* XI-XII(2007~2008), p.73.

한 일치이다. 또한 성령의 나눔 가운데 있는 삼위일체 하나님의 일치는 〔…〕 열려 있고 초대하는 일치다. 또한 성령의 나눔 가운데 있는 삼위일체 하나님의 이러한 영원한 생동성은 전염(傳染)하고 살리는 생명이다. 그리고 삼위일체 하나님의 본질인 영원한 사랑은 아들의 헌신 가운데에서 모든 세상에게 자신을 나누어주는 사랑이다.[155]

삼위일체의 역동적 사귐의 신비를 사교적 몸짓인 춤으로 묘사한 것은 매우 탁월한 발상이다. 우리는 흔히 가장 흥겨운 순간을 '신나게 놀았다' 혹은 '신바람이 났다'라고 표현한다. 고대 사회에서 신명神明, 즉 신바람은 평화스러울 때는 춤으로, 공동체가 위급할 때는 무도로, 수확의 계절에는 천지신명에게 감사하며 어울려 노는, 흥겨운 한바탕 놀이로 나타났다.

손호연은 "창조는 하나님의 영이 수면 위에서 춘 최초의 춤이며, 예언자는 그가 보낸 비판의 춤이었고, 성자는 이 땅에 춤추는 평화로 오셨으며, 성령은 신명과 흥을 일으키는 생명의 춤"이라고 정의하면서 "춤은 고독에 저항하는 생명의 아름다운 예술적 놀이"[156]라고 표현한다.

영국의 유명한 민속 음악가이자 작사가이며 민속 시인인 시드니 버트램 카터Sydney Bertram Carter는 예수의 삶과 말씀을 "춤추는 주님"Lord of the Dance이라는 형식으로 노래했다.

155) 위르겐 몰트만, 『삼위일체와 하나님의 나라』, 김균진 옮김, 대한기독교서회, 2007, 263쪽.
156) 손호연, 「흥의 신학 — 한류와 춤추는 하나님」; 정유은, 「위르겐 몰트만의 삼위일체론적 놀이신학 연구」, 신학 석사학위 논문, 73~74쪽 재인용.

1. 이 세상이 창조되던 그 아침에 나는 아버지와 함께 춤을 추었다(창조=춤). 내가 베들레헴에 태어날 때에도 하늘의 춤을 추었다(성육신).

2. 높은 양반들 위해 춤을 추었을 때 그들 천하다 흉보고 비웃었지만(바리새인) 어부를 위해서 춤을 추었을 때에는 날 따라 춤을 추었다(생애).

3. 안식일에도 쉬지 않고 춤을 추었더니 높고 거룩한 양반들 화를 내면서 나를 때리고 옷을 벗겨 매달았다 십자가에 못 박았다(십자가).

4. 높은 십자가에서 피를 흘리면서 춤을 계속 추기란 힘이 들지만 끝내 땅속에 깊이 묻힌 이후에도 난 아직 계속 춤춘다(죽음).

5. 어리석게도 그들은 좋아 날뛰지만 나는 생명이다. 결코 죽지 않는다. 네가 내 안에 살면 네 안에서 영원히 함께 살련다(부활).

<후렴> 춤춰라 어디서든지 힘차게 멋있게 춤춰라.

나는 춤의 왕 너 어디 있든지 나는 춤 속에 너 인도하련다.[157]

카터는 그리스도를 마치 피리를 불면서 우리를 부르러 오시는 연주자의 현신으로 표현했는데, 그는 인도의 춤추는 시바신의 형상을 통해서 이런 영감을 받았다고 한다. 인도 시바신의 격렬한 춤을 '탄다바'tāndava라고 하는데 후대 그의 춤추는 모습을 새긴 동상이 많

---

157) Sydney Bertram Carter, *Lord of the Dance*, Chariot Victor Pub, 1998; 심광섭, 「놀이의 신학」, 63쪽 재인용.

이 만들어졌다. 우주의 운동을 상징하는 시바의 춤은 브라흐마가 새로운 세계를 창조할 수 있도록, 타락한 우주를 파괴해주는 행위다. 성스러운 춤은 창조와 보존 그리고 파괴 행위가 이루어지는 창조적 파괴의 춤이다. 춤을 추는 시바의 표정은 엄숙하며, 네 팔과 두 발의 자세는 우아하다. 시바의 머리를 둘러싸고 있는 불꽃의 발산은 우주의 파괴를 상징한다. 시바는 기쁠 때나 슬플 때나 춤추기를 좋아한다고 한다. 특히 시바의 춤은 너무나 아름다워 심지어 악마조차도 감동을 받는다고 인도인들은 믿는다.

공동체적 사귐의 신비를 보여주는 삼위일체이신 하느님의 춤은 기존의 엄위한 가부장적 신관을 지양하도록 만든다. 생태신학자인 매튜 폭스Matthew Fox[158]는 영성에 대한 이야기에서 구약의 야곱의 꿈에 나오는 "야곱의 사다리"와 사라의 원무圓舞를 대비시킨다. 과거 전통신학이 주장했던 "초월적인 하느님을 경험하기 위해 대지에서 벗어나는 것"과 같은 가부장적·남성우월주의적 해석이나, 우리가 현재 딛고 서 있는 땅을 버리고 오직 초월적인 위로, 즉 하늘로 올라가는 해석은 "양육과 돌봄과 대지를 배제하는 가부장제의 전제가 깔려" 있다고 주장한다. 그러므로 폭스는, 이 시대가 사다리를 오르느라 위만 쳐다보게 되고 주위나 곁을 살펴볼 여유가 없는 수직적인 영성보다는 "사라의 원무가 보여주는 웃음과 기쁨의 영성"을 취해야 한다고 말한다. 폭스가 말하는 '사라의 원무'는 둥글게 크고 작은 원을 그리면서 역동적으로 춤추고 즐겁게 노래하는 모습인데, 이러한 곳에는 소외된 자나 패자가 없고 환희와 환대만이 있을 뿐이다.

---

158) Matthew Fox, *A Spirituality Named Compassion: Uniting Mystical Awareness with Social Justice*, New York: HarperSanfrancisco, 1979, pp.36~50.

프란치스코의 자연관은 서구의 정신사에서 아주 독특한 위치를 차지한다. 그의 삶을 음미해보면 자연의 교향악에 맞추어 창조의 무도회장에서 활발하게 춤추는 무용수의 삶이 연상된다. 자연을 통해 드러나는 신의 은총에 극도로 예민한 감수성을 지녔던 프란치스코는 자신의 삶을 곧 하느님께 드리는 찬미의 노래로 만들고자 하였다. 프란치스코가 비둘기, 당나귀, 나아가서 태양과 달까지 형제와 자매로 호칭한 것이 단순히 로맨틱한 비약이 아님을 현대 과학은 입증해주고 있다. 우리는 모두 동일한 기원과 요소를 가지고 있다는 것이다. 프란치스코가 불렀던 태양의 노래는 삼라만상의 모든 것이 우주의 한 부분으로서 서로 그물처럼 연계되어 있음을 가리킨다.

자연의 교향곡에 맞추어 춤추는 "창조의 무용"은 그가 만년에 지은 태양의 노래 혹은 피조물의 노래Canticle of the Creatures에서 절정을 이룬다. 이 노래는 그가 얼마만큼 자연에 따뜻한 애정을 가지고 있었는지를 여실히 드러낸다.

> 지극히 높으시고 전능하시고 자비하신 주여!
> 찬미와 영광과 칭송과 온갖 좋은 것이 당신의 것이옵고,
> 호올로 당신께만 드려져야 마땅하오니 지존이시여!
> 사람은 누구도 당신 이름을 부르기조차 부당하여이다.
>
> 내 주여! 당신의 모든 피조물 그중에도,
> 언니 햇님에게서 찬미를 받으사이다.
> 그로 해 낮이 되고 그로써 당신이 우리를 비추시는,
> 그 아름다운 몸 장엄한 광채에 번쩍거리며,

당신의 보람을 지니나이다. 지존이시여!
누나 달이며 별들의 찬미를 내 주여 받으소서.
빛 맑고 절묘하고 어여쁜 저들을 하늘에 하셨음이니다.
언니 바람과 공기와 구름과 개인 날씨, 그리고
사시사철의 찬미를 내 주여 받으소서.
당신이 만드신 모든 것을 저들로써 기르심이니이다.
쓰임 많고 겸손되고 값지고도 조촐한 누나
물에게서 내 주여 찬미를 받으시옵소서.

아리고 재롱되고 힘세고 용감한 언니 불의 찬미함을
내 주여 받으옵소서.
그로써 당신은 밤을 밝혀 주시나이다.

내 주여 누나요 우리 어미인 땅의 찬미 받으소서.
그는 우리를 싣고 다스리며 울긋불긋 꽃들과
풀들과 모든 가지 과일을 낳아 줍니다.

당신 사랑 까닭에 남을 용서해 주며 약함과
괴로움을 견디어 내는 그들에게서 내 주여 찬양 받으사이다.
평화로이 참는 자들이 복되오리니,
지존이여! 당신께 면류관을 받으리로소이다.

내 주여! 목숨 있는 어느 사람도 벗어나지 못하는
육체의 우리 죽음, 그 누나의 찬미 받으소서.
죽을 죄 짓고 죽는 저들에게 앙화인지고.
복되도다. 당신의 짝 없이 거룩한 뜻 좇는 자들이여!

두 번째 죽음이 저들을 해치지 못하리로소이다.
내 주를 기려 높이 찬양하고 그에게 감사드릴지어다.
한껏 겸손을 다하여 그를 섬길지어다.[159)]

프란치스코는 자연계의 모든 피조물이 하느님께서 당신 자신을 드러내시는 하나의 "직접적인 말씀"이라고 생각했다. 그는 자신의 주위에 종교적인 의미를 갖지 않는 것은 아무것도 없다고 여겼다. 프란치스코에게 하느님은 엄한 아버지가 아니라 이 세상 만물을 낳고 돌보는 자애로운 어머니 같은 존재였다. 그래서 그는 지구를 어머니 대지Mother Earth, 새와 동물, 심지어는 물, 불, 바람까지도 형제와 자매로 불렀다. 왜냐하면 그 모든 것들이 하느님 안에서 한 가족을 이루는, 하나의 거대한 가족 구성원이었기 때문이다.

시어詩語의 밑바닥에는 태양의 노래가 단순한 자연의 찬미가 아니라 그의 깊은 영적 체험에서 우러나는 상징적 언어의 소산임을 드러낸다. 태양, 달, 별 등은 하느님의 영광의 광휘光輝를, 그리고 바람, 물, 대지 등은 그의 존재의 심연에서 움직이는 성령의 역동적 체험을 가리키고 있다. 그의 생애 자체가 바로 이러한 물질적 세계의 영적인 속성을 드러내는 하나의 노래요, 춤이며 기도였다.[160)]

고대 사회의 제의를 성스러운 놀이로 파악한 하위징아는 그것이

159) 최민순 신부의 번역본을 여기 인용한다. 하지만 원문에는(Il Cantico di Frate Sole), 태양, 바람, 공기, 불등 강한 느낌을 주는 것은 'frate'(brother), 즉 형제로, 달, 별, 물, 대지 등 부드러운 느낌을 주는 것들은 'sora'(sister), 누이로 묘사하였다. 아마 최민순이 여기서 형을 언니라고 표현한 것은 서구신학에서 하느님께서는 남성대명사(He)로, 그와 대비되는 모든 피조물은 여성대명사(She)로 표현한 신학적 용어의 관례를 존중해서 그렇게 표현한 것 같다. 최민순의 번역본은 J. 요르겐센, 『아씨시의 프란치스코』, 최정오 옮김, 계성출판사, 1982, 304~306쪽에 들어있는 것을 인용하였다.

160) Brother Ramon, *Franciscan Spirituality: Following St Francis Today*, London: Society for Promoting Christian Knowledge, 1994, p.142.

"한 물체와 그것이 상징하는 형상 사이에 대응 이상의 더 깊은 곳에 이른다"고 보았다. 여기서 "믿는 척하기"의 놀이는 그 대상인 "믿음"과 구분이 없어진다. 가면이나 분장놀이를 통해 "일상생활을 넘어서 다른 어떠한 것이 지배하는 세계로 이끌려간다"[161]는 말은 가면이 초대하는, 가설적으로 표현된 비현실적 상황이 가리키는 원형적인 분위기에 몰입되는 것을 의미한다.

유희의 세계에서도 논리적이며 사회적인 규칙이 강조되듯 종교적인 활동도 심리적 회귀의 기술로서의 일정한 규칙이 있다. 모든 놀이는 특정한 장소에서 일정한 시간과 규칙에 따라 벌어진다. 스포츠 경기나 민속놀이, 종교적 의식에는 공통점이 있다. 성역이나 성전이라는 특정한 공간이 있고 그 안에는 일정한 질서가 있다. 즉, 그 공간 안에서는 의례나 의식의 과정에서 신비한 현실을 상징하는 상징적인 동작을 하게 된다. 이런 동작 안에서 "풍부한 감정과 규제, 황홀함과 신중함, 열광적인 흥분과 세심한 정확성 등 모두 서로 반대되는 덕목德目들이 동시에 집중된다. 사람은 마침내 일상생활 밖으로 옮겨간다".[162]

놀이란 진짜가 아니라, 진짜인 척하는 일종의 흉내 내기 행위다. 소꿉놀이를 하는 아이들은 엄마, 아빠 역할을 하면서 부부인 척 어른의 흉내를 낸다. 연극이나 무용 또는 가면축제도 마찬가지다. 관람자는 그것이 가짜라는 것을 알면서도 보는 순간 공감대가 형성되면서 함께 울고 웃고 황홀해하기까지 한다. 관람 자체에는 현실적 이익이 없지만 거기에는 즐거움이 있다. 연극의 세계에서는 경험되는 그대로 사물이 받아들여지며 무엇인 척하는 혹은 무엇인 것처럼

161) 하위징아, 『호모 루덴스』, 45쪽.
162) 카이와, 『놀이와 인간』, 261쪽.

의 논리가 받아들여진다. 원시인들이 축제에서 착용했던 가면은 그것이 표현하는 신화적 존재의 참된 환영으로서 숭배되고 경험되어졌다. 의식이 진행되는 동안 참가자들은 가면을 쓴 사람이 누구인지 알고 있지만 그 가면이 비가시적 초월적 실재를 상징한다고 믿기 때문에 가면을 쓴 사람은 신 그 자체다. 원시인들이 종교의식에서 그들이 신성하게 여기는 신이나 동물을 조각한 가면을 착용하고 춤을 추는 행위는 단순한 유희가 아니라 부족 공동체의 통합과 악령퇴치, 질병치료와 교육 및 정의실현 등을 구현하기 위한 동작이었다.

루돌프 오토Rudolf Otto에 따르면 인간의 종교적 체험에는 개념적 이해와 언어적 표현을 초월하는 어떤 비합리적 요소가 존재한다. 오토는 절대 타자他者를 예각豫覺하는 불가해한 종교적 감성을 "성聖스러운 것", 즉 "누멘적인 것"numinous이라고 표현했는데, 이 용어는 라틴어의 "신성" 혹은 "신적 현존"을 뜻하는 누멘Numen에서 온 것이다. 지고至高의 종교적 체험은 충일성, 매혹성, 거룩함, 장엄성, 숭고함, 두려움 등을 내포하는 상태이기 때문에 "압도적이며 매혹적인 신비"mysterium tremendum et fascinans로 표현된다.[163] 이런 체험은 누가 가르쳐주거나 건네줄 수 없는, 그야말로 저절로 갑작스럽게 자신 안에 일어나는 감정이다. 신의 무한한 완전성과 초월성은 인간의 사유 구조를 넘어서기 때문에 아우구스티노는 인간의 언어로는 "형언할 수 없는 하느님"Deus ineffabilis, 그리고 인간의 인지 능력으로는 "이해할 수 없는 하느님"Deus incomprehensiblis으로 표현했다. 왜냐하면 신의 초월적 속성은 우리가 일상적으로 경험하

163) Rudolf Otto, *The Idea of the Holy: An Inquiry into the Non-Rational Factor in th eIdea of the Divine and its Relation to the Rational*, J. W. Harvey(tr.), London: 27th Printing, 1982, p.5.

는 사물과는 전혀 다르기 때문이다. 신이라는 절대적 실재를 표현할 때 인간 언어의 한계와 제약성 때문에 "말의 실패인 하나님에 관한 말"[164]은 그 본질상 역설적으로 표현될 수밖에 없다.

놀이는 초논리적이며 놀이를 하는 행위자가 망아의 경지에 이를 때 비로소 놀이의 본래 목적을 이룰 수 있다는 점에서 종교에서 말하는 현상계 이면의 핵심을 투과하는 과정과 유사하다. 놀이에 임했을 때 집중하지 못하고 건성건성 임하면 놀이의 흥을 깨는 것이나 마찬가지다. 경기나 시합에 참가하는 행위자가 경기 그 자체에 온통 몰입하게 되는 순간 자신을 뛰어넘는 초능력을 발휘하는 경험을 하게 된다. 그리고 이 순간 행위자와 경기 그 자체가 온전히 혼연일체한다. 콕스에 의하면 놀이 속에는 행위자가 그 놀이를 통해 신성한 분위기를 깨닫도록 하는 경외감, 직관 그리고 극치감이 있다.[165]

예수 그리스도의 구원놀이

콕스는 예수를 어릿광대요, 익살꾼으로 재조명했는데 예수는 믿는 이들의 마음속에 기쁨과 웃음을 가져다주었기 때문이다. 예수 그리스도가 일상의 가치관과 관습을 배격하였고 왕관마저 멸시하였으니 '익살꾼'이요, 인자人子는 머리 둘 곳마저 없다 했으니 '서정시인'이다. 실상 아무런 지상의 권력도 없던 그가 예루살렘에 왕으로서 입성한 모습은 마치 기성 권위를 야유하는 서커스 행렬의 '어릿광대'처럼 보였고, 잔칫집이나 거리의 서민들과 어울려 먹고 마시

164) 마크 A. 매킨토시, 『신비주의 신학』, 정연복 옮김, 다산글방, 2000, 209쪽.
165) Harvey Cox, *The Feast of Fools*, p.14.

고 즐기는 모습은 마치 음풍농월하는 '음유 시인'처럼 보였다. 어릿광대처럼 보였던 예수의 바보짓은 당시 거드름만 피우던 권위주의적 인간들과 사회적 인습에 일격을 가함으로써 사회적 억압에 짓눌리고 시달리던 민중들에게 통렬한 해방감을 안겨주었다.

예수는 자기가 쌓은 공덕만큼 보상을 받아야 한다고 생각했던 당시의 바리사이나 율법학자들의 가치관에 정면으로 도전하였다. 예수의 언행에서 기존의 가치평가에 대한, 전적인 전복이 갖는 의미를 이해하지 못한다면 우리는 여전히 이 시대의 바리사이요, 율법학자일 뿐이다. 예수는 어린아이들은 그들이 갖고 있는 단순성, 천진함, 전적인 신뢰 때문에 하느님 나라에 들어가기에 합당하다고 말씀하신다. 여기서 어린이는 바로 미소한 자의 인격적, 구체적 모델이다. 예수는 우리에게 어린아이처럼 되라고 요구하신다. "어린이들이 나에게 오는 것을 막지 말고 그대로 두어라. 사실 하느님의 나라는 이 어린이들과 같은 사람들의 것이다. 내가 진실로 너희에게 말한다. 어린이와 같이 하느님의 나라를 받아들이지 않는 자는 결코 그곳에 들어가지 못한다"(마르 10,14~16).

성경을 보면 어린이들에 대한 수많은 비유를 발견할 수 있고 또한 하느님과 인간의 관계에서 인간을 하느님의 자녀로 표현하는 수많은 구절이 발견된다. 그리스도 안에서 새로 태어난 인간은 사랑받는 하느님의 아들과 딸, 즉 자녀 혹은 아이로 표현되고 있다(로마 8,14~17; 요한 1,12~13; 마태 18,3~4). 왜 예수는 우리가 어린아이처럼 되지 않으면 하늘나라에 들어갈 수 없다고 말씀하시며 우리에게 어린아이처럼 되라고 요구하실까? 왜 예수는 "꼴찌가 첫째 되고 첫째가 꼴찌 될 것이다"(마태 20,16)라고 말씀하실까? 예수가 말씀하시는 회개는 삶의 기본적인 가치관과의 철저한 단절, 그리고 그것으로부터의 온전한 변화를 요구한다. 따라서 우리에게 어린이처럼 되라는 말씀은 바로 현실에서 우리가 갖고 있는, 미소한 자나 꼴찌에 대한 가치평가의 전환을 의미한다.

어린아이들은 놀이를 즐긴다. 단순하고 소박한 어린아이들은 미래에 대한 근심이 없다. 단지 '지금 여기'에서 현실에 충실하고, 단순하고 소박한 생각 그리고 창의적인 놀이를 통해 성장해간다. 사실 예수의 삶은 영악한 성인들의 눈에 보기엔 완전히 미친 짓이요, 바보로 보인다. 그래서 부에크너는 "하느님의 지칠 줄 모르는 이 바보짓이야말로 세상에서 가장 오래된 그리고 최고의 해학"166)이라고 표현했다. 순수하지 못한 이들이 어떻게 하느님의 해학 혹은 농담을 이해할 수 있을까?

우리는 흔히 예수를 연상할 때 고통과 비탄에 잠긴 모습을 떠올리지만 엘톤 트루블러드Elton Trueblood는 그의 저서 『그리스도의 해학』*The Humor of Christ*에서 예수가 결코 농담을 하지 않았을 것이라는 가정을 배격한다. 그는 오히려 예수의 언행에서 유쾌하고도 풍부한 해학과 익살을 끊임없이 발견할 수 있다고 주장한다. 예수는 세리나 죄인과 자주 어울렸으며 그들과 함께 먹고 마시기를 즐겼고(루카 7,34), 카나의 혼인잔치에 가서는 잔치의 흥이 떨어질까 염려되어 물을 술로 만드는 기적(요한 2,1~2)을 행하셨다. 이런 모습을 본 사회지도층들은 "보라, 저자는 먹보요 술꾼이며 세리와 죄인들의 친구다"라며 그를 비방했다(마태 11,19). 성경 원문의 희랍어 '파고스'*φὰχος*는 음식을 게걸스럽게 먹는 '대식가' '폭식가' '먹보'라는 뜻을 갖고 있고, 메튜소스*μὲΘυσος*는 '술고래' '술주정뱅이'란 뜻을 가지고 있다.

---

166) Buechner, *Wishful Thinking: A Theological ABC*, p.100.

앞에서도 언급했듯이, 예수가 사람들과 어울려 포도주를 즐겨 마시고 축제에 참가하기를 즐겨했음은 카나 혼인잔치의 첫 번째 기적 사건이 증언한다. 우리는 성경에서 증언되는 창조설화를 놀이의 관점에서 해석해볼 수도 있다. 창조설화에 하느님께서 마치 장난기 많은 도공陶工처럼 진흙으로 사람의 형태를 만드신다든지 아담이 잠든 사이 갈빗대를 취해 이브를 만들어 아담이 놀라고 즐거워했다는 기사는 일종의 "창조사건의 희극"Creation comedy이라고 콘래드 하이어스Conrad Hyers[167]는 말하고 있다.

우리는 성경에 있는 익살, 해학, 위트, 풍자 등을 배우고 적극적으로 활용해야 한다. 성경은 우리에게 늘 기뻐하고 즐거워하라고 이야기한다. 늘그막에 아들을 가지리라는 하느님의 말씀을 듣고 아브라함이 속으로 웃었다는 이야기나 히브리어로 '웃는 사람'이라는 뜻을 가진 이사악의 구절들은 우리에게 익살과 해학을 가르치고 있다. 부자가 천국을 들어가기보다는 낙타가 바늘귀를 통과하는 게 더 쉬울 것이라는 통렬한 비유를 구사하는 예수의 해학을 우리는 눈여겨보아야 한다. 웃음과 즐거움은 서로 분리될 수 없는, 같은 반열에 있다. 다시 말해, 즐거움이 있는 곳에는 반드시 웃음이 있다.

놀이란 바로 전혀 예기치 않던 것을 발견하고 웃음을 터뜨리는 것이다. 익살과 해학이 없는 강론이나 설교는 얼마나 딱딱하고 듣는 이를 지루하게 하는지 설교자는 염두에 두어야 할 것이다. 반면에 통렬한 익살과 해학이 있는 설교의 메시지는 강렬하게 그리고 오랫동안 신자들의 뇌리에 남는다. 돌아가신 김수환 추기경은 그런 점에서 이 시대 가장 훌륭한 설교가 중의 한 사람이었다. 기차를

---

167) *The Cosmic Vision and the Christian Faith: A Celebration of Life and Laughter*, New York: The Pilgrim Press, 1981, p.13.

타고 가면서 삶이 무엇인지 골똘하게 생각하고 있는데, 그때 마침 판매원이 지나가면서 "삶은 달걀이요"라고 했다는 익살이나, 외국어를 도대체 몇 개나 하시냐는 물음에 추기경이 "자신은 두 가지 말을 잘하는데 그것은 바로 참말과 거짓말이다"라고 응답했다는 일화는 오래도록 뇌리에 남고 생각할 때마다 미소를 짓게 만든다. 그 분의 구수한 화법, 적절한 비유, 결코 야비하거나 천박하지 않으면서도 품위 있는 익살과 해학은 모든 설교자들이 가져야 할 기본이다.

여성 신학자 샐리 멕페이그Salie McFague는 예수의 가르침에서 비유와 신학적 언어의 은유적 성격을 강조하고 있다. 왜냐하면 비유와 은유의 성격이 바로 놀이에 적용될 수 있기 때문이다. 그녀에 의하면 놀이, 은유, 비유는 모두 "간접적, 비현실적, 일상적, 관계적, 비제약적이며 긴장을 유발시키고 세속적이며 인습타파적이고 극단적이며 경악을 안겨주고 자유로운 성격"168)을 갖고 있기 때문이다. 성경의 신학적 언어가 비유적, 은유적으로 나타나는 것은 "우리가 사고하는 방식"169)이 그러하기 때문이다. 신학적 언어, 비유, 놀이가 가지는 은유적 성격은 모두 인간이 신을 알아가는 방식이다.

고대 근동사회에서는, "눈에는 눈, 이에는 이"라는 동태보복법同態報復法, lex talionis(함부라비 법전)이 있어 남을 죽이거나 상하게 하면 동등한 값으로 보상해야 하는 것이 원칙이었다. 이런 맥락에서 흔히 예수는 인간을 구원하기 위해 세상에 왔고 인간의 죄를 대속하기 위해 십자가에 처형되었다고 해석한다. 하지만 오직 "예수의 죽

---

168) Salie McFague, *Metaphorical Theology*, Philadelphia: Fortress Press, 1982, pp.44. 48. 52.
169) *Ibid*., p.32.

음을 하나님께 피로 갚은 '몸값'으로 이해하는 것은, 하나님의 사랑과 용서를 오직 고통을 통해서만 매입할 수 있는 것으로 만드는 것으로서, 십자가의 구원이라는 사상을 완전히 뒤집는 것이다"[170]라고 로빈 마이어스Robin Meyers는 강변한다. 그리스도의 희생은 주술도 아니고 '대신 때우기'도 아니기 때문이다.

몰트만은 그러한 필연성을 초월하여 십자가를 "문자적으로 그리고 진실로 놀이에서 떼어놓아야 한다"고 말하며, "구원된 자의 웃음, 해방된 자의 춤, 그리고 새로운 창조적 놀이의 시작은 비록 우리가 아직은 기뻐해야 할 이유가 거의 없는 처지에 살고 있을지라도 우리에게 열려진 자유의 부산물을 구체화시킨다"[171]고 주장한다. 그리스도의 십자가에서 드러나는 하나님의 의義는 복수하는 의가 아니라 만유를 회복시키는 의다. 몰트만은 인간이 "죽음을 진지하게 받아들이지 않기 때문에 참된 자유의 놀이 속으로 들어갈 수 없다"[172]고 말한다. 하나님의 경이로운 자유를 드러내는 부활신앙 속에서 그리스도인들이 비로소 어둠과 절망을 극복할 때 두려움이 없는 진정한 놀이가 가능하다는 것이다.

몰트만은 "역사의 궁극적 목적은 무엇인가?"라는 종말론적 질문에 대해, 십자가 대속의 의미는 새로운 창조를 예견하는 희망의 종말론에 의해서만 대답될 수 있다고 한다. 역사상 처음으로 벌어졌던, 두 번에 걸친 20세기 세계대전의 비극과 참상은 계몽주의가 남긴 낙관론을 일거에 붕괴시키고 유럽 대륙 지성인들 사이에 인간에 대한 절망감을 확대시켰다. 이런 분위기 속에서 몰트만은 전통적

---

170) 로빈 마이어스, 『예수를 교회로부터 구출하라』, 김준우 옮김, 한국기독교연구소, 2012, 111쪽.

171) Moltmann, *Theology of Play*, p.29.

172) *Ibid.*, p.33.

그리스도교 종말론에 대해 새로운 해석을 하였고 희망의 신학을 탄생시켰다. 그는 기존의 관념론적 신학을 실천지향적인 해방의 신학으로 새롭게 정초하였다.[173] 그에게 있어 역사란 정해진 목표를 향해 일방적으로 전개되는 것이 아니기 때문에 "역사의 종국적 목적이란 없다. 오히려 목적과 성취에 얽매여 있던 현세적 삶에서 모든 것을 즉각 되살아나게 하는 하나님의 기쁨을 향해 해방하는 것"[174] 이라고 갈파했다. 그래서 몰트만은 목적지향적 삶을 폐기하고 그리스도인에게 "현실의 삶은 투쟁이 아니라 예행놀이이며 노역을 준비하는 것이 아니라 기쁨에 넘친 미래의 삶을 앞당겨 사는"[175] 것이라며, 종말론적 삶의 선취를 이야기한다. 그러므로 인간의 놀이란 무의미하거나 무가치한 활동이 아니라 종말론적 미래에 대한 기대에서 나온 즐거운 표현이라고 해야 한다.

하느님을 향유하는 놀이란 하느님께서 과거에 행하셨던 구원역사에 대한 즐거운 응답이요, 약속하신 종말론적 미래에 대한 기대이기도 하다. 예수의 구원은 "고생하며 무거운 짐을 진 너희는 모두 나에게 오너라. 내가 너희에게 안식을 주겠다"(마태 11,28)라는 말씀 속에서 놀이의 회복을 엿본다. 여기서 "안식을 주겠다"는 것은 단순히 일을 하지 않고 휴식의 시간을 갖는다는 것을 뜻하는 것은 아니다. 일 없이 빈둥빈둥 노는 것이야말로 얼마나 큰 고역인지 일 없이 놀아본 사람은 잘 알고 있다. 예수가 우리에게 주시는 쉼은 첫 창조의 완성 후 하느님께서 주셨던 안식의 회복이자 에덴동산에서 인간이 본래 즐겼던 놀이의 회복이다. 그러므로 "고생하며 무거운 짐"이란 죄와 율법의 속박에서 놀 수 없었던 인간을 편히 쉬게

173) 조성노, 『역사와 종말』, 한국신학연구소, 1992, 35~36쪽.
174) Moltmann, *Theology of Play*, p.36.
175) *Ibid.*, p.35.

하겠다는 약속이다. 창조의 순간 인간에게 주어졌던 참된 쉼과 안식의 회복이자 낙원에서 원래 인간이 즐겼던 놀이의 재현을 의미한다.

인간적 성장은 평생 지속된다. 인간성이란 "특수한 것과 보편적인 것, 그리고 개인적인 독특함과 인류의 보편적인 것 사이의 독특한 융합"[176]이다. 이런 융합은 인간의 성화와 전인적 성장의 상호 긴장 속에서 만들어진다. 신앙의 성장에 있어 놀이가 가지는 성격을 충분히 간파하지 못하고 노동만을 강조하는 현대 교회는 인간의 성장을 가로막고 있다. 그렇다면 교회는 어떻게 하면 일과 놀이 사이에 균형을 유지하도록 할 수 있을까? 이에 대해 바비트 데이비스 리브스Babette Davis Reeves는 두 가지를 제안한다. 첫째, 우리의 삶과 그리스도의 삶에 이미 가지고 있었던 놀이의 요소를 다시금 각성하고 이를 계발할 수 있도록 해야 한다. 둘째, 삶의 새로운 면모를 개안시켜 주는 은유와 상상력을 모든 전례 용어에 삽입시켜야 한다. 그는 인간이 "그리스도인이 된다고 하는 것은 제한 없는 질문을 묻도록 하는 것"[177]이기에 보이지 않는 세계를 보기 위해서는 보이는 세계에서 갖가지 실험과 시도를 할 수 있는 자유와 개방성이 주어져야 하며, 이것이 바로 놀이의 성격이라고 말한다. 그러므로 우리의 전례에 이런 성격들이 충분히 반영되어 있는지 자문해보아야 한다.

---

176) David Elkind, *Children and Adolescents*, New York: Oxford University Press, 1982, p.201.
177) Babette Davis Reeves, "A Theology of Play", *Journal of Health Care Chaplaincy*, 1989, 2:2, p.24.

놀이와 노동

몰트만은 스스로 하위징아에게서 놀이에 대한 신학적 영감을 발견했다고 고백한다. 그래서 그가 전개했던 희망과 자유의 신학에 대한 발제에서 놀이를 새롭게 조명하고 전개시킨다. 그는 근대까지 인간을 "노동하는 인간"으로 정의해왔던 것을 "놀이하는 인간"으로 바꿀 것을 제안했다. 몰트만은 현대 사회의 모든 가치평가의 척도가 업적과 성취 그리고 경제적 이익으로 환원되는 시점에서 과연 놀이가 이런 세속적 가치구도를 전복시키고 해방할 수 있느냐의 문제를 제기한다.

예수도 실상은 목수로 일했고, 사도 바오로도 전도여행 중에 천막을 만드는 일을 통해 생계를 해결했으며(사도 18,1~4), 테살로니카 교인들에게는 아예 "일하기 싫어하는 자는 먹지도 말라"(2테살 3,10)고까지 하였다. 이처럼 그리스도교에서 노동은 저주나 형벌이 아니라 하느님의 창조사업을 이 세상에서 계속 수행하는 인간 본연의 고귀한 소명이라는 사상으로 발전했다. 인간의 노동은 무엇보다 일차적으로 창조주의 창조사업에 협조하는 일이다. 아우구스티노에 따르면, 하느님께서 인간을 낙원에 들여보내신 것은 하느님께서 만든 창조계를 보살피는 청지기 역할을 맡기고자 하신 것이다. 그러므로 노동은 인간이 창조되는 순간부터 창조주가 기획하신 일이다. 특히 그는 게으르고 불성실한 수도승에게 개인의 성화를 위한 수단으로서 노동이 중요함을 역설하였다.[178] 그러나 서구의 문화를 지배했던 그리스도교의 성경에서 일단 노동은 인간의 타락과 범죄로

---

178) *Augustine and His Critics*, Robert Dodaro / George Lawless(eds.), New York: Routledge, 2000, p.153.

인해 주어진 형벌로 묘사된다.

에덴동산으로 묘사된 낙원은 창조된 아담과 이브에게는 먹고 살기 위한 고된 노역이 필요 없는, 그야말로 모든 것이 풍요롭고 조화로운 세계였고, 그 세계에서 놀이는 바로 첫 인간의 삶 자체였다. 하느님께서는 본래 인간은 노동을 통해 피조물을 지배해야 한다고 가르치시며, 인간이 헤쳐나가야 할 삶과 그 한계까지 명시해주셨지만(창세 1,28~30; 2,15~16) 에덴동산에서 살던 인간은 창조주의 본래 의도를 거슬러 타락하고 이로 인해 낙원에서 쫓겨나게 되었다. 낙원에서 추방된 인간은 가시와 엉겅퀴로 뒤덮인 땅을 힘겹게 경작해야만 먹고 살 수 있게 되었다. 타락한 인간에게 남겨진 것은 고뇌와 번민, 산고의 고통과 수고의 연속인 노동의 저주였다(창세 3,16~19; 로마 8,22~23). 인간의 타락과 범죄가 창조주의 계획을 거슬렀기 때문에 노동의 신성한 본래 의도를 변질시켜 버린 것이다.

고대 그리스 사회에서 프로메테우스가 불을 훔친 대가로 제우스 신이 인간에게 형벌로 내린 것이 노동이었다. 그리스어에 나오는 '포노스'πσνος란 단어의 의미는 '노동' 또는 '고통'을 의미한다. 즉, 노동과 고통은 동의어다. 이처럼 고대 사회에서 노동은 원초적으로 일한다는 의미인 동시에 고통, 노력, 산고라는 부정적 의미도 함께 지니고 있다. 하긴 과거 신분제하에서 가혹한 노동은 모두 천한 신분의 사람들이나 노예들의 몫이었다는 점에서 긍정적으로 평가하긴 힘들었을 것이며 잔혹한 노동의 무게에 짓눌린 인간의 실존적 고백이 노동이야말로 천형天刑이라는 한탄으로 표현되었을 것이다. 그러나 노동은 인간에게 있어서 가장 본질적인 행위다. 18세기 인간과 과학에 대한 무한한 진화와 발전의 가능성을 확신시켜 주었던 이성절대주의는 인간을 "노동하는 인간"Homo Faber으로 정의했다.

노동에 대한 성경적 조망을 이야기하자면 창세기에서 시작할 수 밖에 없다. 왜냐하면 하느님의 창조작업은 모든 노동의 원형이기 때문이다. 세상을 창조한다는 것 자체가 일이고 노동이다. 창세기 1~2장에 걸쳐 창조작업에 몰두하고 있는 신의 모습을 볼 수 있다. 창조주 자신이 손수 "흙의 먼지로 사람을 빚으시고"(창세 2,7)라는 구절을 보면 초월적인 신이 직접 물질적인 세계와 접촉하여 땅에서 흙을 긁어내어 도자기를 굽는 도공처럼 묘사된다. 그런데 고대 근동에서 신을 일꾼으로 묘사하는 것은 매우 이례적인 일이다.

창세기 1장은 창조를 혼돈에서 질서 지워진 세계로 변형시키는 것으로 묘사하는 데 반해, 2장은 사막에서 정원을 만든 것으로 묘사한다. "땅에는 아직 들풀 한 포기도 돋아나지 않았다. 주 하느님께서 땅에 비를 내리지 않으셨고, 흙을 일굴 사람도 아직 없었기 때문이다"(창세 2,5). 구약성경에서 소출을 거두기 위해 땅을 개간하고 물을 끌어 경작하는 것은 매우 의미심장한 내용이다. 그래서 테오도르 히베르트Teodore Hiebert[179]는 에덴동산 이야기를 고대 농민 문학의 소산이라고 주장한다. 땅을 경작하는 농부들의 눈에 메마르고 황량한 황무지는 그 자체가 저주요, 비구원의 상징으로 비쳐진다. 이스라엘은 그들이 살았던 황량한 사막, 가혹한 자연환경 속에서 늘 젖과 꿀이 흐르는 비옥한 땅을 소망하였다. 그러나 이러한 복지는 인간에게 저절로 주어지는 것이 아니라, 인간이 이마에 땀을 흘리며 수고를 통해 가꾸어야 하는 것이다. 이를테면, 노력이 필요한 인위적인 옥토다. 창세기 2장 8절에서 묘사되는 창조란 혼란chaos으로부터 질서를 이끌어내는, 즉 황량한 사막은 뒷전으로 물리

179) Theodore Hiebert, "Rethinking Traditional Approaches to Nature in Bible", in *Theology for Earth Community: A Field Guide*, Maryknoll, New York: Orbis Books, 1996, p.21.

고 에덴동산을 조성하시는 것으로 묘사된다. 여기서는 거칠고 황량한 자연을 인간의 삶에 맞게 개척하고 길들이는 인위적인 자연관을 볼 수 있다.[180] 하느님께서 주신 에덴동산도 저절로 소출이 거두어지는 땅은 아니다. 이 동산에도 씨를 뿌리고 경작을 해야 하며, 그러한 돌봄을 위해 사람을 창조하신 것이다.

아담에게는 황량한 땅에서 경작을 통해(창세 2,5) 풍성한 소출을 거둘 임무가 주어진 것이다. 하느님께서 인간을 낙원에 들여보내신 것은 일하게 하기 위함이었다. 하지만 그것은 노예가 하는 강제 노역이 아니라 의지에서 나오는 지성적인 작업이었다. 그러나 인간의 타락과 범죄 후, 일은 고통스런 노동으로 변했고 낙원은 눈물과 탄식의 골짜기로 변했다. 역사가 진행되면서 인간의 죄와 타락이 점점 더 커졌고 그만큼 더 많은 슬픔과 불안이 증대되었다. 그래서 예언자들은 인간이 회개하고 이스라엘이 다시 세워지는 날 "도성의 광장마다 뛰노는 소년 소녀들로 가득 차리라"(즈카 8,5)고 예언한다. 이렇듯 구원의 시간은 힘든 노동의 종식이자 놀이의 시작임을 보여주고 있다.

고대 근동의 아카디아와 바빌론의 창조설화를 보면 신들은 자신의 무거운 노역을 인간에게 대신 지우기 위해 인간을 창조했다. 아트라카시스 서사시The Atrachasis Epic[181]에는 나이 많은 신들이 지상에서의 모든 노역을 맡기기 위해 젊은 신들을 창조했는데 고된 노동에 불만을 품은 젊은 신들이 마침내 반란을 일으켰다. 이 문제

---

180) Sean McDonagh, *To Care for Earth: A Call to a New Theology*, Santa Fe, New Mexico: Bear & Company, 1986, p.121.

181) Joshua J. Mark, "The Atrahasis Epic: The Great Flood and the Meaning of Suffering", in *the Ancient History Encyclopedia*, http://www.ancient.eu/a rticle/227(검색일: 2015/12/05).

를 해결하기 위해 신들은 회의를 소집한 후 지혜의 신인 엔키Enki의 제안에 따라 인간에게 그 노역을 맡기기 위해 인간 창조를 결정하였고 신들은 노역의 멍에로부터 벗어날 수 있기 때문에 인간 창조를 축하했다고 전하고 있다.

수메르에서는 아주 고대부터 대대적인 민중부역이 있었는데, 그것은 언제나 성전건축과 종교의식을 위한 것이었다. 인간은 바로 이런 노역을 하고 신들을 섬기기 위해 창조되었다는 것이다. 바빌론의 창조설화인 에누마 엘리쉬Enuma Elish도 신들의 노역을 대신해 줄 봉사를 위해 인간이 창조되었다고 전한다. 바빌론의 최고신 마르둑Marduk은 이렇게 말한다. "내가 피를 모으고 뼈를 만들겠다. 내가 그를 룰루lullû라는 존재로 빚으리니 그의 이름은 '사람'amêlu이라고 하겠다. 신들이 편안해지도록 신들의 노역을 떠맡길 최초의 인간을 나는 창조하겠다."182) 그러나 인간이 신의 노역을 대신 감당하기 위해 창조되었다는 구절은 성경 그 어디에도 없다. 창세기에 나오는 인간 창조는 하느님께 노동력이 필요했기 때문에, 즉 인간에게 고된 노동의 짐을 지우기 위함이 아니었다. 하느님 스스로 동산의 조성을 기뻐하시고 저녁 선선한 바람이 불 무렵 인간과 함께 동산을 거닐며 자유롭게 대화하시려고 인간을 부르신 것으로 묘사된다(창세 3,8 참조). 이 구절을 보면 분명히 하느님께서는 인간을 창조계의 동반자로 대하실 뿐, 에덴동산의 노동력을 보충하기 위해 창조하신 듯한 의도는 전혀 보이지 않는다.

신학적 인간학에서 본 인간 이해의 열쇠는 무엇보다도 '하느님의 형상形象'Imago Dei이라는 개념이다. 그리스도교가 인간 자신의 신

182) Helge S. Kvanvig, *Primeval History, Babilonian, Biblical and Enochic*, Leiden: Brill, 2011, p.55.

원을 어떻게 이해하고 있는지 이 개념은 여실히 보여주고 있기 때문이다. 그리스도교는 인간이 하느님의 형상대로 창조되었다고 주장한다(창세 1,26~27). 창세기의 서술은 바다에 사는 것이나 육지의 동물이나 인간이나 생명의 자기정체성을 의미하는 히브리어 '네페쉬'nephesh에 의해 생기生氣를 얻게 되었다는 점에서는 동일하다. 다만 인간이 여타의 동물과 구분되는 것은 인간만이 하느님의 형상이라는 점이다. 여기서 형상形象 혹은 모상模像을 의미하는 쎌렘tselem은 히브리어로 '정확한 복제'exact copy, 혹은 원래의 것과 똑같은 그대로의 '재현'reproduction이라는 뜻으로 사용되었다. 따라서 구약성경에서는 우상偶像이나 조상彫像이라는 의미로도 쓰였다.[183] 이 말은 또한 함축적으로 히브리인들의 인간관인, 영혼과 육체를 포함한 "온전한 인간"을 의미하기도 한다.

후대 신학자들은 이 말을 인간의 지성이나 이성을 지칭하는 것으로 해석하였는데, 왜냐하면 순수 이성적인 인간의 속성을 동물과는 다른, 하느님을 닮은 형상이라는 의미로 사용하였기 때문이다. 인간이 하느님을 닮았다고 하는 것은 또 다른 책임과 의무를 부과하는 것과 같다. 즉, 인간이 하느님을 닮았다는 것은 외적 모습[184]보

183) 현대 영어의 관용구도 비슷한 의미로 사용된다. 하느님의 모상은 영어로 "the image of God"으로 번역되는데, 이미지(image)란 원래의 것과 똑같은 모습으로 빚은 초상, 목상, 석상, 조상(彫像)이란 뜻뿐만 아니라 내적인 심상(心象) 혹은 관념을 뜻하기도 하며 때로는 우상(idol)이란 의미로 쓰이기도 한다.

184) 생태학적 시각에서 성경을 보려면 먼저 기존의 그리스도교 전통에서 말해온 신에 대한 상징부터 재고해보아야 한다. 유대교, 그리스도교, 회교 전통에서 말하는 하느님이란 기본적으로 인간적인 상징과 상상에서 유출된 인간화된 신의 모습, 즉 의인신(擬人神, anthropomorpic)이다. 이런 의인신관은 기본적으로 인간중심주의적(anthropocentric) 사고를 파생할 수밖에 없으며 이러한 신관은 생태학적이며 진화론적인 세계관과 기본적으로 상충될 수밖에 없으므로 친생태적인 신학을 구성하기 위해서는 먼저 기존의 신의 대한 상징을 해체하고 재구성해야 한다. Cf. Gordon D. Kaufman, "Response to Enlizabeth A. Johnson", *Christianity and Ecology*, Boston: Harvard University Press, 2000, p.26.

다는 창조, 정의, 사랑과 같은 하나님의 내적 유사성을 닮았다는 것을 의미한다. 폰 라트V. Rad는 인간이 그의 존재 전체에서 하나님의 모습을 하고 있다고 주장한다. 하느님의 형상은 인간의 어떤 부분적인 속성에 있지 않고 전체 인간의 구조를 지칭한다. 하느님의 형상을 창조주와 인간의 상응관계(대면성)로 푸는 베스터만Westermann도 인간 존재 그 자체를 하느님의 형상으로 본다.

하느님을 닮은 인간은 하느님의 놀이도 모방하게 되어 있다. 인간이 하느님의 형상을 닮았다 함은 '하느님의 놀이'가 '인간의 놀이'의 모델이 되기 때문이다. 진정한 놀이는 상대가 필요하다. 상대방이 있는 놀이가 진짜 놀이다. 하느님께서 인간을 창조하신 이유는 인간과 함께 기쁨과 즐거움의 놀이를 하시고자 함이다. 그러나 인간의 타락으로 인해 하느님과 함께하는 즐거움과 놀이가 사라지고 대신 소외와 노동의 고통이 뒤따르게 되었다.

노동과 놀이는 대칭적인 개념이지만 기실 동전의 양면과 같다. "모든 행위에 즐거움이 강조되면 그것은 놀이가 되고, 즐거움이 빠져버리면 그것은 노동이 된다. 그러므로 노동과 놀이는 근본적으로 다른 것이라기보다, 인간이 에덴에서 추방되면서 온전한 놀이를 잃어버렸기 때문에 생존을 위해 어쩔 수 없이 해야 하는 노동만이 남게 되고 그래서 놀이와 노동이 분리되었다"[185]고 보는 것이 타당하다. 그렇게 재미있는 축구도 선수들이 매일매일 전문 훈련으로 하면 고된 노동이 되고 동네 아이들이 재미로 하면 놀이가 된다. 그래서 스티븐 나흐마노비치Stephen Nachmanovitch는 "놀이는 언제나 맥락의 문제다"라고 갈파했다. 무엇을 하는가가 문제가 아니라 어

185) 정유은, 「위르겐 몰트만의 삼위일체론적 놀이신학 연구」, 신학 석사학위 논문, 감리교신학대학교대학원, 2013, 28쪽.

떤 맥락에서 어떻게 하는가가 핵심이라는 이야기다.[186]

'놀이' 하면 흔히 아이들의 전유물인 것처럼 느껴지지만 놀이는 실상 아이, 어른 할 것 없이 모든 세대를 아우르는 보편적인 특성을 지닌다. 이런 오해는 "일과 놀이를 이분법적으로 분리시키는 전통적인 놀이의 이해 방식과 한 짝을 이루는 방식으로써, 어린이의 세계와 성인의 세계는 질적으로 다르다는 가설에서 나온 것"이라고 본다. 아동교육학자에게 놀이는 어린이에게 성인처럼 일할 능력을 갖추도록 돕는 기능으로써 이해된다. 그러나 "이러한 어린이 중심의 전통적인 놀이의 이해는 성인의 삶 내지 문화연구가에 의해 오래전부터 도전을 받고 있다. 즉, 놀이는 어린이들만의 전유물이 아니라 인간 자체의 본질이라는 이해다".[187]

인간은 점차 성인이 되어가면서 일에 쫓겨 놀이를 상실한다. 아니, 차라리 놀이를 할 시간이나 마음의 여유가 없다고 말하는 게 더 타당하다. 그래서 어쩌다 여가가 생기면 그동안 노동 때문에 쌓인 피곤과 긴장을 잊으려고 '일탈적 놀음'을 즐긴다. 놀이를 인간의 본성에 각인된 존재론적 구조로 파악한다면, 놀이의 회복은 어린이뿐만 아니라 오히려 성인에게 더 필요하다. 특히 현재 한국 사회에서 치열한 입시경쟁에 시달려 놀이를 할 시간과 장소를 잃어버린 어린이에게도 놀이를 되찾아주어야 하지만, 일중독증을 앓아 놀이를 모르는 성인에게도 다시 놀이를 회복시켜 주어야 한다. 왜냐하면 "놀이는 특정 세대만의 전유물이 아니라 모든 인간이 자신의 존재됨을 가능케 하는 매개요, 기회가 되기 때문이다".[188]

---

186) Stephen Nachmanovitch, *Free Play: Improvisation in Life and Art*, New York: Jeremy P. Tarcher/Putnam, 1990, p.43.
187) 손원영, 「놀이신학과 주일교회학교」, 236쪽.
188) 같은 논문, 237쪽.

안식일과 쉼의 신비

대부분의 종교적 전통은 종교적 축제를 통해 노역에서 오는 긴장과 피로를 해소시킬 수 있는 탈출구도 마련했지만, 종교적 수행의 한 방편으로서 절제와 육체적 쾌락을 멀리하는 금욕적 훈련도 강조해왔다. 동서양을 막론하고 수행승들이 있는 수도원 제도를 가지고 있는 종교는 모두 금욕주의에 대한 다양한 해석과 실천이 있었다. 그리스도교도 초대 교회의 교부들과 근동의 사막에서 수행을 시작했던 은수자隱修者나 독수자獨修者들은 다양한 금욕주의 이론과 실천을 발전시켰고 후일 그리스도교 수도원 전통과 신자의 신앙생활에 지대한 영향을 끼쳤다. 금욕주의적 전통은 사람들에게 항상 이성으로 무절제한 충동이나 감정을 통제 내지는 절제하도록 하는 것이 이상적인 신앙인이라고 가르쳤고 성스러운 인간이 되기 위해서는 천상적인 것만을 앙모하고 몸은 사탄이 유혹하는 죄악의 통로라고 생각하도록 가르쳤다. 이런 영성적 경향은 성화를 이루기 위해서는 일체의 세속적·육체적 쾌락을 경멸하도록 가르쳤고 당연히 고신극기의 고행만이 추구되었다.

인간의 구원은 믿음에서 오지, 인간의 행업에서 오는 것이 아니라고 주장했던 루터는 수도승의 수행이 인간적인 노력으로 구원을 쟁취하려는 것이라고 보았기 때문에 수도원 제도 자체를 부정했다. 그러나 또 다른 종교개혁가인 칼뱅은 금욕적인 요소가 다분한 가르침을 전했고 그러한 사회정책을 폈다. 그는 절제와 검소 등을 신앙적·도덕적 미덕으로 보았으며 그의 사상을 이어받은 청교도들도 종교적인 경건함을 추구하기 위해 도덕적으로 엄격한 생활을 강조하였다. 또한 자녀들에게도 "인간은 즐기기 위해 이 세상에 온 것이 아니다"[189]라고 가르쳤다. '퓨리턴'Puritan이란 단어 자체가 '향락을 반대하는 사람', 즉 '도덕적으로 엄격한 사람'이라는 뜻으로 통용될 만큼 그들은 향락과 태만을 도덕적인 죄악으로 간주하였고 따라서 일하지 않거나 시간을 무가치하게 낭비하는 것을 가장 큰 죄악으로 여겼다. 왜냐하면, 그들은 시간을 낭비하는 것은 곧 하느님의 영광을 위한 봉사의 노동을 낭비하는 것이라고 믿었기 때문이다.

막스 베버Max Weber에 의하면 청교도인은 "성도의 영원한 안식은 내세에 있는 것이기 때문에, 현세에서 인간은 자신의 구원을 확신하기 위해 낮 동안은 자신을 보내신 이의 일을 행해야 한다. 태만과 향락이 아니라 오직 행위만이 분명하게 계시된 신의 뜻에 따라 신의 영광을 더하는 데 봉사한다. 따라서 시간낭비는 모든 죄 중에 최고의 중죄"[190]라고 강조하면서 노동을 구원을 받기 위한 하나의 표징으로 삼았다. 이런 신학적 경향은 당연히 청교도인으로 하여금 시간낭비나 향락으로 여겨지는 놀이나 오락에 대해 매우 부정적인 시각을 갖도록 해왔고 그래서 오히려 너무 안락하거나 편하면 죄의식을 느끼게 되었다. 따라서 "'쉬시는 하나님'Deus Otiosus, '노시는 하나님'Deus Ludens을 평가절하함으로써 인간은 여유와 안식이 없는 비인간이 되고, 사회는 '피로사회'"[191]로 전락해버렸다.

성경에는 안식일과 놀이와 음식과 춤이 적절하게 배합되어 축제를 구성하고 있다. 인간의 일상의 리듬을 잘 배합하여 안식일과 기타 종교적 축제일을 설정하고 축제의 목적과 기능을 배열한다. 안식일만 배려하는 것이 아니라 50년마다 한 번씩 희년제도도 설정

---

189) Moltmann, *Theology of Play*, p.10.

190) 막스 베버, 『프로테스탄티즘의 윤리와 자본주의 정신』, 박성수 옮김, 문예출판사, 1988, 62쪽.

191) 심광섭, 「놀이의 신학」, 『신학과 세계』 제83호(2015), 47쪽.

하고 있다. 성경을 보면 안식일, 축제, 춤 등은 놀이와 밀접한 관계를 맺고 있다. 안식일은 하느님의 창조역사役事에서 휴식과 여가에 대한 성경적 근거를 보여주는 예다. 안식일이야말로 노동과 휴식이라는 삶의 리듬을 통해 인간이 하느님께 감사를 드리고 찬양하는 즐거움을 보여준다. 당연히 축제에 음식과 놀이가 빠질 수 없으며 축제의 흥겨움은 바로 인간이 "축제의 인간"homo festivus임을 단적으로 보여준다. 그래서 도로시 베스Dorothy C. Bass는 "놀이야말로 안식일을 준수하는 가장 좋은 표상"[192]이라고 말한다.

모든 것이 돈으로 환산되고 인간적 연결고리가 끊어져버린 상태에서 우리는 과연 근원적으로 축제를 즐길 수 있는 삶을 살 수 있는지를 깊이 생각해보아야 한다. 결국 축제에 대한 고찰은 놀고 즐기는 것, 그 자체에 대한 고찰이라기보다는 바로 내가 살고 있는 삶, 그것의 본질에 대한 고찰이어야 한다는 점을 잊어서는 안 될 것이다. 쉼과 여가가 없는 삶, 가족·친척·친구들과 함께하는 축제가 없는 삶은 얼마나 삭막한 것인가. 그러기에 축제에 대한 고찰은 곧 삶에 대한 고찰이다.

창세기에 의하면 하느님께서 "하시던 일을 모두 마치시고 이렛날에 쉬셨다"(창세 2,2)라고 나온다. 하느님께서도 쉬셨듯이 인간이 일을 하고 휴식을 취하는 것은 창조의 질서요, 하느님께서 언약하신 바다. 엿새 동안 일하고 하루를 쉬게 하는 안식일 규정(창세 2,3; 탈출 20,8~11; 아모 8,5; 느헤 13,15~22)은 구약성경 여러 곳에 나타난다. 안식일은 인간의 노동에 일종의 한계를 정하고 대신 휴식을 취하라는 것이다. 하느님께서는 당신이 창조하신 창조계의 유지를 위해 구약

192) "Opening the Gift of Sabbath", http://www.baylor.edu/ifl/christianreflection/SabbathinterviewBass.pdf(검색일: 2015/01/21).

시대의 최고권위를 가진 법령인 십계명에 안식일 준수를 넣으시고 만일 이 법을 어길 시에는 엄중한 벌칙을 가하셨다. 하느님께서 정하신 안식법은 인간이 신으로부터 받은 최고의 즐거움이자 축복이다. 그것은 단순히 활동을 하지 않는 것이나, 나태 혹은 게으름과는 다르다. 안식일은 이루어놓은 것에 대한 만족과 그것을 즐길 수 있는 여가뿐만 아니라 일후 창조계의 경영과 발전에 대한 준비를 의미하는 휴식이다.

"쉼의 영성"과 관련하여 에이브라함 헤셸Abraham Joshua Herschel은 창세기 2장 2절, "하느님께서는 하시던 일을 이렛날에 다 이루셨다"라는 표현이 마치 수수께끼 같다고 말한다. 이 구절이 일곱째 날에 무엇인가를 하셔서 마치셨다는 말인지, 아니면 이미 여섯째 날에 일을 마치고 쉬셨다는 말인지 분명하지 않은 면이 있다고 지적하고 있다. 헤셸은 이와 관련하여 무엇보다도 유다 전통에서 "엿새 동안 천지가 창조되었듯이, 일곱째 날에 메누하menuha(안식, 쉼)가 창조되었다"고 풀이하는 견해가 형성되어 있다는 것에 주목한다. 이것을 통하여 비로소 하느님의 창조가 완성에 도달했다는 것이다. 이런 관점에서 그는 "일곱째 날에는 무엇이 창조되었는가? 그것은 바로 평온, 고요, 평화 그리고 휴식"[193]이라고 주장한다. 그는 인간이 도구화되어 버린 비인간적 문명사회에서 "인간은 짐을 나르는 도구가 아니며, 안식일은 그가 하는 일의 능률을 높이기 위해 있는 날이 아니다"[194]라고 강변한다. 그동안 우리는 휴식이란 일을 더 잘하기 위해 안식의 시간을 갖는 것이라고 여겨, 영어로 휴식을 '레크리에이션'recreation, 즉 재창조라고 말해왔지만 오히려 몰트만

193) 아브라함 요수아 헤셀, 「시간 속의 궁전」, 김순현 옮김, 『기독교사상』 578 (2007/2), 31쪽.

194) 아브라함 헤셸, 『안식』, 김순현 옮김, 복있는사람, 2007, 59쪽.

은 "하느님께서는 휴식하기 위해 창조하셨고 다시금 창조하기 위해 휴식을 취하신 것이 아니다"[195]라고 말했다. 헤셀은 여기서 더 나아가서 안식일은 단순한 휴식 그 이상의 시간이라고 주장한다. 안식일은 우리로 하여금 현실에 머무르지 않고 영원의 차원으로 우리의 시선을 돌리도록 하는 날이자 축제의 날, 사랑의 날이라는 것이다.

하느님께서 안식법을 선포하실 때 "엿새 동안 일하면서 네 할 일을 다 하여라. 그러나 이렛날은 주 너의 하느님을 위한 안식일이다. 그날 너와 너의 아들과 딸, 너의 남종과 여종, 그리고 너의 집짐승과 네 동네에 사는 이방인은 어떤 일도 해서는 안 된다"(탈출 20,8~11)라고 규정하셨다. 성경은 사람들에게만 안식일을 허락한 것이 아니라, 노예나 가축 그리고 심지어는 땅까지도 노동의 고통에서 벗어나 휴식을 즐길 수 있도록 하였다. 안식일이 하느님께 경신례를 드리거나 종교적 주제를 명상하기 위해 특별히 휴식을 취하도록 유보된 날이라면 안식일이나 안식년에 포함된 자연계 또한 주님 앞에서는 종교생활의 동반자다.[196] 안식일은 헤셀의 말처럼 인간과 세상 사이의 심오한 조화, 만물과의 동질성을 재확인하는 날이다. 열심히 일한 사람이나 노예나 짐승이나 땅이나 자연계 안의 모든 것은 일한 만큼 휴식을 취해야 한다. 그것이 바로 자연의 질서다.

구약의 희년은, 빚진 자는 빚을 면제받고 노예는 해방되며 기업을 잃은 사람은 돌려받는 대전환의 해다. 희년이라는 주기를 통해 인간은 갱신, 회복, 그리고 기계적인 일상의 전환을 도모하도록 설

195) 유르겐 몰트만, 『정의가 미래를 창조한다』, 안명옥 옮김, 분도출판사, 1990, 140쪽.

196) Elizabeth A. Johnson, "Losing and Finding Creation in the Christian Tradition", *Christianity and Ecology*, Boston: Harvard University Press, 2000.

정되어 있다. 희년은 속죄일로 시작한다. 모든 경작은 중단되고 토지와 가옥은 원래의 주인에게 돌려줘야 한다. 이와 같은 구약의 법은 아모스 시대에 이르러 금전적 회복과 도움으로 변화된다. 이사야 시대에는 이민족의 압제로 마음이 상하거나 포로가 되어 갇히고 원통한 일을 당했던 사람들이 그러한 상황에서 벗어나 물질적 차원에서 정신적이고 영적인 차원으로 변화하는 모습을 보여준다. 예수는 이사야가 말한 '은혜의 해'를 선포하면서 인간의 영적 필요와 육체적 필요를 함께 해결하는 데 관심을 가졌다.

안식일, 안식년, 희년 등의 제도는 종교적 주제만이 아니라 생태학적인 의미에서도 오늘날 매우 심대한 의미를 갖는다. 7일, 7년 그리고 50년이라는 일정한 주기의 반복을 통해 그간 행해졌던 인간의, 자연에 대한 착취를 중단시키게 만든다. 인간과 동물만 휴식을 취하는 것이 아니라, 그동안 지력이 쇠약해진 땅에도 휴식의 시간을 허락함으로써 인간과 동물과 땅이 다 함께 자신이 가진 생명력을 회복하고 새 창조로 나아갈 수 있는 계기를 만든다. 사람의 몸과 땅에 작동하는 기제는 동일하기 때문이다. 윤작하지 않고 똑같은 작물을 매년 심거나 거름을 충분히 주지 않으면 소출은 급격하게 떨어지고 병충해가 극성을 부린다. 도로시 베스는 안식일은 개인뿐만 아니라 공동체를 위해서도 축복이라고 말하면서 "좋은 안식일은 좋은 그리스도인을 만든다"고 했던 청교도인의 말을 좀 더 확대하여 "좋은 안식일은 좋은 사회를 만든다"[197]고 말한다.

성공회 존 라일John C. Ryle 주교는 일주일 내내 일에 시달리는 현대의 그리스도교인에게 안식일이 왜 중요한지, 그 중요성과 가치

197) David Klinghoffer, *Shattered Tablets: Why We Ignore the Ten Commandments at Our Peril*, New York: Doubleday, 2007, p.92.

를 이렇게 표현한다.

> 영혼은 몸이나 정신만큼 안식일을 필요로 합니다. 영혼은 분주하고 바쁜 세상 가운데 있기 때문에 영혼의 관심사는 끊임없이 시야 밖으로 벗어나기 쉽습니다. 이러한 관심사에 주의를 기울이기 위해서는 영혼을 위해 특별히 구별된 날이 필요합니다. 자신의 영혼의 상태를 조용히 성찰하는 규칙적이고 반복적인 시간이 있어야 한다는 것입니다. 우리가 영원한 하늘을 위해 순항하고 있는지 자신을 점검하고 입증하는 날이 있어야 한다는 것입니다. 사람에게서 안식일을 빼앗아 가면 신앙은 아무것도 남지 않게 될 것입니다. '안식일이 없는 상태'로부터 '하나님이 없는' 상태로 가는 수순을 밟는 것이 일반적 원리입니다.[198]

안식일은 하나님께서 빚은 인간과 우주의 본래 면목을 회복하는 시간이다. 탐욕으로 인해 일그러진 인간 내면과 자연계를 회복하고자 휴식을 명하신 것이다. 그래서 안식은 인간의 쉼이자 자연의 쉼이다. 농업사회에서는 인간이 쉬어야 땅과 가축들이 쉴 수 있고 공업사회에서는 기계가 쉴 수 있다. 안식일을 반복하는 이유는 인간이 특별히 구별된 시간을 통하여 하느님 앞에서 자신의 내면과 타인과의 관계를 새롭게 돌아보는 성화된 시간이 필요하기 때문이다.

몸에 병이 생기는 것은 자연의 질서에 순응하지 못하고 몸 안의 질서가 깨어진 데서 오는 후유증이다. 피로에서 오는 '소진증후군'의 가장 좋은 치료약은 바로 푹 쉬는 것이다. 기계가 과열되었을

---

198) 존 C. 라일, 『바른 길』, 박영호 옮김, CLC, 2013, 394~395쪽.

때는 스위치를 끄고 쉬면 되듯 우리 몸도 휴식을 취하면 자연스럽게 열기가 가라앉고 신기하게도 다시금 삶의 의욕이 되살아난다. 서구인들이 휴가 기간이 되면 빚을 내서라도 휴가를 즐기는 것은 그것이 단순히 시간낭비나 금전의 낭비가 아니라는 것을 일찍이 깨달았기 때문이다. 우리가 현재 즐기고 있는 거의 모든 스포츠나 운동기구들도 사실은 서구에서 발달된 것들이다. 지혜로운 사람은 무취미한 사람이 아니다. 지혜로운 사람도 살아가노라면 여러 가지 스트레스를 받는다. 다만 그들은 여러 가지 취미 활동과 여가, 스포츠 등을 통해 다양한 방법으로 누적된 피로와 스트레스를 해소하고, 그것을 토대로 삶을 더욱 알차고 여유 있게 살아간다.

자본주의 사회에서 신학의 주요 과제는 참된 노동신학의 정립이다. 노동은 하느님 형상의 회복과 실현이라는 중대한 의미를 갖는다. 우리는 무제약적인 이윤추구보다 인간의 노동이 존중받고 노동의 가치가 중요하게 인식되는 경제 체제를 회복하지 않고서는 정의를 말할 수 없다. 현대 자본주의뿐만 아니라, 인간의 해방을 기치로 내걸었던 사회주의조차도 오히려 인간의 노동력을 극단적으로 착취하는 주구가 되어왔다는 점을 눈여겨보아야 한다.

몰트만은 사회 구원과 개인 구원의 이분법을 배격한다. 그는 인간의 해방과 세상의 변혁은 상호 분리된 것이 아니라, 함께 일어나야 하는 것이라고 말한다. 그러므로 사회적 긴장과 불만을 해소시켜 줄 수 있는 휴일, 축제, 게임 등이 사라진 억압적이고 통제적인 사회는 아무리 사회복지적 안전장치를 마련하더라도 인간에게 결코 해방을 주지 못한다고 주장한다.[199] 억압과 통제만으로는 결코 자유롭고 행복한 사회를 만들 수 없다는 것은 인류역사가 증명한다.

199) Moltmann, *Theology of Play*, p.11.

단순히 노동자는 자본가의 돈벌이를 위한 수단, 상품을 생산해내는 도구가 아니다. 노동자는 인격체이자 사유하는 동물이며 마땅히 자신이 생산하는 상품의 주인이 되어야 하는 존재다. 자본가와 노동자는 삶을 조형하는 공동 운명의 존재이며 이 사회의 공동선을 실천해야 하는 동반자라는 인식을 가져야 한다. 그러기 위해서 고용주는 노동자를 형제로, 가족으로 인식해야 한다. 포콜라레 운동Focolare Movement의 창설자인 끼아라 루빅Chiara Lubich은 1991년 공유와 감사, 그리고 상호 호혜에 기반을 둔 공유경제The Economy of Communion, EoC를 주창하였다.

라일 주교는 "오늘날 무지한 자본가도 돈, 값싼 음식, 좋은 주택, 레크리에이션, 의료시설 등으로 하층민의 어려움을 해결하려 듭니다. 그러나 이는 완전히 잘못된 것입니다. 대중이 원하는 것은 더 많은 공감, 더 많은 친절, 더 많은 형제애, 더 나은 대우를 원합니다. 진짜 가족인 '한 혈통'인 것처럼 말입니다 〔…〕. 그들이 진정으로 바라는 것은 '한 혈통'으로 대접받는 것이며 그들에게 연민과 친절로 대해주는 것"[200]이라고 말한다.

하느님께 무엇을 얻기 위한 목적으로 선행을 하는 것이 아니라, 오직 하느님만을 기쁘게 해드리기 위해 행한 선행은 마치 모든 은총이 거저 주어진 것처럼 모든 이기적 추구에서 벗어나 있다. 이런 선행은 어떤 외부적 강제나 강요도 없이 "마치 놀이처럼 즉각적으로 그리고 이타적으로 행해진다".[201] 선행을 하면서도 그것을 의식하지 않고 행하는 것이 바로 의화意化된 자의 선행이다.

놀이와 휴식을 평가절하하는 사회에는 삶의 여유가 없다. 피로사

---

200) 존 C. 라일, 『선한 길』, 108~109쪽.
201) Moltmann, *Theology of Play*, p.48.

회에서 기인하는 비인간적 면모에 놀란 현대 사회에 놀이의 필요성이 그만큼 점증되고 있다. 미래학자 존 나이스비트John Naisbitt[202]는 현 시대에 '하이테크'high tech가 발달하는 만큼 '하이터치'high touch도 필요함을 역설하고 있다. 하이터치는 직역하면 '고감도'高感度란 뜻을 갖고 있는데, 하이테크와는 대치점에 있는 인간적인 감성을 말한다. 고도의 기술인 하이테크가 도입되면 될수록 그 반동으로 보다 더 인간적이고 감성적인 것이 요구된다. 이처럼 인간적이고 감성적인 반응을 가리켜 하이터치라고 부른다. 즉, 고도의 기계적 기능과 인간적 감성의 융합을 의미한다. 따라서 하이터치는 하이테크가 갖는 눈부신 속도를 상쇄시키는 효과를 발한다.

첨단 기술의 눈부신 발전 속도는 현대인들에게 그만큼 스트레스를 배가시키는 데 반해 놀이는 하이터치가 갖는 감성적 효과를 충족시킨다. 누구든 눈부신 속도를 따라가지 못하고 뒤처지면 인생의 낙오자로 낙인찍히고, 뒤처지지 않기 위해 전력투구하다 보면 견딜 수 없는 스트레스로 병들기 쉽다. 우리는 그동안 "생일에 잘 먹자고 이레를 굶는 사람"처럼 목적지향적인 삶을 살아왔다. 그러나 목전의 이익을 계산하는 데는 그렇게 영악하면서 왜 정작 자신의 삶의 시간을 계산하고 배분하는 데는 그렇게 둔감할까? 현대 한국인의 삶에는 놀이나 여가를 잘 배합해야 할 필요성이 있으며, 그에 대한 지혜가 절실히 필요하다. 놀이나 여가야말로 하이테크에서 오는 스트레스를 줄여주고 삶의 리듬을 회복시키며 '빨리빨리'라는 조급증을 해소시키는 특효약이다.

---

202) *Ibid.*, p.25 재인용.

타 종교에서 본 놀이에 대한 성찰

놀이는 종교에 따라 차이가 있긴 하지만 많은 종교에서 성스러운 활동의 상징으로 나타나고 있고, 이에 따른 다양한 종교적 표현 양식들이 있다. 놀이와 휴식은 세계의 주요 종교 대부분의 경전에서 아주 빈번하게 나타난다. 힌두교에서는 놀이를 신의 충만성과 풍요성에서 나온 신의 활동이라고 언급하며 이를 "리라"lila라고 표현한다. 『바가바드 기타』*Bhagavad Gītā*에서 평화의 신으로 등장하는 크리슈나Krishna는 "나는 의무가 없다. 그래서 획득해야 할 것도 획득하지 말아야 할 것도 없다"[203]고 말한다. 그러므로 어떤 것에도 구속받지 않는 모든 것으로부터 일탈된 상태에서의 신의 활동은 놀이로 간주된다. 그러므로 "언제든 어디서든 신앙생활이 쇠퇴하고, 오 바라따의 후손이여, 타락이 만연하게 되면 바로 그때 내가 직접 강림하느니라"(*Bhagavad Gītā* 4,7)라고 말한다. 신의 활동이나 강림은 스스로 환상적인 능력을 즐기지 않고서는 꼭 해야만 할 하등의 이유가 없기 때문이다.

악을 제거하고 정의를 회복하는 신인 크리슈나는 장난기 넘치는 어린아이의 모습으로, 힌두교에서 가장 인기 있는 신들 중 하나이며 인도 전역의 힌두교 사원이나 각 가정에서 광범위하게 숭배된다. 신의 성스러운 놀이이자 즉흥성을 드러내는 크리슈나는 팔과 무릎으로 바닥을 기어가거나 버터 한 덩어리를 손에 들고 기쁨에 넘쳐 춤추는 모습으로 묘사되기도 하기 때문에 '아기 크리슈나'로 불리기도 한다.

불교에서는 놀이에 대한 구체적 언급이 경전에 나타나거나 그리

---

203) *Play in Religion,* p.32 재인용.

스도교처럼 놀이를 성화시키지는 않지만 마음을 정화하는 수단으로서 놀이를 사용하기도 한다. 장기의 기원은 지금으로부터 약 3,000여 년 전 고대 인도의 서북부(지금의 파키스탄 지역)에서 행해지던 '차투랑가'chaturanga로 보고 있는데, 차투랑가는 7세기경 페르시아를 정복한 아라비아에 전해졌다. 이것이 다시 스페인과 이탈리아 등의 지역을 거쳐 유럽 전역에 널리 퍼지고 오늘날 서구사회에 널리 보급된 체스 게임이 되었다고 한다. 살생을 금하는 불교도들이 체스Chess(서양장기)를 만들었다고 주장하는 역사학자도 있다. 불교의 교리는 어떤 이유에서건 살생을 금지한다. 따라서 전쟁에서 적군을 죽이거나 혹은 사람을 죽이는 것은 범죄 행위로 간주한다. 전쟁에서 사람을 죽이는 전사는 그 어떤 살인자보다도 내세에 훨씬 더 가혹한 운명을 겪게 된다고 믿었기 때문에 고대 인도의 승려들이 인간 본연의 파괴적 충동을 억제하고, 수행정진하는 시간 외의 여가에 잡념을 물리치기 위한 목적에서 전쟁에 대한 모의 대용물로 장기가 발명되었다고 전한다.[204)]

놀이는 고대 그리스 신화에서도 성스러운 신의 활동으로 나타난다. 제우스는 어느 날 강의 신인 이나코스의 딸인 이오를 보고 첫눈에 반해 그녀와 사랑에 빠진다. 제우스는 검은 구름으로 주위를 어둡게 한 후 은밀한 관계를 맺고는 부인인 헤라의 눈을 피하기 위해 이오를 이집트로 몰래 데려가 세 살짜리 어린 암소로 바꾸어버렸다는 우스꽝스러운 사랑놀이 이야기가 전해진다. 또한 제우스와 세멜레의 아들인 디오니소스는 질투에 눈이 먼 헤라의 농간으로, 세멜레는 번갯불에 타 죽고 제우스의 허벅지에서 가까스로 태어난

204) "Sports and Games in Ancient India", http://www.crystalinks.com/indiasports.html(검색일: 2012/01/21).

디오니소스는 헤라의 눈을 피해 요정에 맡겨져 길러지지만 헤라가 타이탄에게 부탁하여 장난감으로 아기 디오니소스를 유혹한다는 전설은 신들의 놀이의 전형적인 한 예를 보여준다.

놀이와 휴식은 신의 모상을 따라 창조된 인간임을 드러내는, 가장 단순하고도 심원한 요소를 갖고 있으며 대부분의 주요 종교도 이에 동의한다.[205] 엄격하게 남녀를 구분하고 향락적인 놀이나 축제에 더할 수 없이 배타적인 이슬람도 실은 그리스도교 국가들보다 더 많은 종교적 축제일을 만들어 휴식과 여가를 즐기는 기회로 삼았다. 전통적인 이슬람 사회에서 여가나 휴식에는 노래, 춤, 시 등이 동반되었으며 현대에 들어와 스포츠, 텔레비전 시청, 영화관람 등이 추가되었다. 이슬람 경전인 코란에도 가족과의 놀이나 승마, 활쏘기 등을 반대하거나 금하는 구절이 없다.

---

205) Brando K. Vaughn / David Oltmans / Barton J. Breen, "Theology of Play", in *Encyclopedia of Play in Today's Society*, Rodney P. Carlisle(ed.), Thousand Oaks: Sage Publications, 2009, pp.716~719.

제3부

잘 노는 아이가 성공한다

잘 노는 아이가 성공한다

아이들은 놀이를 통해 즐거움과 행복을 느끼고, 세상을 배우고 이해하며, 친구들과 의미 있는 관계 맺기를 배우면서 인간으로 성장해간다. 가장 창의적인 행위는 놀이에서 나온다. 아이들에게 가장 좋은 교육환경은 맘껏 뛰어놀 수 있는 교정과 각종 놀이나 체육기구가 풍부하게 구비된 학교다. 놀이터처럼 배움의 공간이 즐거워져야 학교 가는 것이 즐겁고, 즐겁게 놀 줄 알아야 창의적 사고력이 배양된다. 미래창조과학부(현 과학기술정보통신부)의 주최로 열린 2014년 창조경제글로벌포럼에 초청된, 『프리』, 『롱테일 경제학』 등의 저서로 유명한 혁신전도사 크리스 앤더슨Chris Anderson은 "창의력은 놀이Play에서 나온다. 3D프린터를 가지고 놀다 보면 창의적인 제품이 나온다"고 말했다.

놀이는 창의력의 보고寶庫

"놀이하는 인간"에서 우리가 얻는 지혜는 놀이란 삶을 즐거움으로 채우고, 놀이를 통해 일에 대한 추진력을 제공받으며, 이것이 다른 것을 창조할 수 있는 가능성으로 개방된다는 것이다. 즉, 놀이는 자기가 하고 싶은 일을 즐겁게 해나가길 욕망하는 인간의 본능을 일깨우는 셈이다. 아리스토텔레스는 무엇이든 그 자체로 즐기는 것이야말로 가장 훌륭한 삶이라고 여겼다. 반대로 돈을 벌거나 지키는 일에 평생을 바치는 사람들은 그저 "사는 것 자체에만 열중할 뿐 잘사는 데에는 관심이 없는 사람들"[206]로 여겼다.

생태심리학자인 폴 세파드 주니어Paul H. Shepard Jr.는 아이들이 자연에서의 놀이를 통해 어떻게 성장하는지를 다음과 같이 묘사하고 있다.

> 놀이는 단순히 도망가고, 잡히고, 재미있게 동물을 흉내 내고, 잠시 동안 동물이 되고 나서 되돌아오고, 이 동물이 느끼는 것처럼 느끼고 다음에는 저 동물처럼 느끼고, 모든 것을 시험삼아 해보는 것에서 시작하는 모방이다. 아이는 어른들이 동물의 동작을 춤으로 만들어 추는 것을 보며 역시 그렇게 한다. 어머니가 부르는 노래에서부터 새의 멜로디와 늑대의 울부짖음에 이르기까지, 음악은 언제나 거기에 있다. 아이는 유사함의 신비를 느낀다. 비슷하고도 다른 것을 말이다.[207]

---

206) 한경애, 『놀이의 달인, 호모 루덴스』, 그린비, 2007, 73쪽.

가만히 앉아 있는 아이는 없다. 부산하게 돌아다니고 몸을 움직이며 끊임없이 여러 가지 놀이를 통해 상상의 나래를 편다. 시공간적인 한계를 넘어 온갖 상상을 하며 노는 아이들이야말로 창의적이고 창조적이다. 아이들은 장남감이 없더라도 어디에서든 스스로 놀이를 발견해내어 재미있게 노는 데 천부적이다. 우리가 어린 시절 어떻게 소꿉놀이나 병정놀이를 하며 놀았던가를 다시 한번 상상해보라. 놀이를 하는 동안 우리가 얼마나 풍부한 상상력과 창의력을 발휘했던가를 기억해보라. 상상력이 고갈되어 버리면 어떤 창조도 불가능하다. 아이들은 하루 종일 놀아도 지루해하지 않는다. 활발하게 잘 노는 아이가 건강한 아이다.

부모들은 아이의 뇌 발달을 위해서는 아이가 공부를 열심히 하고 책도 많이 읽어야 된다고 생각한다. 하지만 그런 것보다도 잘 놀아야 창의적인 인간이 되고 사회성이 좋은 인간이 된다.

소아청소년과 의사 김영훈[208]에 의하면 놀이는 창의력을 키운다. 창의력은 뇌에 입력된 정보를 새롭게 배열하거나 통합하면서 만들어진다. 그것은 결코 과학자나 예술가의 전유물이 아니다. 일반인도 일상의 다양한 활동 속에 나타나는 참신하고 유익한 문제 해결 능력이나 무언가 새롭고 즐거운 것을 만들어낼 수 있는 창의력이 있다. 운동이 단순히 신체발달을 위해서만 중요하다고 생각하면 오산이다. 특히 아이의 신체발달은 뇌의 도움을 받아 이루어진다. 운동은 아이의 전인적 발달의 첫 단추라고 할 수 있다. 그래서 운동

---

207) Paul H. Shepard Jr., *Nature and Madness*, San Francisco: Sierra Club Books, 1982, p.10; 빌 플롯킨, 『자연 그리고 인간 혼』, 문종원 옮김, 기쁜소식, 2011, 243쪽 재인용.

208) 「뇌를 활성화시키는 신나는 경험인 놀이는 사회성과 대인관계를 증진시킨다」, http://blog.naver.com/PostView.nhn?blogId=eulyoung2002&logNo=60181822742(검색일: 2015/01/21).

을 하면 아이들의 학습력도 높아진다. 특히 운동은 기억력과 집중력을 높여준다.

땀을 흘리는 유산소 운동을 하면 뇌, 특히 전두엽의 모세혈관이 증가하여 뇌 발달에 크게 도움이 된다. 현대 뇌 과학에서도 뇌를 발달시키려면 먼저 움직여야 된다는 점을 강조하고 있다. 진화론을 보아도 움직여야만 발달이 이루어진다는 사실을 알 수 있다. 특히 누군가와 함께하는 놀이는 아이들이 사회성이나 대인관계를 배울 수 있는 좋은 기회다. 다른 아이들과 어떻게 사귀고 타협하면서 즐겁게 놀 수 있을지 온갖 궁리를 하면서 아이의 뇌는 발달한다. 아이들은 공깃돌을 움켜쥐고 멀리 던진 다음 받아내거나, 줄에 걸리지 않기 위하여 온 정신을 집중하면서 팔짝팔짝 뛰거나 하는데, 그러한 놀이 동작 하나만으로도 아이들에게는 신선한 경험이 되고, 뇌에도 큰 자극이 된다.

아이의 자존감을 높이기 위해서는 자율성, 유능감, 유대감의 욕구가 충족되어야 하는데 놀이는 이런 욕구를 모두 충족시켜 준다. 아이들은 교실에 가만히 앉아서 단순히 듣거나 쓰는 데서 배우는 것이 아니라 활발하게 놀면서 온 몸으로 익힌다. 그래서 현행 입시 위주의 주지주의적 주입식 교육은 인간의 성장과 성숙에 별로 도움이 되지 않을 뿐만 아니라 오히려 아이들의 정서와 발육에 악영향을 미친다. 놀이는 재미가 매우 중요하다. 놀이를 할 때 즐거운 쾌감이 자극이 되어 이마엽, 즉 전두엽에서 도파민과 같은 신경전달물질이 대량으로 분비되고, 이마연합 영역이 활성화되면서 창의력이 높아진다고 한다.

놀이는 최고의 공부다

『놀이만한 공부는 없다』의 저자 권오진은 아이에게 하나라도 더 가르치고 싶다면 아이와 1분이라도 더 놀아주라고 충고한다. 그는 놀이야말로 아이의 인성 함양과 신체 기능을 발달시킬 수 있는 종합전인교육 세트라고 말한다. 놀이라는 것이 꼭 거창한 도구가 필요한 것은 아니다. 하다못해 집에 있는 베개라도 던지면서 아이와 즐겁게 놀 수 있다. 베개를 던지기 위해 노력하는 동안 아이는 온몸의 근육을 사용하고, 날아오는 베개를 받으면서 순발력과 민첩성이 자란다. 주고받기가 반복될수록 아이는 자신이 해내고 있다는 성취감을 키울 수 있고 이는 자신감으로 이어진다. 단순히 베개를 던지고 받는 놀이일지라도 이를 통해 여러 가지 신체 기능과 인성이 발달한다는 것이다. 특히 아이의 균형 잡힌 성장을 위해서 아빠와의 놀이는 필수라고 설명한다. 그는 "아이는 태어나 초등학교에 입학하기 전까지 누군가가 전달하는 것을 배우지 않는다. 아이는 자신의 오감을 총동원해 직접 보고 만지고 느낀 것을 배우고 익히며 발달한다. 영유아기에 감각 기관이 잘 다져져야 훗날 고도의 사고가 필요한 인지 발달이 원활하게 이뤄진다. 발달은 누적되기 때문이다. 두뇌 발달을 촉진하는 체험의 최고봉이 바로 놀이다. 바꿔 말하자면 영유아기 놀이는 평생을 위한 기초 공사다."[209]

덧붙여 그는 영유아기의 아이는 누군가가 전달하는 것을 학습하지 못하기 때문에 이 시기의 아이에게 무언가를 가르치는 행위는 부모의 불안만 달래줄 뿐 큰 효과는 없다고 설명한다. 아이는 공부

---

209) 권오진, 『놀이만한 공부는 없다 — 하루 5분 놀이로 아이는 세상을 바꾼다』, 예담프렌드, 2015, 18~19쪽.

가 아닌 놀이를 통해 몸으로 세상을 배운다. 아이는 놀이로 배우고, 놀이로 익히며, 놀이로 말하고, 놀이로 해소한다. 놀이의 진정한 성격은 자족성自足性 그 자체로 좋은 것이다.[210] 연인과의 사랑이나 친구들과의 우정은 그저 같이 있는 것만으로도 좋은 것이듯 놀이 또한 그러하다.

여가 활동과 놀이는 아이의 행복도에 직접적인 영향을 준다. 2016년 초록우산어린이재단 조사에 의하면 아이들의 운동 시간이 늘어나면 늘어날수록 초등학생들의 자아존중감과 생활만족도는 높아졌다. 반면에 미디어 이용 시간이 길수록 자아존중감과 학업성적은 떨어지고 우울감, 공격성, 스트레스 정도는 높아졌다.

엘리트 스포츠 중심의 학교체육은 지도자나 선수, 학교 모두 가시적인 결과에 얽매이게 하며 성적의 압박에 시달리도록 만든다. 특히 야구부 훈련은 어떤 훈련보다도 치열한 강훈련으로 소문이 나 있다. 그런데 서울 청구초등학교 야구부를 이끄는 손용근 감독은 청구초등학교에서만 무려 32년째 외길인생을 걷고 있는 중이다. 치열한 승부가 펼쳐지는 야구의 세계에서 손 감독이 경쟁이나 승부에 연연하지 않고도 이토록 오랫동안 야구 감독으로 일하는 것은 놀라운 일이다. 이러한 그의 이야기가 각종 보도매체에 소개되면서 치열한 경쟁지상주의에 빠져 있는 한국의 교육계에 잔잔한 파문을 일으키고 있다.

손 감독은 산만하고 놀기 좋아하는 아이들의 특성을 백분 이해하고 자율야구를 도입시켜 마음껏 기량을 펼치게 했다. 그리고 그 결과 그가 맡은 팀을 초등부 강팀으로 만들었다. 감독으로서 그의 가

---

210) Robert N. Wilson, "The Courage To Be Leisured", *Social Focus* 2(1981), p.300.

장 큰 특징은 경기 중에는 작전을 내지 않는다는 것이다. 번트 사인도 물론 없다. 하계, 동계전지훈련도 없고, 심지어 합숙훈련도 하지 않는다. 지방에서 열리는 대회가 있으면 대회 기간 동안 시합하는 것 외엔 나머지 시간은 모두 자유롭게 놀도록 풀어준다. 결승전을 앞두고도 한가롭게 가까운 섬으로 여행을 다닌 뒤에 경기 전날 도착해서 바로 다음날 시합에 참가하는 식이다. 그도 처음엔 성과를 내기 위해 윽박지르고 때리기도 했지만 연습에서 곧잘 하던 아이들이 시합만 나가면 긴장하고 경직되어 평소 기량이 나오지 않는 것을 경험했다. 그 이후로 아이들 스스로 시합을 하도록 놔뒀더니 의외로 성과가 좋게 나왔고 그 후 지도 방식을 자유롭게 놀게끔 풀어주는 방법으로 바꾸게 되었다고 한다.

손 감독은 청구초등학교 야구부의 목적은 '노는 것'이라고 단정지었다. "아이들을 내버려둬라! 야구장에 와서 그냥 재밌게 놀면 된다." 그는 승부에 연연하지 않았고 시합에 나가서 이길 수도, 질 수도 있는 상황에서 아이들이 야구 그 자체를 즐기길 바랐다. 이런 그의 교육적 통찰이 오히려 청구초등학교 야구부를 명문으로 떠오르게 만들었고 그 자신 또한 매년 계약을 갱신해야 하는 비정규직 신분임에도 무려 32년이나 최장기 감독으로 남을 수 있었다. 그는 1984년 24세의 젊은 나이에 처음 야구부를 맡은 이후 32년 동안 수많은 선수들을 배출해냈고, 그와 지금까지 스승과 제자의 인연을 맺고 있는 야구인들 또한 한두 명이 아니다. LG 이병규, 두산 박명환, 롯데 이동훈, 신윤호 등이 대표적인 청구초등학교 출신 선수들이다. 그는 담담하게 자신의 교육관을 이렇게 이야기한다.

학부모 중에는 '왜 우리 학교는 전지훈련 안 가느냐'고 따지는 분들이 있어요. 그때마다 제가 하는 대답은 '그럼 전지훈련 가는 학교로 전학 가셔도 됩니다'였어요. 이곳의 시스템에 적응하지 못하는 분들이라면 어쩔 수 없다고 생각했던 거죠. 어느 부모는 '왜 훈련을 많이 시키지 않느냐'고 물어보세요. 제 대답은 한결같았습니다. '아이 입장에서 생각하시라'고. 야구부라고 해도 수업은 빠짐없이 들어야 하고, 오후 훈련을 마치면 저녁 식사는 집에서 가족들과 함께 먹는 게 원칙이었습니다. 방학 때도 오후에 나와 서너 시간 운동하고 집으로 돌아갑니다. 날씨도 고려해야 하고, 아이들이 야구 말고 다른 취미 생활도 즐기길 바라는 차원에서 훈련 프로그램을 조절하죠. 아이들의 인생은 지나면 다시 돌아오지 않아요. 그런데 어른들은 그걸 너무 우습게 생각합니다. 무조건 훈련을 많이 해야 성공할 수 있다고 믿는 것이죠. 그런 부모들에게는 야구에 목숨 걸지 마시라고 말씀드립니다. 내 아들이 모두 추신수, 류현진이 되길 바란다면, 그것은 아이를 위해서가 아닌 부모의 허황된 욕심에 아이들이 희생되는 것일 뿐이에요. 초등학교 때는 야구는 물론 미술, 음악 등도 할 수 있어야 해요. 아이들의 진로는 중학교에 올라가서 결정해도 늦지 않았거든요.[211)]

필자는 그의 대담 기사를 읽으면서 진심으로 감탄하고 감동했다. 그는 야구부 감독이지만 어느 전문 교육학자보다 현명하고 사려 깊은 교육철학을 가지고 있는, 이 시대 위대한 스승이다. 동시에 그가 현장에서 몸으로 익힌 교육관은 비인간적이고 획일화된 한국의 교

---

211) 「이영미 人터뷰: "세상에 이런 야구도 하나쯤은 있어야죠」, 2015.04.10. http://sports.news.naver.com/sports/index.nhn?category=kbo&ctg=news&mod=read&office_id=380&article_id=0000000698(검색일: 2015/05/06).

육계에 울리는 뼈아픈 경고이기도 하다.

놀이는 인간 본성에 깃들어 있는 능력이다. 자유로운 놀이를 통해 아이는 비로소 자신을 만들어간다. 아이들은 가만히 앉아 듣기만 하며 배우기보다는 끊임없이 몸을 움직이면서 배운다. 친구들과 신체적 접촉을 하면서 온갖 다양한 놀이를 통해 배워나가기 때문에 "어린이들이 환경의 적극적인 조작을 통해 습득하는 것이 사고의 능력보다 뒤처지는 것이 아니다".[212] 놀이야말로 전인적 성장을 위해 성장의 각 단계에 필요한 기능을 골고루 갖추고 있다. 어려서 잘 놀지 못하는 어린이는 커서 성인이 되도 잘 놀지 못한다. 놀이를 통해서 얻을 수 있었던 휴식과 갱신의 기회를 놓쳐버리게 되면 후일 어른이 되어서도 결국 일에만 골몰하거나 일중독증에 걸려 자신의 삶뿐만 아니라 가족의 삶까지도 황폐화시킨다.

『집중력을 높이는 유아놀이』[213]의 저자 최정금은 놀이가 영유아 발달에 미치는 효과를 다음과 같이 역설한다. 첫째, 인지 발달 — 문제해결력, 사고력, 창의력을 비롯한 인지 발달을 돕는다. 둘째, 정서 발달 — 만족감과 성취감, 안정감을 느끼게 하여 정서 발달을 돕는다. 셋째, 사회성 발달 — 또래들과의 상호 작용을 통해 타인에 대한 배려와 공감능력을 키울 수 있도록 한다. 넷째, 신체 발달 — 신체 성장을 촉진하고 발달시킨다. 다섯째, 언어 발달 — 의사소통 능력과 이해력, 표현력을 향상시키고 언어 발달을 돕는다고 한다.

서구인들의 생활을 유심히 관찰해보면 그들에게는 여유로운 저녁과 주말 그리고 별도의 휴가가 있다. 아무리 바빠도 되도록이면 저녁식사는 가족과 함께하려 하고 금요일 오후에는 가족들의 별장으

212) David Elkind, *Children and Adolescents*, New York: Oxford University Press, 1982, p.53.
213) 최정금, 『집중력을 높이는 유아놀이』, 경향미디어, 2009.

로 떠나 주말을 보낸 뒤 일요일에 돌아오는 것이 일상이고 그러면서도 휴가는 또 휴가대로 매년 여행을 떠난다. 특히 유대인들은 아무리 일상이 바쁘더라도 늘 가족과 함께 저녁식사를 하며 자연스럽게 식탁을 대화의 장으로 만든다. 아이들에게 오늘은 학교에서 어떤 질문을 했는지, 오늘 하루 어떤 일들이 있었는지를 물어보고 자연스럽게 토론으로 이끌어간다. 서양 사회의 아빠들은 퇴근하기가 무섭게 집에 와서 아이와 함께 놀아주고 주말에도 대부분의 시간을 가족들과 함께 보낸다. 이와는 대조적으로 한국 대부분의 가정은 돈벌이에 급급해 아빠가 매일 밤늦게 돌아오니 얼굴 한 번 보기 힘들고 주말에도 피곤이 누적된 아빠는 잠자기에 바쁘다. 그러니 아이들이 청소년기에 접어들어 어쩌다 아빠와 얼굴이 마주쳐도 서먹서먹한 느낌이 들 정도다.

김영훈은 돈 버느라 바빠서 아이와 함께 놀아주지 못하는 아빠보다는 아이와 함께 놀아주는 친구 같은 아빠가 미래에 성공하는 아이로 만들 수 있다고 주장한다. 실제로 아빠가 육아에 적극적으로 참여하는 시간이 많을수록 아이의 인성은 물론, 두뇌도 발달한다. 특히 6살 이전의 아이 뇌는 부모의 양육방법에 따라 엄청난 차이를 보인다. 인성교육의 효과는 0~5세 때 약 50%로 가장 크고, 5~7세는 30%, 8~15세 때는 20%로 줄어든다고 한다. 그리고 16세가 지나면 그 효과는 급격히 떨어진다. 즉, 인성교육의 결정적인 시기는 사실 유아기이며 아동기인 것이다.[214)]

아이들은 놀이를 통해서 인간의 기본적인 욕구를 충족시킨다. 아이들은 친구들과 더불어 노는 재미를 느끼고, 친구들로부터 자신의

---

214) 김용님, 『풀빛 교육 — 도시 속 부모를 위한 새로운 교육 이야기』, 상상나무, 2007.

재주를 칭찬받으면서 규칙을 습득하는 방법 등을 배워나간다. 사회구조 안에 생존하고 있는 자신의 존재는 가면놀이나 변장을 통해서 환상과 꿈속으로 들어갈 수 있고, 현란한 춤과 과감한 노출을 통해서 무한한 해방감을 느낄 수 있다. 이처럼 놀이는 인간의 원초적 본능을 일깨워주며 이 본능으로 사물을 인지하고, 신체를 발달시키며, 인성을 함양한다. 의미 있는 놀이는 수준 높은 문화 활동을 가능하게 하는 원동력이 될 뿐만 아니라, 개인의 지적 발달과 정서교육에서 중요한 역할을 한다. 놀이의 가치에 대한 새로운 발견은 인간의 삶의 질을 측정하는 척도이자 보다 더 잘 향유되어야 하는 인간의 덕목으로 여겨진다.

아동발달 이론가들에 따르면, 아동은 놀이를 통해 넘치는 신체에너지를 발산하지만 또한 소진된 상태를 재생하기 위해서도 놀이를 한다. 아이들은 소꿉놀이나 여러 가지 역할놀이를 통해 성인기에 필요한 기술을 미리 학습한다. 사내아이들이 즐겨하는 모의 권총싸움과 같은 공격적인 놀이는 마음속에 있는 분노나 슬픔을 표출하여 긴장을 완화시켜 주기도 하고, 구성놀이나 퍼즐놀이는 인지 발달에 도움을 준다. 게임이나 모험놀이는 적절한 신체 자극과 긴장을 유지하면서 스릴과 흥미를 느끼게 한다. 놀이는 아동들의 여가시간을 메꾸기 위한 것이 아니라 건강한 신체 발달, 정서 발달 외에도 사회성 함양 및 인지 발달을 위해서 반드시 필요하다.[215)]

일본의 교육설계사 마츠나가 노부후미는 어렸을 때 충분히 놀아본 아이일수록 공부도 잘한다고 주장한다.[216)] 그러나 중독성이 있

215) F. P. Hughes, *Children, play, and development*(3rd ed.), Ally & Bacon, 1999(한국어판: 퍼거스 P. 휴즈, 『놀이와 아동발달』, 유가효 외 5인 옮김, 시그마프레스, 2012); 손원영, 「놀이신학과 주일교회학교」, 『기독교 교육정보』, 35권(2012), 236쪽 재인용.

는 컴퓨터 게임은 창의력을 키워주지 않는다. 차라리 머리를 쓰게 하는 체스나 장기, 트럼프 게임이 컴퓨터 게임보다는 훨씬 낫다고 그는 충고한다. 몸을 움직이는 스포츠의 교육적인 효과는 실로 놀라운 것이다.

일본의 초등학교에서는 체육시간마다 5분씩 씨름을 하게 한다. 그 결과, 수업시간에 집중력이 향상되었다는 사례가 있다.[217] 씨름 외에도 말뚝박기나 줄다리기로도 같은 효과를 얻었다고 한다. 즉, 심신의 흥분이 정점에 달하는 동적인 시간을 갖게 함으로써 그 뒤에 따라오는 정적인 시간에 아이들의 집중력을 높였던 것이다. 온몸의 근육을 총동원해서 역동적으로 움직이는 신체적 경험이 뇌를 자극하고, 정적靜的인 이완의 교차적인 순환고리를 통해 뇌는 차츰 균형을 잡아간다. 하지만 요즘 한국 아이들은 신체적 운동을 할 기회가 점점 줄어들고 있다. 친구끼리 몸을 쓰는 장난만 쳐도 다칠까 봐 걱정을 하고, 웬만한 바깥놀이는 위험하다고 하지 못하게 하는 것이 현실이다. 그러니 동적動的인 흥분과 정적인 이완의 교차적인 순환고리가 만들어지지 않는 것이다.

놀이를 통해 아이들은 에너지를 분출한다. 또한 놀이가 아이들의 분리개별화를 실행할 수 있는 도구가 되기도 한다. 친구들과 놀이를 하면서 아이들은 자신뿐만 아니라 타인을 존중하는 법과 마음가짐을 배우며 책임감과 여가시간을 사용할 줄 아는 법을 배우게 된다.

---

216) 마츠나가 노후부미, 『자연 그리고 인간 혼, 기쁜 소식』, 이수경 옮김, 21세기북스, 2007.

217) "뇌를 활성화시키는 신나는 경험인 놀이는 사회성과 대인관계를 증진시킨다", http://blog.naver.com/PostView.nhn?blogId=eulyoung2002&logNo=60181822742(검색일: 2015/01/21).

이미 수많은 연구 자료가 스포츠와 공부, 인성의 상관관계에 대해 증명하고 있다. 다만 우리는 몸과 마음이 통합적이라는 걸 모르고 있었을 뿐이다. 요즘에는 아이들이 한데 뒤섞여 노는 환경을 접하기가 쉽지 않다. 하지만 일부러라도 그런 환경을 만들어 사회성을 길러주어야 한다. 어려서부터 또래와의 놀이를 통해 주장해야 할 것은 주장하고, 참아야 할 것은 참는 사회성과 규칙을 몸으로 익혀야 한다.

아이들은 아직 언어로 자신의 중요한 감정이나 의사를 충분히 표현할 수 없기 때문에 놀이가 불충분한 언어표현의 대체수단이 되기도 한다. 필연적으로 놀이가 가지고 있는 여러 가지 위험성과 돌파해야만 하는 여러 가지 장애물을 극복하면서 성장의 고통을 겪기도 한다. 이렇듯 아이들은 놀이를 통해 자아의 발견과 성숙을 배우며 타인과 상호 교감의 방법을 터득한다.

아이들은 풍부한 상상력을 이용하여 자신이 꿈꾸던 것을 놀이를 통해 표현하고 이 표현을 통해 자신의 내면세계를 드러내 보인다. 그래서 아이들의 놀이를 유심히 관찰해보면, "아이들은 말로 털어놓지 않는, 또는 털어놓을 수 없는 일들과 속마음을 놀이로 보여준다. 놀이를 이정표 삼아 아이의 마음을 따라가다 보면 반드시 답이 있다. 아이가 노는 모습을 관찰하면 아이의 기분이 어떤지, 어떤 욕구를 가지고 있는지, 요즘 무엇에 관심을 두는지도 선명하게 드러난다. 아이가 무엇을 배웠는지, 무엇을 알고 있는지도 파악할 수 있다. 놀이는 아이들의 지식과 상황을 바탕으로 이루어지기 때문이다".[218] 이처럼 놀이는 아이들의 성장과 발달을 가져오는 체계원리

---

218) 권오진, 『놀이만한 공부는 없다 — 하루 5분 놀이로 아이는 세상을 바꾼다』, 27~28쪽.

로서 오랫동안 아이들의 발달과 교육의 관점에서 널리 활용되어 왔다.

인간의 육체적 성장은 20대 중반에 멈추지만, 그렇다고 모든 성장이 멈추어버리는 것은 아니다. 인간의 영적·정신적 성장은 계속되고 있음을 교육학자들은 증언하고 있고, 이런 발견으로 말미암아 평생교육의 개념이 생겨났다. 단, 성장하기 위해서는 아이처럼 될 필요가 있다. 나이와 상관없이 스스로가 하느님의 자녀, 즉 어린아이라는 것을 자각해야 하는 것이다. 놀이란 어린이들만의 전유물이 아니다. 늙은 노인도 자신의 어머니 앞에서는 철없는 어린아이가 되듯 하느님 앞에서 우리는 모두 어린아이이다. 예수는 "너희가 회개하여 어린이처럼 되지 않으면, 결코 하늘 나라에 들어가지 못한다"(마태 18,3)라고 말씀하신다.

자연은 신이 주신 최고의 놀이터

오랜 진화 과정을 거치면서 인류와 그를 둘러싼 자연은 상호 간 깊은 유대관계에 있었다. 그러므로 인간은 생명과 생명의 과정에 천성적인 관심을 기울인다. 생명애호사상Biophilia은 인간에게 타고난 것이며 이것은 오랜 진화적 유산의 한 부분이자 인간의 유전적 적응에 부합하는 것이기도 하다.[219] 그래서 우리는 환경위기라는 말은 듣는 순간 두려움을 갖게 된다. 기왕의 환경운동가들이 펼쳐왔던 환경교육은 많은 경우 지구의 환경적 재앙을 이끌어낸 인간의

---

219) S. R. Kellert / E. O. Wilson, *The biophlia hypothesis*, Washington, DC: Island Press, 1993, p.1.

책임과 다가올 고통을 지나치게 강조한 나머지 수강자들에게 일종의 생태공포증Ecophobia을 심어주었다. 종말이 임박한 것처럼 외쳐대는 환경종말론자들의 주장으로 인해 생긴 생태공포증 같은 부정적인 방법은 도덕이나 윤리의식을 고양시키는 데 그다지 큰 도움이 되지 않는다.[220] 지나치게 위기의식을 강조하는 부정적인 방법보다는 차라리 내 주위의 모든 것을 사랑하고 보호하고자 하는 생명애호사상을 일깨우는 것이 더 긍정적이고 적극적인 방법이다. 내 주위의 일체 생명에 대한 사랑과 나눔 그리고 보살핌을 가르치는 것이야말로 미래 인간과 지구의 지속을 위한 최고의 교육방법이기 때문이다.

생명애호사상

데이빗 오어David Orr는 "생명애호사상은 이제 에로스에서 아가페적 사랑으로 넘어가도록 요청받고 있는 상황"[221]이라고 언급하고 있다. 공해 문제의 심각성을 제기하여 서구사회에 경종을 울리는 동시에 생명의 아름다움과 고유의 가치를 끊임없이 주장했던 레이첼 카슨Rachel Carson은 "우리의 모든 감각을 동원해서 자연과 사귀라. 자연에 대한 지식을 쌓는 것은 어디까지나 그 다음 일이며, 자연에 대한 풍부한 정서야말로 지식의 기초가 된다는 것이다. 그렇기 때문에 자연을 '아는 것'은 자연을 '느끼는 것'의 절반만큼도

220) Debra B. Mitchell / Michael P. Mueller, "A philosophical analysis of David Orr's theory of ecological literacy: biophilia, ecojustice and moral education in school learning communities", *Cultural Study of Scientific Education* (2011), 6:208.

221) "A philosophical analysis of David Orr's theory of ecological literacy", p.209.

중요하지 않다"[222]고 말한다.

그리스도교는 "하나님은 생명이시다"라고 가르친다. 이 가르침은 하나님은 생명의 근원이심을 지적하는 동시에 하나님은 생명의 목적이심을 함축한다. 여기서 말하는 생명은 인간 생명만이 아니라 생태계 전체를 지칭하는 것이며, 더 나아가 영원한 생명까지 포괄한다. 생명은 인간이 추구하는 절대적인 가치다. 생명은 신비 자체이며 하나님께서 인간에게 주신 가장 큰 선물이다.

'생태'生態라는 말은, 한문을 그대로 풀어보자면, '살아 있는 것들'의 총체를 가리킨다. 동시에 이 말은 '살아 있는 모든 것들의 유기적 관계'를 가리키기도 한다. 생태학Ecology이란 말은 다윈Charles Darwin의 제자인 하인리히 헤켈Ernst Haeckel이 1866년에 만든 용어로, '이코'eco란 말은 원래 그리스어의 '오이코스'οἶκος, 즉 '집'이란 의미를 가지고 있다. 생태학은 무생물체와 생물체들이 서식하는 곳 혹은 집에 관한 총체적인 연구, 즉 "유기체들과 그 유기체들을 둘러싼 환경 사이에 일어나는 관계의 형태와 전체성을 연구하는 학문"[223]이다.

성경을 보면 인간은 자연적 파노라마의 한 부분이라는 것을 알 수 있다. 인간 생명과 주위 환경과의 연관을 말하는 '생태 지역주의' 또는 '생태계 우선주의'Bioregionalism는 한국적 사유방식으로 표현한다면 바로 신토불이身土不二다. 곧 소우주인 나〔身〕는 나를 둘러싼 대우주와 교감하는 열린 존재이며 땅〔土〕은 삶의 근거가 되는 모든 자연을 가리킨다. 따라서 불이不二란 몸과 땅이 둘이 아니라

222) 레이첼 카슨, 『자연, 그 경이로움에 대하여』, 표정훈 옮김, 에코리브르, 2002, 53쪽.

223) David Kinsley, *Ecology and Religion: Ecological Spirituality in Cross-Cultural Perspective*, Englewood Cliffs, New Jersey: Prentice Hall, 1995, p.xv.

하나의 생명 공동체이며 이는 인간 생명이 그를 둘러싼 지역의 자연환경과 밀접한 상호 연관 속에서 살아갈 수밖에 없다는 것을 의미한다. 그러나 현대 문명은 생태계를 파괴하고, 이는 곧 나와 자연 간의 유기체적 순환이 막히는 결과를 가져왔다.

성경은 창세기에서 인간과 동물은 모두 동일한 재료인 흙으로(창세 2,4b~25) 빚어졌다고 기록했다. 현대 과학 또한 인간의 육체를 이루는 화학적 구성이 그 질료 면에서 자연물과 많은 유사성이 있음을 증언하고 있다. 따라서 인간과 자연이 서로 긴밀하게 연결되어 있고, 상호 의존하고 있다는 점은 사실이다. 비록 신의 형상으로 지음 받은 인간이 여러 면에서 여타의 피조물들과 구분된다 할지라도 그 구분은 상호 의존성 때문에 존경을 전제로 한다. 하느님과의 계약의 대상에는 인간뿐만 아니라 자연도 포함되기 때문에 자연에 대한 억압과 파괴는 바로 하느님과 맺은 계약의 파기로 연결된다.

예수가 선포한 하느님 나라는 구원의 우주적 보편성을 담보로 한다. 그리스도는 지상에 사는 모든 것을 위해 모든 장소에서 하느님 사랑의 전체성을 표현한다. 모든 피조물이 그 안에, 그를 통해, 그를 위해 있다면 삼라만상의 모든 것이 경이로우며, 그렇기 때문에 우리는 세상을 사랑으로 보살펴야 한다. 구약에서 인간이 하느님의 대리자로서 피조계를 관리하라는 명령을 받았다면 신약에서는 인간이 그리스도 사랑의 대리자로서, 그분에 의해 창조된 피조계를 사랑하라는 명령을 받았다고 말할 수 있다. 왜냐하면 인간의 영혼뿐만 아니라, 온 우주가 모두 다 하느님께서 사랑하시는 피조물이기 때문이다. 그러므로 지상에서의 인간 행동은 그리스도의 이미지로 변환되어야 한다. 그것은 바로 전 피조계를 위한 궁극적 희망을 표현하는 것이며 때가 찼을 때, 하느님의 계획은 천상천하의 모든 것을 그리스도 안에 일치하며 연합하게(에페 1,10) 하시기 때문이다.

종말론적 전망은 그리스도교 신학의 본질이다. 종말eschaton이란 그리스도인에게는 역사를 이끌어가시는 하느님의 약속이 궁극적으로 성취됨을 의미한다. 그것은 예수 그리스도의 부활과 함께 이미 시작된 하느님의 나라와 새로운 세계에 대한 희망과 기다림을 뜻한다. 그리스도교 공동체는 그리스도의 부활을 기뻐하며 영원한 축제를 벌이는 공동체다. 종말론적 기대는 죄와 슬픔으로 가득한 세계가 사라지고 모든 것이 새로운 하늘, 새로운 땅으로 변형되리라는 것이다. 종말론적 희망의 지평에서는 온 우주가 피조물들의 놀이터다.

> 늑대가 새끼 양과 함께 살고
> 표범이 새끼 염소와 함께 지내리라.
> 송아지가 새끼 사자와 더불어 살쪄 가고
> 어린아이가 그들을 몰고 다니리라.
> 암소와 곰이 나란히 풀을 뜯고
> 그 새끼들이 함께 지내리라.
> 사자가 소처럼 여물을 먹고
> 젖먹이가 독사 굴 위에서 장난하며
> 젖 떨어진 아이가 살무사 굴에
> 손을 디밀리라.
> 나의 거룩한 산 어디에서도
> 사람들은 악하게도 패덕하게도 행동하지 않으리니
> 바다를 덮는 물처럼
> 땅이 주님을 앎으로 가득할 것이기 때문이다(이사 11,6~9).

예언자적-종말론적 비전에서 본 자연은 창조계에 대한 하느님의 종국적 완성 약속이 실현되는 우주적 놀이터다.

성경은 동물들의 놀이(시편 104,24~26; 욥 40,19~20)와 어린이들의 놀이(즈카 8,3~5)를 함께 증언하고 있다. 인간만 놀이를 하는 것이 아니라, 자연계의 모든 동물이 놀이와 휴식을 즐긴다. 동물들도 놀이를 통해 사회성과 생존법을 터득한다. 동물의 세계를 유심히 관찰하면 모든 동물이 놀이를 즐긴다는 것을 발견할 수 있다. 동물들의 자유분방한 놀이에서 우리는 놀이야말로 자연계의 역동적인 한 부분이며 이를 창조한 하느님께서도 당신이 만드신 피조물들의 놀이를 즐기신다는 것을 알 수 있다(시편 19. 104,24~26). 하느님께서는 모든 피조물들이 놀이를 하도록 설계하셨다.

스마트폰에 영혼을 빼앗긴 아이들

요즘 아이들은 스마트폰에 영혼을 저당 잡힌 것처럼 보인다. 청소년들의 인터넷 중독이야 이젠 범세계적인 현상이지만 세계에서 최장 시간 지겨운 학습현장에서 시간을 보내야만 하는 한국 청소년들에겐 스마트폰이 유일한 탈출구일 수밖에 없다. 결국 그만큼 인터넷게임 중독도 심각하다.

아이들은 스스로 활발하게 체험하고, 느끼며, 생각하는 것이 중요하다. 특히 몸을 움직여 활동할 때 받는 자극이 아이의 뇌 발달에 아주 중요한 요소가 된다. 뇌신경 세포는 마치 근육처럼 많이 움직일수록 그 수가 증가하고 강화되기 때문이다. 그런데 이와 반대로 디지털 기기 앞에 가만히 앉아서 영상물만 바라보는 것은, 단지 가상현실을 간접적으로 체험하는 것에 지나지 않는다. 이때 뇌의 활동은 정지된다. TV를 바보상자라고 하는 이유가 여기에 있다. 디지털 기기는 아이 두뇌의 기억 용량이 발달하기도 전에 감소시키는 결과를 가져온다. 현대 성인의 경우 "디지털 치매"를 자주 하소연한다. 디지털 기기 사용의 의존도가 높아지게 되면서(전화번호 입력, 내비게이션 사용, 노래 가사 읽기 등) 기억력이 현저히 약화되기 때문이다.

인터넷 중독 혹은 사이버 중독은 인터넷중독질환IAD, Internet Addiction Disorder, 병적인터넷사용PIU: Pathological Internet Use이라고도 불리며, 인터넷증후군Internet Syndrome, 웨바홀리즘Webaholism이라 불리기도 한다. 과거에는 집에서 컴퓨터만 단속하면 되었지만 이젠 스마트폰이 인터넷과 연계되면서 그 자체가 들고 다니는 휴대용 컴퓨터가 되어버렸다. 스마트폰 중독은 특히 저연령층으로 갈수록 심각해지고 있다. 미래창조과학부(현 과학기술정보통신부)와 한국정보화진흥원이 발표한 「2012년 인터넷 중독 실태조사」에 따르면 만 10세 이상 49세 이하 스마트폰 사용자 1만 683명을 대상으로 조사한 스마트폰 중독률은 11.1% 로, 전년 8.4% 대비 2.7% 증가했다. 특히 청소년 스마트폰 중독률은 18.4%로 전년(11.4%) 대비 7%가 증가하여 성인(9.1%)의 두 배 수준인 것으로 조사됐다. 특히 청소년들의 스마트폰 중독률이 컴퓨터 인터넷 중독률의 세 배에 달하는 것으로 집계됐다. 2013년 여성가족부가 발표한 인터넷과 스마트폰 이용습관에 관한 전수조사 보고에서도 역시 연령별 스마트폰 중독률을 보면 초등 4학년 3.7%, 중1 19.8%, 고1 23.2%였다. 전체 학생의 17.9%인 24만 명이 스마트폰 중독 위험군에 속한 것으로 보고하고 있다.

사실 굳이 이런 수치를 들지 않더라도 전철을 타고 가다 보면 스마트폰 중독 현상을 흔히 볼 수 있다. 청소년이나 젊은 청년들은 거의 대부분 귀에 이어폰을 꽂고 고개를 숙여 뭔가에 집중하고 있다. 거의 몰입 수준의 무아지경이다. 전철 안에서뿐만 아니라 학교에서도 잠시도 스마트폰을 눈에서 떼지 못하는 청소년이 너무도 많다. 스마트폰으로 인한 문제점들은 많다. 다양한 학습장애를 비롯해 ADHD(주의력결핍과잉행동장애)증후군, 사회성 부족 등등 여러 심각한 문제들이 산적하고 있다. 무엇보다 스마트폰 등 각종 디지털 기기는 아이들의 신체적 활동성을 점점 마비시킨다. 무엇이 문제인지 모르는 부모는 아마 없을 것이다. 다만 이 문제에 어떻게 대처해야 할지를 모를 뿐이다.

최근의 여러 연구에서 인터넷 중독도 마약이나 알코올 중독처럼 사람의 뇌를 손상시키고 자제력을 잃게 한다는 결과가 발표되고 있다. 몸 상태가 망가져도 미처 이를 인지하지 못하는 소위 '인터넷 폐인'들이 생겨나고 있는 것이다. 인터넷 게임 중독자는 마치 마약 중독자처럼 자신을 통제하기 어려운 상황이 되거나 판단력이 흐려져 스스로를 조절하지 못한다. 인터넷 중독이 심한 경우는 하루 20시간 이상을 컴퓨터 앞에서 보내는 사람도 있다고 한다. 이쯤 되면 일상생활을 제대로 영위하기란 불가능하다. 인터넷 폐인 가운데서도 가장 폐해가 크고 상태가 심각한 것은 온라인게임 폐인이다. 중독성이 너무도 강하기 때문이다. 몇 년 전 신문 보도에서 우리를 경악시켰던 사건은 PC방에서 닷새 동안 식사를 거르고 온라인 게임만 하던 30대가 사망했다는 기사였다. 특히 중독성이 강한 '리니지' Lineage라는 게임은 며칠 밤을 새워가며 게임을 하다 죽은 사람이 이미 여러 명에 이른다고 한다.

현대의 청소년들은 음란성, 폭력성, 퇴폐성 문화에 온통 포위되어 있는 형국이다. 매 순간 인간의 관능만을 자극하는 놀이문화는 청소년들의 정서를 황폐화시킬 뿐만 아니라 중독이 되면 폐인으로 만든다는 점이 심각하다. 이철순[224]에 의하면 "중독이란 특정한 기호, 습관 또는 행동을 반복함으로써 일상생활에 대한 자기조절감을 상실하는 것"을 말한다. 흔히 알고 있는 알코올이나 니코틴 등에 대한 중독이 물질 중독이라면 인터넷과 스마트폰은 도박과 같은 행위 중독에 속한다. 이철순은 "행위 중독도 물질 중독과 유사한 금단·내성 증상을 보이고 있어 위험성으로는 유사하다"고 경고한다.

ADHD 청소년들이 유독 TV나 인터넷 게임을 좋아하고 집착한다. 잠시도 집중을 못하고 부산하게 돌아다니는 ADHD 청소년들이 이상하게도 인터넷에 접속하면 놀라운 집중력을 보여준다고 한다. 대인관계가 원만하지 못한 아이들이 인터넷에 중독되면 우울증이 생기거나 더 악화되기도 한다. 인터넷 중독이 심화될 경우 육체적으로나 정신적으로 황폐화되고 이 시기에 습득해야 하는 다양한 경험과 원만한 사회적 관계 등에 소홀해진다. 이외에도 언어파괴, 폭력성 및 성충동 유발 등 각종 문제점을 야기하기도 한다.

영국 NBS(Nationwide Building Society)의 연구에 의하면 페이스북, 트위터 등 소셜미디어를 주로 사용하는 '밀레니얼 세대'millennials (1980~2000년대 태어난 세대)가 노년층보다 훨씬 더 외로움을 타는 것으로 나타났다. 밀레니얼 세대는 온라인 친구 평균 103명, 오프라인 친구 평균 17명으로 온라인 친구의 비중이 압도적으로 높다. 사람이란 직접 만나 교감을 나누어야 진정한 우정도 생기고 친숙한 인간관계도 형성된다. 오늘날 한국 청소년들의 삶은 미래에 대한

224) 「이걸 빼어야 되나? 갈수록 심해지는 스마트폰 중독」, 『캐나다 한국일보』(2014.06.03).

불안과 고독, 자기중심성, 자아정체성 혼란, 열등감, 파편화, 그리고 공동체로부터의 단절과 소외로 인해 생긴 어두운 그림자가 내면에 잠재되어 있으며, 때론 그것이 극단적인 형태로 표출되기도 한다. 자연과 유리된 콘크리트 정글 같은 아파트에서 층간소음 때문에 맘대로 뛰어놀 수도 없으니 넘치는 에너지를 그저 죽이고 부수는 살벌한 컴퓨터 게임으로 발산할 수밖에 없다.

최근에는 놀이가 단순한 유희가 아니라 치유의 효과가 있다는 것이 알려지면서 놀이치료가 각광을 받고 있다. 놀이는 우선 즐거움과 재미가 있고 그래서 누가 시키지 않아도 자발적으로 나서며 굳이 승패에 집착하지 않는다. 놀이의 과정에서 상징이나 은유와 같은 창조적 자유 등의 속성들이 심리치료적 관계를 형성하면서 치료효과도 증진시키기 때문에 오늘날 아동의 심리와 행동의 문제를 치유하거나 교정하는 데 놀이가 핵심적 기법으로 쓰이고 있다.[225] 어린이들은 놀이를 하면서 다양한 감정을 드러내고 분노를 조절하는 능력을 키우는 한편 감정해소의 과정을 거치면서 궁극적으로 자신 안에 있는 자기치유의 능력을 발휘하게 된다. 어린이들은 놀이를 하는 동안 자신의 옛 경험을 은유적으로 표현하는 경우가 많고 놀이 속의 역할분담에서 자신을 이야기 속의 인물과 동일시하면서 스스로를 슈퍼맨과 같은 초현실적인 존재로 만들기도 한다. 이런 과정을 통해 어린이들은 자신이 현실에서 겪고 있는 여러 가지 갈등, 공포, 적대감을 해소하고 보다 적극적인 해결책을 발견하게 된다.

놀이를 통해 만들어놓은 새로운 신화는 어린이들이 이제까지 갖고 있던 비현실적인 믿음을 해소하고 자기가 갖고 있는 문제에 대한 부정적인 해결 방법을 변화시킬 수 있는 계기를 만든다.[226] 카

---

225) 홍은주 외, 『놀이치료 — 기법과 실제』, 학지사, 2010, 10~11쪽.

이와도 "놀이는 처음부터 정해진 목적이 없는 육체, 성격, 지능의 교육인 것처럼 보인다. 이 관점에서 보면, 놀이가 현실에서 멀리 떨어져 있으면 있을수록, 그 교육적 가치는 크다"[227]고 주장한다. 1980년대 이후 놀이치료는 각종 상담 이론과 심리치료 이론과 결합되면서 정신분석학적 놀이치료, 분석학적 놀이치료, 아동중심적 놀이치료, 발달놀이치료, 인지행동적 놀이치료, 게슈탈트 놀이치료 등으로 확대 및 발전되었다. 놀이치료 기법도 다양해져 그 각각의 치료 효과에 대한 연구가 소개되고 있다. 또한 놀이치료에 부모나 가족을 개입시켜 부모놀이치료Filial Therapy, 가족놀이치료 등이 소개되고 있다.

인간은 놀이를 통해서 개인을 변화시키는 자아성장을 이룰 뿐만 아니라 세상을 변화시키는 문명발전도 이룰 수 있다. 지금 한국 사회는 건강한 놀이가 절실히 필요하다. 각종 퇴행적인 놀이 중독을 비판만 할 것이 아니라 사람들이 이런 놀이에 왜 중독되어 가는지 사회적 성찰이 필요하다. 하위징아는 현대인들이 고대인들의, 신성하고 삶이 충만한 '놀이정신'을 회복해야 한다고 주장한다. 진정한 놀이정신이 회복될 때 비로소 우리의 삶도 재미와 즐거움을 되찾고 행복해질 수 있다고 보았기 때문이다. 디지털 기기가 인간의 본능까지 바꿀 수는 없다. 인간에겐 무엇보다도 재미있고 건강한 놀이와 친구, 살아 있는 세상이 필요하다.

---

226) 같은 책, 14쪽.
227) 카이와, 『놀이와 인간』, 241쪽.

자연은 최고의 강의실

현재 미국에서는 16~20세 사이의 크리스천 청소년에게 모험과 도전을 가르치는 야외 영적성장 프로그램들이 각광받고 있다. 암벽타기, 배낭여행, 급류타기 등과 같은 야외 활동을 성경, 기도, 영적 독서뿐만 아니라, 일정 시간 홀로 있기 등의 시간과 적절하게 배합하여 청소년들에게 신뢰심과 인내심을 길러주는 프로그램이다.228) 북미에서는 "훈련된 지도자들이 야외에서의 일시적인 공동체 경험을 위해 영적 목적으로 만든" 크리스천캠프연합회The Christian Camp and Conferences Association(이하 CCCA)229)가 청소년을 위한 캠프사목camp ministry을 이끌고 있다. 북미에서는 18세기 후반부터 야영을 통해 특별한 영성훈련을 도모했다. 1801년 8월 켄터키 주 케인 릿지Cane Ridge에서 개최되었던 개신교 부흥집회인 '제2차 대각성회'Second Great Awakening는 2만 명 이상의 신자들이 야외에 텐트를 치고 참석하며 대성황을 이루었다. 이 집회는 야외에서도 성공적인 종교적 집회를 할 수 있다는 것을 인식시키는 계기가 되었으며 후일 소위 '크리스천캠프운동'으로 발전했다.

현재 크리스천캠프국제연합회Christian Camp International가 조직되어 전 세계에 18개의 자치적인 캠프연합회를 두고 있다. 특히 제2차 세계대전 이후 캠프사목은 훈련받은 상담자들이 소그룹의 청소년 캠프들을 지도하면서 부흥기를 맞았고, 1963년부터 조직화된 캠프사목은 매년 미국과 캐나다 등 북미 전역에 걸쳐 900개 이상의

---

228) Jimmy Griffin, "The Effects of an Adventure Based Program with an Explicit Spiritual Component on the Spiritual Growth of Adolescents", *The Journal of Experiential Education* (2003:15,3), p.351.
229) 이 단체의 홈페이지 주소는 http://www.ccca.org이다.

CCCA(Christian Camp & Conference Association) 회원 주관 캠프나 야영집회 등을 개최하며 약 800만 명이 참가하는 대성황을 이루고 있다. 매년 미국 CCCA의 경우 10만 명이 넘는 십대 후반부터 20대 초반의 청년들이 캠프지도자로 양성되고 있다. 캠프사목에서 쌓은 갖가지 기술들은 후일 이 청년지도자들이 교회의 미래 평신도 지도자로 성장하면서 성직자와 함께 공동사목을 이끌어가는 데에 밑거름이 될 것이다.

24시간 경험을 통해 배우는 캠프는 인지적·감정적·영적인 프로그램으로 반성·성찰·가르침을 동반한다.[230] 크리스천캠프운동에는 다섯 가지 주요 구성 요소가 있는데, 그것은 바로 경험, 야영, 한시적 공동체, 훈련받은 지도자 그리고 영성적 목표 심화다. 좀 더 구체화하면 캠프사목은 야외에서 교육적 목적을 가지고 한시적으로 구성된 공동체 경험을 목표로 한다. 캠프사목의 가장 좋은 점은 체험에 기반을 둔 실험장이라는 점이다. 체험만큼 절실한 지식은 없다. 모험을 한다는 것은 한 번도 보지 못한 것, 즉 경이로운 것을 만나고자 하는 것이다.

도시에서 태어나 부모의 과잉보호 속에서 온실 속의 화초처럼 자란 아이들에게 야외에서의 캠프체험만큼 신선한 탈출구는 없다. 특히 모험을 기본으로 하는 경험은 청소년들로 하여금 직접 문제에 부딪혀 여러 명이 함께 의견을 모아 해결하도록 독려한다. 이를 통해 놀랍도록 크게 성장할 수 있다. 일상에서 기계적으로 되풀이되는 일들은 쉽게 잊히곤 한다. 그러나 새롭고 독특한 경험은 오래도록 뇌리에 남고 쉽게 잊어버리지 않는다. 특히 야외라는 새로운 장

230) Rob Ribbe, "Redifining Camp Ministry as Experiential Laboratory of Spiritual Formation and Leadership Development", *CEJ*(Series 3, Vol.7, No.1), pp.144~161.

소에서 새로운 사람들과 함께하는 새로운 활동은 강력한 기억효과를 갖는다. 야외 놀이에서 활기찬 즐거움을 만끽하고 해방감과 자유를 느낄 수 있도록 고안된 프로그램을 통해 억압적인 환경에서 질식하고 있는 아이들에게 숨통을 틔어주어야 한다.

서로 양보하고 감정을 나눌 수 있는 형제도 없고, 층간소음 때문에 힘껏 뛰거나 큰 소리를 낼 수도 없으며, 언제나 살금살금 조용히 다니라고 꾸중이나 듣고 교감을 나눌 수 있는 애완동물이나 녹색 정원도 없는, 그야말로 콘크리트의 정글에서 과연 정서적으로 안정되고 성숙한 인간을 기대할 수 있을까? 이렇듯 메마른 환경에서 한국 아이들이 정서적 결핍을 겪고, 이기적 자아를 형성하는 것은 어찌 보면 너무도 당연한 일이다. 야외에서 동물과 식물을 보살피고 자연의 가치를 체험하게 하는 경험교육은 타인과 생태계에 대한 배려심을 키우는 데에 최고의 방법이다.

'자연결핍장애'nature deficit disorder를 앓고 있는 한국 청소년들은 일종의 '생태문맹'ecological illiteracy이라 할 수 있다. 리처드 루브Richard Louv[231]에 의하면 자연결핍증이 있는 아이들에게서 비만, 신경질, 우울증, 주의력 결핍, ADHD 등의 증세가 많이 보인다고 한다. 자연결핍장애는 의학적인 질환이 아니라 자연으로부터 소외된 인간이 치르는 일종의 대가다. 자연으로부터 소외된 자연결핍장애는 아이들에게 깊은 상처를 남긴다. 그래서 루브는 아이들을 자연과 자연 안에서 행하는 놀이로부터 떼어놓는 것은 마치 숨 쉴 산소를 주지 않는 것과 같다고 주장한다. 일리노이 대학교는 방과 후나 주말에 아이들이 자연과 많이 교감할수록 주의력결핍증이 호전

231) "Nature-Deficit Disorder", http://www.childrenandnature.org/about/nature-deficit-disorder(검색일: 2017/03/01).

되었다고 보고하고 있다. 인간으로서 기본적 품성을 결정하는 시기인 영유아기에 창의력과 인성을 배양하는 최고의 교육은 자연친화 교육이다.

아이들은 친구들과 함께 놀이를 하면서 시각적·촉각적 극으로 오감을 자극시키면서 기억력과 언어능력, 정서능력을 함양한다. 그런데 요즘 아이들은 밖에서 같이 놀 기회가 거의 없다. 친구와 놀아도 밖이 아니라 집 안에서 주로 놀고 또 함께 논다고는 하지만 스마트폰으로 각자 게임을 하느라 대화도 거의 하지 않는다. 동네 골목길에서 큰 아이와 작은 아이가 함께 어울려 왁자지껄하게 노는 풍경을 이젠 한국 사회 어디서도 보기 어렵다.

서구인들은 거주 공간을 선택할 때 아파트를 선호하지 않는다. 결혼 초기에는 집을 살 만한 재정적 여유가 없으니까 대도시 아파트나 연립주택 같은 공동주거 공간에서 살 수밖에 없지만, 대개 결혼하고 4~5년 지나 어느 정도 자금이 마련되면 즉시 독립주택을 사려고 돌아다닌다. 북미는 통상적으로 주택구입 비용을 일시불로 내지 않고 최소 20% 정도만 현금으로 내고 나머지는 30년 혹은 35년 장기 저리로 은행에서 주택융자mortgage를 받아 집을 산다. 그러니 일단 이때쯤이면 아이들이 층간소음 걱정 없이 마음껏 뛰어놀 수 있는 독립된 집과 정원, 원한다면 애완동물까지 소유할 수 있게 된다. 동물도 대개 밖에서 지내지 않고 실내에서 같이 살며 아이들과 교감을 한다. 사람은 사랑스러운 동물들과 접촉하면서 정서적 안정감을 얻을 수 있다. 특히 아이들은 강아지나 고양이와 함께 살면서 사회성과 책임감을 기르게 된다. 동물들을 직접 만져보고 먹이를 주며 보살피는 가운데 배려심을 배우고 이런 습관이 이후 타인에 대한 배려심으로 이어진다.

서구의 공원을 보면 산책할 때 온 가족이 함께, 심지어는 개도 꼭 데리고 다닌다. 어린 시절 야외에서 가족과 함께 거닐면서 행복했던 경험은 일생 동안 뇌리에 깊게 남는다. 서구의 도시처럼 공원이 많지 않은 한국의 도시에 사는 가족들은 동네라도 함께 거닐 수 있어야 한다.

> 동네 한 바퀴 놀이란 일주일에 한 번 아이를 데리고 동네를 다니는 것을 말한다. 걸어갈 수 있는 곳이면 좋고, 차를 타도 20분이 넘지 않는 거리가 적절하다. 엄마와 아빠가 잘 아는 곳을 골라 아이와 산책에 나선다. 크고 작은 꽃시장, 물고기를 파는 수족관, 대형 마트를 둘러보거나 일정을 잘 맞춰 5일장에 가보는 것도 재미있다. 뒷산이나 가까운 냇가에서 시간을 보내는 것도 멋진 일정이 된다. 아이들에게 세상은 호기심거리로 가득한 신천지다. 부모에게는 아무렇지 않은 일상이라도 아이들에게는 감탄과 경이로움이 된다.[232]

세상이 각박해지면서 각종 강력 범죄들이 늘어나고, 부모들은 그 위험에서 아이들을 보호하기 위해 좀처럼 집 밖에 내보내지 않는다. 현대인들의 주거 공간이 자연과 유리되면서 가장 큰 피해를 보는 연령층이 바로 아이들이다. 시멘트로 된 사각형의 공간에서 일상의 대부분을 보내는 아이들은 아토피 같은 각종 육체적 질병뿐만 아니라 우울증, ADHD, 소셜미디어 중독 등 정신과적 문제도 많이 겪는다. 육체적, 정신적으로 병들어가고 있는 아이들을 한시라도

---

232) 권오진, 『놀이만한 공부는 없다 — 하루 5분 놀이로 아이는 세상을 바꾼다』, 210쪽.

빨리 야외로 이끌어내야 한다.

요즘은 동물과 사람이 하나 되며 서로 교감할 수 있도록 도움을 주는 동물매개치료가 아이들의 정서적 치료에 도움을 주고 있다. 보기만 해도 미소를 짓게 하는 귀여운 동물들이 바로 사람을 치료해준다는 것이다. 말 못하는 동물이 사람을 위해 무슨 치료를 할 수 있을까 의아할 법도 하지만 사람들과 친밀함을 잘 형성하는 동물이야말로 의사 역할을 톡톡히 해낸다. 동물치료에서는 사람과 유대관계를 맺을 수 있는 동물이라면 모두 치료 도우미 역할을 할 수 있다고 보고하고 있다. 몸집이 크거나 활동적인 동물 같은 경우는 몸의 에너지가 많아서 활동하는 걸 좋아하는 아이들하고 함께 지내면 좋다. 반대로 몸집이 작은 동물은 행동습관이 거친 아이들이 배려심을 배우는 데에 도움이 된다. 교감을 통해 즐거운 기분을 느낄 수 있게 하는 동물이 아이들의 치료에 도움을 주는 도우미 역할을 하는 것이다.

대부분의 학부모는 아이가 유치원이나 학교에서 돌아오면 "오늘 뭘 배웠니?"라고 묻는다. 이런 질문보다는 차라리 "오늘 뭐하고 놀았니? 얼마나 재미있었니?"라고 물어보면 재미있는 대화로 이어질 수 있다. 또한 밤낮 공부만 강요하는 것보다 야외에서 아이들과 함께 놀아주는 편이 훨씬 낫다. 아파트 주변 공원이나 동네 골목 혹은 근처 야산 등 아이들과 놀 수 있는 공간은 많다. 자연에서의 관찰 및 여러 활동은 아이들의 탐구심, 모험심, 창의력을 키우는 데 큰 도움이 된다.

교육을 받지 못하면 책이 있어도 읽지 못하는 것처럼 생태계에 대한 교육을 받지 못하면 주위 자연에 대한 감각이나 의식이 부족해진다. 그러므로 경험, 학습, 보살핌이 연계된 야외에서의 생태교육[233]은 자연계에 대한 신비와 경외감을 일깨워주는 교육이다. 그리고 무엇보다도 뭐든 의문을 갖도록 하는 교육이다.

녹색환경이 자라나는 아이들의 정서적 안정이나 도덕적 심성에 밀접하게 영향을 미친다는 것에 착안하여 일본의 교육청은 학교 주변의 녹화사업을 대대적으로 펼치고 있다고 한다. 일본 환경청은 학생들의 교내 폭력이 학교 주변의 녹지 밀도와 밀접한 관계가 있다는 것을 발견했다. 학교 주변의 녹지 감소율이 2.5% 미만인 학교는 교내 폭력 발생률이 10% 미만으로 그치는 데 비해 녹지 감소율이 10% 이상 되는 학교는 교내 폭력 발생률이 50% 이상으로 상승하고 있는 등, 녹지와 교내 폭력이 정확하게 반비례하고 있다는 사실을 알아낸 것이다.[234] 예전의 서독에서도 부모에게 반항하거나 비행을 일삼는 아이들의 습성이 가정의 실내 녹화 정도와 밀접한 관계가 있다고 해서 '빈터 가르텐'(겨울정원)이라는 녹색공간조성운동을 펼친 바 있었다.

심층생태학자인 돌로리스 라차펠Dolores LaChapelle은 "아이는 가능한 한 바깥에서 놀아야 한다. 〔…〕 우리가 숲에서 새로운 영장류靈長類가 된 이래로 야외를 가장 좋은 놀이 장소로 선호해왔다. 그곳에는 안전하게 숨을 수 있고 다른 사람들을 내다볼 수 있는 장소, 오를 수 있는 장소, 바위, 나뭇가지, 흙, 진흙으로 무언가를 만들 수 있는 단순한 자연의 재료들이 있다. 동시에 아이는 동물과 나무, 산, 강과 같은 인간 이외의 존재들을 알아야 할 필요가 있다"[235]고 주장한다. 자연은 아이들에게 상상력을 키워줄 수 있는

233) D. W. Orr, Recollection, *Ecological literacy: Educating our children for a sustainable world*, M. K. Stone / Z. Barlow(eds.), San Francisco: Sierra Club Books, 2006, pp.96~106.
234) "녹색심리학", http://flow.tistory.com/187(검색일: 2015/08/13).

보고다. 따라서 청소년들에게 생태학적 상상력을 길러줄 수 있는 땅에 대한 새로운 전망을 갖출 필요가 있다.

우리는 모두 자녀들이 미래에 사회의 지도자가 되기를 바란다. 하지만 지도력, 이른바 리더십이 있으려면 우선 감성이 풍부해야 한다. 사람을 이끄는 지도력을 가지려면 평소에 인사도 잘 하고, 의리가 있어야 하며, 남의 사정을 잘 헤아리고 때로는 손해도 볼 줄 아는 그런 사람이어야 한다. 창의력은 감성지수EQ에 달려 있다. 지능지수IQ가 아무리 높아도 감성지수가 발달되지 않으면 허사라는 이야기를 요즘 많이 듣는다. 사람들은 냉철하고 논리적이며 기계적인 딱딱한 인간보다는 순수하고 풍부한 감정을 지닌, 이른바 인간성이 좋은 사람을 따르고 친해지고 싶어 하기 때문이다. 그러면 어떻게 해야 감성지수를 높일 수 있을까? 감성지수는 회색빛 콘크리트 정글 속이나 컴퓨터 게임에서는 자라지 않는다. 시골 밤하늘의 찬란한 은하수와 별들을 보면서, 아름다운 저녁노을을 보면서, 숲 속의 솔바람 소리를 듣고, 푸른 녹음을 즐기거나 시냇물 가에서 물장구를 치면서 자연스럽게 자라는 것이다.

친자연적 시각 효과는 치유나 심신의 건강에 대단히 큰 영향을 미친다. 상담심리학자들은 매우 반항적이고 거친 사춘기 아이들을 상담할 때는 밀폐된 실내 공간보다는 아름다운 공원이나 야외가 효과적이라고 보고한다. 심리상담과 아울러 아름다운 자연은 상처받은 마음을 치유해주기 때문이다. 밝은 햇빛과 청량한 공기는 마음에 미치는 영향이 대단히 크다. 식물도 햇빛을 봐야 색이 좋고 잘 자라듯이 인간의 뇌세포도 마찬가지다. 학교교육 또한 마찬가지다.

235) Dolores Lachapelle, *Sacred Land, Sacred Sex: Rapture of the Deep: Concerning Deep Ecology and Celebrating Life*, Silverton, CO: Finn Hill Arts, 1988, p.144; 빌 플롯킨, 『자연 그리고 인간 혼』, 243쪽 재인용.

실내에서의 교육보다도 가끔 교정의 큰 나무 밑이나 자연 속에서 학습하는 것이 매우 큰 효과를 가져 온다. 폭력적인 게임이 가득한 컴퓨터와 스마트폰으로부터 아이들을 불러내어 푸른 하늘과 맑은 공기 그리고 신선한 감동이 있는 대자연을 접하게끔 해야 한다.

성경을 보면 하느님께서는 당신이 특별히 선택하신 이들을 변화와 쇄신을 위해 기계적인 삶의 일상에서 벗어나도록 야외로 불러내신다. 하느님께서는 모세와 다윗 그리고 수많은 예언자들을 백성의 지도자로 훈련시키기 위해 가족과 일상을 떠나 야외에서 훈련하도록 불러내셨다. 하느님께서는 이스라엘 사람들을 40년간 광야로 이끌어내시어 유랑하게 하셨고, 일주일 중 하루를 안식일로 정하여 하느님의 위업을 기억하게 하셨으며, 예수는 새로운 교회의 탄생을 준비하기 위해 제자들과 3년 동안 노상에서 유랑했다. 하느님께서는 당신의 백성을 새로운 차원으로 인도하기 위해서 선택하신 사람들을 산, 강, 사막으로 불러내시어 내적 고요함의 세계로 이끄셨고, 이를 통해 당신의 공동체와 주위의 사람들이 하느님의 말씀과 능력의 전달자가 되도록 그들을 단련시키셨다. 예수도 정기적으로 고요한 들판으로 나가시어 조용한 가운데 성부와 교제하는 시간을 가졌으며 이를 통해 영적, 심리적, 육체적으로 새롭게 갱신했다. 하느님께서는 이처럼 자연계를 통해 자신을 그 백성들에게 드러내시고 이를 통해 통교와 도전을 하셨다.

프란치스코 교황은 최근 발표한 환경 회칙, 『찬미 받으소서』 *Laudato Si'* 에서 자연생태계의 위기로 말미암아 일어나는 "인간 삶의 질 저하와 사회 붕괴"를 경고했다. 자연을 낭비하는 도시 중심의 인간 생태는 자연과의 접촉을 제한하고 인간 삶의 질을 떨어뜨리기 때문이다.[236] 신은 인간에게 자연을 선사하면서 그 안에서 긴장과 쾌락과 재미를 느낄 수 있는 놀이도 선물로 주었다고 하위징아는 주장한다.[237] 자연은 아이들에게 장난감이자 생명의 소중함을 일깨워주고 감수성을 자극하는 중요한 기제 역할을 한다. 야외 활동은 아이들에게 우주의 섭리와 자연스러운 현상을 눈여겨볼 기회를 제공하고 자연계의 탐구를 통해 자연의 섭리를 깨닫고 일체 생명의 고귀함과 가치를 체험하게 한다. 인간의 존엄함과 자연의 숭고함을 깨달아가는 것만이 인류의 구원과 자연의 회복을 위한 길이다.

교회는 오늘날 신자들의 관심이 신앙이나 영성보다는 달콤한 놀이문화가 가져다주는 비인간적인 놀이문화에 빠져들고 있는 것을 직시해야 한다. 향락일변도의 놀이문화는 건강한 놀이문화를 형성하고자 하는 교회에 가장 심각한 도전이 될 것이다. 이 시대에 새롭게 부각되고 있는 놀이신학은 인간이 어떻게 희열의 춤과 기쁨의 노래로 하느님을 찬미할 수 있는지를 보여준다. 건전한 놀이문화의 창출은 종교를 넘어 건전한 사회를 만들어간다는 점을 잊지 말아야 한다.

236) Encyclical Letter *Laudato Si'* of the Holy Father Francis on Care for our Common Home, IV, 43~47.
237) 하위징아, 『호모 루덴스』, 12쪽.

제4부

미래는 창조와 공유의 시대다

Future

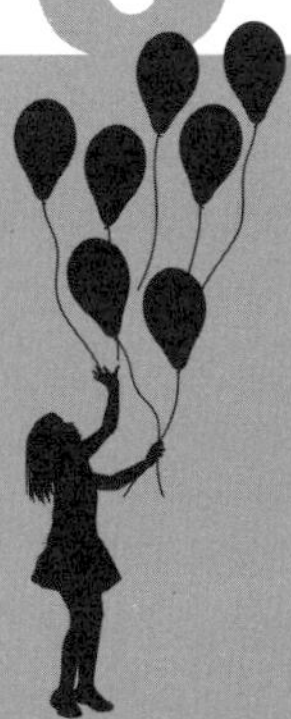

치열한 경쟁사회에서 살아남으려면 누구보다 더 빨리, 더 많이, 더 높게 성취해야 한다는 압박감이 있게 마련이다. 그러나 다가올 미래에는 상호 협동할 줄 아는 사람, 친환경적인 사람이 필요하다. 독일에서는 초등학교 때부터 교실에서 쓰지 말아야 할 금기어 중의 하나가 '경쟁'이다. 인간은 어차피 사회적 동물이고 누군가와 더불어 살 수밖에 없다. 독일에서 그런 금기어가 생긴 것도 학교 내 급우는 그 누구보다도 가까운 친구이기 때문에 내가 반드시 이겨야만 하는 적이나 경쟁의 상대가 아니라는 걸 가르쳐주기 위한 목적일 것이다.

한국은 학생들끼리 경쟁을 시키는 상대평가제인데, 성적을 매기다 보면 인위적인 배분이 불가피하다. 그러니 결국 학생들을 등급에 따라 줄을 세우는 수밖에 없다. 서구의 대부분의 학교는 성적을 평가할 때 이런 상대평가를 하지 않고 절대평가의 방법을 택하며 학생들의 석차도 매기지 않는다. 성적처리를 절대평가제로 한다면 모든 학생이 만점을 받거나 낙제점을 받을 수 있다. 따라서 서로 가르치고 배우면서 우정도 쌓고 협력도 할 줄 아는 '동료효과'peer effect를 배우게 된다. 그 대신 교사는 학생의 발달사항이나 학습태도 등을 자세하게 기록한다.

미국의 경우 대학에서 학생을 선발할 때 고교 교사의 평가가 매우 중요한 기준이 된다. 모든 학교가 그런 건 아니지만 일부 미국 고등학교는 게시판에 성적을 게시하기도 한다. 하지만 이름 없이 학번과 점수만 올려놓는다. 물론 석차도 없다. 그저 학생 개인이 자신의 학기 초 점수와 학기 말 점수를 스스로 비교해볼 수 있을 뿐이다. 물론 절대평가에도 성적 부풀리기grade inflation 등의 문제가 따라올 수밖에 없다는 단점이 있다. 그렇기 때문에 명문 대학일수록 입학생 선발 시 학과성적 외에도 교사의 평가나 추천서, 수상내역, 특별활동Extra-curriculum 내용 등이 중요한 기준이 된다.

성적순에 따라 학생들을 줄 세우면서 어떻게 서로 간의 친목을 이야기할 수 있을까? 치열한 경쟁의 세계에 그들을 몰아넣고서는 어떻게 협력의 미덕을 가르칠 수 있을까? 학벌을 통한 구별 짓기는 당연히 모든 존재를 타자화함으로써 자신이 보장받은 지위를 유지하고 과시하게끔 한다. 상호 간 연대와 신뢰를 창출하는 통합적 사회로의 전환이 시급한 상황에서 이런 식의 교육은 집단적 이기주의와 이념적 갈등이 파편화된 사회로 치달을 수밖에 없는 구조를 만들어낸다.

우리는 지난 수십 년 동안 매년 수십만의 젊은이들을 하찮은 시험 성적으로 줄 세우고는 "너는 안 돼"라는 낙인을 찍어 내동댕이

쳐왔다. 그것이 업보가 되고 부메랑이 되어 사회에 창의와 활력이 사라졌고, 소외된 이들의 좌절과 불만이 국가적 통합의 발목을 잡고 있다. 요즘처럼 경제적 불황이 계속될 때 과도한 경쟁압력은 사회구성원들의 불안감을 크게 증폭시킬 수 있다. 만일 어떤 회사가 상위 10%의 직원에게만 온갖 특혜와 지원을 베풀고 나머지는 월급이나 축내는 무리들이라고 무시해버리면 그 회사의 장래는 어떻게 될까? 정부 경제정책 담당자들이 말하듯 고작 8%인 재벌이 국가경제의 기관차 노릇을 하고 나머지는 그들에게서 떨어지는 낙수효과Trickle-down economics나 누리면 된다고 말할 수 있을까? 그동안 신자유주의의 첨병 역할을 담당해온 국제통화기금IMF 소속 경제학자 5명이 작성해 2015년 공개한 「소득불균형의 원인 및 결과」라는 보고서는 150여 개 국가들의 사례를 분석한 결과 "상위 20% 계층의 소득이 1% 포인트 증가하면, 이후 5년의 성장이 연평균 0.08% 포인트 감소한다"고 발표했다. 이 보고서의 결론은 "낙수효과는 일어나지 않는다"[238]는 것이었다.

'낙수효과'의 개념은 그동안 재벌 주도 성장주의의 복음을 퍼뜨리면서 가난한 이들에게는 "돈이 저절로 높은 곳에서 낮은 곳으로 줄줄 흘러내릴 것"이라는 헛된 희망을 심어주었다. 하지만 "전혀 사실로 확인되지 않은 이러한 견해는 경제권을 쥐고 있는 이들의 선의와, 지배적인 경제제도의 신성시된 운용 방식을 무턱대고 순진하게 믿는 것"[239]일 뿐이다. 프란치스코 교황은 "'낙수효과' 이론은 제대로 실현되지도, 증명되지도 않았을 뿐 아니라, 제왕적 경제시스템에서 성역화된 권력과 경제력을 가진 이들이 선의를 베풀 것이

238) 「IMF '낙수효과' 완전히 틀렸다」, 『서울경제신문』(2015.06.17).
239) 에두아르 테트로, 『교황의 경제학 — 프란치스코, 돈의 장벽을 넘어 치유의 경제를 말하다』, 전광철 옮김, 착한책가게, 2016, 131쪽.

라고 근거 없이 순진하게 신뢰하는 것처럼 느껴집니다. 조만간 이러한 자본주의 제도에서 소외된 사람들은 빈곤의 나락으로 떨어져서 하염없이 도움의 손길만을 기다리게 될 것입니다"[240]라고 일갈한다. 동시에 이런 비인간적 경제모델이 죽음의 문화를 양산하고 있다고 경고하고 있다. 교황은 가난한 자를 배척하고 소외시키는 경제를 지양하고, 돈을 우상화하지 말라고 충고한다. 무엇보다 한국의 정치인과 재벌그룹이 귀담아들어야 할 말이다.

그동안 한국의 정치인들은 한강의 기적을 일구어낸 재벌 대기업들이 잘되면, 경제의 다른 모든 문제도 저절로 잘 풀린다고 주장해 왔다. 소위 '낙수경제론'은 이 나라에서도 1970년대 이래 일반인들에게 매우 친숙해진 단어로 보수정권이 가난한 사람을 설득해온 일종의 단골 메뉴요, 무기였다. 그러나 이젠 이런 단골 무기가 더 이상 통용되지 않는 시대로 접어들고 있다.

과도한 경쟁은 사회적 협동을 소실시키고 갈등구조를 심화시킨다. 우리는 매번 국가 경쟁력 순위에 매우 민감하게 반응하지만 국가경쟁력이라는 것 또한 국민들의 협력의 결과이지, 잘난 사람 혼자서 국가의 경쟁력 순위를 높일 수는 없다. 무조건 남보다 앞서서 사다리를 타고 재빨리 올라가 정상에 서야만 한다는 메시지는 신자유주의적 세계화의 논리에나 부합되는 것일 뿐, 이 시대가 요구하는 상생과 공유의 영성은 아니다. 경쟁지상주의에 세뇌되어 매사 나와 타인의 삶을 비교하며 사는 동안에는 결코 행복해질 수 없다. 사랑하는 이들의 손을 잡고 지금 이 순간을 행복하게 보낼 줄 아는 삶의 지혜가 절실하다.

---

240) 안드레아 트로니엘리 · 자코모 갈레아치, 『이놈의 경제가 사람 잡네』, 최우혁 옮김, 갈라파고스, 2016, 9~10쪽.

불확실성 시대의 인재양성

21세기 벽두부터 인류는 그야말로 '초불확실성의 시대'The Age of Chaos & Hyper Uncertainty[241]를 맞이하고 있다. 앞날이 투명하지 않은 불확실성은 인류에게 막연한 두려움과 혼란을 안긴다. "곳간에서 인심 난다"고 했듯, 경제적 불황과 종교적 근본주의자들에 의한 테러로 인해 세계 곳곳에 극우 정권이 등장했고 자국이기주의는 다시금 보호무역주의로 회귀하고 있다. 공동선을 염원하는 인류의 희망과 이상은 물거품처럼 사라지고 차가운 냉소와 막연한 불안감이 배회하고 있다. 그럼에도 우리는 현재와 미래의 혼돈에 적응하며 살아가야 한다. 급변하는 상황에서 어떻게 혼돈과 초불확실성을 극복하고 예측과 조정이 가능한 사회를 만들어갈 수 있을지는 이 시대 우리 모두의 숙제이기도 한다.

인류 역사를 면밀히 살펴보면 인간은 창의력을 가지고 부단히 새로운 발견을 해냄으로써 역사의 흐름을 바꿔놓았다. 한국 정부도 선진국에 진입하기 하기 위해 국민의 창의성과 상상력을 새로운 과학기술과 접목시켰고 새로운 기술, 새로운 산업, 새로운 일자리를 창출해내기 위한 관건으로 소위 '창조경제'를 내세웠지만 실체 없는 구호로만 맴돌 뿐이다.

1960년대까지 최빈국 대열에 있던 한국이 고도의 경제성장을 기록하며 선진국 대열에 합류할 수 있었던 가장 중요한 힘은 바로 인적 자원이었다. 한국인들은 그동안 최선의 가치를 교육투자에 두었고 이를 통해 형성된 우수한 고급 인력들이 산업에 투입되면서 선

241) Barry Eichengreen, "The Age of Hyper-Uncertainty", http://www.project-syndicate.org/commentary/age-of-hyper-uncertainty-by-barry-eichengreen-2016-12?barrier=accessreg(검색일: 2015/03/15).

진국의 기술을 신속히 따라잡을 수 있었다. 비록 처음에는 원 제품을 모방하는 정도에 그쳤지만 점차 그것을 능가하는 질과 가격경쟁력을 갖추게 되면서 세계 시장에서 앞서나갈 수 있었고, 자연스럽게 고도성장을 이룰 수 있었다. 정범모는 "후진국의 발전에는 단순한 지식, 기술의 기억력으로 족하고, 중진국의 발전에는 복잡한 문제해결 사고력이 필요하며, 선진국 진입과 그 지속에는 창의력이 필수"[242]라고 말한다.

기계처럼 정답을 찾고, 이해가 안 되더라도 무조건 외우는 한국교육은 매우 비효율적이지만, 그럭저럭 중간 단계의 인재는 배출해왔다. 그러나 인공지능이 탑재된 각종 로봇과 컴퓨터들이 향후 30년 내 일자리의 절반 이상을 없앨 수 있는 대변혁의 시대가 급속히 다가오고 있다. 미래학자인 토머스 프레이Thomas Frey[243]는 2012년부터 2030년까지 대략 20억 개 이상의 직업이 사라질 것이라고 예측했다. 당연히 미래에는 현재 우리가 전혀 상상해보지도 못했던 새로운 직업이 창출될 것이다. 따라서 앞으로는 대학에서 전공한 것을 가지고 평생 동안 한 직장에서 일할 수 없게 될 것이다. 통섭학자統攝學者 최재천은 미래 사회에는 한 개인이 3개 이상의 영역에서 5개 이상의 직업을 갖게 되고 19개 이상의 서로 다른 직무를 맡게 될 것이라고 예견했다. 왜냐하면 너무도 빠르게 모든 것이 변하고, 그에 따라서 산업생태계도 눈부시게 변하고 있기 때문이다.

이미 로봇혁명이 시작되고 있다. 미래는 1인1로봇시대, 우주여행 대중화 등 지금으로써는 상상조차 하기 어려운 일들이 현실화될 것

242) 정범모, 「기조강연: 창의성과 국가발전」, 제2회 학제 간 학술포럼, 한국행동과학연구소, 2013년 11월 26일.
243) "2 Billion Jobs to Disappear by 2030", http://www.futuristspeaker.com/business-trends/2-billion-jobs-to-disappear-by-2030(검색일: 2016/05/01).

이다. 3D프린터, 서비스로봇, 로봇병사, 드론, 뇌 컴퓨터 인터페이스 등 로봇이 지배하는 세상이 도래하고 있다. 인공지능을 갖춘 로봇이 우리 몸의 열을 재고, 당도가 얼마인지 감지해 식단까지 짤 수 있으며 단순 노동직을 넘어 앞으로는 기자, 의사, 변호사 등 각종 전문 직종까지도 부분적으로 대체가 가능해진다고 한다. 앞으로는 컴퓨터가 할 수 없는 것, 자동화 기술이 할 수 없는 분야나 또 이런 사회적 변화에 따라 새로운 직업들이 생겨날 것이다.

2000년대 초반에 등장하여 지난 15년간 우리 생활의 모든 방면을 변화시켜 왔던 스마트폰도 이젠 그 절정기를 지나고, 앞으로는 사물인터넷internet of things이 우리 생활 주변을 급격하게 변화시켜 나갈 것이다. 사물인터넷이란 우리가 일상생활에서 접촉하거나 필요한 모든 사물을 네트워크로 연결해 정보를 공유할 수 있는 시스템이다. 예를 들면 가전제품, 전자 기기뿐만 아니라 헬스케어, 원격검침, 스마트홈, 스마트카 등 다양한 분야에서 인간생활을 편리하게 만들어준다.

청년실업 문제가 모든 선진국에서 사회 문제로 떠오르고 있다. 모든 공장과 일터가 자동화되어 기계들이 사람들의 일자리를 대체하고 있기 때문이다. 특히 로봇 기술의 급격한 발달로 인해 제조업 공장에서의 사람들의 일자리가 빠른 속도로 사라지고 있다. 기계문명의 발달은 점점 인간의 노동력을 필요로 하지 않는 방향으로 진행되고 있기 때문에 청년뿐만 아니라 사회 전반에 걸쳐 실업 문제가 점점 더 심각해질 것이다.

기계화, 자동화로 인해 생산성은 증가하고 있는데, 고용률은 제자리걸음을 하고 있는 현상을 경제학에서는 “뱀의 턱”jaws of the snake 구조라고 일컫는다.[244] 생산은 늘어나는데 일자리가 줄어드는 기이한 현상은 인류역사 이래 처음이다. 아래의 통계표를 보면 고용시장의 미래를 예측할 수 있다.

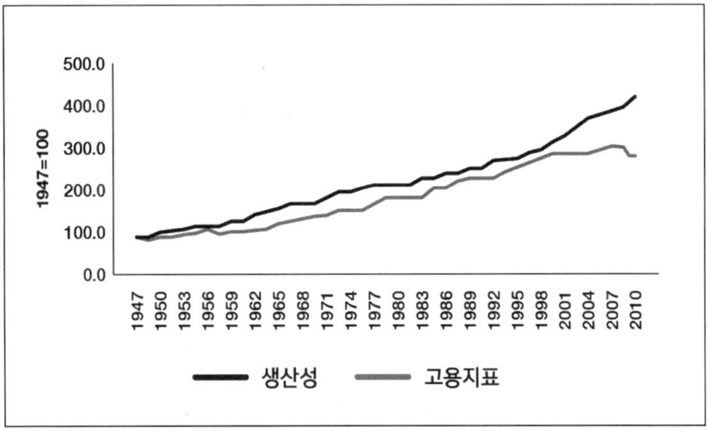

〔표 3〕 1947~2010년 사이의 생산성과 고용지표

※ 출처: Courtesy of Jared Bernstein, jaredbernstein.com

통계청 자료에 따르면 2015년 기준 한국의 청년실업률은 9.2%로 나와 있지만, 김유선 한국노동사회연구소 이사장 등 전문가들은 "사실상 구직을 포기한 인원까지 포함하면 청년 실질 실업률이 20%를 넘어설 것"이라고 분석한다.

취업난은 청년들을 움츠리게 만든다. 가장 진취적이고 도전과 모험정신으로 충만해야 할 젊은이들이 일찍부터 안정적인 직장을 갖

244) Andrew McAfee, "Productivity and Employment (and Technology), In the Jaws of the Snake", http://andrewmcafee.org/2012/03/mcafee-bernstein-productivity-employment-technology-jaws-snake/(검색일: 2015/08/17). Rolf E. Kleiner, "Into the Jaws of the Snake", http://www.kellyservices.co.nz/uploadedFiles/United_States_-_Kelly_Services/New_Smart_Content/Business_Resource_Center/Leadership/Into_the_Jaws_of_the_Snake.pdf(검색일: 2015/08/17).

는 것을 삶의 최우선 과제로 삼는다. 통계청 조사에 따르면 우리나라 취업준비생 10명 중 4명은 공무원 시험을 준비하고 있다고 한다. 최근에는 연령대도 점점 낮아져서 고등학생 때부터 9급 공무원 시험을 준비하는 이른바 "공시족"이 늘고 있다. 이와는 대조적으로 중국은 현재 젊은이들의 창업 열풍이 뜨겁다. 2014년 중국 리커창 총리는 "대중창업 만인혁신"大众创业, 万众创新의 구호를 내세우며, 창업절차를 간소화하고 각종 규제철폐와 자금지원을 약속했다. 전국에 청년층 창업지원센터인 '중창공간'重創空間을 설치하여 청년들의 창업을 국가적 차원에서 장려하고 있다. 20대 초반부터 안정적인 직장과 노후연금이나 생각해야 하는 한국의 젊은이들을 보면 이래서야 미래가 있겠나 하는 생각이 든다.

최근 『왜 분노해야 하는가』를 펴낸 장하성 교수는 청년들을 고통에 빠뜨린 사회구조를 규명하면서 "오늘날 한국 자본주의 현실은 경제성장이 임금증가로 이어지지 않았고 임금격차가 커졌으며 고용불평등이 임금불평등을 만들면서 점점 불평등이 심화하는 양상을 보이고 있다"고 지적하고 있다. 그는 청년들을 향해 "바늘구멍을 뚫고 가려 하지 말고 바늘을 부수라. 이 사회의 지금 모습은 미안하게도 기성세대가 만들었지만 이를 깨고 새로운 사회를 만드는 건 청년 세대의 몫"이니 분노하라고 말한다. 하지만 대다수 청년들은 자신의 이익에 직접적으로 결부되지 않는 한 분노하기보다는 다만 자신 앞에 닥친 고용절벽이라는 낭떠러지 위에서 떨어지지 않기 위해 전력투구하고 있을 뿐이다.

한국은 인구대비 대학이 가장 많은 나라이고 당연히 대학진학률도 세계 1위라서 고학력 실업자도 그만큼 큰 폭으로 늘고 있다. 대졸 이상 실업자 수는 2005년 6만 7,000명에서 2014년 12만 6,000

명으로 두 배 가까이 늘었다. 정규직과 비정규직, 대기업과 중소기업 간 이중구조가 심화하면서 양질의 일자리를 찾기 어려워진 탓도 있다. 이런 상황에서 무조건 대학만 들어가면 된다는 식의 사고는 곤란하다. 그러한 행태는 개인의 불행일 뿐만 아니라, 국가의 경제 및 사회적 측면에서도 낭비일 수밖에 없다. 각자의 재능을 적재적소에 활용하지 못하고 있으니 말이다.

필자는 대학교수이지만 모든 청소년들이 대학에 가야 한다고 생각하지 않는다. 지금까지 살아오면서 만나본 사람들 중에 가장 독특한 사람은 이제 고인이 되신 앙드레 김이었다. 주한 캐나다 대사관저 파티에서 그를 두 번 만났는데, 그의 독특한 언행만큼이나 그의 인생 이력도 독특했다. 1960년대 초반 당시 한국의 남성이 양복점이 아닌, 여성 옷을 만드는 양장점에서 일하는 것 자체부터가 상상도 할 수 없을 만큼 파격적인 것이었지만, 앙드레김은 사회적 통념을 뒤엎고 자신의 길을 계속 갔기 때문에 대성할 수 있었다. 그래서 그는 죽는 순간까지 이 사회에서 가장 화려하게 그리고 가장 역동적인 삶을 살았다. 패션에 재능이 있으면 패션학교, 요리에 재능이 있으면 요리학교에 가야 한다. 그렇지 않고 모든 학생들이 무조건 모두 4년제 대학만을 바라보는 지금의 사회적 강박이 바로 교육 낭비의 핵심이다.

급격한 변화는 불확실성을 키운다. 시대의 변화에 적응하기 어려운 싸구려 인력만 양산하는 시대착오적 교육으로는 한국의 미래를 기약할 수 없다. 한국이 진정 선진국으로 도약하기 위해서는 시험점수의 속박에서 벗어나 시험으로는 제대로 평가할 수 없는 지적능력, 즉 창의력과 호기심, 모험심을 길러주는 교육방식으로 전환해야 한다. 창의력은 세상에 대한 이해를 스스로 넓혀갈 줄 아는 능력이 있는 사람에게서만 나오는 창조적 힘이다.

21세기의 화두는 '재미'다

다이너마이트 발명 및 여러 가지 사업으로 거대한 재산을 모은 스웨덴의 노벨은 1895년 11월 27일 자신이 헌납한 재산으로 물리학, 화학, 의학(생리학 포함), 문학, 평화의 5개 부문에서 "인류에게 가장 큰 공헌을 한 사람"에게 매년 상을 수여하라는 내용을 유언장으로 작성했고, 이후 이 노벨상은 인류사회에서 가장 저명한 상으로 평가받게 되었다. 노벨상은 인류의 복지에 크게 공헌한 사람에게 수여한다. 특히 과학 분야의 경우 이전에 그 누구도 해결하지 못했던 문제를 해결하거나 새로운 발명을 함으로써 인류에게 새로운 미래를 열어준 과학자의 공헌을 치하하는 상이다. 사실 노벨 그 자신이 355개의 특허권을 보유하고 있었을 만큼 대단히 창의적인 인물이었다. 그 누구보다 창의적인 업적을 이룩한다는 게 얼마나 대단한 일인지를 알았던 노벨은 인간의 창의적인 업적을 무엇보다 높이 평가하고 싶어 했다. 그래서 노벨은 인간의 창의성이 인류의 미래를 개선하는 데 도움이 되길 희망하며 인류 최고의 업적을 기리는 유명한 상을 창설하라는 유언을 남겼던 것이다.

사진사 볼커 스티거Volker Steger는 <과학에 대한 스케치: 역대 노벨상 수상자들의 사진전>Sketches of Science: Photo Sessions with Nobel Laureates을 준비하기 위해 역대 노벨상 수상자들을 찾아갔다. 수상자들을 만나서 그들의 사진을 찍고 마치 초등학교 학생들이 미술시간에 하듯, 수상자들에게 크레용 연필을 쥐어주고는 그들이 발명했던 것을 즉석에서 그려보라고 했다. 그는 "모든 노벨상 수상자들은 장난기가 많은playfulness 사람들이었다"[245]고 말한다. 노벨박물관은 매년 12월 열리는 노벨상 시상식 참석자들이 가장 먼저 들르는 곳이다. 2012년 스케치 사진전을 제일 먼저 주관했던 노벨박물관의 올로프 아멜린Olov Amelin 관장은 스티거가 모든 노벨상 수상자들의 <창의력과 장난기>라는 중심 주제를 그의 사진에 탁월하게 반영했다고 말했다.

노벨상 수상자들이 자신들의 수상受賞 아이디어를 직접 그린 그림을 들고 찍은 사진을 보면 하나같이 장난기 가득한 모습들이다. 축구공 모양 분자 '플러렌'C60을 발견하여 1996년 화학상을 받은 해롤드 크로토 경Sir Harold W. Kroto은 자기가 그린 축구공 그림을 힘껏 발로 차는 사진이고, 1998년 물리학상을 받았고 한국 KAIST 총장을 지냈던 로버트 러플린Robert B. Laughlin은 익살스러운 표정으로 자신이 그린 그림을 물어뜯는 시늉을 했다. 이들은 세계적인 명성을 지닌 학자들이지만 하나같이 근엄한 표정이 아닌, 천진한 어린아이처럼 해맑고 장난기 가득한 표정을 지었다. 2001년 노벨의학상을 받은 영국의 팀 헌트 경Sir Tim Hunt은 "장난기가 많다는 것이야말로 진정한 발견의 절대적인 요소"[246]라고 말했다. 'Playful'이란 단어에는 '장난기가 많은' 혹은 '놀이를 좋아하는'이라는 뜻이 담겨 있다. 장난기와 놀이 그리고 창의력은 이렇듯 서로 맞물려 있다. 지난 15년간 노벨상을 탄 사람을 모두 만나봤다는 아멜린 관장은 "노벨상 수상자들은 치열한 노력과 함께 새 아이디어를 이렇

245) "Nobel Prize Winners Show Playful Side in Crayon Drawings", http://www.livescience.com/49394-nobel-prize-winners-photo-exhibit.html(검색일: 2015/01/30).

246) "Nobel Laureates Get Playful At Sketches Of Science Exhibition", *Asian Scientist*, September 17, 2013.

게도 적용해보고 저렇게도 적용해 보려는 창의력과 장난기를 갖춘 덕에 위대한 업적을 이뤘다"고 증언한다.

노벨상이 한 나라의 과학이나 학문의 수준을 평가하는 절대적 잣대는 아니지만, 수상자들의 숫자와 학문적 수준이 상관관계에 있음을 부인할 수는 없다. 매년 10월 노벨상 시즌이 되면, 한국의 언론기관들은 한국인의 노벨 학술상 수상 가능성에 대해 촉각을 곤두세우고 여러 가지 추측기사를 내곤 한다. 노벨상과 관련해 한국은 아직까지 노벨 평화상 수상자 1명뿐인 데 반해 일본은 2016년 기준으로 25명의 노벨상 수상자와 수학계의 노벨상이라 할 수 있는 필즈상도 3명이나 배출했다. 물론 수상 분야도 각종 과학과 문학, 평화 부문에 이르기까지 다양하다.

2014년에도 일본인 과학자 3명이 노벨 물리학상을 공동 수상하였는데, 그중 한 명인 나카무라는 일본에서 가장 낙후된 지역 중의 하나인 시코쿠의 도쿠시마 대학을 졸업하고 한적한 시골의 어느 중소기업에 근무하던 평범한 엔지니어 출신이었다. 그런데 그런 그에게 세계 모든 과학자들이 열망하는 노벨상이 돌아갔다. 특히 그가 우리에게 전한 메시지가 있는데, 그것은 바로 "남들과 다른 것을 하라"는 것이었다. 일본 과학자나 교수들은 학교나 연구소의 지원을 받으며 꾸준히 연구할 수 있는 장인정신이 있었기에 지속적으로 노벨상 수상자가 나올 수밖에 없다. 무엇보다 창의적 연구가 가능하기 위해선 우선 단기적 결과물에 연연해하지 않는 지구력이 필요하다.

<2014년 OECD 교육지표>를 보면 2012년 기준 25세에서 34세까지 우리나라 청년층의 대학교육 이수율은 66%, 고교 이수율은 98%에 달했다. OECD 국가 평균치는 각각 39%와 82%였다. 이렇

듯 우리나라는 OECD 국가 중 대학 이수율은 6년 연속, 고교 이수율은 2년 연속 1위를 유지하고 있다. 그러나 대학교육의 유용성과 사회환원 수준은 모두 52위 수준이다. 학문적 성과 또한 여타 선진국들에 비해 한참 뒤떨어지는 한국 대학의 현실은 우리의 교육시스템이 얼마나 비효율적인지 극명하게 보여준다. 획일적인 교과과정과 관료적인 학사진행이 얼마나 시대적 요구에 역행하는 처사인지 교육정책 집행자들은 인지해야 한다.

한국의 실제 교육은 학교가 아닌 사설 학원에서 이루어진다. 세계에서 가장 정교한 사설 학원의 시스템을 가진 한국은 실상 교육의 핵심을 학원에게 넘겨줬다. 학원 강사들은 자신의 강의능력, 즉 수강생 숫자와 수강생의 가시적인 성적 향상에 따른 학부모의 만족도에 따라 소득이 결정된다. 유명 강사를 유치하기 위해 학원마다 치열한 유치 전쟁이 벌어지고 유명 강사의 경우 그들의 소득은 한국 최상위 연봉의 1% 안에 들만큼 어마어마하다. 실상 한국이 올린 PISA 성적은 학원 강사들이 올린 것이나 마찬가지다. 모든 학원은 점수 올리는 것에 온 신경을 기울인다. 가시적인 성적향상은 점수로 매김되기 때문이며, 학원 운영의 성패가 여기에 달렸기 때문이다.

오랜 지구력이 있어야만 향상이 되는 토익시험까지도 예상문제를 족집게처럼 풀어 원어민도 따기 힘든 점수인 900점대까지 올려놓지만 정작 외국인과의 대화에서는 잘 듣지도 말하지도 못한다. 그러니 이젠 기업도 토익시험 점수를 믿지 않고 아예 면접에서 따로 회화능력을 시험하는 우스꽝스러운 장면이 연출되고 있다. 사지선다형 시험은 비판적, 탐구적 사고 능력을 키우고 창의성을 높이는 데 효율적인 교육이 아니다. 김나지움 13학년 때까지 석차를 매기지 않으며 선행학습도 예습도 없고 과외도 없는 독일에서 101명의 노벨상 수상자가 나온 것은 무엇을 의미할까를 생각해야 할 때다.

앞으로의 미래 사회가 요구하는 인간형은 인문학적 상상력과 과학기술을 융합하는 능력과 창조력을 함께 갖춘 인재이며 기업 현장에서 원하는 스펙은 토익이나 자격증 같은 '스킬'skill이 아니라 바로 '문제해결능력'이다. 어떤 상황이 주어지더라도 해당 정보를 찾아 재빠르게 문제를 해결할 수 있는 능력은 바로 창의력이다.

고교생들을 대상으로 실시된 국제수학올림피아드 경시대회에서 한국은 중국과 싱가포르, 일본 등을 제치고 종합우승을 차지해 일약 수학 최강국으로 떠올랐다. 그러나 정작 대학에서는 그 수준이 거의 바닥권으로 조사됐다. 중국 상하이 교통대학이 발표한 <2013년 세계대학 수학 부문>에서 조사대상 200개 대학 중 한국의 서울대학교는 151~200위권으로 밝혀져 충격을 주었다. 다른 한국 대학들은 아예 이름조차 올리지 못했다. 1·2·3위는 미국의 프린스턴과 하버드, UC버클리가 각각 차지했다. 이어서 케임브리지(영국), 스탠퍼드(미국), 옥스퍼드(영국), 파리 11대학(프랑스), 파리 6대학(프랑스), UCLA(미국), 매사추세츠공과대학MIT(미국) 순으로 톱 10을 형성했다. 일본의 교토대학은 21위, 도쿄대학은 51~75위권으로 랭크됐다. 중화권에선 홍콩중문대학(40위), 홍콩시립대학과 홍콩폴리테크닉대학(51~75위권) 등이 비교적 상위권에 포진해 눈길을 끌었다. 이에 대해 전문가들은 한국과 중국이 고등학교 수학에선 최강으로 꼽히지만 창의력과 융합적 사고능력이 크게 떨어져 대학에선 하위권을 면치 못하고 있다고 지적했다. 눈에 보이는 학업성취도와 국제올림피아 성적 등 수치에만 집중해 이 같은 결과를 초래한 것이다.

현행 한국의 수학교육은 엄청난 사교육비와 치열한 교육열로 모든 학생을 '압력밥솥' 같은 교육시스템에 넣어 성적은 올리지만, 창의적 사고로 새로운 길을 여는 인재를 길러내는 데는 기본적으로 결함이 있는 구조다. 과거에 수학은 단순 연산을 외우고 푸는 것이었지만 이젠 초등 교과서의 수학교재도 창의적, 융합적 사고를 요하는 '스토리텔링'식으로 되어 있는 사실을 눈여겨보아야 한다.

2014년 미래창조과학부(현 과학기술정보통신부) 산하 한국연구재단은 내부 기획과제로 '노벨지수'N-factor를 만들어 공식 홈페이지를 열었고, 지수 개발에는 국내 최대 기초과학 연구기관인 기초과학연구원도 참여했다. '노벨지수'란 역대 노벨과학상(생리의학·물리학·화학) 수상자들이 투고한 학회지에 국내 과학자들의 논문이 게재되면 점수를 더 부과하는 제도다. 해당 홈페이지에 접속해 나이, 논문 게재 학회지명, 공동저자 현황을 입력하면 해당 학자의 노벨지수를 확인할 수 있다. 역대 노벨상 수상자가 논문을 많이 낸 학회지에 논문을 게재할수록 높은 점수를 받는다. 노벨상 수상자의 평균 노벨지수를 제시해 연구자가 노벨상과 얼마나 가까워졌는가를 비교해 볼 수 있다. 그러나 기초과학을 육성해야 할 정부가 특정상 수상을 목표로 해, 오히려 기초과학 연구 풍토를 왜곡할 수 있다는 우려가 나오고 있고 이 지수가 정부의 연구과제 평가에 활용된다면 기초과학 연구자들이 노벨지수가 높은 학회지 투고에만 매달릴 수밖에 없다는 불평들이 과학자들 사이에서도 쏟아져 나오고 있다. 그래서 노벨지수를 두고 어떤 과학자는 "정부의 '노벨상 병'이 도진 것"이라며 "어느 학회지에 투고하는가가 중요한 게 아니라 특정 연구를 창안해 선도하는 게 차라리 노벨상을 타는 지름길"이라고 지적했다. 한국 학문의 국제적 위상을 고려해 정부기관 산하 단체가 이런 꼼수를 낼 수밖에 없는 처지도 한심하지만 이는 마치 씨는 뿌리지 않고 수확부터 하려는 노림수로밖에 보이지 않는다.

인문학 강좌는 점점 대학의 커리큘럼에서 빠르게 사라지고 있고, 대학 구조조정의 첫 번째 대상 학과들은 대부분 인문계열의 학과들이다. 저출산의 여파로 인해 대학들이 구조조정에 들어가면서 대학의 가장 중요한 존재 이유인 기초 학문을 속속 고사시키고 있는 것이다. 전국 161개 대학교 중에서 수학과가 있는 대학은 58개뿐이고, 화학과는 61개, 물리학과는 47개에 불과한 형편이다. 여타 철학, 사회학, 각종 언어학 같은 인문학은 말할 것도 없으니 교양교육도 붕괴될 수밖에 없다. 이런 상황에서 어떻게 노벨 물리학상이나 화학상을 기대할 수 있을까? 기초 학문들이 사장되어 버리는데 어떻게 융합형, 창의형 인재를 길러낼 수 있을까? 그야말로 연목구어緣木求魚, 나무에 올라 생선을 구하는 형국이다. 무엇보다 노벨상은 원천 연구에 주어지는 상이다. 기초 학문의 육성 없이는 도저히 이룰 수 없는 꿈이다. 칼 야스퍼스Karl Jaspers는 "대학은 그 사회와 국가가 필요로 하는 그 시대의 가장 바람직한 의식을 형성"한다고 했지만 이런 상황에서 과연 그런 의식을 형성할 수 있을까? 무엇보다 이런 상황에서 어떻게 미래에 건강한 사회와 공동체를 만들 수 있을까?

2015년 2월 5일 한국을 방문한 팀 헌트 경은 서울대학교 문화관에서 열린 제22회 자연과학 공개강연인 <과학자의 꿈과 도전>에서 "세상에 없는 질문을 하고 그 질문을 따라가야 한다"고 강조했다. 창의적인 사고만이 신대륙을 발견할 수 있는 원동력이라는 것이다. 그는 창의적인 사고를 하기 위해 "책에 나온 지식만 믿지 말고, 자신만의 눈으로 세상을 바라보는 능력을 길러야 한다"고 한국 학생들에게 충고했다. 또한 자신의 생각을 잘 전달하는 기술도 중요하다면서 말하기와 글쓰기 연습을 꾸준히 해야 한다고 덧붙였다. 그는 "정해진 목적을 따라가는 것이 아닌 창의적인 환경에서 나오는 질문을 계속 좇아가려는 의지가 필요하다"고 강조했다. 결국 정답을 찾는 것이 아니라 스스로 답을 찾는 과정이 더 중요하다는 뜻이다. 그는 강연 참석자 중 "나는 과학자가 되고 싶은데 부모님은 의사가 되라고 한다. 어떻게 하면 좋을까"라는 한 학생의 질문에 "당신의 심장이 말하는 대로 하라"며 자신이 즐기는 일을 할 것을 조언했다.

헌트 경은 한국인들에게 노벨상을 받고 싶으면 먼저 자신이 즐기는 것을 하라고 충고한다. 또한 교육담당자들은 획일적인 지시를 하지 말고 우수한 인재들에게 자유를 주면 반드시 좋은 결과가 나올 것이라고 충고한다. 눈앞의 목적에 구애받지 말고 자신의 질문이 이끄는 대로 즐기라는 것이다. 논어의 옹야편雍也篇에 나오는 공자의 "아는 사람은 좋아하는 사람만 못하고〔知之者不如好之者〕, 좋아하는 사람은 즐기는 사람만 못하다〔好之者不如樂之者〕"라는 구절이 새삼 마음에 와 닿는다. 공자는 논어에서 배움에 대한 즐거움을 "배우고 때로 익히면 즐겁지 아니한가"〔子曰 學而時習之 不亦說乎〕라고 표현하고 있다. 공자는 아무도 나만큼 배우는 것을 좋아하는 사람은 없다고 했을 만큼〔不如丘之好學也〕, 요즘 말로 하면 공부하는 게 취미라고 했을 만큼 공부하는 것을 즐거워〔好學〕했으니 천생 타고난 학자였다. 배움의 즐거움을 일찍이 체득한 공자는 그래서 배우고자 하는 학생을 어떻게 교육해야 하는지를 알았던 교육학의 대가이기도 했다.

배움이란 인간을 행복한 삶으로 이끄는 열쇠와 같고 공부는 그

열쇠를 여는 탐구력을 배양시키는 것이다. 가끔 닫힌 문을 열려고 할 때 열쇠가 잘 안 맞아서 이렇게 저렇게 고심하던 중 어느 순간 문이 철컥하고 열릴 때의 희열을 짐작할 수 있을 것이다. 즐거움이 있어야 자기주도 학습이 이루어지는 것은 예나 지금이나 마찬가지다. 학생들에게 배움의 즐거움을 알려주어야 하고, 한 가지 지식을 익히면 그 지식을 다른 상황에서도 잘 활용할 수 있도록 사고의 유연성을 길러주어야 한다.

고등사범학교 졸업 후 지방 고등학교에서 교편을 잡았던 프랑스의 사상가 시몬 베유Simone Weil는 "지성을 이끄는 것은 오로지 욕망이다. 욕망을 품으려면 기쁨과 즐거움을 느껴야 한다. 지성은 즐거움이 있어야만 자라고 열매 맺을 수 있다. 달리려면 숨을 쉬어야 하듯, 공부하려면 배움의 즐거움을 느껴야 한다. 배움의 즐거움이 없는 사람은 진정한 학생이 아니라 서툴게 도제 흉내를 내는 자에 불과하다. 도제 생활이 끝나도 자신이 일을 맡을 수 있을 리 만무하다"[247]고 말한다. 오늘날 대다수의 한국 학생은 배우는 것이 왜 즐거운지, 그 의미를 이해하지 못한다. 아니, 오히려 배우는 것이 즐겁기는커녕 지극히 따분하고 지겨울 뿐이다. 사람이 배움에서 즐거움을 느끼려면 학생 자신이 학습에 대한 선택권과 주도권이 있어야 하고 때론 시행착오도 일으킬 수 있어야 한다. 사람은 실패하면서 배우기 때문이다. 그러나 모든 것이 타인에 의해 만들어지고 흥미가 있든 없든 따라잡기 경쟁을 해야 하는 획일적 학습환경은 학생들에게 학습에서 오는 즐거움이나 자기주도성을 애초부터 앗아가 버린다.

---

247) S. Weil, *Reflections on the Right Use of School Studies with a View to the Love of God. Waiting for God*, New York: Oxford University, 1951, p.110; 커스틴 올슨, 『상처 주는 학교』, 노승영 옮김, 한울림, 2012, 65~66쪽에서 재인용.

학습에 대한 흥미와 배우려는 열정이 사라지면 학습시간은 단지 지겨울 뿐이다. 한국청소년개발원이 2000년에 한국, 미국, 일본, 프랑스 등 4개국의 만 14세부터 17세까지의 청소년을 대상으로 자기 만족도를 묻는 설문조사를 실시한 결과, 한국의 청소년은 37.2%만이 "자기 자신에게 만족한다"라고 답했다. 미국 청소년의 88.9%, 프랑스 청소년의 70.6%가 자기 자신에게 만족한다고 답한 것에 비하면 자기 만족도가 엄청나게 낮은 편이다. 학교생활에 대해서도 미국 청소년은 73.8%, 프랑스 청소년은 58.7%가 "만족한다"라고 답한 반면, 우리나라 청소년은 41%만이 "만족한다"라고 응답하였다. 타인의 요구에 질질 끌려가는 교육환경에서 자기만족도가 떨어지는 것은 너무도 당연한 결과다.

학습에 대한 흥미를 불러일으키기 위해서는 이렇듯 교육환경이 뒷받침이 되어야 하는데, 그중에서도 스승이 역할이 중요하다. 공자는 교육에서 무엇보다 학생들의 탐구력을 계발啓發하려고 노력했다. "배우려는 열정을 가지지 않은 사람을 깨우쳐줄 수 없으며, 그 뜻을 알고자 애쓰지 않는다면 설명해도 소용이 없다. 앎을 터득하려고 스스로 애쓰는 사람은 하나를 가르쳐 셋을 터득하지 못하면 애써 반복할 필요가 없다"〔不憤不啓, 不悱不發, 擧一隅不以三隅反, 則不復也〕고 했다. 말을 강가에 끌고 갈 수는 있으나 물을 억지로 먹게 할 수는 없다. 공자는 학생들에게 억지로 지식을 떠먹여주는 주입식 교육이 아니라 개개인의 능력과 특성을 파악하여 각기 그에 맞는 문답을 통해 제자를 깨우치게 하는 교육방식을 사용하였다. 그래서 무엇보다 학생 스스로가 탐구력을 갖고 스스로 노력하여 깨우칠 수 있도록 계도하거나 때로는 제자들과 토론을 통해서 해답을 얻을 수 있도록 이끌어주기도 하는 등 그때그때 학생의 능력과 상황을 재빨리 파악하여 최대한의 학습효과를 얻을 수 있도록 배려하였다.

불교의 선방에서 유래한 줄탁동시啐啄同時란 고사성어가 있다. 이는 닭이 알을 깔 때에 알 속의 병아리가 껍질을 깨뜨리고 나오기 위해 안에서 껍질을 쪼는 것을 줄啐이라 하고 어미 닭이 밖에서 쪼아 깨뜨리는 것을 탁啄이라 한다. 본래 불교 선방에서 선승들이 참선수행을 할 때 수행승들의 지도자인 조실스님이나 방장스님이 마치 어미닭이 그 소리를 예민하게 알아듣고 바로 껍질을 쪼아 깨뜨리는 것처럼 결정적인 순간에 어떤 동작이나 소리나 선문답 등으로 선승의 깨침을 인도하는 역할을 말하는 것인데 교육에 있어 스승의 역할이 어떠해야 할지를 알려주는 말이다.

가톨릭의 수많은 수도회 중에서도 청소년 교육을 주요 사도직으로 삼고 창설된 살레시오 수도회의 창립자인 돈 보스코Don Bosco는 모든 젊은이의 마음이 기본적으로 착하다고 확신했다. 비록 때로는 타락하고 방황할지라도 젊은이들은 마음에 저마다 좋은 씨앗을 간직하고 있기 때문에 교육자들이 그 좋은 씨앗을 발견하고 발전시켜 주어야 한다는 것이 그의 신념이었다.

> 돈 보스꼬께서 위대한 스승이 되신 것은 바로 여러분의 영혼 안에 가지고 있는 그것, 아마 여러분 자신도 모르고 있는 탁월한 능력이나 잠재력, 숨어 있는 재능, 즉 여러분의 영혼 안에 함축되어 있는 에너지를 발굴해 내는 기술자가 되셨기 때문입니다. [⋯] 말하자면 '예수와 같은 사람'을 이끌어 내는 것입니다. [⋯] 이것이 바로 돈 보스꼬의 기술이요, 돈 보스꼬를 열성가로 만든 비결이었습니다.[248)]

---

248) 카를로 데 암브로지오, 『돈 보스코처럼 교육합시다』, 살레시오여자수도회 옮김,

동서양을 막론하고 교육은 교육자가 피교육자들이 가진 천품을 개발하고 이끌어내어 가치 있는 인간 형성을 이루는 작업을 뜻한다. 돈 보스코의 교육 이념도 이와 비슷하다. 교육을 의미하는 영어의 'education'은 라틴어 'educare'에서 유래한 것인데, 'e'의 '밖으로'와 'ducare'의 '이끌어낸다'가 합쳐진 합성어다. 교육이란 이렇듯 동서양 모두 청소년들 각자가 가지고 있는 능력과 개성을 밖으로 끄집어내고 개인이 가진 그 가능성이 발전되도록 바람직한 방향으로 최대한 육성시킨다는 의미를 가지고 있다.

학이편學而篇 15장에 나오는 자공子貢과 공자의 문답이나 팔일편八佾篇 8장에 나오는 공자와 자하子夏의 문답을 보면 공자가 한 모퉁이를 들어주자, 제자가 세 모퉁이를 들어 올린 경우가 나오는데, 이것은 자식이 사과를 따달라고 하면 사과를 따주는 대신 어떻게 사과를 따먹을 수 있는지를 가르친다는 유대인들의 교수법을 연상시킨다. 비록 문화권이 다르고 서로 직접적인 교류를 할 기회도 없었지만 동서양 교육의 대가들은 인간교육의 방법에 있어 이렇듯 비슷한 방법으로 청소년들을 계발하고 가르쳤다는 점이 신기할 따름이다.

교육학자 에이브러햄 매슬로우Abraham H. Maslow[249]는 인간의 뇌에선 다섯 가지 단계의 '동기욕구'motivation theory가 형성된다고 주장한 바 있다. 첫 번째 단계는 의식주와 성욕에 집착하는 생리적 또는 본능적인 욕구다. 두 번째 단계는 위험한 세상에서 신체적으로 또는 정서적으로 보호받으려는 안전 욕구다. 세 번째 단계는 원

가톨릭출판사, 2007, 9~10쪽.

249) A. H. Maslow, "A Theory of Human Motivation", *Psychological Review* 50(4), 1943, pp.370~396; "Maslow's Hierarchy of Needs", http://www.simplypsychology.org/maslow.html(검색일: 2015/01/29).

하는 집단에 귀속되고 싶은 소속감과 주위 사람들로부터 사랑받고 싶은 욕구다. 네 번째는 타인으로부터 인정과 존경을 받고 싶은 욕구가 있다. 욕구의 마지막 단계인 다섯 번째 단계는 자아실현의 단계다. 즉, 내가 진정으로 무엇을 원하고 나는 어떤 사람인지에 대한 자각의 욕구가 생긴다는 것이다. 자아실현의 욕구를 통해 개인은 지속적으로 발전하면서 자신의 발전을 극대화하여 자아를 완성해간다. 그러나 인간의 동기에는 위계가 있어서 각 욕구는 하위 단계의 욕구가 어느 정도 충족되었을 때 점차 상위 욕구로 나아간다고 보았다.

물론 매슬로우가 말한 자아실현의 실험대상이 압도적으로 백인 남성들에 국한되어 있고 하위 욕구가 충족되어야 상위 욕구에 주의를 기울인다는 원칙에도 회의적인 시각이 많다. 과거 조선시대 선비들이 밥을 굶으면서도 선비라는 자부심 하나 때문에 명예를 지키는 사람이 허다하였기 때문이다. 그러므로 동기욕구설의 상승 단계를 일반화시키기에는 방법상 많은 문제점이 있다 하더라도 매슬로우의 욕구단계설이 교육이나 교실 운영에 던져준 시사점은 의외로 많다. 생리적, 감정적, 사회적, 개인의 지적 수준이 학생들의 교육에 어떻게 영향을 미치는지 통시적인 접근을 했다는 점은 높이 살 만하다. 예를 들면 피곤하고 배고픈 상태에 있는 아이가 수업에 집중할 수 없는 것은 너무나 자명하다. 또한 정서적으로 불안하거나 왕따 피해를 겪는 아이가 자신의 가능성을 충분히 발휘하기란 어렵다. 그는 각 학생들이 교실에서 존중받으며 자신이 의미 있는 존재라고 자각하려면 교수들이 이런 분위기를 만들고 학생들을 격려해야 한다고 주장했다. 특히 자존감이 약한 학생은 그 자존감을 회복하기 전까지는 결코 학업적으로 발전할 수 없다는 매슬로우의 충고는 한국의 교육담당자들과 교사들이 귀담아들어야 할 충고다.

창의성은 다양성과 공유에서 나온다

도구를 만드는 활동은 인간의 본성이다. 2005년 미국에서 시작된 메이커운동Maker Movement은 일상에서 디지털 기기와 다양한 도구를 사용하여 스스로 만들기 활동을 통해 자신의 창의적인 아이디어를 실현하는 메이커들의 문화를 지칭한다. 이들은 함께 만드는 활동에 적극적으로 참여하고, 통신매체를 통해 자신이 만든 결과물과 지식, 경험을 공유한다. 한 사람의 번득이는 영감은 여러 사람이 모여 그 생각에 형체를 입히고make, 서로 아이디어를 공유share하고 시연demo하면서 점점 현실이 되어간다. 1인용 제트팩, 세계에서 가장 빠른 전기 오토바이나 스마트 워치 '페블' 등이 이렇게 해서 탄생된 것들이다.

지금 인류는 역사 이래 가장 만들기 좋은 시기를 만났다. 다양한 기술의 발달과 공유문화를 통해 저렴하고 다채로운 생산 수단을 누구나 사용할 수 있게 됐기 때문이다. 이제 수천만 원만 있으면 개인 인공위성을 띄울 수 있는 시대고, 대학생들이 아르바이트를 통해 마련한 수백만 원 정도만 갖고도 하드웨어 스타트업을 차릴 수 있는 시대다. 인터넷에 각종 기기와 센서, 스위치 등이 연결돼 '사물인터넷'IoT이 구축되면 혁신적인 하드웨어 스타트업들이 연달아 나타난다. 미국의 메이커 페어Maker Fair 참가자는 2006년 2천 2만 명에서 2012년 3억 3천 3만 명으로 6년 동안 열다섯 배나 증가할 정도로 뜨거운 관심을 받고 있다. 기발한 아이디어와 혁신적인 메이커들이 세상을 바꾸고 미래의 글로벌창조경제시대를 주도해나갈 것이다. 안정된 삶을 택하기보다는 새로운 것을 개척하려는 젊은이들의 도전과 열정이 사회를 발전시키는 동력이 된다.

2015년 3월 26일 KBS1 <명견만리>의 주제는 "천재시대의 종말 — 창조는 공유다"였다. 이날 시사프로그램의 주인공은 소위 한때 '문화대통령'이라 불렸던 서태지였다. 방송에서 서태지가 강조했던 이 시대의 가치는 공유다. 서태지는 2014년 9집 앨범을 내면서 타이틀곡 <크리스말로윈>의 스템파일(곡을 구성하는 보컬 및 악기 각각의 음원)을 공개했다. 누구나 이 음원을 재해석해 새로운 창작물을 만들 수 있도록 한 것이다. 저작권 분쟁의 당사자이기도 했던 점에 비춰보면 파격적인 시도였고 신선한 실험이었다.

한국의 대중음악은 흔히 서태지 이전과 이후로 분류된다. 그만큼 그의 노래나 삶의 스타일이 기존의 통념을 깨는 파격적인 것이었기 때문이다. 그런 그가 왜 이런 시도를 했을까. 방송에서 서태지는 새 시대에는 '공개와 공유'라는 새로운 문화의 패러다임으로 바뀌어야 한다고 말하고 있다. 자신이 음악활동을 시작한 1990년대와 달리 이제 시대가 변했다는 것을 깨달은 그가 재빠르게 그것을 실천에 옮긴 것이다. 실제 서태지가 공개한 음원은 300개가 넘는 <크리스말로윈>으로 뻗어나갔고 참가자들의 공유가 엄청나게 풍요로운 창작 열풍을 불러내었다. KBS 제작진은 서태지가 말하는 공유 정신은 단순한 유행이 아닌 이 시대 생존이 걸린 문제라고 지적한다. 공유가 세계 경제까지 재편하고 있기 때문이다. 한 시대 음악의 흐름을 바꿔버린 그의 내공이 그냥 나오는 게 아니었다는 것을 느낄 수 있었다.

현대 정보기술 시대를 선도해온 마이크로소프트 창업자이자 최고 경영자였던 빌 게이츠Bill Gates는 21세기 지식정보사회에서는 누구나 자신에게 필요한 정보와 지식을 아무런 제한 없이 공유하는 지식근로자knowledge workers without limit의 시대가 올 것을 예견하였다. 지식정보산업의 핵심은 누가 더 강력한 웹web 소위 "거미집"을 가지느냐가 관건이다. 오늘의 인터넷 시대를 연 World Wide Web(www)의 서비스에서는 정보검색 서비스와 텍스트만 제공했던 것과 달리 문자-영상-음향-비디오정보를 한꺼번에 제공하는 멀티미디어 서비스의 시대가 도래할 것이다. 웹의 출현은 과거 기업들의 폐쇄적·독점적 구조를 단번에 바꿔놓았다. 거미줄 같은 웹의 확장은 수많은 참여 기업들을 묶어나가고 있으며 마이크로소프트의 유연성과 혁신역량을 강화하고 있다. 참여자가 많으면 많을수록 더욱 강력해지는 웹의 특성은 산업사회에서 정보사회로의 전환을 가져오는 획기적 사건이었다.

빌 게이츠는 자신이 만든 소프트웨어를 통해 서로가 다양한 방법으로 지식을 공유하고, 이를 통해 언제 어디서나 지식자산을 창출할 수 있도록 만들어주었다. 그의 경영 전략의 핵심 키워드는 참여, 공유, 개방이다. 팀원들이 정보를 공유해야 문제점이 해결될 수 있고, 그래야 적극적으로 동참하고 싶은 마음도 생겨난다. 신뢰와 공유는 동전의 양면이다. 회사의 경영 목표가 무엇이고 얼마만큼 진척되어 가고 있는지를 직원들도 알아야 자신들의 일에 최선을 다할 수 있고 거기서 신명나는 아이디어가 창출되며, 직원들의 근무 효율성도 진척된다. 그의 경영 전략의 핵심은 자신의 직원들과 전자우편을 통해 끊임없이 대화하고 이를 통해 지식과 정보를 공유하는 방식이었다.

빌 게이츠는 세계 최대 부호로 1994년부터 2009년까지 미국 경제지 『포브스』가 선정한 백만장자 서열 1위 자리를 유지해왔다. 그러나 그는 1천억 달러가 넘는 재산이 있음에도 불구하고 세 자녀에게는 1천만 달러씩만 물려주고 자기 재산의 99%를 모두 기부할 계획임을 밝혔다. 그는 2000년 '빌앤멜린다게이츠재단'Bill & Melinda Gates Foundation을 설립하고, 부인과 함께 여생을 자선가로 활동하며 지내고 있는데 이미 공유의 삶을 실천하고 있는 셈이다. 세계 시가총액 최상위 기업인 애플, 구글, 페이스북 등이 공유의 가치를 실천하는 새로운 기업 생태계를 만들어내는 것에도 주목해야 한다.

깊은 심심함에서 창의력이 나온다

바쁘게 사는 현대인들에게, 특히 "빨리빨리" 문화에 중독된 한국인들에게 성공회 존 라일John C. Ryle 주교는 이렇게 충고한다.

> 사람들은 바쁜 가운데 살다가 바쁜 가운데 죽습니다. 〔…〕 그러나 바쁜 생활 때문에 멈추어 서서 영혼의 상태를 돌볼 시간을 잃고 맙니다. 〔…〕 모든 독자는 자기의 삶을 반성해보기 바랍니다. 스페인 속담에 "서두름은 악마가 주는 것이다"라는 말이 있습니다. 〔…〕 대충 기도하고 성경 읽고, 서둘러 교회 가고, 급하게 형식적으로 교제 나누는 것을 삼가십시오. 적어도 일주일에 한 번은 고요한 가운데 자신을 살펴보십시오. 〔…〕 값싸고 형식적인 그리스도교, 곧 주일 아침에나 성급하게 마음에 품었다가 그날 저녁에는 한쪽으로 치워놓고 한 주일 내내 전혀 신경 쓰지 않는 그런 그리스도교에 결코 만족하지 마십시오.[250]

250) 존 C. 라일, 『선한 길 — 바른 목회를 위한 필수적인 요소』, 박용호 옮김, 기독교문서선교회, 2013, 82~83쪽.

성과주의 사회에서 세계 최장의 노동시간에 시달리며 살아가는 한국의 노동자들에게 자신의 삶을 되돌아볼 수 있는 개인적이고 주체적인 시간을 내기란 사치에 불과하다. 하지만 모두가 무작정 달리는 형국에서 잠시 짬을 내어 조용히 앉아 호흡을 고르면서 자신의 내면을 성찰해볼 수 있는 시간이 무엇보다 필요하지 않을까?

한병철은 삶의 활력소를 회복하기 위한 대안으로 "깊은 심심함"을 제시한다. 그리고 안식일을 그 예로 든다. 안식일은 일상의 분주함에서 벗어나 모든 것을 뒤로 물려두고 쉬는 날이다. 안식일을 가리키는 히브리어 '사바트'Shabbat란 단어의 본래 의미는 '습관적으로 하던 일을 멈추다' 또는 '일을 중지하다' '행동을 멈추다' '휴식하다'라는 의미를 지니고 있다. 즉, 안식일은 일상으로 하던 모든 일을 중지하고 쉬는 날을 의미한다. 일상생활의 대부분이 목적지향적인 일로 채워졌다면 안식일은 그야말로 도덕경에서 말하는 무위無爲의 날이다. '창조는 행함이 없이 행하는 것'인데 이것을 노자는 무위라고 했다. 목적지향적인 압박에서 벗어나 쓸모없는 것의 쓸모가 생겨나는 무위의 날, 이런 삶의 여백이 현대 한국인들에겐 절실하게 필요하다.[251)]

한병철은 『피로사회』에서 우리가 그저 시간낭비라고 생각하는 '심심함'을 전혀 다르게 평가한다. 그저 부산을 떨면서 바쁜 척하는 동안에는 어떤 새로운 것도 낳지 못한다. 그저 단순히 이미 있던 것을 반복하고 재생할 뿐이다. 비로소 이 분주한 반복이 정지할 때, 아무 일도 하지 않고, 혹은 다른 무언가를 시작해야 한다는 강박에서도 벗어나 심심하다고 느낄 때, 소위 무심, 무위의 경지에 들어섰을 때 비로소 창조적 사색이 시작된다. 어떤 일에 골몰하고 있을

---

251) 한병철, 『피로사회』, 72쪽.

때는 그 일에 정신이 집중되어 다른 생각을 할 겨를이 없다는 것을 우리는 경험으로 알고 있다. 예술과 철학을 포함한 모든 인류의 문화적 업적은 삶의 여백과 같은 깊은 사색에서 비롯된 것이다. 심심함에도 두 가지가 있다. 하나는 생산적인 심심함이요, 또 하나는 그야말로 시간이나 죽이는 무료함이다.

휴일에 멍하게 앉아 있는 시간이 낭비처럼 느껴지지만 실상은 매우 창조적인 시간이다. 평소의 뇌는 기초값과 활성값이 적절한 균형을 이루지만 과로에 시달리면 뇌가 기초값으로 돌아가지도, 활성화되지도 못한다. 인간의 뇌는 쉬는 동안 스스로 기초값을 찾고 거기서 비로소 새로운 의욕과 아이디어가 생긴다. 잠이 육체적 긴장과 피로를 풀어주는 이완이라면 심심함은 정신적 이완을 가져온다. 발터 벤야민Walter Bendix Schönflies Benjamin은 그래서 "깊은 심심함은 경험의 알을 품고 있는 새"라고 말했다. 진실로 심심한 자만이 조용히 생각을 하고, 경험의 알을 스스로 부화시켜 자신만의 이야기를 만들어낸다.

외부의 자극 없이 생각이 흘러가는 대로 멍하니 있는 상태를 요즘 말로 "멍 때린다"고 한다. 그런데 이렇게 멍하게 있을 때, 의외로 인간의 기억력과 창의력이 더 좋아진다고 한다. 특정 뇌 부위들이 더욱 활성화된다는 것이다. 어떤 한 연구에서 직장인 남녀에게 각각 스마트폰과 노트북을 주고 생소한 용어를 15분 동안 검색하게 했다. 그런 뒤 곧바로 30개 단어가 적힌 종이를 주고 1분 동안 외우게 한 뒤 얼마나 외웠는지 적게 했다. 그 이후 스마트폰과 노트북을 거두고 아무 생각하지 말고 이른바 멍을 때리도록 부탁했고 마찬가지 방법으로 곧바로 기억력을 측정하였는데 이때 적어낸 단어의 수가 남녀 모두 4개씩 더 많았다. 참가자 중 한 사람은 "좀 쉬고 난 다음에는 약간 머리가 비워진 느낌이 들어서 첫 번째보다는 조금 더 집중할 수 있었다"고 말했다. 실제로 외국 연구 사례에서는 멍 때리고 난 후에 기억력이 1.5배 정도 높아지는 것으로 나타났다.[252)]

여가나 휴식이 인간의 뇌에 주는 효과를 신경과학에서는 '디폴트 모드 네트워크'default mode network라고 한다. 2001년 미국의 신경과학 전문가인 마커스 레이클Marcus E. Raichle[253)]은 마치 컴퓨터를 리셋하게 되면 초기 설정default으로 돌아가는 것처럼 아무런 생각을 하지 않고 휴식을 취할 때 바로 뇌의 디폴트 모드 네트워크가 활성화된다고 주장한다. 그는 실험 도중 참가자가 시험 문제에 집중하면서 생각에 골몰하면 뇌의 특정 영역이 늘어나는 것이 아니라 오히려 줄어든다는 사실을 발견했다. 오히려 이 영역은 아무것도 하지 않을 때 활동이 늘었다. 우리 뇌의 많은 부분이 정신적으로 아무것도 하지 않을 때 오히려 그 활동을 강화하고 끊임없이 활동하고 있었다.

디폴트 모드 네트워크는 하루 일과 중에 긴장을 풀고 몽상을 즐길 때나 잠을 자는 동안에도 활발한 활동을 한다. 휴식을 취하고 있을 때, 그래서 아무런 외부 자극이 없을 때 정보가 유입되지 않는다 해서 우리 두뇌가 쉬는 것은 아니다. 자는 동안이나 쉬는 동안에도 뇌는 신경세포인 뉴런을 다듬고 관리하거나 혹은 뉴런의 네트워크를 새롭게 정비하고 기억을 분리하며 정보를 자신의 것으로

252) 조동찬, "'멍 때린' 후 기억력 측정해보니 〔…〕 반전 결과", http://news.sbs.co.kr/news/endPage.do?news_id=N1003377901&plink=ORI&cooper=NAVER (검색일: 2016/01/23).

253) "A Paradigm Shift in Functional Brain Imaging", *The Journal of Neuroscience*, 14 October 2009, 29(41).

만들어내는 등 오히려 끊임없이 활동을 하고 정보를 재정비한다. 일본 도후쿠 대학 연구팀은 디폴트 모드 네트워크가 활성화되면 창의성이 생겨나며 특정 수행능력이 향상된다는 연구 결과도 발표했다. 기능성자기공명영상fMRI을 이용해 아무런 생각을 하지 않을 때의 뇌 혈류 상태를 측정했는데, 그 결과 백색질의 활동이 증가되면서 혈류의 흐름이 활발해졌고, 그런 반응을 보인 실험 참가자는 새로운 아이디어를 신속하게 내는 과제에서 높은 점수를 받은 것으로 나타났다. 이런 결과는 뇌가 휴식을 취할 때 백색질의 활동이 증가되면서 창의력 발휘에 도움이 된다는 것을 보여준다.

선방에서 참선하는 승려를 보라. 선 수행은 일단 "생각하지 말라!"라는 경구로부터 시작한다. 우리 눈에는 선승이 그저 무료하게 앉아 있는 것처럼 보이지만 실상 그들 내면에서는 자신의 내면을 "지금 여기서" 있는 그대로 치열하게 바라보고 있다. 그러다 어느 순간 너무도 갑자기 한 생각이 번득이는데 그걸 "깨침"이라고 한다. 가장 창의적인 순간이다. 그건 외울 수도 빌려올 수도 없는 오직 자기만의 경험이기 때문이다. 깨침은 이분법적 의식을 지양하고 어떤 개념이나 논리적 범주에 한정되지 않으며 무념무상無念無想의 경지에서 어느 순간 직관에 의하여 갑자기 새로운 의식의 경지가 확 트이게 되는 것을 말한다. 이런 경지를 초일상적 혹은 "특수인식능력의 활성화"라고 하는데, 토마스 머튼Thomas Merton은 이것을 "새로운 개안"new way of seeing이라고 표현하였다. 선승들에게는 내가 느낀 것, 내가 깨친 것이 진리다! 책에 의지하지 않고, 남의 해석에 의존하지 않고 자신의 느낌이 진리라니 이 시대 가장 창의적인 사람들이 아닌가.

명상meditation과 의학medicine은 어간이 'medi'로 서로 같다. 'Medi'

는 라틴어의 'mederi'라는 동사에서 파생된 말로 '치료하다'라는 뜻이다. 이 단어의 어원을 풀이해보면 명상은 마음으로 괴로움을 치료한다는 뜻이고, 의학은 약물로 괴로움을 치료한다는 뜻이다. 명상이 뇌와 건강에 미치는 과학적 증거들이 발표되면서 북미와 유럽에서 명상에 대한 관심이 급증하고 있다. 2004년 미국과 캐나다의 의과대학 학장회의에서 '통합의학'이란 새로운 교과목이 채택되었고, '마음챙김명상'이 통합의학을 담아내는 그릇이라는 데 동의가 이루어졌다. 이처럼 미국에서는 남방 불교에서 비롯된 '마음챙김'Mindfulness명상 수행법이 심신치료 분야에 널리 확산되어 심리치료의 '제3물결'이라고 명명될 정도이며, 심리치료사 중 40% 이상이 이 명상법을 활용하고 있다. 또한 매년 명상 관련 논문이 1,000여 편 이상 발표되고 있으며, 700여 곳 이상에서 "마음챙김에 기반을 둔 스트레스 감소" 프로그램MBSR이 활용되고 있다. 명상이 이제 의학과 심리학의 뜨거운 연구 주제로 떠올랐으며 심신치료 분야의 중요 치료방법 중의 하나로 대두된 것이다. 미국 국립보건원에서 발표한 자료에 의하면 2007년 한 해에만 '마음챙김' 명상과 관련해 미국인들이 지출한 금액이 40억 달러가 넘는다고 한다.

일을 잘하기 위해서는 잘 쉬어야 한다. 최고의 성과를 일구는 길은 바로 잘 쉬는 것에 있다. 휴식이나 여가는 단순한 시간 낭비가 아니다. 마치 몸이 피곤해지면 밤에 달콤한 수면을 통해 온 몸을 새로운 에너지로 재충전하는 것과 마찬가지다. 숙면을 하고 나면 그 이튿날 상쾌한 기분이 들고 활력이 샘솟아 역동적으로 일을 할 수 있지만 전날 잠을 잘 못자면 의욕이 현저하게 감소되어 일을 해도 능률이 잘 오르지 않고 공부를 해도 집중이 안 된다. 미국 듀크대학교는 충분한 수면을 취하지 못한 성인의 뇌는 다른 비교 그룹에 비해 보다 더 빨리 노화되며, 더 빨리 치매 증세를 보인다는 결과를 소개하고 있다. 결국 뇌의 노화를 막을 수 있는 가장 쉽고 저렴한 방법은 충분한 휴식과 수면이다.

超超인간적 희생을 요구하는 장시간 노동으로 인해 한국은 성인이나 아이나 모두 피곤에 절어 있으며 여가와 휴식의 참된 의미가 실종된 사회에서 고통을 겪고 있다. 여가를 즐길 줄 모르는 문화는 창의력의 적이다. 여행을 통해 새로운 것을 보고 그것을 천천히 음미하며 자극을 받아야 창의력이 생긴다. 세상을 한 번도 여행해본 적이 없고 당연히 타 지방이나 타국의 아름다운 건축물 또한 본 적이 없는 건축가가 과연 아름다운 집을 지을 수 있을까? 인간은 보고 들어야 자극이 생기고 그 자극이 창의력을 발생시키는 원동력이 된다. 여가야말로 인간을 재창조하는 핵이라 할 수 있다. 여행을 휴식으로 연결시키지 못하고 여행하는 동안 하나라도 더 보려고 종일 빡빡한 여행사의 일정에 이끌려 다니다가 오히려 피로만 잔뜩 누적시켜 돌아오는 한국인들에게 창의력의 빈곤은 너무나 당연하다.

창의적 교육을 위한 대안 모색

<개미와 베짱이>라는 이솝우화는 누구든 잘 알고 있는 이야기다. 개미는 무더운 여름날 땀을 뻘뻘 흘려가면서 겨울을 나기 위한 식량을 준비하고 땡볕에서 열심히 일했는데 베짱이는 시원한 나무 그늘 밑에서 느긋하게 노래만 부르며 놀다가 막상 추운 겨울이 오니 먹을 것이 없어 배고픔에 떨게 된다. 결국 추운 날 눈보라를 맞으며 먹을 것을 구걸하러 다니는 베짱이의 비참하고 추루한 모습은 한창 일해야 할 때 놀고 지낸 게으름과 나태함에 대한 응당한 결말

이었다. 반면 개미가 곡식이 가득 찬 곳간 옆에서 따뜻하고 안락한 겨울을 나는 것은 여름 내내 쉬지 않고 땀 흘리며 일한 데 대한 당연한 대가이자 영광이었다. 개미는 근면과 성실함의 표상이었고, 베짱이는 이른바 '날라리' 또는 게으른 인간의 표상이었다. 그렇기 때문에 우리는 한시라도 시간을 허비해서는 안 되고 늘 부지런해야 한다고 배웠다.

개미와 베짱이의 우화는 자본주의 사회의 노동윤리를 단적으로 보여준다. 게으름과 나태함은 당연히 배고픔의 대가를 치러야만 하는 죄악으로 여겨지고 쉼 없이 일하는 개미의 부지런함은 노동대중의 미덕으로 칭송되어 왔다. 잘 살아보자는 기치 아래 근면은 최고의 미덕이 되었다. 그러나 이것은 한국 사회가 근대화와 경제개발이라는 성장 논리에 매몰돼 한 방향으로만 치달리던 시절의 해석이다. 당시에는 여기에 이론異論을 단다는 것 자체가 불온했고, 그러한 시도를 하는 사람은 반사회적 인물로 치부되었다. 그러나 이 개미와 베짱이의 이야기는 부모 세대에는 진리로 통했지만 요즘 아이들에게는 통하지 않는다. 요즘 아이들은 이 동화를 오히려 이렇게 반전시킨다. 여름 내내 계획적으로 너무 열심히 일한 개미는 늘그막에 디스크로 고생을 하고, 베짱이는 여름에 만든 노래가 인기를 끌어 겨울에도 편하게 호의호식하며 살고 있다고 말이다.

똑같은 일을 해도 즐겁게 하는 사람의 생산성이 더 높고 훨씬 더 효율적이라는 사실은 누구나 안다. 고도의 창의성을 발휘한다면 1시간을 일해도 10시간 일하는 것보다 더 높은 생산성을 올릴 수 있다. 즉, 양보다 질이다. 무작정 근면하기보다는 새로운 아이디어와 창의성이 중요시되는 시대다. 개미와 베짱이의 반전 동화가 인기를 끌고, 잘 노는 사람이 일도 더 잘한다는 인식이 더 설득력이 있는 세상이 되었다. 이 시대 베짱이를 "호모 파베르"Homo Faber, 즉 "공작하는 인간"이 아니라, "호모 루덴스"Homo Ludens, 즉 "놀이하는 인간"이라는 관점에서 보면 그는 무한한 콘텐츠를 생산하는 창조적인 존재로 재탄생한다. 디지털 시대에 있어서 <개미와 베짱이>의 이솝우화는 더 이상 만고불변의 진리일 수 없다.

2015년 12월 전 세계 스마트폰 시장에서 발생한 이익의 84%를 미국 애플이 독차지한 것으로 보도되었다.[254] 보도에 의하면 삼성전자는 전체 이익 중 16%를 가져갔다. 글로벌 투자은행 '크레디트 스위스'Credit Suisse는 "올해 전 세계 스마트폰 업체들이 거둬들인 전체 영업이익은 580억 달러(약 68조 6,200억 원)에 달할 것"이라고 밝혔는데, 이 중 애플이 487억 2,000만 달러(84%)를, 삼성전자가 92억 8,000만 달러(16%)를 각각 벌어들인 것이다. 두 회사를 뺀 나머지 업체들은 이익이 미미하고 손실을 낸 곳도 많아서 이를 합산하면 0%로 집계됐다. 스마트폰 판매량은 삼성전자가 애플보다 40% 더 많은데도 실속은 애플이 거의 다 챙긴 셈이다. 애플은 스마트폰 한 대를 팔 때마다 208달러(약 24만 6,000원)의 이익을 남기지만, 삼성은 28달러(약 3만 3,000원)의 이익을 냈기 때문이다. 이런 차이는 양사의 사업 모델 자체가 근본적으로 다르기 때문에 발생한다. 애플은 하드웨어와 핵심 소프트웨어인 운영체제OS를 모두 자체 개발하고 이를 바탕으로 매년 고가의 신제품 1~2개만 내놓아 제품 완성도가 뛰어나기 때문에 알짜 수입을 올릴 수 있었다.

이런 상황을 두고 서울대학교 공과대학 현택환 교수는 "한국 기업은 선진국에서 완성된 것을 가져다 쓰는 방식에 익숙해 기술 씨앗을 뿌리고 묘목을 키워 큰 나무로 성장시키는 경험을 축적하지

---

254) 「16(삼성):84(애플)」, 『조선일보』(2015.12.19).

못했다"면서 "모든 과정을 생략한 채 마치 설악산에서 크게 자란 금강송을 그냥 캐오면 되는 것으로 생각한다"고 비판하고 있다. 그동안 한국은 선진국에서 개발한 제품을 분석하고 복사해서 조립과 조합은 잘하지만 정작 원천기술을 만들어 키우지는 못했다. 같은 학교 이건우 학장도 "한국은 선진국이 만들어놓은 핵심 기술을 빠르게 모방해 개량 생산하는 것은 잘하지만 개념을 새롭게 만들고 최초의 설계를 그려내는 역량은 턱없이 부족하다"고 지적하고 있다. 한국도 창조적인 경험과 원천기술과 지식의 축적을 지향하는 통합적인 시스템과 문화를 구축해야 한다.[255)]

서울대학교 공과대학의 26명의 교수들은 한국 산업의 구조가 창의적이고 근본적으로 새로운 개념을 제시할 수 있는 역량, 즉 '개념설계' 역량이 부족하다는 점을 공통적으로 지적하고 있다. 이런 역량은 한순간에 축적되는 것이 아니고 오랜 시간 부단한 시행착오를 겪고 도전과 실패를 거듭해야 얻을 수 있는 것이다. 이런 비판들의 공통점은 우리의 소프트웨어와 콘텐츠 분야의 원천기술이 너무나 빈약하다는 것이다. 중진국에서는 그것이 그리 큰 문제가 되지 않을지도 모른다. 한국의 대기업들도 선진국의 모방을 통해 여기까지 왔다. 그러나 발전이나 진보의 정도가 다른 나라보다 앞선 것을 선진국이라 한다면 자기만의 독특한 원천기술이나 제품을 만들어낼 수 있어야 하지 않겠는가.

나라가 발전하려면 가장 기본적 동력이 인적 자원의 숙련화다. 오늘의 한국이 있기까지는 교육을 통한 인재양성이 결정적 요인이었다. 조선왕조 시대에는 글을 읽거나 쓸 줄 아는 사람은 양반밖에 없었고, 일반 백성들은 거의 대부분 자기 이름자도 제대로 못 쓰는

---

255) 「서울대 工大 교수 26명, 한국 산업의 위기 경고」, 『조선일보』(2015.09.20).

문맹이었다. 대한민국 정부 수립 후 이승만 정부는 1950년부터 의무교육 6개년 계획, 문맹퇴치 5개년 계획 등을 수립하여 거국적으로 문맹퇴치운동을 벌였다. 이를 위해 막대한 국가 예산을 투입하였고, 그 결과 4·19가 발생한 1960년에는 문맹률이 10% 이하로 떨어졌다. 이렇듯 교육혁명이 일어나면서 전 국민이 읽고 쓸 줄 알게 되어 지력知力이 크게 높아졌고 이것이 후진국에서 벗어날 수 있는 기본 동력이 되었다.

1960년대 이후 대부분의 국민이 중·고등학교 교육을 받게 되면서 선진국의 첨단 기기들을 복사하거나 재개발하여 수출을 할 수 있었고 그 덕에 한국은 중진국으로 진입할 수 있었다. 복잡한 기기를 베끼거나 해체하고 분석하여 재조립할 수 있는 정교한 문제해결 능력을 가질 수 있었던 것은 오로지 고등교육 덕분이라 할 수 있다. 그러나 앞으로 한국의 기업들이 세계시장에서 생존하려면 원천기술이나 첨단기술을 만들어내야 한다. 원천기술이 있으면 불황기에도 버틸 수 있는 저력이 있지만, 남의 기술 베껴다가 조립이나 하는 제조기술만으로는 한계가 있고, 그마저 중국이나 동남아시아의 각국이 맹렬한 속도로 추격해오고 있는 시점이다. 한국의 R&D(연구개발) 지출은 세계 5위이고, GDP(국내 총생산) 대비로는 이스라엘에 이어 두 번째로 높지만 핵심 첨단기술이 없다는 건 그동안 연구Research보다는 개발development에만 몰두했다는 이야기다. 인간의 창조적 상상력이 가지는 무한한 힘을 개발시키는 교육이나 대안 마련에는 너무나 무심하고 안이했다.

한국 사회는 흔히 "정답사회"라고 말한다. 주어진 예상 문제에서 정답을 찾아내도록 고도의 훈련을 받는다. 문제가 이해가 안 되면 차라리 외워서라도 어떻게든 소정의 점수를 받으려고 노력한다. 이런 학습 환경은 학생들에게서 '왜?'라는 질문이나 '아니'라는 반론이 나오는 것을 원천적으로 봉쇄한다. 출제예상 가능성이 많은 문제만을 집중적으로 반복해서 풀고 정답을 맞히는 방법을 터득할 뿐이다. 그러나 지금은 어디에 먹을 것이 있는지 스스로 찾아 나서야만 하는 21세기형 수렵 시대다. 대학을 졸업할 때까지 오직 정답 맞히기 훈련만 받았던 아이들이 진취적이고 모험심이 강한 성인으로 자랄 수 있을까? 유대인들은 자녀에게 세상에는 한 가지 정답만 있는 것이 아니라 수많은 답이 존재하며 스스로 그 답을 찾아야 한다고 가르친다.

토플러는 한국의 교육현장을 둘러보고 "한국의 교육은 공장에서 물건을 찍어내는 작업을 하는 것과 같다. 교육제도는 기존 제도를 완전히 대체할 수 있을 정도로 다양성을 길러주는 방식으로 바뀌어야 한다"고 강조하면서 "미래 사회에는 지식기반 사회에 맞는 교육제도로 가장 먼저 개혁하는 국가가 강대국이 될 수 있다. 한국이 더 발전하려면 교육제도를 전면 개편해야 한다"[256]고 말했다. 모든 정보가 인터넷에 입력되는 시대에 백과사전적 지식의 암기나 학습은 이젠 의미가 없다.

창의성에 대한 사전적 정의[257]에는 "새롭고, 독창적이고, 유용한 것을 만들어내는 능력" 또는 "전통적인 사고방식에서 벗어나서 새로운 관계를 창출하거나, 비일상적인 아이디어를 산출하는 능력" 등이 있다. 창의성은 타고난 천재적인 재능이라기보다 후천적인 노력과 반복적인 훈련으로 키울 수 있다. 창의성은 본질적으로 다양성과 분리될 수 없기 때문에 그 개념적 의미 또한 매우 다양하다.

---

256) 앨빈 토플러, 「한국 교육제도 전면 개편해야」, 『동아일보』(2009.09.26).
257) 『교육심리학 용어사전』, 한국교육심리학회, 학지사, 2000.

미국의 심리학자인 조이 폴 길퍼드Joy Paul Guilford[258]는 창의성이란 무엇보다 남과 다르게 생각할 줄 아는 확산적 사고형의 인간이라고 말한다. 그의 이론에 의하면 창의성은 첫째, 짧은 시간 안에 문제를 해결하는 답을 내놓거나 또는 다양한 생각을 산출할 수 있는 능력을 말한다. 둘째, 특정한 문제에 대해 다양한 접근을 할 줄 아는 능력이다. 셋째, 새롭고 독창적인 아이디어를 산출할 줄 아는 능력이다. 넷째, 자기가 내놓은 아이디어를 세부적으로 조직화하고 종합하여 재빨리 추진해갈 줄 아는 능력이다. 요즘은 이런 확산적 사고형에 외연이 좀 더 확대되어 다양한 지적능력, 인성 그리고 환경 등 총체적 관점에서 연구하고 있다. 창의성은 의식적이거나 무의식적인 사고와 통찰에 힘입어 발휘된다. 로버트 루트번스타인Robert Root-Bernstein은 "그들은 세상을 '있는 그대로'as it is 보지 않고, 늘 '어떻게 달라질 수 있는지'as it could be 고민했다"며 "머릿속으로 끊임없이 무언가를 상상하는 습관이 혁신적인 결과물을 만들어냈다"고 말했다. 그는 『생각의 탄생』이란 책으로 세계적인 스타가 됐던 사람이다.

창의적 사고기법 분야의 대가로 손꼽히는 에드워드 드 보노Edward de Bono[259]는 인간의 사고에 관한 수많은 저작을 발표한 세계적인 석학이다. 그가 창안한 "수평적 사고"lateral thinking라는 개념은 옥스퍼드 영어사전에 실릴 정도로 일반적인 용어로 활용되고 있다. 그는 경직되고 정형화된 수직적인 사고와 대비되는 창조적인 사고 유형을 수평적 사고라고 말한다. 우리가 어떤 문제에 구태의

258) J. P. Guilford, "Divergent thinking", New World Encyclopedia, http://www.newworldencyclopedia.org/entry/J._P._Guilford(검색일: 2012/01/20).
259) "Lateral thinking", http://en.wikipedia.org/wiki/Lateral_thinking(검색일: 2015/01/25).

연한 상투적인 대답밖에 못하는 것은 문제 자체 때문이 아니라 우리의 메마른 상상력과 고정관념 때문에 그렇다는 것이다. 그에 의하면 창의력은 신비한 능력이나 선천적으로 주어지는 재능이 아니라 훈련에 의해 개발될 수 있는 능력이다. 창의력의 '력'力은 힘을 뜻한다. 힘쓰는 것도 자꾸 훈련에 의해 개발되고 반복되어야 그 능력이 늘어난다는 것을 우리는 모두 알고 있지 않은가.

다양한 문화예술 교육은 참가자들의 직접 체험을 통해 감각기능을 발달시키고 문제의식 및 사고의 융통성을 향상시킴으로써 창의성과 감수성을 기르는 데 도움을 준다. 실제 영국의 창의성 육성 프로그램인 <크리에이티브 파트너십>의 연구 결과에 의하면 문화적·예술적 경험은 자신감, 의사소통 능력과 동기 부여를 높이는 데 효과적인 것으로 나타났다. 창조적 영감은 예술가의 전유물이 아니다. 창조적 영감이 환영받지 못하거나 배척당하면 문명은 퇴행화하고 그런 사회는 발전이 지체될 수밖에 없다. 그래서 허버트 리드 경은 "삶의 미적 측면은 예술을 창조하는 이들에게 국한되지 않는다. 세상의 온갖 현상에 대해 타고난 감각을 마음껏 발휘할 때, 그리고 그 결과 생명이 온갖 행복에 가득 찰 때 삶은 아름답다"260)라고 읊었다.

한국 교육의 최대 병폐는 주입식 방식이다. 그러나 이 병폐를 고치려면 먼저 교실의 분위기부터 바꿔야 한다. 정면에 있는 교사와 칠판을 향하게 만든 획일적, 수직적 구조의 교실은 시작부터 토론이나 상호 간의 교감이 없는 단순한 지식주입의 교육을 할 수밖에 없는 분위기다. 서구에서는 자리배치부터 다르다. 서로 의견을 나

---

260) 스티븐 나흐마노비치, 『놀이, 마르지 않는 창조의 샘』, 이상원 옮김, 에코의서재, 2008.

누기 쉽도록 원형으로 둘러앉기에 토론 중심의 수업이 용이하다. 강의를 해본 사람은 분위기가 강의 효과에 얼마나 큰 효과를 주는지 즉시 안다. 모두 교사만 쳐다보는 상황에서는 토론을 하자고 아무리 학생들을 독려해보았자 공염불에 불과하다. 그런데 놀랍게도 원형으로 책상을 배치하거나 교정으로 데리고 나가서 나무 밑에 옹기종기 둘러앉게 만들면 즉시 토론이 활성화된다. 음식을 만들 때 마치 똑같은 재료라도 양념의 차이에 따라 맛이 현격하게 달라지는 것과 마찬가지다.

유대인들의 유명한 '하브루타'Havruta는 서로 대화를 통해 질문하고 토론하면서 지식을 습득해가는 독특한 교육방법이다. 토론하는 과정을 통해 학생들의 탐구력을 격발시켜 상상력과 창의력을 이끌어내고 능동적인 자기표현력과 관찰력을 발달시킨다. 그래서 유대인들은 아이의 질문에 대해 부모가 곧바로 정답을 알려주지 않는다. 아이 스스로 생각하도록 이끌어주고 아이와 함께 책을 찾아보며 그 질문에 대한 대화를 계속 이어나간다. 또한 유대인들은 아이들이 생후 6개월이 지나면 등에 업고 부지런히 야외로 나간다. 자녀에게 자연의 리듬을 느끼게 해주기 위함인데 자연 속에서 신선한 교감을 통해 폭넓은 시선과 탐구력과 창의성을 풍부하게 키워주고자 하는 것이다. 유대인들은 놀이를 하는 동안에도 끊임없이 대화를 주고받으면서 꼬리에 꼬리를 무는 질문과 응답을 유도한다. 그리고 때로는 그룹이 재미있는 게임을 하면서 숨겨진 재능과 소질을 자연스럽게 끌어내 내재된 창의성과 선의의 경쟁을 자극하는 게임식 학습법을 시도하기도 한다.

『탈무드』는 유다교의 율법과 전통, 지혜 등에 대해 구전되어 오던 율법학자들의 해설을 집대성한 책인데 여기에는 유대인들의 교육철학이 담겨 있다. 『탈무드』는 "교사 혼자서만 이야기해서는 안 된다. 만약 학생들이 말없이 듣고만 있다면 앵무새를 기르는 것과 무엇이 다르겠는가. 교사가 이야기를 하면 학생은 거기에 대한 질문을 해야 한다. 둘 사이에 주고받는 말이 활발하면 할수록 교육효과가 높다"[261]라고 가르쳤다. 질문은 학생들의 호기심을 자극하기 때문에 자기주도형 학습을 하는 데 가장 효과적인 방법이다. 서로 토론하기 위해서는 질문을 해야 하고 그 질문에 대한 타당한 답을 스스로 준비해야 하기 때문에 아이들이 자발적으로 공부할 수밖에 없다. 질문하고 답변하는 과정에서 논증이 필요하고, 반박과 재반박이 되풀이되면서 생각하는 힘이 길러진다.

세계에 가장 큰 영향력을 행사하고 있는 민족을 꼽는다면 누구나 먼저 유대인을 꼽을 것이다. 세계 억만장자의 40%가 유대인이고 세계 인구 중 고작 0.2%를 차지하는 유대인이 역대 노벨상 수상자의 22%를 배출했다. 특히 2013년 노벨상에서는 전체 수상자 12명 중 6명이 유대인이었다는 것은 범상치 않다. 평범한 아이도 세계 최강의 인재로 키워내는 것이 유대인의 교육비결이다. 세계사에 새로운 장을 여는 수많은 발명과 원천기술을 유대인들이 독점하다시피 하는 것은 그들의 왕성한 창의력 덕분인데 그런 창의력은 그냥 얻어지는 게 아니다. 학구열에 있어서는 한국인도 유대인들에 못지않지만 문제는 교육의 성취도가 우리와는 비교도 되지 않는다는 것을 여실히 보여주는 사례라 하겠다.

---

261) 「유대인 교육이 새롭게 뜨는 이유-1」, http://navercast.naver.com/magazine_contents.nhn?rid=1097&contents_id=36756(검색일: 2015/08/20).

좋은 인성은 인생 최대의 자산이다

인성이 최고의 '스펙'으로 떠오르고 있다. 이미 인성은 대학입시 사정에도 영향을 미치고, 대기업 신입사원 선발의 주요한 기준이 되었다. 기업의 승진 기준 역시 경쟁을 잘하는 사람이 아니라 사내에서 타인들과 화합과 협력을 잘 이끌어내는 사람으로 바뀐 지 오래다. 명문 대학교 졸업장만 있으면 성공하리라는 그간의 기대와는 달리 이미 사회는 실력보다 바른 인성을 가진 사람에게 더 높은 점수를 주고 있다. 다가오는 시대의 지도자가 되기 위해서는 이제 창의력과 소통능력, 그리고 따뜻한 인성은 없어선 안 될 필수적인 자질이자 능력이다. 인권과 자유를 기치로 내걸었던 프랑스 혁명이 잔인한 테러로 막을 내리는 걸 옆 나라에서 지켜본 쉴러는 인간의 내면을 변화시키지 않고는 어떠한 정치적 혁명도, 제도 개선도 소용이 없다고 강변했다.[262)]

인성교육의 실패는 사회를 지옥으로 만든다

최근에 일어난, 대구의 학교폭력으로 인한 연이은 자살사건, 군대 내 구타로 인해 벌어진 윤 일병 사건, 침몰한 세월호 사건 등에서 나타난 공통점은 이 사회에 남의 고통에 대해 아무런 느낌이 없는 사람들이 너무나 많다는 사실이다. 가해자들의 행동은 개인의 일탈이라기보다 공감능력을 상실한 소위 반사회적 정신질환, 즉 소시오패스sociopath[263)]들이 너무나 많은 우리 사회의 한 단면을 적나

262) 프리드리히 폰 실러, 『미학편지』, 휴먼아트, 2012, 49쪽.
263) 사이코패스와 소시오패스의 차이점이 정규 정신건강 편람이나 각종 정신병 진단 및 통계사례집에도 아직 명료하게 정의되어 있지 못한 상태다. 따라서 이 두

라하게 보여주는 사건들이다. 우리는, 즉 '소시오패스' 하면 언뜻 영화 <양들의 침묵>에 나오는 무시무시한 한니발 렉터를 떠올린다. 영화에서 보여주는 그의 역할은 '반사회적인격장애'Antisocial Personality Disorder가 얼마나 무서운 결과를 가져오는지를 생생하게 보여준다. 그런데 이런 비극의 씨앗은 유년기의 정서적 학대나 심리적 상처 때문에 생길 가능성이 높다.

반사회적인격장애를 가진 자들은 일단 겉으로는 멀쩡하고 점잖으며 감정조절능력이 탁월하여 매력적으로 보이기도 하기 때문에 평소에 인지하기 힘들다. 그러나 이들은 동료 인간에 대한 애정이 전혀 없고 오직 아는 것은 소유욕과 지배게임뿐이다. 무자비하게 남을 이기는 것, 어떻게든 남을 짓밟고 올라서는 것, 그리고 자신의 목적 달성을 위해 타인을 철저하게 이용해먹는 것 밖에 없다. 이들에게는 공감이나 후회, 죄의식과 같은 친사회적인 감정이 결핍되어 있다. 소시오패스는 유전적 성향이라기보다는 자라나면서 겪은 후천적 성장환경이 요인이 되는 경우가 많아 '사회학적 정신질환'이라고도 불린다. 유년기 시절의 사회적, 환경적 결핍, 즉 심각한 트라우마trauma나 정서적, 물리적 학대나 폭력, 방임 등으로 인해 감정의 결여가 습관처럼 굳어져 타인의 고통에 대한 배려가 전혀 없지만 자신의 그릇된 행동을 인지하고 있다는 점이 특징이다.

소시오패스는 매사 거짓말을 일삼고 교활한 지능적 범죄형으로

용어는 정신분석학이나 심리학에서 사용되는 정식 용어도 아닐뿐더러 명확히 구분되지도 않는다. 즉, 사이코패스와 소시오패스 모두 반사회적인격장애(ASPD)를 지닌 인물을 지칭하는 용어다. 둘 다 잔혹함 등의 정도에 따라 편의상 이름만 달리 붙이는 것이라는 해석 등이 있고 양심의 가책의 유무, 또는 선천성이냐 후천성이냐의 논란 등도 있다. Cf. Kara Mayer Robinson, "Sociopath vs. Psychopath: What's the Difference?", www.webmd.com/mental-health/features/sociopath-psychopath-difference#1(검색일: 2018/01/22).

언제나 자신의 행동을 정당화, 합리화한다. 이 정도 기술하면 즉각적으로 우리 머리에 떠오르는 사람들이 있을 것이다. 이는 이런 유형의 인간들이 그만큼 우리 주위에 많다는 것을 의미한다. 겉으로는 선량한 모습의 가면을 쓰고 정상적인 사람들과 어울려 살아가지만, 사회에서 나름 크게 성공했다는 유명인사들 중에 이런 사람들이 많다. 어떤 면에서 보면, 그들이 이룬 성공이란 것이 실은 자신의 이익을 위해 남을 잘 조종하거나 속일 수 있었기에 가능한 것이었는지도 모른다.

유년기 시절부터 부모로부터의 학대나 무관심 속에 방치되어 버리면 자아의 정체성에 대해 부정적인 생각이 생기게 된다. 어릴 때부터 인간관계에서 안정감을 경험하지 못했기에 타인과의 관계에서도 남을 믿지 못하고 애착을 쉽게 형성하지도 못 한다. 남을 쉽게 믿지도 못하고 사랑할 수도 없다면 인생의 불행은 예고된 것이나 마찬가지다. 이런 아이들은 매우 공격적인 성향을 띄거나 충동조절장애가 있고 또래보다 언어발달도 느리다. 미성숙한 자아에서는 우울, 분노, 불안 등의 감정이 생기고 원활하지 못한 대인관계로 인해 비도덕적 행동을 일삼게 되며, 자신의 약점을 숨기기 위해 계속해서 거짓말을 한다. 문제는 가정환경만이 아니다. 어릴 때부터 학교에서 협동을 배우기보다는 서로가 서로를 짓밟고 올라가야만 하는 치열한 경쟁을 배운다. 사회에 나와도 오직 성공만을 지향하는 사회적 분위기가 만연하니 이 또한 반사회적인격장애자를 양산할 수밖에 없는 환경이다.

범죄의 근원이 천성적이냐 후천적이냐 하는 문제에는 여러 논쟁이 있을 수밖에 없지만, 범죄와 범죄자를 깊이 이해하려는 우리의 노력은 결국 인간이란 무엇인가라는 진지한 질문에 답을 구하려는 시도와도 같다. 문제는 선천적인 요인뿐만 아니라, 타락한 가치관과 극도의 경쟁이 만들어내는 온갖 사회학적 부작용이 후천적 요인으로 가세하여 반사회적인격장애자를 양산해내고 있다는 점이다. 이러한 환경은 소시오패스를 양산시키는 자양분이라 할 수 있다. 우리가 제일 두려워해야 할 것은 이 사회에 차가운 사람들이 많아지고 있다는 것이다. 사람이나 동물에 대해 냉정하고 타인에 대해 전혀 공감할 줄 모르는 차가운 사람들이 점점 많아진다는 것은 그만큼 이 사회가 병들어가고 있다는 지표라고도 볼 수 있다. 따라서 인성훈련 없는 지성이란 미래의 흉기를 만드는 것이나 마찬가지다.

우리는 타인과 함께 살면서 자신의 어두운 측면과 미처 채우지 못한 갈망이나 억압된 감정을 발견한다. 그러므로 자기 자신을 진정으로 받아들인다는 것은 자신이 살아온 삶의 여정과 화해한다는 의미다. 그러나 자신을 있는 그대로 받아들이기 위해서는 무엇보다 먼저 다른 사람과 자신을 비교하는 행위를 그만두어야 한다. 나를 다른 사람과 비교하는 동안 나는 진정한 자신과 함께 있지 못하고 언제나 다른 사람들과의 비교 속에서 살게 되며 그로 인해 고통을 겪는다. 자신에 대해 믿음을 갖는다는 것은 스스로에 대해 편안함을 느끼고 외부 영향에 독립적이라는 의미이기도 하다.

경쟁을 부추기는 입시지상주의 교육체제하에서는 정서적 풍요와 인격적 완성을 도모하는 전인교육이 원천적으로 불가능하다. 입시경쟁에서 급우 간 경쟁의식과 서열화를 강조한다면 인성교육이 설 자리가 없다. 자신이 아는 것과 친구가 아는 것을 합치면 훨씬 좋은 결과를 낼 수 있는데도 우리는 어려서부터 협력보다는 남보다 무조건 앞서고 이겨야 한다고 강조한다. 눈에 보이는 성과를 과도하게 요구하는 경쟁지상주의 사회가 학교교육의 뿌리를 이뤄야 할 사랑과 협력을 원천에서부터 갉아먹고 있는 형국이다.

2015년 인천 송도에서 열린 '세계교육포럼'에서 황우여 전 교육부장관은 "이제 대한민국 교육은 새로운 미래 세대를 위한 교육으로 나아가고 있다"면서 "경쟁보다는 협력, 다양성을 추구하는 미래형 인재를 키우는 것이 (한국의) 교육비전이다. 모두를 위한 평등한 교육을 보장함으로써 교육은 양극화를 극복하는 사다리가 되어야 한다"고 언명했다. 교육부의 수장도 이젠 경쟁만이 능사가 아니라 서로 협력할 수 있는 사회역량을 키우고 다양성을 추구하는 것이 우리 교육의 지향 방향임을 알고는 있는 것처럼 보이지만 학교 현장은 아직도 철저하게 경쟁지상주의 교육이다.

인성교육은 학교의 책임만은 아니다. 학교와 가정과 사회가 공동으로 협력하여 추구해야 할 과제다. 한국의 경우 부모와 함께 저녁 식사를 하는 집은 1%도 안 된다고 한다. 아버지들은 늦게 퇴근하고 아이들은 밤에 학원에 간다. 인성교육은 가정에서부터 시작해야 하는데 인성교육이 그 기초에서부터 실종될 수밖에 없는 사회적 구조다. 학교에서도 교사와 학생 사이의 인간적 관계가 단절되면서 상호 간의 사랑과 인격적 존중은 힘을 잃어가고 있다.

범죄자를 양산하지 않기 위해서는 양심교육과 타인에 대한 배려, 불우한 사람을 돕는 봉사가 칭찬받는 사회적 분위기가 조성되어야 한다. 오로지 성적과 입시에만 편중된 교육에서 벗어나 '다시 인간'으로 급선회하는 교육이 한국 교육의 새로운 이정표가 되어야 한다. 이 시대의 종교도 "아무도 죽기 위해 태어나지 않았다. 우리는 공포 대신 구원을, 억압 대신 성장을 가져다주는 종교가 나타나기를 원한다"[264]는 현대인의 염원을 충족시켜 주어야 한다.

264) 알바로 바레이로, 『기초 교회 공동체 — 가난한 이들의 복음화』, 천주교명동

사람의 인성은 가정과 사회로부터 듣고 보는 일상적인 경험을 통해 체득하는 것이다. 학교 교과목을 통해 지식을 습득하는 차원과는 다르다. 그래서 인성교육진흥법이라는 법이 시행되었다. 이 법은 2014년 4월에 있었던 세월호 참사를 계기로 만들어져 일명 '이준석방지법'이라고도 불린다. 당시 승객들을 구해야 할 책임이 있는 선장과 선원들이 가장 먼저 살겠다고 배를 빠져나온 비정한 사태를 목격했던 국민들에게 정의화 국회의장은 "세월호 참사로 기본적인 윤리와 도덕이 붕괴된 현실을 뼈저리게 느꼈다"며 인성교육진흥법(일명 이준석방지법)을 발의했다. 그러나 이 법은 인성교육을 의무화한 세계 최초의 법이라는 조롱과 함께 시대착오적인 발상이라는 비난을 받았다.

우리가 말하는 인성교육을 미국에선 "캐릭터 교육"Character education이라고 한다. 캐릭터 교육은 학생의 봉사정신 및 사회성과 책임감을 키워 남을 배려하고 사회에 공헌할 수 있는 인간이 될 수 있도록, 학교만이 아니라 부모와 교사, 학생, 사회를 포괄하는 전방위적인 교육시스템이다.[265] 이처럼 열린 교육시스템 안에서 학생들은 개방적이고 비판적인 사고능력을 키운다. 그러나 인성교육진흥법에서 강조하는 덕목들은 주체적 시민의식을 키운다기보다는 과거처럼 체제순응적 인간을 만들어내기 위한 파시즘적 이데올로기의 주입처럼 느껴진다. 무엇보다 이 법을 둘러싼 논란과 비판이 가라앉지 않고 있는 이유는 과거 군사독재정권이 특정 가치관이나 이데올로기를 청소년들에게 주입하고자 시행했던 <국민교육헌장>이나 <국민정신 9대 덕목> 같은 구시대적 발상의 재현이라는 생각이 들

교회교육관, 1988, 140쪽.

265) 참조: chracter.org 혹은 www.charactercounts.org.

기 때문이다.

현재 한국 청소년들의 제반 문제가 국민윤리나 도덕 같은 인성교육의 시간이 없기 때문에 생긴 것이 아니다. 미셸 보르바Michele Borba[266]는 자녀들의 윤리의식과 올바른 인성을 길러주는 7가지 핵심 덕목을 다음과 같이 제시하였다. 즉, 다른 사람의 입장에서 생각해보는 공감능력, 옳고 그름을 아는 분별력, 충동을 조절하여 올바른 생각과 행동을 하게 하는 자제력, 다른 사람과 동물을 소중히 대하는 존중, 타인의 행복에 관심을 갖는 친절함, 의견이 다른 사람을 존중하는 관용, 정정당당하게 행동하는 공정함을 포함한 7가지 덕목을 도덕지능으로 표현하였다. 이런 덕목을 함양하는 인성교육은 논리나 공식 또는 암기로 성취되지 않는다. 주위로부터 감동이 있고 감화가 되면 마치 물이 땅속으로 스며들듯이, 혹은 나무의 양분이 관다발을 통하여 흡수되듯이 자연스럽게 이루어진다.

바람직한 언행과 마음가짐은 가정, 학교, 사회로부터의 전방위적인 교육과 경험을 통해 형성된다. 바람직한 인성을 갖춘 사람이 많은 사회가 우리 모두가 소망하는 이상적인 사회다. 오늘날 한국 사회가 극렬한 대립과 반목으로 고통 받고 있는 것은 그만큼 이 사회에 바람직하지 못한 인성을 가진 인간들이 많다는 증거다. 사회가 온통 성적지상주의, 금전지상주의, 출세지상주의를 향해 질주하고 목적을 위해선 수단과 방법을 가리지 않는데 아이들이 과연 무엇을 보고 배울 것인가. 마치 '바담풍'이라고 말하고는 '바람풍'이라고 말하라고 다그치는 것이나 매한가지다. 그래서 정운찬은 "미국은 역사시간에 독립선언서를 통해 자유와 인권, 윤리를 깨닫게 하고, 체

266) 미셸 보바, 『건강한 사회인 존경받는 리더로 키우는 도덕지능』, 현혜진 옮김, 한언, 2004.

육시간은 스포츠를 통해 협동심과 정의를 체화하도록 한다. 그리고 독일은 모든 교과의 공통 목표를 인성교육Charakterbildung에 두고 있다. 또한 우리는 지식 전달을 우선시하는 지·덕·체의 교육을 실시하지만, 영국은 신체 건강을 우선하는 체·덕·지의, 로크의 교육철학을 따라 민주 시민을 육성하고 있는 점도 눈여겨볼 필요가 있다. 덕은 마음의 건강에서 오고, 마음의 건강은 몸의 건강에서 온다"[267]고 말하고 있다. 좋은 인성은 몸과 마음을 건강하게 만들고 삶의 질을 높이며 행복한 삶을 영위할 수 있게 만드는 기본이다.

바른 인성은 "예, 효, 정직, 책임, 존중" 같은 몇몇 덕목으로 키워지는 것이 아니라, 각각의 품성이 조화를 이룰 때 키워진다. 인성교육이 효과를 거두려면 엉뚱한 법을 제정할 것이 아니라 차라리 입시 위주의 교육정책을 과감하게 철폐하고 수업시간을 대폭 줄여 아이들에게 숨통이 트일 수 있는 공간과 시간을 마련해주고 이를 통해 상호 간 호혜적인 관계를 유지하기 위한 협동과 합리적인 가치관을 배우게 하는 것이 훨씬 더 실효가 있다. 아이들이 살아가는 동안 인생의 방향을 조정하는 배의 키와 같은 역할을 하는 것이 바로 인성이다. 인성교육을 통해서 생활 규범을 익히고 다양한 삶의 양식을 이해하는 한편, 비판적인 사고력을 갖도록 해줘야 한다.

인간은 공감의 동물Homo Empathicus

초등학교 수업시간, 쉴 새 없이 재잘거리고 떠들던 학생들이 포대기에 싸인 조그만 아기의 등장에 일시에 조용해진다. 마룻바닥에 아기가 내려지자 학생들은 주위로 몰려들어 <안녕, 아가야. 잘 있

267) 정운찬 칼럼, 「인성교육, 법만으로는 안 된다」, 『이투데이』(2015.08.12).

었니?>라는 환영노래를 입 맞추어 부른다. 이 수업 풍경은 캐나다 초등학교에서 <공감>이라고 명명된 실제 수업이고 교사는 아기다. 아기 선생님의 보조 역할로 참여한 아기 엄마는 학생들이 가까이서 아기를 볼 수 있도록 아기를 안고 학생 한 명 한 명에게 다가간다. 사람의 감정은 전염성이 있다. 아기가 느끼는 감정은 학생들에 의해 감지되고 교류된다. 아기가 웃으면 교실 안 학생들의 얼굴에도 함박웃음이 핀다.

캐나다에서도 이민자들이 가장 많이 모여 사는 토론토에 거점을 둔 교육자, 메리 고든Mary Gordon은 1996년 <공감의 뿌리들>Roots of Empathy[268]이라는 프로그램을 만들었다. 2005년에는 <공감의 씨앗들>Seeds of Empathy이란 프로그램으로 발전시켰으며, 현재 미국, 뉴질랜드, 아일랜드, 영국, 스코틀랜드, 독일, 스페인 등의 학교에서 이 프로그램을 실시하고 있다. 영국은 2010년부터 교과목으로 도입했고 스코틀랜드는 모든 학교에서 이 프로그램을 실시하도록 정부 차원에서 주도하고 있다.

공감 프로그램은 성인과 어린이들 사이에 공감능력을 발전시킴으로써 서로 배려하고 평화스럽게 사는 시민사회를 건설하고자 하는 이상을 가지고 있다. 이 프로그램은 "캐나다가 세상에 내어놓은 올리브 가지(평화의 상징)"라고 불리기도 한다. 이를테면 어린 천사들이 손에 손을 잡고 세상을 변화시키는 혁명이다. 캐나다의 유치원 교사였던 고든은 유치원 수업에 잘 적응하는 아이와 그렇지 못한 아이의 차이가 어디에서 비롯되었는지를 유심히 관찰했다. 적응에 유난히 애를 먹는 아이는 각종 중독이나 부부불화가 심한 가정에서

---

268) "Roots of Empathy", http://www.rootsofempathy.org/en(검색일: 2015/01/20).

자라나 마음을 열고 표현하는 데 무척 서툴다는 것을 알게 되었다. 그래서 다른 무엇보다도 사람의 마음을 느끼고 마음을 열도록 가르치는 것이 교육의 시작임을 깨닫고 갓난아이를 통해 공감능력을 향상시킬 수 있는 <공감의 뿌리들> 운동을 시작하게 되었다.

고든이 강조하는 공감교육은 상대의 감성을 읽는 능력, 즉 공감능력을 배우는 과정으로 요약된다. 예를 들면 이런 식이다. "존이 사과를 3개 가지고 있는데, 메리가 2개를 가져갔다. 존이 가진 사과는 몇 개일까?"라고 묻는 것이 일반 학교에서의 질문이라면 공감교육의 장에서는 "이때 존의 기분은 어떨까?"라고 묻는다. 고든은 "내 행동을 상대가 어떻게 느낄까를 아는 것이 무엇보다 중요하다"고 강조했다. 그렇다면 상대방의 감성을 읽어내는 능력은 어떻게 키우는 걸까. 고든은 "일반 학교에 교과서가 있다면 공감교육에는 갓난아이가 있다"고 소개했다.

인근 지역에 사는 2~4개월 사이의 갓난아이와 부모를 유치원부터 8학년(한국 기준으로는 중학교 2학년) 사이의 재학생들이 있는 학교에 1년에 아홉 번 초대한다. 학생들은 갓난아이가 세상에 나와 첫 1년 동안 어떻게 성장하고 변화하는지를 함께 관찰한다. 동시에 부모가 갓난아이의 감정과 필요에 어떻게 응답하는지를 눈여겨보게 하고 갓난아이와 부모 사이의 사랑스러운 관계도 관찰하게 한다. 그리고 그 관찰을 통해 느낀 점을 자유롭게 토론하도록 하는 것이 공감교육의 방식이다. 그녀는 "갓난아이는 감정을 속이지 못한다. 간혹 슬픈 표정을 보일 때 우리는 학생들에게 묻는다. '아기의 기분이 어떻지?' '너도 언제 이렇게 슬프지?' 그럼으로써 솔직한 얘기를 함께 나눈다"고 말한다.

고든은 갓난아이야말로 공감능력을 가르치는 최상의 선생이라고 말한다. 이런 감정 교감을 통해 학생들은 숨겨져 있는 자신의 따뜻한 감성을 발견할 수 있다. 그녀는 "아기의 순수한 감정을 통해 배운 공감은 브레이크와 같다. 폭발하는 공격성을 누그러뜨리는 역할을 한다. 그리고 좋은 인간관계를 맺는 기본이 된다"고 설명한다. 공감교육 프로그램이 대중화된 캐나다에서는 최근 10년 동안 학교 내에서 집단 괴롭힘이나 따돌림 현상이 90%나 줄어드는 놀라운 결과를 낳았다. 지난 20여 년간의 축적된 자료를 토대로 조사한 연구에 의하면 80% 이상이 '또래 수용'의 증가로 이어졌고 3분의 2 이상에서 친사회적 특성이 증가한 것으로 나타났다.

고든에 따르면 타인의 감정을 경험한다는 것 자체가 인지적 역량을 필요로 한다고 한다. 누군가와 공감을 하게 되면 공부를 할 때와 마찬가지로, 자신의 신경을 곤두세워 환경의 변화를 알아차려야 하며 그 변화의 영향을 이해하고 해석할 줄 알아야 하기 때문이다. 따라서 공감능력이 높아지면 자연스럽게 학습능력도 올라갈 수 있는 것이다. 타인에게 주의 기울이기, 상대 입장으로 건너가기, 의식적 상상력 발휘하기, 타인의 감정 알아차리기, 내 말로 확인해주기 연습 등이 도움이 된다. 이 프로그램을 통해 부모들은 아이들도 사랑과 격려, 정서적 연결, 진실한 대화, 의미 있는 놀이를 통해 배운다는 것을 발견하게 되었다고 말한다.

고든은 "아기가 어린 학생들을 바꿀 수 있고, 그들이 바뀜으로써 세상이 바뀐다"라며 "벽을 무너뜨리고 서로가 상대를 소외시키지 않으려면, 우리가 모두 같은 인간이라는 말을 하고 싶다면 공감의 중요성을 인식해야 한다"고 주장한다. 도덕적 상상력이란 타인과 공감하는 능력이다. 타인과 함께 느끼고 타인의 기분을 살필 수 있는 능력은 교육을 통해 함양해야 한다.

이민자들이 건국한 캐나다는 처음부터 사회를 구성하는 절대적 다수가 없는 상황에서 다양한 배경을 가진 이민자들이 끊임없는 정치적 중재와 협상을 통해 상호 간 이질성을 극복하고 사회적 통합을 이끌어내었다. 이 프로그램이 시작된 토론토에서 16년간 공부하고 생활해온 필자는 다인종, 다문화 사회인 캐나다가 세계에서 가장 평화로운 사회가 될 수 있었던 것에는 그 밑바탕에 이런 교육적 합의와 실천이 있었기 때문이었다고 생각한다. 고든은 "어린 학생에게 중요한 것은 정답이 아니라 감성의 합의, 곧 공감"이라고 강조하고 있는데, 이러한 프로그램이야말로 극심한 사회적 갈등과 분열 현상을 겪고 있는 한국 사회에 절실하게 필요한 것이라고 생각한다.

인간은 공감empathy의 동물이다. 우리는 간접 경험만으로도 마치 직접 경험하고 있는 것처럼 타인의 행동을 자신의 행동으로 이해할 수 있는 능력을 가진 존재다. 이를 통해 사람들은 공감이라는 것을 느끼며 서로 같은 것을 공유하는 문화를 형성해나간다. 인간은 사회적 존재이기에 타인과 원만하게 지낼 수 있으려면 타인의 의도를 잘 파악하고 공감할 줄 아는 능력이 필수적이다.

자연과학과 인문과학을 넘나들며 자본주의 및 인간의 생활방식, 현대 과학기술의 폐해 등을 날카롭게 비판해온 제레미 리프킨Jeremy Rifkin은 인간의 본성과 사회의 미래를 다룬 『공감의 시대』 *The Empathic Civilization*에서 "공감하는 인간"이 다가올 시대의 새로운 패러다임으로 떠오르고 있다고 주장한다. 그는 인간의 공감능력이 문명 탄생의 요인이 되었다고 분석하면서 육체적으로 연약한 인간이 세계를 지배하는 종이 된 것은 자연계의 구성원들 중 가장 뛰어난 공감능력을 가졌기 때문이라고 말한다. 그는 이러한 인간을 "호모 엠파티쿠스"Homo Empathicus, 즉 "공감하는 인간"이라고 부른다. 그는 적자생존과 부의 양극화로 치닫는 현행 자본주의 경제체제에서 공감을 바탕으로 공유와 협력의 시대를 여는 제3차 산업혁명의 시대로 가야 한다고 역설한다. 게다가 요즘은 굳이 공감의 범위를 인간으로 한정 짓지 않는다. 생태계의 권리에 대한 인식이 점점 높아지면서 동물들과 깊은 교감을 나누는 사람들도 점점 늘어나고 있다. 생물권에 대한 공감대의 지평이 확대되면서 리프킨은 이를 "생물권의식"biosphere consciousness이라 명명하고, 이런 의식의 회복이 인류를 자기파멸로부터 구해줄 것이라 믿는다.[269)]

마음속의 거울, 공감능력

진화심리학에서는 타자와의 감정이입을 가능하게 하는 현상을 "거울뉴런"Mirror neuron이라고 한다. "거울뉴런"은 인간을 포함한 영장류의 뇌에서 발견된 특수신경세포다. 이탈리아 파르마 대학교의 신경과학자인 지아코모 리졸라티Giacomo Rizzolatti 박사와 그의 팀은 뇌신경세포는 타인의 행동에 대한 이해뿐만 아니라 모방에 기여하는 기제인데 타인의 행동을 관찰하면서 마치 내가 그 일을 직접 하고 있는 것처럼 느끼고 반응한다는 것을 발견하였다.[270)] "거울뉴런" 연구는 인간의 진화와 사회성의 발달에 대한 뇌신경학적 메커니즘에 관한 연구다. 사람들이 드라마나 영화를 보면서 비극적

---

269) John Gray, "The Empathic Civilization: The Race to Global Consciousness in a World in Crisis by Jeremy Rifkin", http://www.theguardian.com/books/2010/mar/13/empathetic-civilization-jeremy-rifkin-climate(검색일: 2015/08/09).

270) Lea Winerman, "The mind's mirror: A new type of neuron-called a mirror neuron-could help explain how we learn through mimicry and why we empathize with others", *Monitor on Psychology*, Vol. 36, No. 9(October 2005), p.48.

인 장면이 나오면 눈물을 흘리거나 스포츠 경기를 관람하면서 자기 팀이 이기면 열광적으로 환호하고 지면 격렬하게 분노하는 현상 등을 일컬어 "거울뉴런" 효과라고 한다.

타인의 행복과 고통을 내 것처럼 이해하는 것은 도덕관념의 시작이다. 나의 아이들이 미래에 행복해지기를 원한다면 가장 중요한 사회적 역량인 소통능력, 공감능력을 키워줄 수 있어야 한다. 신생아실에서 한 아기가 울면 곁에 있는 아기들이 모두 따라 우는 현상을 '신생아성 반응울음'이라고 한다. 재미있는 현상은 신생아에게 자기 울음소리가 녹음된 테이프를 들려주었을 때는 따라 울지 않는다는 점이다. 이것은 아이가 단순히 울음소리에 반응하는 것이 아니라, 타인의 고통에 대한 반응으로 운다는 사실을 시사한다. 영아들의 이런 반응은 타인의 고통에 공감하는 능력이 아주 어릴 적부터 사람에게 내재화되어 있다는 전제를 가능하게 한다.

아이들이 자라면서 심리적 또는 정서적 학대를 받으면 이후 인지, 정서, 사회, 심리적 발달에 심각한 영향을 끼치게 된다. 인간의 정서적 성숙은 사랑과 관심으로 충만한 인간관계, 풍요로운 자연환경과 애완동물들과의 교감에서 생긴다. 과거 대가족 형태에서는 조부모, 고모, 삼촌 등의 혈족과 많은 형제자매 가운데에서 아이들이 양육되었지만, 핵가족 사회로 바뀌면서 그런 인간적 유대가 실종되어 버렸다. 사회성의 결여로 인해 생기는 낮은 자존감은 타인에 대한 공감능력을 현저하게 저하시키고 공감능력이 미숙하면 대인관계도 어려워진다. 그러므로 유아기 때 사회성을 기를 수 있는 놀이를 많이 장려해야 한다. 특히 놀이를 통해 친구를 잘 사귀는 방법을 터득시켜야 한다.

타인과 공감할 줄 아는 능력은 아기 때(대략 36개월 이내) 애착대상과의 경험을 통해 형성된다고 한다. 특히 아기는 엄마의 사랑을 먹고 자란다고 해도 과언이 아니다. 사랑은 공감능력이다. 2015년 영국 요크 대학교 심리학 연구팀은 아동의 기본적인 공감능력과 사회 적응성을 발달시키기 위해서는 부모가 먼저 자녀의 마음을 헤아리는 모습을 보여야 한다는 연구 결과를 발표하였다. 이들은 아이들의 공감능력 발달에 있어 부모와의 대화가 미치는 영향을 측정하기 위해 모자 및 모녀 마흔 쌍을 조사했다.

연구팀이 발표한 논문의 수석 저자인 엘리자베스 커크Elizabeth Kirk 박사는 어린아이들의 생각과 느낌을 "이해하고자 하는 모성적 마음"maternal mind-mindedness이 아이들에게 끼치는 영향력을 분석하기 위해 10, 12, 16, 20개월 사이의 아기들을 대상으로 부모와 자녀 사이의 대화 패턴을 연구했다. 그녀는 어머니들과 아기들이 10분 동안 자유롭게 대화를 나누도록 하고 이때 어머니들이 "마음에 관련된 말"mind-related comment을 얼마나 자주 하는지 그 횟수를 측정했다. 여기서 "마음에 관련된 말"이란 아동의 행동을 관찰하던 부모가 아기의 마음과 사고를 짐작해 건네는 말을 의미한다. 예를 들면 장난감 자동차의 문을 열지 못해 안달하는 아기에게 어머니가 "힘들지?" 등의 말을 하는 경우가 여기에 속한다. 이후 연구팀은 이 아기들이 5~6세가 됐을 때 열다섯 쌍의 모자를 택하여 다시 한 번 실험을 진행했다. 이번에는 "이상한 이야기"strange story라고 일컫는 테스트 방식을 사용했다. 이 테스트는 아이들에게 새빨간 거짓말, 빈정거림, 오해, 이중 속임수 등 열두 가지 사회적 맥락이 함유된 가상의 이야기를 읽어준 뒤 해당 상황에 대한 아이들의 이해도를 측정하는 시험을 말한다. 결과를 보면 아기 시절에 어머니로부터 "마음에 관련된 말"을 더 많이 들었던 아이들의 테스트 점수가 월

등히 높은 것으로 드러났다.

퀴크 박사는 이에 대해 "어머니가 아이들의 마음을 헤아리는 능력을 가지고 있을 경우, 타인의 생각에 대한 공감대를 형성하는 아이들의 능력 또한 더불어 신장된다는 사실을 보여준다"고 설명했다. 그녀는 "이 능력이야말로 곧 타인의 감정과 생각을 읽는 능력으로 이어지기 때문에 아이의 사회성 발달에 지대한 영향을 끼치게 된다"면서 이 연구 사례는 유아 시절 부모와의 대화가 자녀들에게 얼마나 중대한 요소로 작용하는지 증명하는 것이라고 말했다.

부모와의 관계에서 사랑을 듬뿍 받으면 아이는 심리적 안정감과 자신감을 갖게 된다. 그러나 애정의 결핍으로 건강한 자아가 형성되지 못하면 존재에 대한 불안감이 자라나 매사 자신감이 없고 열등감에 시달리게 된다. 이는 역으로 자신의 힘을 과시하거나 자신의 영역에 대한 소유와 지배를 확장하기 위한 목적으로 매우 공격적인 자아를 형성하기도 한다.

불안하기 때문에 다른 사람을 지배하거나 소유하고자 하는 모든 행동들은 사회-정서적 상호 교류에서 심각한 문제를 유발한다. 행복한공부연구소 소장 박재원은 "다른 사람이 나를 좋아하고 존중한다는 느낌, 그게 바로 엄마들이 그렇게 함양해주고 싶어 하는 자존감의 근원이다. 부모가 도와주지 않으면 아무것도 못하는 사람, 경쟁력은 뛰어나지만 성장이 멈춰버린 유아기의 어른, 그런 어른으로 자식을 키우지 않기 위해서 우리는 다시 한번 인성이라는 자본에 대해 숙고해봐야 한다"[271]고 충고한다. 사회관계에서 책임감이나 절제력, 성급하지 않고 느긋이 기다릴 줄 아는 성숙한 인성은 부모의 따뜻한 애정과 관심으로부터 흘러나오는 행동의 꽃이다. 부모의

---

271) 「아이 성적보다 인성 자본을 키워라」, 『한국일보』(2015.06.30).

따뜻한 사랑과 관심은 이렇듯 한 인간의 인격 형성에 큰 영향을 미치기 때문에 가장 큰 유산이라고도 할 수 있다.

사랑을 충분히 받지 못하고 자라면 사랑에 집착하게 되고 이 집착이 자신과 타인을 불행에 빠트린다. 애정이 결핍되면 타인을 통해 이를 충족하려 하기 때문에 타인은 사랑이 아닌 그저 자신의 결핍을 채우려는 수단에 불과해진다. 삶의 건강한 에너지는 자신을 있는 그대로 받아들이는 것이고 이런 사람은 타인과의 공감력도 뛰어나기 때문에 타인에 대한 배려심도 탁월하다. 올바른 성장은 관계에 대한 민감한 능력, 즉 공감과 이에 따르는 책임감을 익혀가는 것이다. 헬렌 켈러는 보지 못하고, 듣지 못하고, 말하지도 못하는 삼중의 장애와 고통을 안고 있었다. 앤 설리번 선생은 헬렌과 첫 만남에서, 어린 헬렌의 마음은 텅 비어 있었노라고 회상한다. 그 아이의 텅 빈 마음을 세상에 대한 관심, 사람에 대한 사랑, 사물에 대한 호기심으로 가득 채워주었기에 헬렌 켈러는 모든 장애를 극복하고 불굴의 의지와 희망의 아이콘이 될 수 있었다. 진정한 교육의 의미와 부모, 교사의 역할은 어떠해야 하는지 다시 한번 생각하게 해주는 감동적인 실화다.

현대 사회를 파편화시키고 있는 자기중심적 개인주의에서 벗어난, 상호 협동과 연대가 빛나는 시민의식은 일상에서 일어나는 작은 공감 훈련으로부터 시작된다. 다문화 사회로 나아가고 있는 지금의 시점에서는 나와 다른 존재를 인정하고 수용하면서 함께 사는 지혜를 배우고 실천하도록 유도하는 교육이 바람직하다고 할 수 있다.

본래부터 나쁜 아이는 없다. 그러나 나쁜 아이 뒤에는 반드시 나쁜 부모가 있다. 도덕지능이 떨어지는 사람은 결코 행복할 수 없으며 미래에 성공할 수도 없다. 문용린이 말하는 도덕지능은 "옳고 그름을 판단하고, 나아가 자신의 윤리적 신념에 따라 나뿐만 아니라 남에게도 부끄럽지 않은 행동을 할 수 있는 능력을 말한다. 다른 사람의 고통을 공감하고 배려하는 능력, 나의 감정을 조절하고 욕구충족을 다음으로 미룰 줄 아는 능력, 나와 다른 생각을 받아들이고 이해하는 능력, 존경심을 가지고 다른 사람을 대하는 능력 등이 해당한다."272)

인생을 살다 보면 어려움에 직면할 때가 많고, 주위의 도움과 협력이 절실한 순간들도 많다. 그러나 오늘날의 공동체는 그 유대가 점점 무너지고 있다. 2015년 OECD 사회통합지표를 분석한 결과, 한국은 '사회적 관계'(사회적 지원 네트워크) 부문에서 10점 만점 중 겨우 0.2점을 받았다. 낮은 공동체지수는 우리가 그만큼 각박한 세상을 살아가고 있다는 극명한 증거다. 공동체지수는 사회적·정서적으로 지원받을 수 있는 네트워크와 사회적·성적 차별 등을 통한 삶의 만족도를 나타내는 점수다. 지난 11년간 한국이 자살률에서 부동의 1위를 유지한 것은 다 이유가 있다. 이렇게 사막처럼 메마르고 극지처럼 추운 사회에서는 죽음만이 유일한 출구처럼 느껴질 것이다. 실상 우리 각자는 연계적 자아다. 우리는 도인이 아닌 한 고도에서 홀로 살 수 없다. 자아는 개인으로서 고유성의 자유를 갖지만, 그 뿌리는 가족이나 이웃, 동료, 타인들과 단단히 연결되어 있다.

학교에서의 우등생이 반드시 사회에서도 우등생이 되는 건 아니다. 1970년대 중반부터 전문가들과 교육관계자들은 사람의 인지능력IQ과 영재 여부, 또는 사회적 성공과의 상관관계는 명확하지 않

---

272) 문용린, 『열 살 전에 사람됨을 가르쳐라』, 갤리온, 2007, 6쪽.

다는 것을 인정하고 있다. 우리는 소위 IQ나 학교의 성적에 매몰되어 아이들을 닦달하지만 사회에 진출했을 때 인간관계에 대한 사회 역량이 떨어지면 성공은커녕 그 조직사회에서 소외당하거나 도태되기 쉽다. 우리는 기실 주위에서 불우한 천재들을 많이 보면서도 이걸 깨닫지 못하고 있다.

하버드 대학교 '성인발달연구'팀은 1938년부터 10대 남성 두 그룹, 총 724명의 인생을 무려 75년간이나 추적해왔다. 75년이 지난 후에도 아직 60여 명이 살아남아 있고 대부분 90대 나이가 되었으며 연구는 아직도 진행형이다. 연구의 대상이 된 사람들은 다양한 삶을 살아왔다. 대통령이 된 사람도 있고 공장 노동자, 변호사, 벽돌공, 의사 등으로 사회 각계각층의 인사들이 망라되어 있다. 긴 세월 동안의 연구를 통해 연구팀이 내린 결론은 한 가지다. 좋은 인간관계가 행복과 건강을 지켜준다는 사실이다. 가족·친구·지역사회와 관계가 좋은 사람일수록 행복하게 오래 산다는 것을 발견했다. 인간적 소외감이나 외로움은 인간을 불행하게 할 뿐만 아니라, 건강과 뇌 기능도 더 빨리 쇠락시킨다는 사실을 발견했다. 이 연구팀의 총 책임자인 조지 베일런트George E. Vailant[273]는 "삶에서 가장 중요한 것은 인간관계"라고 강조한다. 그는 특히 50대 이후 사람의 삶을 결정하는 가장 중요한 변수는 47세 무렵까지 그가 만들어놓은 인간관계라고 말했다.

세계화로 인해 사회는 점점 다원화, 다문화, 다인종 사회로 변해가고 있다. 향후 사회적 상호 작용 역량은 어떻게 이질적인 상대와 조화롭게 살아갈 수 있는지를 배양하는 것이고 이는 미래 시민사회의 필수 덕목이다. 현대 사회에서 모든 사람의 다양성을 인정하고

---

273) 조지 베일런트, 『행복의 조건』, 이덕남 옮김, 프런티어, 2002, 7쪽.

누구나 평등한 권리와 의무를 향유할 수 있는 만민평등의 원칙을 담은 인권은 모든 문화적 경계를 초월하는 보편적 가치이자 문화적 우상 혹은 성역으로 떠올랐다. 인권은 제도적 종교는 아니지만 현대 세계에선 거의 종교와 같은 개념이다. 따라서 이를 파괴하는 것은 현대 세계에서는 신성모독에 해당된다.[274] 모든 사회는 사회 구성원 간의 가치관 및 이해관계의 차이에서 오는 갈등을 극복하고 사회적 안정과 통합을 이루기 위한 제도적 장치를 고안해낸다. 그런데 한국 청소년들의 사회적 상호 작용 역량이 이렇게 떨어진다는 것은 사회통합을 저해하는 균열인자가 될 수 있다.

사회적 관계에는 자신의 행복만이 아닌, 서로의 행복을 추구하는 상생의 정신이 무엇보다 필요하다는 것을 우리는 경험으로 알고 있다. 인간의 놀이는 공동체를 전제로 하는 사회적 현상이다. 그러나 사실은 남과 잘 지내는 것이 쉽지 않다. 어디를 가든 마음에 들지 않는 사람을 발견하기 마련이다. 오죽하면 법구경에 "사랑하는 사람은 못 만나 괴롭고, 미워하는 사람은 만나서 괴롭다"〔愛之不見憂不愛見亦憂〕고 했을까. 그래서 삶이 고통인 것이다. 성공하는 사람은 이런 어려움을 극복할 수 있는 사람이다. 어디서든 쉽게 사람을 사귀고 서로 힘을 모아 좋은 것을 이루어내는 사람이 성공하는 것은 자명하다. 스웨덴에서는 유치원이나 초등학교 시절부터 친구들과의 협력을 통해 '동료효과'를 끌어내도록 가르친다. 독불장군보다는 상호 협력하고 지혜를 모아 문제를 해결하는 것이 훨씬 더 효율적이다. 경쟁만 강조하다 보면 인간관계의 불협화음과 소모적 경쟁이 오히려 생산성을 떨어뜨리고 사회적 균열을 가중시킨다.

---

274) James V. Spickard, "Human Rights, Religious Conflict, and Globalisation: Ultimate Values in a New World Order", *International Journal on Multicultural Societies*, Vol.1, No.1(1999), 6.

타인과 한데 어우러져 조화롭게 사는 것에도 연습이 필요하다. 또한 인간관계에 민감한 능력을 익히는 것도 중요하다. 이러한 능력은 집에서 혼자 배울 수 있는 것이 아니라, 학교에서 친구들과 함께 생활하면서 배울 수 있다. 오직 성적과 입시에 매몰된 교육에서 벗어나 학생들이 성숙한 인간이 될 수 있도록 그들의 성장을 도와주는 교육이 한국의 미래 교육의 이정표로 재설정되어야 한다. 인간관계가 좋아지면 행복지수도 올라간다. 내가 남을 돕고, 남이 나를 도우면 개인도 행복하고, 그런 공동체는 저절로 번영한다.

공동체와 인성교육

유아기와 아동기에 있어서 부모 역할은 아동의 성장과 발달에 절대적인 영향을 미친다. 3세에서 7세 사이의 아동들은 인생에서 가장 왕성한 학습과 발달이 이루어지고 잠재력이 계발되는 중요한 시기다. 이 시기의 교육이 아이의 평생을 결정한다고 해도 과언이 아니다. 아이들은 부모로부터 받은 영향에 따라 태도, 성격, 습관 등이 형성되며 부모와의 상호 작용을 통해서 인간관계와 사회화 과정을 배운다.

한국의 아버지들은 돈벌이에 바쁜 나머지 가족이나 아이들과 함께 보낼 시간이 부족하다. 아이들과 아버지 간의 유대가 튼튼하지 못하면 아버지는 자칫 가족에게서 소외되어 '돈 버는 기계'로 전락할 수 있다. 전문가들은 붕괴된 가족공동체 회복을 위해서는 친구, 직장동료와의 인간관계를 위해서 노력하듯이 가족관계에서도 꾸준한 노력이 필요하다고 조언한다. 아무리 바빠도 가족과 함께 식사할 수 있는 시간이 필요하고 주말에 같이 놀아줄 수 있는 시간을 배려해야 한다.

미국의 사회학자인 데이비드 리스먼David Riesman은 그의 저서 『고독한 군중』*The Lonely Crowd*에서 현대 사회구조의 변화에 따른 세 가지 서로 다른 인간 유형을 제시하였다. 우리나라에서 여러 명의 역자들이 그의 책을 번역하면서 모두 그 제목을 "고독한 군중"이라고 옮겼는데 엄밀하게 말하면 외로움과 고독은 질이 다르다. 사람이 남과 떨어져 혼자 있는 감정의 상태를 우리는 두 가지로 분리할 수 있다. 하나는 외로움인데 사람들과 같이 있어도 심리적으로 외로움을 느낄 수 있다. 이런 상태를 흔히 "군중 속의 고독"이라고 표현하는데 영어로는 'loneliness'라고 표현한다. 또 하나는 홀로 있을 때 오히려 홀가분한 자유로움을 만끽하는 기분이다. 이런 상태를 영어로는 'solitude', 즉 '고독'이라고 표현한다. 산속이나 사막에서 수행하는 수행자들은 홀로 있지만 외롭지 않다. 그들은 오히려 고독 속에서 명상을 통해 내적인 충만함을 느끼고 위대한 각성이나 깨침을 성취해간다. 그래서 우리는 부정적인 의미의 외로움과 창조적이고 긍정적인 의미의 고독을 분류해서 사용해야 한다. 엄밀하게 말하면 리스먼이 말한 "고독한 군중"은 사람들 가운데 있어도 외로움을 느끼기 때문에 차라리 "외로운 군중"이라 표현하는 것이 더 적절하다.

산업화로 인해 농경사회에서 도시사회로 전이되면서 사람들은 공동체를 잃어버렸고 익명의 도시공간에서 각자 개별적 존재로 고립되었다. 익명의 도시공간 속에서 군중의 삶은 획일화되고 인간을 소외시킨다. 빈부격차가 가져오는 상대적 박탈감과 좌절감이 무한경쟁사회에서 개인을 외로움으로 내몬다. 자아상실의 수렁에 빠진 타인지향형 사회는 정치적 무관심이 팽배해지면서 결국 민주주의

체계를 위협하는 주요 원인이 되기도 한다. 현대 기술문명이 만들어낸 컴퓨터 인터넷과 온갖 대중매체로 인해 사람과 사람 사이에 완충지대가 사라짐으로써 타인(외부)이 개인의 일상을 구속하고 상처를 입힐 가능성이 그만큼 커졌다. 현대인의 외롭고 쓸쓸한 삶을 보여주는 타인지향형 현대인들이 바로 "외로운 군중"들이다. 전통적인 의미의 공동체의 상실이 가져오는 지극히 비인간적인 현실이 존재하는 익명의 도시공간에서 현대인들은 외로움에 떨고 있다.

살벌한 도시에서 살아남기 위한 대안으로 최근 마을공동체가 다시 각광을 받고 있다. 파편화되고 익명화된 사회에서 상호 소통하면서 살아가는 마을공동체를 만들고자 하는 도시인들의 요구가 현실화되고 있는 것이다. 인터넷 뉴스 매체인 『오마이뉴스』가 제시한 <마을의 귀환> 같은 기획취재에서는 서울, 부산, 대구 등 대도시 곳곳에서 진행되고 있는 마을공동체 만들기를 조명하면서, "마을공동체가 희망"이라는 것을 보여주고자 노력하고 있다. 박원순 서울시장은 "마을이 학교다"라고 언급했고, 경기도 교육감 이재정은 "마을 전체가 큰 학교가 되어야 한다"고 주장했다. 기존의 학교 범위와 교육의 장에서 벗어나 지역사회의 교육역량과 자원까지도 교육에 접목시키고자 하는 것이다. 이를 통해 이웃이 함께 돌보고 배우는 교육공동체로서 마을을 건강하게 지속시킬 수 있는 가능성을 발견해내고 있다.

지금 서울시는 '학교 밖 학교'인 지역사회의 교육역량와 자원을 개발하여 지역교육을 재편하는 중이다. 지역사회의 상담지원과 생활지도 역량을 총동원해 아이들의 올바른 성장과 치유 그리고 돌봄을 도모할 수 있는 최상의 조건을 갖추려고 노력하고 있다. 서울시와 자치구는 물론 시의원, 국회의원, 교육청, 시민사회가 힘을 합쳐

촘촘하고 긴밀한 교육의 협력체계를 만들어내고자 한다. 예를 들면, 마을에서 학교 일과를 마친 아이들에게 배움을 제공하고 부모들이 퇴근할 때까지 돌봐준다. 그러나 지역마다 아이들을 돌보기 위한 기관과 시설, 그리고 활용 가능한 인적자원 네트워크가 아직은 매우 미흡한 실정이다.

<마을이 학교다> 사업은 노원구가 2013년 5월부터 관내 초·중·고등학교에 예산을 지원하여 교사들이 교과과정 외에 자신들의 장기나 취미를 활용해 학부모들과 함께 운영하는 마을학교 사업으로 마을공동체를 복원하기 위한 일환으로 시작되었다. 노원구는 2014년 79개교 196개 학교 내 마을학교에 6억 2,500만원을 지원하였고 학생과 학부모 1,500명이 참여했다. 노원구민 중 재능기부를 원하는 사람은 구청에 마을학교 운영계획서 등을 제출하면 누구든 지원을 받아 마을학교를 세울 수 있다. 마을학교사업에 대한 호응이 늘면서 재능기부자는 2013년 210명에서 2014년 291명으로 증가했다. 참여 학생들도 2013년 133개 마을학교에 약 1,100명이던 것이 엄마들 사이에서 문화, 예술, 체육 등 아이들의 재능과 창의적 인성을 키워주는 교육이라는 입소문이 나면서 2014년에는 361개교 2,427명으로 늘어났다. 김성환 노원구청장은 "한 아이를 키우는 데 온 마을이 필요하다는 아프리카 속담처럼 학생들이 창조적 사고와 공동체 의식을 키워갈 수 있도록 <마을이 학교다> 사업을 확대해 나가겠다"고 말한다.

인성을 함양하는 실제적인 장은 가정과 사회다. 사회의 각종 기관 중에서도 가장 사회적 응집력과 개인에게 미치는 감화력이 높은 단체는 종교단체다. 그래서 인성교육은 일차적으로 학교가 아니라 가정과 그 가정이 속한 각 종교단체에서 상호 협력하여 추진해야

할 과제다. 청소년들을 위한 신앙교육은 삶의 새로운 단계로 진입하는 청소년들이 사회적, 문화적, 영적으로 성장할 수 있도록 도와주고 교육하는 것이다. 교회라고 하는 종교적 공간을 통해서 "청소년은 관계를 맺는 가운데 자기 자신과 타인을 대면하고 수용하며 공동체를 통해 성장하고 하느님께 자신을 더 개방"[275]하게 되는 기회를 갖게 된다. 종교단체는 청소년들의 영적 갈증만 해소시켜 주는 곳이 아니라, 그들이 처해 있는 실제적인 문제에도 도움과 답이 될 수 있도록 적극적인 관심과 배려가 필요하다. 자아의 성장에 도움이 되고 실제적인 문제에 답을 주는 공동체, 놀이와 친구가 있어 주말이 자꾸 기다려지는 그런 공동체를 청소년들은 원한다.

청소년들에게 매력 있는 공동체가 되려면 먼저 현대 한국 청소년들의 특징을 잘 알아야 한다. 김성천[276]에 의하면 현대 한국 청소년문화의 특성은 다음과 같다. 첫째, 청소년들은 "즉각적인 감정적 반응"을 나타낸다. 디지털 세대의 전형적 특성이 즉각성과 즉흥성이다. 그들이 즐기는 랩뮤직과 댄스문화를 보면 그런 특성이 여실하게 드러난다. 둘째, "실용주의적 가치관"이 주를 이루고 있다. 요즘 청소년들은 대단히 서구적인 가치관을 가지고 있다. 장래희망도 연예인, 방송종사자, 요리사 등 자신의 취미와 적성을 고려해 대답하지만 문제는 이런 청소년들의 염원을 들어주기에는 학부모나 일선 교육기관이 아직도 너무나 구식이고 고답적이라는 점이다. 셋째, "키치 문화의 통속적인 특성을 반영한다". '키치'라는 말은 내용물을 속이거나 진짜가 아니라는 부정적 의미를 갖고 있다. 일단 물건이 팔려야 이득이 남는 기업들은 소비자에게 사용 가치보다는 심미

275) 조재연, 『청소년 사목의 현실과 전망』, 위즈앤비즈, 2009, 84쪽.
276) 같은 책, 31~35쪽.

적 가치를 강조한다. 그래서 되도록이면 새로운 디자인, 새로운 포장 등 대중들의 욕망을 새로이 빚어내고 유행을 만들어낸다. 그런데 이 심미적 가치의 기준은 예술미를 복사한 것이다. 발달된 기술에 의해 복제가 일반화되고 대량생산이 가능해지면서 통속예술이 범람하게 되었다. 더 신선하고 충격적인 이미지를 동원하여 청소년들에게 선망과 질투를 불러일으키고 이기적인 욕망을 즉각 실현해 가도록 충동질한다. 넷째, "우리보다는 '나'가 강하다". 타인의 눈치를 보기보다는 자신의 느낌과 욕망에 솔직하고 거리낌 없이 이를 표현한다. 공공장소에서도 전혀 남의 이목을 개의치 않고 과감하고 솔직하게 애정을 표현하는 것을 보면 시대의 변화를 실감하게 된다.

교회는 청소년들의 비행이나 문화적 일탈을 비판하기 전에 그들의 욕구를 해소시켜 줄 만한 해방공간을 마련해야 한다. 해방은 본래 구원과 연계된 복음적인 단어다. 한 교회가 이를 마련하기 어렵다면 지역 교회들이 연대하여 다양한 프로그램을 만드는 것도 가능하다. 또한 다양한 청소년 단체들이 서로 연대를 맺으면서 통합적인 성장을 이루어가도록 네트워크를 만들어줘야 한다. 신앙성숙을 위한 프로그램들이 심성계발 프로그램들과 병행되어 추진될 때 비로소 이 시대 청소년들의 갈망에 부응해 그들의 상처를 치유할 수 있다. 살레시오수녀회는 제주도 성 이시돌 젊음의 집에서 <인성수련>이라는 명칭의 프로그램을 운영 중인데, 다양한 체험활동을 통해 자신과의 관계와 타인과의 관계를 보다 긍정적으로 바라보고 꿈을 키우며 타인과 함께 살 줄 아는 청소년, 보다 넓은 세상과 사랑을 나누는 청소년들이 되도록 독려하는 것이 프로그램의 목적이다.

아이들이 등교하지 않는 토요일을 소위 "놀토"라고 부른다. 하지만 이 "놀토"가 놀이를 하는, 즉 '노는 날'이 아니라 사설 학원에서 '여전히 공부하는 날'로 왜곡되어 아이들을 괴롭히고 있다. 주일학교에서도 이런 학습 유형은 별로 다를 게 없다. 놀토의 원래 교육 목적에 맞도록 아이들이 즐겁게 놀 수 있는 '놀이'를 개발하고 일반 학교와 전혀 다를 바 없는 주입식, 주지주의적 교리교육에서 탈피해야 한다. 성당에서 보내는 주말이 아이들에겐 하느님 나라의 향연을 즐길 수 있는 기회가 되도록 성당을 예술신학적 신앙교육의 장으로 변화시켜야 한다.[277] 다시 말해, 성당이나 교회는 주말에 청소년을 위한 해방구가 되어야 한다.

주일학교[278] 학생들이 놀토에 신나게 놀 수 있도록 다양한 교육 과정을 개발해야 한다. 손원영은 세 가지 측면에서 놀이교육 과정을 제안했다. "첫 번째는 학생들이 영성교육 프로그램에 즐겁게 참여하도록 '영성교육 과정'을 개발하고, 두 번째로 놀이의 왜곡된 사회체제에 대한 해방지향적 전복성을 따라 '해방지향적 놀이 프로그램'을 개발할 필요가 있다. 세 번째로 한국의 전통문화를 고려한 예술신학적 측면에서 접근하는 방법을 제시했다. 그러므로 미래의 주일학교는 교리 공부를 중심으로 한 주지주의적 교육을 넘어, '놀이' 중심의 통합적 전인교육으로 전환될 필요가 있다"[279]고 강조했다. 주일학교가 학교교육과의 경쟁관계를 넘어, 학교교육의 동반자로서 학생들의 전인적 인격발달을 돕고 놀이를 통해 하느님을 닮는 예술

277) 손원영, 「주 5일제에 따른 주일 교회학교의 대응 — 놀이신학적 입장에서」, 『한국기독교교육정보학회』(2012년 춘계학술대회), 2012.05.19.

278) 요즘은 주일학교가 주일이 아닌 토요일 오후에 여는 경우가 많기 때문에 엄격하게 말하면 주일학교라 부르는 것은 맞지 않지만, 이미 교회 내부적으로 주일학교라는 명칭이 정착되어 있기 때문에 천주교 용어위원회는 이 명칭을 계속 사용하기로 하였다. 『천주교 용어집』, 한국천주교중앙협의회, 2000, 73~74쪽.

279) 「주일학교 놀이로 교회가 즐거워져요」, 『크리스천투데이』(2011.08.01).

적 존재로 성장하도록 격려해야 한다.

기독교놀이연구소[280]는 교회에서 놀이를 통해 얻을 수 있는 네 가지 효과를 제시했다. 첫 번째, "놀이의 효과는 닫힌 아이들의 마음을 열어주고 일체감을 갖게 한다". 처음에는 서로 낯설고 어색해도 놀이를 통해 일단 긴장이 풀어지고 즐거운 분위기가 형성되면, 아이들은 단순한지라 즉각 호기심을 가지고 참여하고 마음을 연다. 이런 놀이를 통해 학교와 학원에서 소외됐던 아이도 웃음을 되찾고 하느님을 간접 체험할 수 있을 것이다. 두 번째, "놀이는 어린이들의 에너지와 능력을 끌어내는 효과가 있다". 소극적이고 의기소침한 아이도 놀이를 통해 에너지와 능력을 드러내 보일 수 있다. 세 번째, "놀이로 얻을 수 있는 효과는 놀이와 교회교육이 만나서 말씀을 더욱 효과적으로 전하고 가르칠 수 있다는 데 있다". 단순히 흥미를 추구하는 오락성 놀이가 아니라 그 안에 하느님의 말씀을 담아내는 것이다. 무엇보다 놀이를 활용하면 말씀이 오랫동안 기억과 마음에 남는 효과가 있다. 네 번째, "놀이는 마음을 회복시켜 주는 효과가 있다". 종교교육과 결부된 의미 있는 놀이 프로그램은 청소년들의 상처받은 마음을 치유하는 효과가 있다. 강제성이 없는 흥미로운 놀이를 통해 성당이나 교회가 즐겁게 뛰노는 장소요, 가고 싶어 안달하는 장소가 되어야 한다. 청소년기 성당에서 받았던 사랑과 아름다운 추억들은 비록 성인이 되어 냉담하거나 성당에서 멀어졌어도 언젠가 다시 되돌아올 수 있는 가장 강력한 유산이 될 것이다.

280) 같은 기사.

맺으면서

기로에 선 한국, 교육만이 미래다

Future

"콩 심은 데 콩 나고 팥 심은 데 팥 난다"라는 속담은 인간교육에 그대로 들어맞는 말이다. 오늘의 교육이 바로 내일의 운명을 결정하기 때문이다. 그리고 그 운명은 개인의 미래뿐만 아니라, 국가의 미래로 연결된다. 미래를 담보하는 것이 교육이라면 이는 국가안보의 차원에서 진단해야 할 만큼 중대한 문제다. 교육문제를 이대로 방치하기에는 우리 사회 전체가 안게 될 불안과 부담이 너무도 크다. 그런데도 이렇게나 중요한 교육개혁이 이토록 지지부진하는 이유는 무엇일까? 교육정책이 수시로 오락가락하는 이유는 사실 정치인들이 통치자의 눈치나 볼 뿐 시대적 혜안이나 감각을 발휘하지 못하기 때문이다.

우리나라 헌법은 전 세계에서 거의 유일하게 교육 분야의 자주성, 전문성, 정치적 중립성을 명시하고 있다. 그러나 현재 한국 제도교육의 책임자인 교육부 장관은 대통령이 임명하기 때문에 현실적인 교육논리가 작동하기 어렵다. 교육정책과 사업 모두 임명권자인 대통령의 눈치를 보아가며 시행하기 일쑤다. 미래를 설계하는 교육만큼은 어떤 정치논리나 경제논리, 시장논리로 접근해서는 안 된다. 그래서 초당파적, 초정권적인 사회적 교육합의기구 또는 독립적인 지위를 갖는 국가교육위원회 신설이 대선 때마다 공약으로 언급되지만 당선만 되면 문자 그대로 공약空約이 되어버린다. 세계에서 가장 살기 좋은 나라들이라고 손꼽히는 북유럽 국가들의 교육제도가 훌륭하다고 하지만, 실은 그 나라의 정치시스템이 그런 교육을 만든 것이다. 진정한 교육개혁을 하려면 그런 나라들의 정치를 먼저 배워야 한다.

요즘 "인구절벽"Demographic Cliff이라는 말이 많이 회자된다. 지금 한국 인구구조의 변화는 롤러코스터가 꼭대기에서 내리막, 즉 절벽으로 접어들기 직전의 모습이다. 인구절벽이란 15~64세의 청장년층 인구(생산가능 인구)가 전체 인구에서 차지하는 절대적 또는 상대적인 비중이 급격하게 줄어들면서 마치 사람이나 물건이 절벽 아래로 떨어지는 모습처럼 감소하는 것을 비유한 말이다.

생산가능 인구가 줄면 당연히 전반적인 경제 활동이 위축되는 악영향이 나타난다. 좁게는 소비를 많이 하는 40대 중반 연령층이 줄어들면서 소비가 전반적으로 위축되는 현상이 나타나기도 한다. 과거에도 대규모 전염병이나 기근 등으로 인구가 갑자기 많이 줄었던 사례들이 있지만 이런 경우는 나이를 가리지 않고 사람들이 죽어나갔으므로 생산가능 인구만 비중이 줄어든 게 아니었다. 또한 지난 세기까지는 평균 수명도 짧았던 데다가 대다수 사람들이 죽기 직전까지 일했고, 어린이들도 상당수 일을 했기 때문에 지금처럼 노인 인구는 급격하게 늘어나고 생산가능 인구는 급격하게 비중이 줄어들어드는 현상은 인류 역사상 처음 있는 일이다. 2009년 12월 발간된 유엔 「미래보고서」는 불과 20년 후 인류가 이 지상에 탄생한 이래 단 한 번도 경험하지 못했던 초고령화 사회에 진입하게 될 것이라고 전망했다. 대규모 자연재해나 전쟁이 아니라 인간이 스스로 번식을 억제해 자발적으로 고령화되면서 인구가 줄어드는 최초의 경험을 하게 되는 것이다.

미래를 예측하는 데 인구 정보만큼 정확한 것은 없다. 미래 한국 사회의 발전을 가로막는 가장 큰 장애물은 출산율 저하와 고령화 문제다. 자연자원은 빈약하고 가진 것이라곤 인적자원뿐인데 교육마저 부실하다면 나라의 미래를 어디서 찾을 수 있겠는가. 그러니 한국의 미래를 위해서는 교육개혁을 통해 창의성 있는 인재를 양성하고, 교육산업을 강화해야 한다. 또한 해외로의 두뇌유출을 막고 오히려 적극적으로 해외 젊은 인재들을 국내에 유치하는 방법을 찾아야 한다. 고령화 시대의 도래를 늦추고 새로운 성장동력을 창출하는 길만이 장기적인 면에서 국가 붕괴의 위기를 극복하는 지름길이다.

정보화 시대는 정보를 손에 쥐고 옮기고 파는 능력을 중요시하는 디지털 세대들의 시대다. 이렇듯 모든 것이 엄청난 속도로 변하고 있는 시대가 도래했는데도 교육방식은 예나 지금이나 변함이 없다. 공장식 양계장 같은 학교의 일방적 지식전달 교육은 전혀 미래 사회의 패러다임에 들어맞지 않는다. 당연히 현행 학교교육의 근본적 변화가 없이는 한국의 미래도 없다. 현행 교육이 근본적으로 변하려면 사회제도와 문화, 체제와 모든 시스템이 함께 맞물려 변화해야 할 것이다.

이 시대 공교육의 붕괴와 함께 대두되는 학교개혁의 두 가지 화두는 창의력교육과 인성교육의 두 축으로 압축된다. 창의성을 동원하여 최첨단 원천기술을 발명하지 않으면 국가의 번영을 기약할 수 없다. 암기식, 주입식 교육은 우리 사회가 제조업 기반일 땐 요긴했지만 앞으로는 창의성이 중요한 시대다. 창의적 인재 양성과 선량한 시민교육은 미래 대한민국 번영의 관건이다. 좋은 교육은 개인과 사회에 행복한 미래를 약속한다.

사람은 누구나 행복하기를 원한다. 그러나 우리의 삶에서 재미와 즐거움이 없다면 행복한 삶이라 할 수 없다. 옛말에 열심히 하는 사람은 최선을 다하는 사람을 이길 수 없고 최선을 다하는 사람은 즐기는 사람을 이길 수 없다고 했다. 삶은 한바탕 놀이판이다! 우리는 예로부터 흥겨운 가락을 즐기고 춤을 추면서 삶의 애환을 달래왔고, 이를 신명, 흥 또는 신바람으로 표현해왔다. 생물학적 유전자로부터 도출된 문화 유전자라는 개념은 문화 현상을 설명하는 데도 유용하다. 우리 정서에 각인된 신명 또는 신바람 유전자는 이제 한국인의 대표적인 문화 유전자로 인식되고 있다. 세계적으로 번져나가고 있는 K-POP과 드라마로 대표되는 한류의 원천을 우리 고유의 신명에서 찾는 연구자들이 많다. 최근 문화 유전자 개념은 습득과 모방을 통해 문화를 복제하고 전달한다는 점에서는 리처드 도킨스의 밈meme 개념을 수용하지만 고유한 역사에서 오는 연속성, 사회적 공통성, 문화적 개성 등을 구체적인 문화권 단위에 적용한다는 점에서는 그보다 더 확장된 개념이다.

싸이의 <강남스타일>에서 보듯 K-POP은 국적에 관계없이 듣는 이들을 흥겹고 신명 나게 하며 온몸을 들썩이게 만든다. 2000년대 초반 중국을 필두로 동남아시아 곳곳에서 한류 열풍이 불기 시작했을 때 국내 많은 학자들은 반짝 인기로 그칠 것으로 내다봤다. 그저 로맨스 일색의 멜로드라마나 아이돌 위주의 K-POP은 '이류'二流라고 비난했다. 그러나 한류는 아직도 지속되고 있다. 2015년 한국의 총 수출액은 전년 대비 7.9%나 하락했지만, 문화콘텐츠 수출액은 오히려 8.8% 증가했다. 2010년 이후 증가세가 단 한 번도 꺾이지 않았다. 한류는 이렇듯 매년 성장세이고 2013년엔 '세계한류학회'가 창립되었을 정도다.

2014년 1월 중미 코스타리카란 나라에서 머물고 있었는데, 어느 일요일 그곳 수도인 산호세 도심지에 있는 고등학교 강당에서 'K-Festival'이 있다고 해서 구경을 간 적이 있다. 대부분의 한국인들은 아마 이 나라가 어디에 있는지도 모를 것이다. 그 정도로 조그만 나라다. 전체 인구가 500만 명도 안 되니 수도 인구도 30만 명 미만인 조그만 도시일 수밖에 없는데, 그곳 고등학교 강당에 700~800명의 젊은 청소년들이 가득 모여서 오전 10시부터 오후 4시까지 종일 한국 K-POP을 듣고 함께 노래하는 것이었다. 입구에는 한국 아이돌 가수들의 사진이 죽 걸려 있고 음반 CD도 팔고 있었다. 소위 한류가 지구 반대편에서도 이렇게 인기가 있을 줄이야 짐작이나 했겠는가. 한류의 인기를 온몸으로 실감하면서 지낸 하루였다.

한국 사회가 피로사회로 접어들면서 신명·신바람에 대한 정서적 허기도 커지고 있다. 아이나 어른이나 죽도록 피곤한데 무슨 신명이 나겠는가. 세계에서 찬탄을 받을 만큼의 경제적 성취를 이룬 한국인들은 왜 스스로 불행하다고 느끼는가. 도대체 이런 이중성은 어디에서 오는가.

한국은 지난 반세기 초고속 성장을 이룩하면서 역사상 유례가 없는 호황과 번영을 구가해왔지만 또 한편 초고속 성장의 이면에는 그만큼 과속에 따른 후유증과 적폐도 누적되어 왔다. 한국은 그동안 대기업 주도의 수출의존 정책을 펼쳐왔으나, 세계 경제의 침체 속에 '저성장의 덫'에 빠져 있다. 2008년 금융위기 이후 2011년부터 한국의 경제성장률은 세계 평균에도 미달한 2~3%대 저성장을 지속하고 있다. 성장의 동력이 소진되면서 저성장이 장기화되고 있다는 것은 경제가 악순환을 반복하고 있다는 뜻이다. 불투명한 미래와 비관적인 전망은 불안과 공포를 가져오고 삶의 의욕을 꺾어버린다. 저성장, 저출산, 고령화로 대비되는 한국 사회의 문제는 비관적 전망을 증폭시키고 사회적 냉소주의를 팽배하게 만들었다.

국가권력의 과도한 시장개입을 비판하고 민간 자본의 효과적 증식과 성장을 위해 신자유주의Neo Liberalism가 1970년대 이후 새로운 대안으로 떠올랐지만 "초고속 세계화가 진행된 지난 30여년 사이 경제 성장은 둔화되었고, 불평등이 증가했으며, 대부분의 나라가 금융위기를 더 빈번히 겪어야 했다".[281] 우리의 미래는 세계화, 제4차 산업혁명, 양극화된 불평등에 어떻게 대응하느냐에 달려 있다. 많은 석학들은 21세기가 '카오스'(대혼란)와 '빅뱅'(대변혁)의 시대로서 불확실성은 더욱 증가하고 엄청난 변혁이 도래할 것이라고 전망하고 있기에 더더욱 새로운 사고의 탐색과 발상의 전환이 요구되고 있다. 이러한 시점에서 현행 우리의 교육제도가 과연 다가오는 미래의 기술혁명과 시대적 요구에 적합한 인재를 양성하고 있는지를 자문해봐야 한다.

한국 사회에 만연한 과잉 혹은 이상 교육열은 이 시대 기성세대들의 비뚤어진 인생관과 저열한 가치관이 만들어낸 합작품이다. 이

281) 장하준, 『장하준의 경제학 강의』, 김희정 옮김, 부키, 2014, 431쪽.

런 상황에서 아무리 서구 최상의 교육시스템을 모방하고 온갖 이상적인 교육정책을 시도한다 하더라도 한국 기성세대들의 부박한 가치관이나 의식개혁이 선행되지 않는 한 진정한 교육개혁은 원천적으로 불가능하다.

한국 사회가 역사의 중요한 변곡점에 서 있다는 것은 누구나 인정하는 바다. "한 나라의 과거를 알고 싶으면 박물관에, 현재를 알고 싶으면 시장에, 미래를 알고 싶으면 학교에 가보라"는 말이 있다. 한국의 근대화에 지대한 공헌을 해왔고 지금껏 종립학교를 통해 한국 교육의 한 축을 담당해왔던 교회는 어떤 대안을 가지고 미래 한국 교육에 이바지할 수 있는지를 고심해야 한다. 넬슨 만델라 Nelson Mandela는 "교육이야말로 세상을 바꿀 수 있는 가장 강력한 무기"라고 말했다. 왜냐하면 사회를 바꾸고 개혁하는 가장 핵심적인 수단이 바로 교육이기 때문이다. 창의적인 교육시스템과 인성·자연·협동과 화합을 중시하는 교육방식만이 미래 한국을 보장하고 나라의 번영을 지속하게 만들 것이다.

인간성을 파괴하는 경쟁지상주의적 입시교육 문화에서 탈피하여 타인과 함께 사는 지혜를 가르치는 상생相生의 문화를 만드는 것이야말로 이 시대 종교계에 맡겨진 사명이자 의무다. 삶의 지혜를 가르치는 것이 바로 종교의 본분이기 때문이다. 오늘날 한국 사회에서 종교는 비인간화된 사회를 다시금 인간이 사는 사회로 만들기 위해 자신들이 가진 지혜, 시설, 물질을 나누어야만 한다. 그것이 바로 종교의 소명이다.

우리 사회의 절망은 여전하고 따라서 삶의 질에 대한 갈망과 연대에 대한 희망도 여전하다. 나는 오늘과 같은 절망의 시대를 살아가면서도 희망의 끈을 놓고 싶지 않다. 아퀴나스는 "절망은 자신의 선함에 대한 믿음이 상실되는 데서, 우리의 선함과 하느님의 선함이 관련 있음을 인식하지 못하는 데서 기인한다"고 말했다. 인간의 전인적 성장과 영혼이 자라는 것을 보살피고 돕는 것이 청소년 교육의 목적이라면 국가와 교회의 장래를 위해 이보다 더 의미 있는 일은 없다. "정직한 시민, 선량한 그리스도인"을 양성하는 것이야말로 이 시대 종교가 맡아야만 할 위대한 사명이자 역할이다.

참·고·문·헌

1. 국내 문헌

고경환 외 3인, 「청소년기 주일학교 교리교재 분석」, 『청소년사목토착화 연구총서 I』, 한국그리스도사상연구소, 2005.

권오진, 『놀이만한 공부는 없다 — 하루 5분 놀이로 아이는 세상을 바꾼다』, 예담프렌드, 2015.

김경재, 『문화신학담론』, 대한기독교서회, 1997.

김산춘, 『감각과 초월』, 왜관: 분도출판사, 2008.

김용님, 『풀빛 교육 — 도시 속 부모를 위한 새로운 교육 이야기』, 상상나무, 2007.

김원진, 「부탄은 유토피아가 아니다, 가장 불행한 이들의 행복 위해 노력할 뿐」, 『경향신문』(2017.10.25).

『교육심리학 용어사전』, 한국교육심리학회, 학지사, 2000.

로제 카이와, 『놀이와 인간』, 이상률 옮김, 문예출판사, 1994.

류인하 외, 『10대가 아프다』, 위즈덤경향, 2013.

문영석, 『캐나다 이민연구 — 역대 이민정책의 분석과 전망』, 강남대학교출판부, 2005.

______, 「성스러운 폭력과 희생제의의 탈신화화」, 『종교문화비평』 22호(2012), 238~264.

______, 「해외 죽음학(thanatology)의 동향과 전망」, 『종교연구』 제39집(2005/여름), 295~298.

______, 「자살에 대한 사회적 성찰과 죽음학」, 『인간연구』 20호(2011/봄), 69~101.

문용린, 『열 살 전에 사람됨을 가르쳐라』, 갤리온, 2007.

박정순, 「마이클 샌델의 정의론, 무엇이 문제인가」, 한국윤리학회 동계학술대회, 2015.02.25.

박진희, 「연기자의 스트레스와 우울 및 자살생각에 관한 연구」, 석사학위 논문, 2009.
배상식, 「H.-G. 가다머의 '놀이' 개념 — 도덕교육적 함의를 중심으로」, 『철학논총』 제74집, 제4권(2013), 250~273.
백성준 · 김승보 · 전제식, 『고등교육의과 인적자원개발』, 한국직업능력개발원, 2006.
백일우 · 김명희, 「세계 사교육 시장 정책동향분석」, 『비교교육연구』, 23권 6호(2013).
선한용, 『시간과 영원』, 대한기독교서회, 1998.
손원영, 「주5일제에 따른 주일 교회학교의 대응 — 놀이신학적 입장에서」, 한국기독교교육정보학회 2012년 춘계학술대회, 2012.05.19.
_____, 「놀이신학과 주일교회학교」, 『기독교 교육정보』 35권(2012), 229~265.
손유미 외, 『고등교육산업 경쟁력 제고 방안연구』, 한국직업능력개발원, 2008.
송재룡, 「한국 사회의 자살과 뒤르케임의 자살론」, 『뒤르케임을 다시 생각한다』, 한국사회이론학회, 2008.
심광섭, 「놀이의 신학」, 『신학과 세계』 제83호(2015).
_____, 「창조의 아름다움 — 생태미학적 창조론」, 『신학과 사상』 제64호(2009년/겨울).
_____, 『예술신학』, 대한기독교서회, 2010.
심미혜, 『하루 20분, 미국 초등학교처럼 — 가르치지 않는다. 외우게 하지 않는다. 반드시 답을 찾게 한다』, 센추리원, 2014.
생명신학협의회 엮음, 『오늘의 생명신학』, 신앙과지성사, 2013.
유동식, 『風流道와 韓國神學』, 전망사, 1992.
_____, 『風流道와 한국의 종교사상』, 연세대학교출판부, 1997.
_____, 『풍류도와 예술신학』, 한들출판사, 2007.
이경재, 『해석학적 신학』, 다산글방, 2002.
_____, 『프로이트와 종교를 말한다』, 집문당, 2007.
이미영 외, 「한국 종교 현실의 변화와 천주교의 사목 과제」, 『우리신학』 제9호(2010).
이 범, 『우리교육 100문 100답』, 다산북스, 2012.
이병훈, 『공부 잘하고 싶으면 학원부터 그만둬라』, 한스미디어, 2005.

전진문, 「졸부(猝富)를 구별해 내는 4가지 방법」, 『한국경제매거진』 제28호 (2007/9).
전홍철, 「韓留熱(한국유학 붐), 어떻게 볼 것인가?」, 『중국어문학지』 제30집 (2009/8).
정범모, 「기조강연: 창의성과 국가발전」, 제2회 학제간학술포럼, 한국행동과학연구소, 2013.11.26.
정유은, 「위르겐 몰트만의 삼위일체론적 놀이신학 연구」, 신학 석사학위 논문, 감리교신학대학교대학원, 2013.
정재현, 「죽지 않을 것처럼 살지 말라!」, 『한국정신과학학회지』, Vol.12, No.2 (2008/12).
조성노, 『역사와 종말』, 한국신학연구소, 1992.
조　순, 「2016 경제학 공동학술대회에서 '뉴 노말' 진단」, 『교수신문』 820호 (2016.02.29).
조재연, 『청소년 사목의 현실과 전망』, 위즈앤비즈, 2009.
최정금, 『집중력을 높이는 유아놀이』, 경향미디어, 2009.
『한국민족문화대백과사전』, 한국학중앙연구원.
한병철, 『피로사회』, 김태환 옮김, 문학과지성사, 2002.
홍은주 외, 『놀이치료 — 기법과 실제』, 학지사, 2010.

2. 국내 번역서

닐스 비르바우머 · 이르크 치틀라, 『뇌는 탄력적이다 — 당신이 똑똑해지기 위해 알아야 할 뇌과학의 모든 것』, 오공훈 옮김, 메디치미디어, 2015.
레이첼 카슨, 『자연, 그 경이로움에 대하여』, 표정훈 옮김, 에코리브르, 2002.
로빈 마이어스, 『예수를 교회로부터 구출하라』, 김준우 옮김, 한국기독교연구소, 2012.
마거릿 헤퍼넌, 『경쟁의 배신』, 김성훈 옮김, 알에이치코리아, 2014.
마츠나가 노후부미, 『자연 그리고 인간 혼, 기쁜소식』, 이수경 옮김, 21세기북스, 2007.
마크 A. 매킨토시, 『신비주의 신학』, 정연복 옮김, 다산글방, 2000.
막스 베버, 『프로테스탄티즘의 윤리와 자본주의 정신』, 박성수 옮김, 문예출판사, 1988.
머레이 버도, 『프란치스코의 여행과 꿈』, 홍윤숙 옮김, 성바오로출판사, 1984.
발터 니그, 『조르주 루오』, 윤선아 옮김, 분도출판사, 2012.
빌 플롯킨, 『자연 그리고 인간 혼』, 문종원 옮김, 기쁜소식, 2011.
스티브 아얀, 『심리학에 속지마라 — 내 안의 불안을 먹고 자라는 심리학의 진실』, 손희주 옮김, 부키, 2014.
아만다 리플리, 『무엇이 이나라 학생들을 똑똑하게 만드는가 — 미국을 뒤흔든 세계교육강국탐사 프로젝트』, 김희정 옮김, 부키, 2013.
아브라함 요수아 헤셀, 「시간 속의 궁전」, 김순현 옮김, 『기독교사사상』 578 (2007/2).
아브라함 헤셸, 『안식』, 김순현 옮김, 복있는사람, 2007.
앨빈 토플러, 「한국 교육제도 전면 개편해야」, 『동아일보』(2009.09.26).
에두아르 테트로, 『교황의 경제학 — 프란치스코, 돈의 장벽을 넘어 치유의 경제를 말하다』, 전광철 옮김, 착한책가게, 2016.
에리크 쉬르데주, 『한국인은 미쳤다! LG전자 해외 법인을 10년간 이끈 외국인 CEO의 생생한 증언』, 권지현 옮김, 북하우스, 2015.
에이드리언 레인, 『폭력의 해부 — 어떤 사람은 범죄자로 태어난다』, 이윤호 옮김, 흐름출판, 2015.
안셀름 그륀, 『참 소중한 나』, 전헌호 옮김, 성바오로출판사, 2007.
알폰스 데켄, 『인문학으로서의 죽음교육』, 전성곤 옮김, 인간사랑, 2008.
앤드류 코울슨, 『위기의 교육과 교육시장 — 미국 교육의 숨겨진 역사』, 서은경 옮김, 나남, 2005.
요한 하위징아, 『호모 루덴스』, 이종열 옮김, 연암서가, 2010.
위르겐 몰트만, 『정의가 미래를 창조한다』, 안명옥 옮김, 분도출판사, 1990.
__________, 『오시는 하나님』, 김균진 옮김, 대한기독교서회, 1997.
__________, 『희망의 윤리』, 곽혜원 옮김, 대한기독교서회, 2012.
조지 베일런트, 『행복의 조건』, 이덕남 옮김, 프런티어, 2002.
존 C. 라일, 『바른 길』, 박영호 옮김, CLC, 2013.
커스틴 올슨, 『상처주는 학교 — 우리 교육의 희망과 대안을 찾아』, 노승영 옮김, 한울림, 2012.
패스퀼 V. 차베즈(2009), 「사회적 노선에서 바라 본 예방교육 — "정직한 시민, 선량한 그리스도인 그 의미와 전망"」, 이준석 옮김, 『청소년 영성포럼 제16권』(2011년 12월).
A. 바레이로, 『기초 교회 공동체 — 가난한 이들의 복음화』, 천주교명동교회교육관, 1988.
G. 호프스테더, 『세계의 문화와 조직』, 차재호·나은영 옮김, 학지사, 1996.
J. 요르겐센, 『아씨시의 프란치스코』, 최정오 옮김, 계성출판사, 1982.

3. 국내 기타 자료들

김종태, 「2022년까지의 전국 고등학교 3학년 학생 수의 변화와 전국 대학교와 전문대학 입학정원과의 분석」, 『한국데이터 정보과학회』(2006), http://academic.naver.com/view.nhn?doc_id=16993410(2010/10/10).
김광철, 「교실 혁명 〔…〕 독서모임에서 부터 시작한다?」, 『오마이뉴스』(2014.12.24).
김용철, 「씀씀이 큰 한국 유학생들 〔…〕 유학경비 급증」, SBS TV 기사입력(2007.04.16. 05:57); 『조선일보』(05.10.28); 손유미 외(2008).
노유진, 「어린이가 불행한 나라, 韓 1위」, http://media.daum.net/life/living/wedding/newsview?newsId=20150820143859512(검색일: 2015/08/22).
박성연, 「지칠수록 더 편안한 쉼을 찾는 일상」, 『동아일보』(2016.12.30).
백화현, 「교실 혁명 〔…〕 독서모임에서부터 시작한다?」, 『오마이뉴스』(2014.12.22).
서부원, 「서울대 내의 계급 차이, 넘을 수 없어요」, 『오마이뉴스』(2015.06.24).
성병희, 「민속놀이의 정의와 본질」, http://221.145.178.204/nrichdata/etc/book/file/1991/FMH24_10.pdf(검색일: 2012/01/21).
엄기호, 「망하는 교육은 '공동 운명' 〔…〕 당신 자녀는 안전합니까」, 10만인클럽 특강 79회.
예상한, 「교육시장의 현대화와 한국의 대응」, VIP Report(현대경제연구원), 통권 458(2010.09.28).
윤근혁, 「"31등 이하부터 기숙사 나가" 무서운 고교들」, 『오마이뉴스』(2014.11.11).
윤평중, 「울혈사회, 어떻게 치유해야 할 것인가?」, 『월간교육 8월호』, 정책토론.
이석원, 「존재하지만, 노예가 되지 않는 스웨덴 학교의 경쟁」, 『데일리안』(2018.01.06).
이은혜, 「춤추고 그림 그리다 만나는 하나님」, http://www.newsnjoy.or.kr/news/articleView.html?idxno=201666(검색일: 2016/01/30).
전순란, 「휴천재의 일기」, http://www.donbosco.pe.kr/xe1(검색일: 2015/06/30).
정상혁, 「우리나라 자살의 사회경제적 비용부담」, 국립서울병원 보도자료(2006.07.07), http://www.mw.go.kr/front/sch/search.jsp(검색일: 2010/11/15).
정운찬, 「칼럼: 인성교육, 법만으로는 안 된다」, 『이투데이』(2015.08.12).
조 현, 「가난해지라는 교육자가 있다」, 『한겨레신문』(2017.11.28).
최순영, 「전국 국공립대학 사립대학 등록금 편차 자료」(국회자료, 2007).
최준식, 「죽음학 연구사 1」, http://www.kathana.or.kr/sub3(검색일: 2010/12/23).
현영학, 「한국 탈춤의 신학적 이해」, 『예수의 탈춤』, 한국신학연구소, 1997.
「2010년 교육부문 평가지표별 분석」, 교육과학기술부, 인재정책실 인재기획분석관 인재정책분석과.
「2012년까지 외국인 유학생 10만 명 유치 — Study Korea Project 발전방안 수립」, 교육과학기술부 보도자료(2008.08.04).
2014년 8월 국회보건복지위 새정치민주연합 이목희 의원이 국회에 보고한, 건강보험심사평가원에서 받은 최근 5년간의 통계자료.
「국내 정신질환 관련 연구 현황 파악 및 우울증 자살에 대한 연구」, 한국보건의료연구원, 2012.03.31.
「녹색심리학」, http://flow.tistory.com/187(검색일: 2015/08/13).
「논설위원이 만난 사람 — 신연수, "한국, K팝 같은 표피문화에 안주하면 만주족처럼 사라진다」, 『동아일보』(2015.08.31).
「뇌를 활성화시키는 신나는 경험인 놀이는 사회성과 대인관계를 증진시킨다」, http://blog.naver.com/PostView.nhn?blogId=eulyoung2002&logNo=60181822742(검색일: 2015/01/21).
「망상 대한민국이여, 헛꿈에서 깨어나라!」, 『월간중앙』, 2007년, 8월호.
「머리부터 발끝까지 '약골' […] 선진국 '균형 잡힌 몸'과 대조적」, 『동아일보』

(2014.07.28).
「싸이는 박수무당? 한국정신은 신기(神氣)에서 찾아야!」, 『브레인미디어』(2013.04.30).
「소시오패스: 생각보다 가까운 곳에 있을 수 있다」, http://navercast.naver.com/contents.nhn?rid=133&contents_id=14447(검색일: 2015/01/30).
「아이들이 행복하지 않은 나라」, 『한겨레신문』(2014.11.04).
「어머니의 눈물 […] 너를 너무 착하게 키운 내가 죄인」, 『노컷뉴스』(2012.12.29).
「에르베 툴레가 말하는 심심함의 위력」, http://navercast.naver.com/magazine_contents.nhn?rid=2011&contents_id=86601(검색일: 2016/01/21).
「이걸 뺏어야 되나? 갈수록 심해지는 스마트폰 중독」, 『캐나다한국일보』(2014.06.03).
「유대인 교육이 새롭게 뜨는 이유-1」, http://navercast.naver.com/magazine_contents.nhn?rid=1097&contents_id=36756(검색일: 2015/08/20).
「자살로 인한 사회경제적 비용, 연간 3조 856억 원!」, 보건복지부 보도자료(2008.07.06).
「전교조·민변 "인성교육법, 학생 인격권 침해"」, http://news.eduhope.net/sub_read.html?uid=17867(검색일: 2015/08/15).
「주일학교 놀이로 '교회가 즐거워져요'」, 『크리스천투데이』(2011.08.01).
「'쥐어짜기 경영'이 낳은 역병, 우울증」, 『이코노미 인사이트』 11호(2011.03.01).
「청소년 사망 중 자살률 10년 새 2배로」, 『한겨레신문』(2012.09.12).
「피케티가 압박한 고소득층의 진실」, 『주간조선』(2014.10.13).
「한국교회, 저출산 해결위해 공동육아 노인그룹홈 운영 나서야」, 『국민일보』(2014.06.24).
「ADHD(주의력결핍 과다행동장애) 환자수」(2010.11.12), 건강보험정책연구원 보도자료.

4. 국외 문헌

Adler, Alfred, *The Individual Psychology of Alfred Adler: A Systematic*

Presentation in Selections from his Writings, Heinz L Ansbacher / Rowena R. Ansbacher(eds.), New York: Basic Books, 1956.

Augustine and His Critics, Robert Dodaro / George Lawless(eds.), New York: Routledge, 2000.

Barton, Stephen, *Life Together: Family, Sexuality and Community in the New Testament and Today*, New York: T&T Clark Ltd., 2001.

Berman, Morris, *The Twilight of American Culture*, New York: W. W. Norton & Company, 2006.

Birk, B. B., "Macro-Micro Relationships in Durkheim's Analysis of Egoistic Suicide", *Sociological Theory*, Vol.24, No.1(2006), 73 & 78~79.

Brueggemann, Walter, *The Land: Place as Gift, Promise, and Challenge in Biblical Faith, Overtures to Biblical Theology*, Philadelphia: Fortress Press, 1977.

Buechner, Frederick, *Wishful Thinking: A Theological ABC*, New York: Harper & Row, 1973.

Cable, Dana G., "Grief in the American Culture", *Living with grief: who we are, how we grieve*, Washington, DC: Hospice Foundation of America, 1998.

Clinebell, Howard, *Ecotheraphy: Healing Ourselves, Healing the Earth*. Minneapolis: Fortress Press, 1996.

Cox, Harvey, *The Feast of Fools*, Harvard University Press, 1969.

Cukier, Wendy, "Firearms Regulation: Canada in the International Context", *Chronic Diseases in Canada*, Vol.19, No.1(1998), 25~34.

Deflem, Mathieu, "The Sociology of the Sociology of Money", *Journal of Classical Sociology,* Vol.3, No.1(2003), 67-96

Despelder, Lynn Ann / Strickland, Albert Lee, *Last Dance: Encountering Death and Dying*, 6th edition. McGraw-Hill Higher Education, 2001.

Donnan, Shawn, "Trump, jobs data and economic anger in the US", *Financial Times*, March 3, 2016.

Durkheim, Émile, *Le Suicide: Étude de Sociologie*, Paris: Presses Uni-

versitaires de France, 1930.
Elkind, David, *Children and Adolescents*, New York: Oxford University Press, 1982.
Feifel, H., *The Meaning of Death*, New York: McGraw Hill, 1956.
Fox, Matthew, *Sacred Interconnections*, David Ray Griffin(ed.), Albany: SUNY press, 1990.
____________, *A Spirituality Named Compassion: Uniting Mystical Awareness with Social Justice*, New York: HarperSanfrancisco, 1979.
Freud, Sigmund / James Strachey, *Civilization and its discontents,* Peter Gay(tr.), New York: Norton, 2005.
Girard, René, *Violence and the Sacred*, trans. Patrick Gregory, Baltimore/London: John Hopkins University Press, 1997.
Gray, John, "The Empathic Civilization: The Race to Global Consciousness in a World in Crisis by Jeremy Rifkin", http://www.theguardian.com/books/2010/mar/13/empathetic-civilization-jeremy-rifkin-climate(검색일: 2015/08/09).
Griffin, Jimmy, "The Effects of an Adventure Based Program with an Explicit Spiritual Component on the Spiritual Growth of Adolescents", *The Journal of Experiential Education* (2003:15, 3): 351.
Gruber, Mayer I., "Ten Dance-Derived Expressions in the Hebrew Bible", *Dance as Religious Studies*, Doug Adams / Diane Apostolos-Capaddona(eds.), Oregon: Bipf and Stock Publishers, 2001.
Hall, T. William / Pilgrim, Richard B. / Cavanagh, Ronald R., *Religion: An Introduction*, San Francisco: Harper & Row, 1986.
Heffernan, Margaret, *A Bigger Prize: Why Competition isn't Everything and How We Do Better*, London, UK: Simon & Schuster, 2014.
Heidegger, Martin, *Introduction to Metaphysics*, Ralph Manheim(tr.), New York: New Haven Yale University Press, 1959.
Hiebert, Theodore, "Rethinking Traditional Approaches to Nature in Bible", in *Theology for Earth Community: A Field Guide*, Maryknoll, New York: Orbis Books, 1996.

Hooper, Peter / Martin Palmer, *Christianity and Ecology*, New York: Cassell Pub., 1992.

Huizinga, Joan, *Homo ludens; a study of the play-element in culture*, Boston: Beacon Press, 1955/1938.

Hunt, Sir Tim, "Nobel Laureates Get Playful At Sketches Of Science Exhibition", *Asian Scientist,* September 17, 2013.

Hyeres, Conrad, *The Cosmic Vision and the Christian Faith: A Celebration of Life and Laughter*, New York: The Pilgrim Press, 1981.

Johnson, Elizabeth A., "Losing and Finding Creation in the Christian Tradition", *Christianity and Ecology,* Boston: Harvard University Press, 2000.

Kasper, Walter, *Theology and Church*, Margaret Kohl(tr.), London: SCM Press, 1989.

Kastenbaum, R. / Aisenberg, R., *The Psychology of Death*, New York: Springer, 1972.

Kaufman, Gordon D., "Response to Enlizabeth A. Johnson", *Christianity and Ecology,* Boston: Harvard University Press, 2000.

Kellert, S. R. / Wilson, E. O., *The biophlia hypothesis*, Washington, DC: Island Press, 1993.

Kinsley, David, *Ecology and Religion: Ecological Spirituality in Cross-Cultural Perspective*, Englewood Cliffs, New Jersey: Prentice Hall, 1995.

Klinghoffer, David, *Shattered Tablets: Why We Ignore the Ten Commandments at Our Peril*, New York: Doubleday, 2007.

Knapton, Sarah, "Robots will take over most jobs within 30 years, experts warn", *The Telegraph*, Wednesday 25 January 2017.

Kunstler, Robin Ann / Frances Stavola Daly, *Therapeutic Recreation Leadership and Programming*, Champaign, IL: Human Kinetics, 2010.

Kvanvig, Helge S., *Primeval History, Babilonian, Biblical and Enochi*, Leiden: Brill, 2011.

LaChapelle, Dolores, *Sacred Land, Sacred Sex: Rapture of the Deep: Concerning Deep Ecology and Celebrating Life*, Silverton, CO: Finn Hill Arts, 1988.

Leviton, D., "The Scope of Death Education", *Death Studies* I., 1977.

Louv, Richard, *Last Child in the Woods: Saving Our Children From Nature-Deficit Disorder*, New York: Algonquin Books, 2005.

Lu, Chifen, "Transforming the Male Body: Sam Keen's Mythopoetic Myth-Body and Dan Millman's Embodied Zen", *Concentric: Literary and Cultural Studies* 40.2(September 2014), 261~288.

Mandelbaum, Michael, *The Meaning Of Sports*, Cambridge, MA: Perseus Books, 2004.

Manastireanu, Danut, "Perichoresis and the Early Christian Doctrine of God", *ARCHÆVS*, XI-XII(2007-2008), 61~93.

Mark, Joshua J. "The Atrahasis Epic: The Great Flood and the Meaning of Suffering", in *the Ancient History Encyclopedia*, http://www.ancient.eu/article/227(검색일: 2015/12/05).

Maslow, A. H.(1943), "A Theory of Human Motivation", *Psychological Review* 50(4), pp.370~396. "Maslow's Hierarchy of Needs", http://www.simplypsychology.org/maslow.html(검색일: 2015/01/29).

McDonagh, Sean, *To Care for Earth: A Call to a New Theology*, Santa Fe, New Mexico: Bear & Company, 1986.

McFague, Salie, *Metaphorical Theology*, Philadelphia: Fortress Press, 1982.

Meins et al., "Mind-Mindedness as a Multidimensional Construct: Appropriate and Nonattuned Mind-Related Comments Independently Predict Infant-Mother Attachment in a Socially Diverse Sample", *Infancy* 17(4), (2012), 393~415

Merton, Thomas, *Seeds of Contemplation*, New York: New Directions Book, 1949.

Mitchell, Debra B. / Mueller, Michael P., "A philosophical analysis of David Orr's theory of ecological literacy: biophilia, ecojustice and moral education in school learning communities", *Cultural Study of Scientific Education* (2011), 6:208.

Morgan, John D., *Readings in Thanatology*, John Morgan(ed.), New York: Baywood Publishing Company, 1997.

_______________, "The Person: Dying and Bereaved", in *Personal Care in an Impersonal World*, John D. Morgan(ed.), Washington: Baywood Publishing House, 1993.

Nachmanovitch, Stephen, *Free Play: Improvisation in Life and Art*, New York: Jeremy P. Tarcher/Putnam, 1990.

Neale, Robert E., "The Crusfixion as Play", in *Theology of Play*, Reinhard Ulrich(tr.), New York: Harper & Row, 1972.

Orr, D. W., *Recollection*, in *Ecological literacy: Educating our children for a sustainable world*, M. K. Stone / Z. Barlow(eds.), San Francisco: Sierra Club Books, 2006.

Otto, Rudolf, *The Idea of the Holy: An Inquiry into the Non-Rational Factor in the Idea of the Divine and its Relation to the Rational*, J. W. Harvey(tr.), London: 27th Printing, 1982.

Padinjatummury, Joseph, *Play in Religion: A Means for Catechesis and Evangelization*, Extract from the Doctoral Dissertation in the Faculty of Missiology, Rome: Urbaniana University, 1985.

Pencavel, John, "The Productivity of Working Hours", *IZA* Discussion Paper, No.8129(April, 2014).

Pietro, Maria Luisa Di, *A Systematic Review of Key Issues in Public Health*, Stefania Boccia / Paolo Villari / Walter Ricciardi(eds.), New York: Springer, 201.

Pope, Whitney / Danigelis, Nick, "Sociology's One Law", Social Forces 60(1981), 496~514.

Rad, Gerhard von, "The Promised Land and Yahweh's Land in the Hexateuch", The Problem of the Hexateuch and Other Essays, E. W. Trueman Dicken(tr.), New York: McGraw-Hill, 1966.

Raichle, Marcus E., "A Paradigm Shift in Functional Brain Imaging", *The Journal of Neuroscience*, 14 October 2009, 29(41).

Rahner, Hugo, *Man at Play*, New York: Herder and Herder, 1972.
Ramon, Brother, *Franciscan Spirituality: Following St Francis Today*, London: Society for Promoting Christian Knowledge, 1994.
Reeves, Babette Davis, "A Theology of Play", *Journal of Health Care Chaplaincy*(1989), 2.
Ribbe, Rob, "Redefining Camp Ministry as Experiential Laboratory of Spiritual Formation and Leadership Development", CEJ(Series 3, Vol.7, No.1), 144~161.
Ross, Elisabeth Kübler, *Death: The Final Stage of Growth*, New York: Simon & Schuster Inc., 1986.
Rifkin, Jeremy, *The Age Of Access: The New Culture of Hypercapitalism, Where All of Life is a Paid-For Experience*, New York: Putnam Publishing Group, 2000.
Santmire, Paul, *The Travail of Nature: The Ambiguous Ecological Promise of Christian Theology*, Minneapolis: Fortress Press, 1985.
Schiller, Friedrich, *On the aesthetic education of man: in a series of letters*, E. M. Wilkinson / L. A. Willough(ed. & tr.), Oxford: Clarendon Press, 1967.
Seligman, Martin, *Flourish: A Visionary New Understanding of Happiness and Well-Being*, New York: Free Press, 2011.
Sobel, D., *Beyond Ecophobia: Reclaiming the heart in nature education*, Great Barrington: Orion Society, 1996.
Spelder, Lynne Ann De / Albert Lee Strickland(eds.), *The Path Ahead: Readings in Death and Dying*, Mountain View, CA: Mayfield, 1995.
Shaftel, Fannie R. / George Shaftel, *Role-Playing for Social Values: Decision-Making in the Social Studies*, Englewood Cliffs, N.J.: Prentice-Hall, Inc, 1967.
Shepard Jr., Paul Howe, *Nature and Madness*. San Francisco: Sierra Club Books, 1982.
Spickard, James V., "Human Rights, Religious Conflict, and Globalisa-

tion: Ultimate Values in a New World Order", *International Journal on Multicultural Societies,* Vol.1, No.1(1999), 6.

Spelder, Lynne Ann De / Albert Lee Strickland(eds.), *The Path Ahead: Readings in Death and Dying. Mountain View,* CA.: Mayfield, 1995.

St. Francis of Assis: Writings and Early Biographers, Raphael Brown(tr.), Marion A. Habig(ed.), Chicago: Franciscan Herald Press, 1973.

Stiglitz, Joseph E., *The Price of Inequality: How Today's Divided Society Endangers Our Future,* New York: W. W. Norton & Company, 2013.

The Global Age Watch Index 2013.

Tylor, Edward B., *The Origin of Culture,* New York: Harper, 1865 (1958).

________________, *Primitive Culture: Researches into the Development of Mythology, Philosophy, Religion, Language, Art and Custom,* Vol.1, London: John Murray, 1920.

Van der Leeuw, Gerardus, *Sacred and Profane Beauty,* David E. Green(tr.), Oxford: Oxford University Press, 1963.

Vaughn, Brando K. / David Oltmans / Barton J. Breen, "Theology of Play", in *Encyclopedia of Play in Today's Society,* Rodney P. Carlisle(ed.), Thousand Oaks: Sage Publications, 2009.

Weil, S., *Reflections on the Right Use of School Studies with a View to the Love of God. Waiting for God,* New York: Oxford University, 1951.

Westermann, Claus, *Genesis 1-11, A Commentary,* John J. Scullion, SJ (tr.), Minneapolis: Augsburg Publishing House, 1974.

Wilson, Robert N., "The Courage To Be Leisured", *Social Focus* 2 (1981), 282~303.

Winerman, Lea, "The mind's mirror: A new type of neuron-called a mirror neuron-could help explain how we learn through mimicry and why we empathize with others", *Monitor on Psychology,* Vol.

36, No.9(October, 2005).

Wood, Al, "Jack D. Douglas, The Social Meanings of Suicide", in *The Annals of American Academy*, http://ann.sagepub.com/content/378/1/200.extract(검색일: 2010/10/30).

W. S. F. Pickering(eds.), *Durkheim on Religion*, Atlanta, Georgia: Scholars Press, 1994.

Yarber, Angela, *Dance in Scripture: How Biblical Dancers Can Revolutionize Worship Today*, Cascade Books, Eugene, Oregon, 2013.

Yee, Paul, *Other Solitudes: Canadian Multicultural Fictions*, L. Hutcheon / M. Richmond(eds.), Toronto: Oxford University Press, 1990.

5. 국외 기타 자료들

"Burnout vs Depression: What is the difference between «burnout» and depression?", Center for Stress for Human Stress, http://www.humanstress.ca/stress-and-you/workers-and-stress/burnout-vs-depression/page-3.html(검색일: 2015/01/30).

"Denmark the 'happiest country' and Burundi 'the least happy'", http://www.bbc.com/news/world-europe-35824033(검색일: 2016/03/17).

"Economic Impact of International Education in Canada: Final Report", http://www.international.gc.ca/education/assets/pdfs/RKA_IntEd_Report_eng.pdf(검색일: 2010/10/10).

"Germany's new 'great depression'", BBC News, Monday, 18 April, 2005.

"Gross National Happiness", http://www.grossnationalhappiness.com/articles(검색일: 2015/01/05).

"Jeremy Rifkin and the Third Industrial Revolution", http://downtoearth.danone.com/2012/10/04/jeremy-rifkin-and-the-third-industrial-revolution(검색일: 2016/02/01).

"Mum's the word: maternal language has strong effect on children's social skills", University of York, July 27 2015.

"No Barriers to Free Trade in Minds", http://online.wsj.com/article/SB10001424052748703880304575236293133108212.html(검색일: 2010/10/11).

"Nobel Prize Winners Show Playful Side in Crayon Drawings", http://www.livescience.com/49394-nobel-prize-winners-photo-exhibit.html(검색일: 2015/01/30).

"Number of international students growing fast", http://www.nuffic.nl/home/news-events/news-archive/news-archive-2008(검색일: 2010/10/11).

"Opening the Gift of Sabbath", http://www.baylor.edu/ifl/christianreflection/SabbathinterviewBass.pdf(검색일: 2015/01/21).

"Roots of Empathy", http://www.rootsofempathy.org/en(검색일: 2015/01/20.)

"Singapore Government Spends $400 Million To Invite International Students To Study In Singapore?", http://thehearttruths.com/2014/01/22/singapore-government-spends-400-million-to-invite-international-students-to-study-in-singapore(검색일: 2015/08/27).

"Sports and Games in Ancient India", http://www.crystalinks.com/indiasports.html(검색일: 2012/01/21).

"Staff Burn-out", *Journal of social Issues* 30(1), pp.159~165.

"UK education sixth in global ranking", BBC NEWS, 27 November 2012.

"UK 'second best education in Europe'", BBC NEWS, 8 May 2014.

"The Fourth Industrial Revolution, by Klaus Schwab", http://www.weforum.org/about/the-fourth-industrial-revolution-by-klaus-schwab(검색일: 2017/01/03).

"Thematic Review of Tertiary Education", OECD 2006.

"The Moral Imperative for the Continuation of Low Tax Rates for the Top Income Fractiles", http://econbrowser.com/archives/2011/07/archives/2011/07/the_moral_imper(검색일: 2015/01/09).

"The Werther Effect", http://webhome.idirect.com/~andyt/tmas.html(검

색일: 2010/10/29).

"An Investment in Knowledge Pays the Best Interest", http://www.dalton-education.com/content/view/242/170/(검색일: 2014/10/10).

Barlow, Jim, "Children with ADHD benefit from time outdoors enjoying nature", http://news.illinois.edu/news/04/0827adhd.html(검색일: 2013/01/21).

Chakma, Amit, "Canadian universities make a play for top international talent", THE, 2 July 2010, http://www.timeshighereducation.co.uk/story.asp?storycode=412620(검색일: 2010/09/28).

Encyclical Letter *Laudato Si'* of the Holy Father Francis on Care for our Common Home, IV, 43~47.

Ehlers, Fiona, "Italy's Lost Generation: Crisis Forces Young Italians to Move Abroad", http://www.spiegel.de/international/europe/euro-crisis-forces-many-italian-young-people-to-leave-a-848509.html(검색일: 2015/02/10).

Frey, Thomas, "2 Billion Jobs to Disappear by 2030", http://www.futuristspeaker.com/business-trends/2-billion-jobs-to-disappear-by-2030(검색일: 2016/05/01).

Guilford, J. P., "Divergent thinking", *New World Encyclopedia*, http://www.newworldencyclopedia.org/entry/J._P._Guilford(검색일: 2012/01/20).

Hindy, Joseph, "10 Things Bhutan People Do Differently That Make Them The Happiest People", http://www.lifehack.org/articles/communication/8-things-bhutan-people-differently-that-make-them-the-happiest-people.html(검색일: 2015/01/05).

Kleiner, Rolf E., "Into the Jaws of the Snake", http://www.kellyservices.co.nz/uploadedFiles/United_States_-_Kelly_Services/New_Smart_Content/Business_Resource_Center/Leadership/Into_the_Jaws_of_the_Snake.pdf(검색일: 2015/08/17).

McAfee, Andrew, "Productivity and Employment (and Technology): In the Jaws of the Snake", http://andrewmcafee.org/2012/03/mcafee-bernstein-productivity-employment-technology-jaws-snake/(검색일: 2015/08/17).

Naugle, David, "A Serious Theology of Play", http://www.qideas.org/blog/a-serious-theology-of-play.aspx(검색일: 2012/01/23).

Ridel, W. Craig, "Education and Skills: An Assesment of Recent Canadian Experience", http://www.csls.ca/events/slt01/riddell.pdf(검색일: 2010/09/28).

Roberts, Michael, "Global wealth inequality: top 1% own 41%; top 10% own 86%; bottom half own just 1%", http://links.org.au/node/3569(검색일: 2016/02/10).

Robinson, Kara Mayer, "Sociopath vs. Psychopath: What's the Difference?", http://www.webmd.com/mental-health/features/sociopath-psychopath-difference#1(검색일: 2018/01/22).

Rosenberger, Jack, "To Be More Productive, Work Fewer Hours", http://www.cioinsight.com/blogs/to-be-more-productive-work-fewer-hours.html(검색일: 2015/11/30).

The Children's Society, "The Good Childhood Report 2015", https://www.childrenssociety.org.uk/sites/default/files/TheGoodChildhoodReport2015.pdf(검색일: 2015/08/22).

피로사회에서 본 놀이신학의 지혜
교육혁명으로 미래를 열다

제1판 제1쇄 펴낸날 • 2018년 7월 27일

지은이 • 문영석
펴낸이 • 원종철
펴낸곳 • 가톨릭대학교출판부

주소 • 03083 서울시 종로구 창경궁로 296-12
전화 • 02-740-9718
전송 • 02-745-9793
전자우편 • cukpress@catholic.ac.kr
홈페이지 • http://press.catholic.ac.kr
인쇄제작 • 재영아트
등록번호 • 제300-1989-1호(1989년 1월 13일)

ISBN 978-89-7108-302-4 03370

이 도서의 국립중앙도서관 출판예정도서목록(CIP)은 서지정보유통지원시스템 홈페이지(http://seoji.nl.go.kr)와 국가자료공동목록시스템(http://www.nl.go.kr/kolisnet)에서 이용하실 수 있습니다(CIP제어번호: CIP2018022806).

값 18,000원